油气田企业管理

杨学文 ◎著

石油工业出版社

图书在版编目（CIP）数据

油气田企业管理 / 杨学文著 . —北京：石油工业出版社，2023.5

ISBN 978-7-5183-5968-4

Ⅰ. ①油… Ⅱ. ①杨… Ⅲ. ①石油企业-工业企业管理-中国 Ⅳ. ①F426.22

中国国家版本馆CIP数据核字（2023）第061140号

出版发行：石油工业出版社

（北京安定门外安华里二区1号楼　100011）

网　　址：www.petropub.com

电　　话：（010）64523582

经　　销：全国新华书店

印　　刷：北京中石油彩色印刷有限责任公司

2023年5月第1版　2024年1月第4次印刷

710×1000毫米　开本：1/16　印张：19.75

字数：380千字

定价：98.00元

（如出现印装质量问题，我社发行部负责调换）

版权所有，翻印必究

自 序

能源是工业的粮食、国民经济的命脉。石油和天然气作为全球主要能源，在未来很长一个时期内，仍然具有不可替代的作用。我国油气供给一直处于偏紧状态，进口量位居世界首位，对外依存度超过了警戒线。能源企业特别是国有油气田企业，要发挥保障国家能源安全主力军的作用，加大勘探开发力度，多找大发现、多拿优质规模储量、多产效益产量。发展好油气田企业，是经济发展和民生改善的需要，更是保障国家能源安全的需要。

油气资源是不可再生资源。随着国内油气田勘探开发的深入推进，勘探进入深层超深层和非常规领域，资源劣质化问题不可避免；老油气田进入开发中后期，管理对象日益复杂，管理难度持续增大，老油气田经济有效开发问题不可避免，加强油气田企业管理成为推动企业高质量发展的必然选择。油气田企业管理是一项涉及多专业、多领域、多学科的系统工程，既有企业管理的一般规律，又极具行业特点，管理水平的高低不仅决定了地下资源采出量的多少，还决定了企业的可持续发展。

管理好油气田是每一个石油人的职责，贯穿了职业生涯的全过程。1984年我大学毕业，进入新疆油田工作，从基层一线采油工、测试工干起，先后担任采油厂总地质师、副厂长、厂长、党委书记，区长、区委书记、人大常委会主任，油田公司副总经理，市、油田公司党委常委、纪委书记，市、油田公司党委副书记、常务副市长，油田公司总经理，经历了不同层级的管理岗位。2018年我又转战塔里木油田，担任公司执行董事、党工委书记。一路走来，我有幸参与、见证了新疆油田的发展壮大，有幸参与、见证了塔里木油田建成3000万吨大油气田的跨越式发展。

回顾近40年走过的历程，我在国内两大主要含油气盆地耕耘收获，从梦想启航的准噶尔到快速发展的塔里木，从油城克拉玛依到梨城库尔勒，我与这里的每一个地方、一草一木、一个个油气藏都结下了不解之缘，饱含深厚的感情。无论北疆还是南疆，油气田自然环境都十分艰苦，地质条件异常复杂，勘探开发工作面临世界级难题。通过近40年的研究与认识、管理与实践，我基本摸清了两个盆地油气藏的秉性脾气，探索找到了一些行之有效的管理办法，解决了一些油气田生产经营过程中的实际问题、工作难题，积累了一定的工作经验，形成了一些感悟和认识。能够把工作中形成的好经验好做法、管理中的思考和感悟进行一次系统的梳理总结，为更多从事油气行业的管理、技术人员，以及石油高校的师生提供参考、借鉴、帮助，是我心中一直以来的愿望，是一件非常有意义的事。希望通过本书，让刚走上管理岗位的新人得到启迪，找到入门的钥匙；让工作多年的管理者和技术人员拓宽工作思路，丰富认识，提升解决实际问题的能力。因此，我将本书定位为油气田企业管理类书籍，并命名为《油气田企业管理》。本书写作过程中，突出了以下四个特点。

一是突出实践性。本书系统总结油气田全过程管理工作，重点介绍管理思想、原则和实践做法，并列举相应的典型案例，目的是让读者在遇到管理难题时，能在本书中找到答案。

二是突出逻辑性。油气田企业管理是多专业的融合，管理的具体事项往往千头万绪，但内在逻辑一定是简洁明了、结构清晰的，每个专业、每个流程都是环环相扣、相互衔接的。本书力求用严密逻辑和严谨程序介绍油气田管理各项工作，以便让读者了解油气田管理的内在规律，抓住管理的重点。

三是突出科普性。油气田从业人员往往有不同的教育经历、工作经历、专业背景，对勘探开发、工程技术、生产经营各方面工作理解掌握的程度也不同。因此，在写作过程中，着重突出科普性，简要介绍了勘探开发实践、专业技术基本概念和基本常识，以及油气田管理的普遍性做法，并配以图和表，便于读者理解和掌握。

四是突出效益性。管理工作出发点和落脚点都在于提高企业管理的效能效益。本书详细阐述了加强和改进油气田企业管理、实现管理效能和经济效益的方法与途径，目的就是推动油气田企业高质量发展。

我从担任采油厂厂长开始，21年时间记录了大约705万字的工作笔记；担任油气田企业副总经理17年来，共计汇编整理各类会议讲话317.5万字、专业会议纪要23.5万字。这些资料成为编写本书的基础资料。本书从写作思路的形成、大纲的完成，初稿、修改稿、直至定稿，历时近两年。全书在内容编排上，分为6篇35章，重点论述勘探开发、工程技术、生产经营等主责主业，同时介绍了安全绿色发展、党的建设等重要内容，关键环节还列举了管理重点、管理难点和注意事项。书中的实践案例是从我组织参与过的工作中选取总结的，具有客观性、真实性和可借鉴性。

油气田企业管理是一门科学，也是一门艺术。所谓科学，表现在管理的普遍性和规律性，能够形成理论体系、工具方法。所谓艺术，表现在管理的实践性和创造性，没有放之四海而皆准的经验，要求管理者根据特定的环境条件作出相应管理决策，以达到预期管理效果。管理经验与方法需要不断学习、不断实践来总结传承，通俗来讲，就是"在学中干"和"在干中学"。希望本书能够"抛砖引玉"，为广大读者所喜爱。

在本书编写过程中，塔里木油田、新疆油田公司班子成员和首席专家王清华、李汝勇、张强、潘昭才、汪如军、杨海军、张丽娟、王天祥、王春生、亢春、王延杰、张学鲁、钱根葆、张明玉、孙新革等同志提出了宝贵的修改意见建议，李勇、李世银、雷刚林、张银涛、周代余、周理志、周波、孔伟、王永远、朱卫红、马曦、姬鲁阳、侯泽森、周伟、王琦、陈旭、李进、邹跃飞、王勇、钱昕磊等业务部门和科研生产单位的同志参与提纲讨论，并提供了大量专业素材、数据图片等资料，刘虎、王志新、彭永灿、张大观、张海祖、范坤、于鑫泰、杨能等同志协助我开展了资料收集整理、文稿修改校对、协调联络等大量工作，在此一并表示衷心的感谢！

尽管本书编写过程中本人花费了大量时间，但由于精力有限、工作局限，可能还存在不完善甚至错误的地方，恳请各位专家和广大读者批评指正。

杨学文
2022年6月21日

目 录

第一篇　油气勘探管理

第1章　客观认识盆地资源量 ········· 3
 1.1　开展油气资源评价是进行勘探决策的前提 ········· 3
 1.2　遵循规范流程科学评价油气资源量 ········· 6
 1.3　科学评价叠合复合盆地油气资源量 ········· 8
 思考和建议 ········· 12

第2章　把地震勘探放在极端重要的位置 ········· 13
 2.1　地震勘探对油气勘探开发起决定性作用 ········· 13
 2.2　大型含油气盆地的地震部署要打破常规 ········· 15
 实践案例：下大决心实施富满油田大连片三维地震 ········· 17
 2.3　加强地震勘探全过程管控 ········· 19
 实践案例：举全油田之力打好地震处理与圈闭研究会战 ········· 21
 思考和建议 ········· 23

第3章　聚焦富烃凹陷大力实施风险勘探 ········· 24
 3.1　风险勘探引领油气大发现 ········· 24
 3.2　围绕富烃凹陷谋划风险勘探布局 ········· 26
 3.3　把风险勘探作为"一把手"工程 ········· 30
 实践案例：进军盆地深凹区的破冰行动——满深1井重大突破 ········· 32
 思考和建议 ········· 34

第4章　高效推进富油气区带集中勘探 ········· 35
 4.1　富油气区带是油气田增储上产的主战场 ········· 35
 4.2　坚持集中勘探落实规模可动用储量 ········· 37
 4.3　集中勘探要为规模开发做好储备 ········· 38
 实践案例：集中勘探攻下博孜-大北超深盐下复杂构造万亿立方米大气区 ········· 38

第5章　做实老油气田的滚动勘探 ········· 40
 5.1　滚动勘探是进入规模开发之后的再一次精细勘探 ········· 40
 5.2　立足富油气区带做实滚动勘探 ········· 42

5.3　建立高效的滚动勘探组织管理体系 ·········· 44
　　实践案例：准噶尔盆地红车地区滚动勘探"5512"工程 ·········· 45

第 6 章　储量是油气田企业的核心资产 ·········· 48
　　6.1　储量是油气田企业发展的基石 ·········· 48
　　6.2　储量管理指导生产经营决策 ·········· 51
　　6.3　复杂油气藏储量管理 ·········· 53
　　实践案例：实施"四提四应"增储行动，赢得 SEC 储量质效双收 ·········· 55

第 7 章　矿权是油气田企业的生命线 ·········· 57
　　7.1　矿权决定油气田企业的生存发展能力 ·········· 57
　　7.2　矿权管理要重点打好"保卫战"与"进攻战" ·········· 59
　　7.3　矿权管理需要特别注意的问题 ·········· 62
　　实践案例：塔里木盆地哈拉哈塘采矿权整体连片登记的探索 ·········· 63
　　思考和建议 ·········· 64

第 8 章　油气勘探要运用科学思维 ·········· 65
　　8.1　油气勘探的特点 ·········· 65
　　8.2　油气勘探要坚持的七种科学思维 ·········· 67
　　实践案例：思维革命推动塔里木盆地塔北碳酸盐岩油气勘探 ·········· 71

第二篇　油气开发管理

第 9 章　油气开发的核心是科学拿出效益产量 ·········· 77
　　9.1　科学拿出效益产量要经营好油气藏 ·········· 77
　　9.2　科学拿出效益产量要牢固树立"六大理念" ·········· 78
　　9.3　科学拿出效益产量要做好油气藏开发全生命周期管理 ·········· 80

第 10 章　抓好开发方案编制与实施 ·········· 82
　　10.1　开发方案编制管理 ·········· 82
　　10.2　开发方案实施管理 ·········· 84
　　10.3　特殊油气藏开发方案编制 ·········· 85

第 11 章　高效推进油气田产能建设 ·········· 88
　　11.1　高质量的产能建设是企业效益的源头 ·········· 88
　　11.2　开发部署是产能建设的核心 ·········· 90
　　11.3　一体化组织实施保障集中建产成效 ·········· 93
　　实践案例：玛湖致密砂砾岩油藏高效建产 ·········· 96

第12章　常态化开展老油气田综合治理 · 99

12.1　老油气田大有潜力可挖 · 99

12.2　抓好三项基础工作 · 101

12.3　建立高效的综合治理组织管理体系 · 104

实践案例：塔里木油田老油气田综合治理实践 · 105

第13章　推进提高采收率工程 · 107

13.1　提高采收率是油气藏开发的永恒课题 · 107

13.2　科学组织提高采收率技术攻关 · 108

13.3　特殊油气藏提高采收率技术对策 · 110

第14章　3000万吨大油气田的高质量建成 · 115

14.1　建设背景 · 115

14.2　主要管理做法 · 116

14.3　建设成效 · 120

第三篇　工程技术与数字化

第15章　超深层钻井技术配套 · 125

15.1　钻井技术概述 · 125

15.2　配套安全经济高效的超深层钻井技术 · 128

实践案例：2019年亚洲陆上第一深井——轮探1井钻井实践 · 135

15.3　始终把井控放在首位 · 137

思考和建议 · 141

第16章　超深复杂油气藏采油气技术配套 · 142

16.1　采油气技术概述 · 142

16.2　攻关配套差异化储层改造技术 · 144

实践案例：塔里木盆地博孜凝析气藏改造提产实践 · 148

16.3　科学施策，确保井筒完好 · 148

16.4　科学设计举升工艺，实现高效举升 · 150

实践案例1：塔里木哈得逊油田耐高温电泵举升实践 · 152

实践案例2：塔里木油田库车山前排水采气工艺实践 · 152

第17章　地面工程管理与技术配套 · 154

17.1　地面工程概述 · 154

17.2　地下决定地面，地面服从地下 · 156

17.3　地面系统的优化简化和标准化 ··· 157
　　17.4　深挖油气产品附加值，实现资源价值最大化 ······························· 160
　　思考和建议 ·· 161

第 18 章　数字化油田建设 ·· 162
　　18.1　数字化转型是高质量发展的长远举措 ·· 162
　　18.2　数字化油田建设的要点 ··· 165
　　18.3　数字化油田建设的成果应用 ··· 170
　　思考和建议 ·· 171

第 19 章　科技管理体制建设 ·· 172
　　19.1　坚持开门开放搞科研 ·· 172
　　19.2　以问题为导向组织科技攻关 ··· 175
　　19.3　把科技成果转化为现实生产力 ·· 178
　　思考和建议 ·· 179

第四篇　生产经营管理

第 20 章　建立高效的油公司管理体制 ·· 183
　　20.1　油公司模式是油气田企业管理发展的方向 ······································· 183
　　20.2　打造油公司模式升级版 ··· 186
　　20.3　油公司要选对用好承包商 ·· 189
　　思考和建议 ·· 191

第 21 章　牢牢把握生产运行主动权 ··· 192
　　21.1　科学精细组织生产运行 ··· 192
　　21.2　推行以效益为核心的市场化营销机制 ·· 193
　　21.3　高度重视油地关系协调 ··· 195
　　思考和建议 ·· 197

第 22 章　今天的投资就是明天的成本 ·· 198
　　22.1　科学规划引领高质量发展 ·· 198
　　22.2　优化方案就是降低成本 ··· 199
　　22.3　精细投资管理促进效益发展 ··· 201
　　实践案例：塔里木油田优化工作部署推进提质增效实践 ···························· 203
　　思考和建议 ·· 205

第 23 章　将精细成本管控贯穿到生产经营全过程 …… 206
23.1　精细成本管控与生产经营全面融合的作用和意义 …… 206
23.2　如何将精细成本管控与生产经营全面融合 …… 207
23.3　系统推进业财融合 …… 212
思考和建议 …… 214

第 24 章　用好绩效管理"指挥棒" …… 215
24.1　树立鲜明的考核激励导向 …… 215
24.2　考核激励体系要科学管用有效 …… 216
24.3　推进考核激励落实落地 …… 219
思考和建议 …… 220

第五篇　质量健康安全环保管理

第 25 章　QHSE 管理体系建设 …… 225
25.1　一体统筹 QHSE 管理体系建设 …… 225
25.2　深化推进 QHSE 管理体系运行 …… 227
实践案例：塔里木油田 QHSE 管理体系审核探索与实践 …… 229
思考和建议 …… 230

第 26 章　安全生产是企业发展基础性工程 …… 231
26.1　油气田企业安全风险和管理难点 …… 231
26.2　立足关键环节制定落实管控措施 …… 233
26.3　建立安全生产长效机制 …… 237
思考和建议 …… 239

第 27 章　筑牢应急管理最后一道防线 …… 240
27.1　建立统一高效的组织体系 …… 240
27.2　建立科学适用的预案体系 …… 241
27.3　建立完备充足的资源体系 …… 243
实践案例：博孜 3-1X 井应急抢险救援 …… 245
思考和建议 …… 246

第 28 章　推进绿色低碳转型 …… 247
28.1　油气行业绿色低碳发展面临的新形势新任务 …… 247
28.2　在开发中保护，在保护中开发 …… 248
28.3　新能源是绿色低碳转型的方向 …… 251

第 29 章　抓实质量和健康管理 ··· 253
29.1　推行全面质量管理 ··· 253
29.2　推进健康企业建设 ··· 255

第六篇　企业党的建设

第 30 章　抓党建就是抓发展 ··· 261
30.1　党建工作是国有企业发展的重要法宝 ································· 261
30.2　把企业发展成果作为检验党建工作成效的试金石 ···················· 261
30.3　国企党建工作要在"五个方面"重点发力 ····························· 262

第 31 章　创新和发展党工委统一领导体制 ··································· 265
31.1　党工委统一领导的发展历程 ·· 265
31.2　党工委统一领导需要与时俱进 ··· 266

第 32 章　事业发展关键靠高素质干部人才队伍 ······························ 271
32.1　干部是事业成败的决定性因素 ··· 271
实践案例：塔里木油田"三总师"公开招聘 ······························ 276
32.2　人才是企业发展的第一资源 ·· 277
思考和建议 ··· 280

第 33 章　牢固树立大抓基层的鲜明导向 ······································ 281
33.1　抓基层党建要坚持问题导向、有的放矢 ······························ 281
33.2　推进基层党组织标准化规范化建设 ···································· 282
33.3　推进基层党建"三基本"建设与"三基"工作有机融合 ············ 283
实践案例：科研党建"六小常"工作法 ··································· 286
33.4　牢牢抓住党建工作责任制这个"牛鼻子" ····························· 287

第 34 章　思想政治工作是极大生产力 ··· 289
34.1　企业思想政治工作本质上是做人的工作 ······························ 289
34.2　充分发挥思想政治工作凝心聚力的作用 ······························ 290
实践案例：塔里木油田基层调研 125 项问题整改实例 ··················· 295

第 35 章　履行社会责任是央企与生俱来的使命 ······························ 296
35.1　一切为了大发展，一切为了老百姓 ···································· 296
35.2　把保障广大员工根本利益作为工作出发点 ··························· 298
35.3　把企业发展融入社会发展 ·· 300
实践案例：塔里木油田精准助力南疆各族群众决胜脱贫攻坚 ·········· 300

第一篇
油气勘探管理

资源是油气行业的生存之本、发展之基、效益之源，体现的是油气田企业的核心竞争力。勘探在石油工业中处于龙头地位，其目的就是找油找气、获取资源，龙头舞动起来，整个产业链才会充满生机。油气田企业作为上游企业，通过勘探获得更多的油气发现不仅事关企业自身发展，也事关整个石油工业发展。特别是像塔里木、准噶尔这样的大盆地，油气资源丰富、勘探潜力巨大，如何搞好勘探、掌控资源，在大盆地干出大场面，是企业管理者首要的战略任务。

勘探是一门科学，也是一门哲学，具有特定的理论性和严密的逻辑性，从勘探方向的确定、勘探目标的选择到勘探过程的实施，构成一个严密的体系，各环节之间紧密衔接、环环相扣。搞勘探需要解放思想、大胆探索，更需要系统思维、科学组织，遵循勘探活动的辩证唯物主义认识过程，掌握应用科学的勘探思维和勘探方法实现高效勘探。本篇结合准噶尔盆地玛湖油田和塔里木盆地富满油田、博孜—大北气田的勘探实践，介绍油气勘探管理工作的一些认识体会和工作方法。

第1章　客观认识盆地资源量

油气资源量是衡量一个含油气盆地勘探开发价值的决定性指标。搞清楚盆地油气资源量，是油气田企业必须持之以恒抓好的事关战略全局的重大工作，更是每一位油气田企业管理者科学进行勘探决策部署的前提条件。

1.1　开展油气资源评价是进行勘探决策的前提

我们常说，手中有粮，心里不慌。对油气田企业而言，油气资源就是"粮食"。开展油气资源评价，就是要了解盆地油气资源量和分布情况，摸清资源"家底"，为勘探决策提供支撑。

1.1.1　油气资源的四个基本属性

油气资源是在自然条件下生成并赋存于地层岩石中，是可以通过各种方式和方法被人类开采利用的石油与天然气的总体。油气资源作为一种自然资源，具有四个基本属性：

一是有限性。油气资源属于不可再生资源，其规模有一定限度。油气资源规模和盆地尺度具有很大相关性。一般而言，小盆地含油气系统相对单一、资源规模有限、勘探潜力有限；大盆地具有稳定基底、继承性隆坳格局，发育多套烃源岩、多个生烃中心、多套储盖组合和多个含油气系统，油气藏类型丰富，资源规模大，勘探潜力大。

二是区域性。油气资源的空间分布不均衡，有的地方富集，有的地方贫乏。从全球四大含油气构造域来看，特提斯构造域油气资源量占比达到68%，北部劳亚构造域占比23%，南部冈瓦纳和环太平洋构造域仅占5%和4%，资源分布极不均衡[1]。从盆地角度来看，继承性生烃凹陷区油气最富集。从勘探领域来看，近源和源内的区域性优质储盖组合油气最富集。

三是可变性。地质体是客观存在的，盆地的油气资源是不变的，但是对盆地地质认识的深化是一个螺旋式上升的过程，随着资料的丰富、认识的深化、技术的进步，油气资源量的评价结果是不断变化的。

---

[1] 特提斯构造域与油气勘探.叶和飞，罗建宁，李永铁等，沉积与特提斯地质，2000年，20（1）：1—27.

四是不确定性。资源的不确定性是由资料掌握程度、计算方法选择等因素共同造成的,评价方法的不同和评价参数取值的差异会带来资源评价结果差异。资源的不确定性会带来勘探成果的不确定性,如何选好方法和取准参数是油气资源评价的关键。

1.1.2 油气资源的分类体系

油气资源一般按照地质把握程度、可发现性、可开采性和经济性四个原则进行资源分类。地质把握程度是从认识的可靠程度对油气资源进行分类,可发现性是从资源是否能被规模发现进行分类,可采性是从油气资源开采动用的程度进行分类,经济性是从资源开采经济价值的大小进行分类。

20世纪,欧美和苏联形成各自的油气资源分类体系[2](表1-1)。欧美体系将油气总资源量分为已发现储量和待发现资源两大类,已发现储量分为证实储量、概算储量和可能储量三类,待发现资源分为可采资源量和非可采资源量两类。前苏联将油气资源分为A、B、C、D共四类。

我国的油气资源分类体系最早借鉴前苏联的分类体系,加入WTO之后,逐渐与欧美体系接轨。我国将油气资源划分为两大类五小类,即将资源量划分为未发现的远景资源量和已发现储量两大类,未发现的远景资源量分为推测资源量和潜在资源量两小类,已发现储量分为预测储量、控制储量和探明储量三小类。

表1-1 油气资源分类体系对比表

中国	欧美	前苏联
探明储量	证实储量(P1)	已开发储量(A)
		未开发储量(B)
控制储量	概算储量(P2)	估算或推测储量(C)
预测储量	可能储量(P3)	
潜在资源量	不可采资源量	推测资源量(D1)
推测资源量	远景资源量	远景资源量(D2)

我国对油气资源的管理一般采用"确定性"管理模式,储量和资源量一般是指地质储量和地质资源量,而欧美国家对资源的管理采用"概率性"管理模式,储量与资源量一般指经济可采储量与经济可采资源量,二者无法一一对应。

1.1.3 油气资源评价的意义

油气资源规模的认识决定行业兴衰。20世纪60—70年代,随着数字地震和钻井技

---

[2]油气资源评价方法的分类、内涵与外延.赵迎冬,赵银军,西南石油大学学报(自然科学版),2019年,41(2):64-74.

术的快速发展，深化了含油气盆地资源规模认识，推动了一批世界级大油气田的发现和开发。油气储量和产量规模迅速增加，油气在一次能源中占比达到62.5%，油气行业进入发展新阶段，产生了BP、埃克森美孚、壳牌等一批具有世界影响力的石油公司。

油气资源禀赋影响油气产业格局。中东地区诸多国家资源禀赋好，油气资源丰富，形成了依靠石油发展的产业格局，出口大量油气；而东亚地区的日本、韩国资源禀赋差，少油缺气，需进口大量油气。近年来，美国依靠页岩油气革命实现了能源独立，改变了世界油气供给格局，对世界能源格局产生了重大冲击和深远影响。

油气资源规模和分布认识推动国家战略调整。我国共开展过四轮次油气资源评价（表1-2），每一轮次评价结果都很大程度上推动了国家战略的调整。1981—1985年开展了第一轮全国油气资源评价，估算出全国石油地质资源量为787亿吨，天然气地质资源量为33万亿立方米。西部盆地油气资源丰富，1990年国家提出了石油工业"稳定东部、发展西部"战略。第二轮和第三轮全国油气资源评价，测算出全国石油地质资源量为940亿吨和1086亿吨，天然气地质资源量为38万亿立方米和56万亿立方米，天然气资源规模大幅提升，国家形成了能源多元化、清洁化发展的战略。

表1-2 我国四轮次油气资源评价成果表

评价轮次（年）	一轮资评 （1981—1985）	二轮资评 （1991—1994）	三轮资评 （1999—2003）	四轮资评 （2013—2016）
石油/亿吨	787	940	1086	1080
天然气/万亿立方米	33	38	56	78

2013—2016年开展了第四轮全国油气资源评价，评价结果石油地质资源量1080亿吨，天然气地质资源量78万亿立方米，形成了源内资源是源外常规油气4倍以上的认识，提出了"近源找油"勘探思路。同时，第四次全国油气资源评价结果也表明，中西部叠合复合盆地剩余石油和天然气资源丰富（图1-1），是今后油气勘探的主阵地。

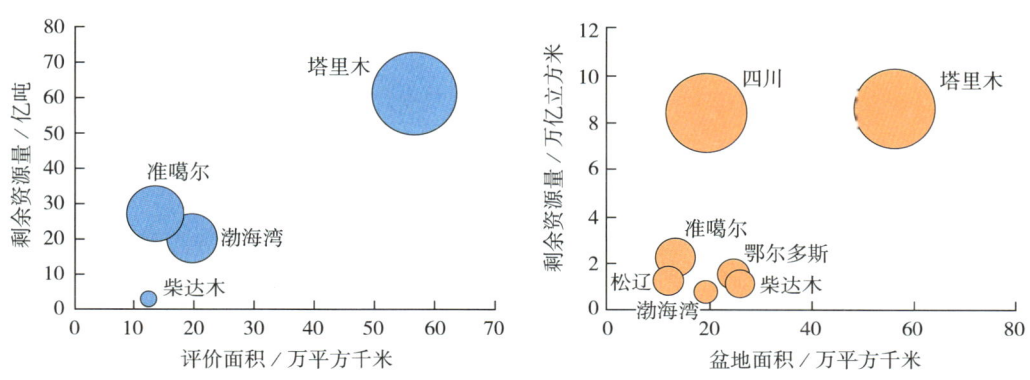

图1-1 中国7大主要含油气盆地剩余石油（左）和天然气（右）资源量图

2018年，习近平总书记作出了"加大国内油气勘探开发力度"的重要批示，各大盆地加大勘探和资源评价力度，油气资源类型和领域发现不断增加，特别是页岩油气和超深领域勘探开发取得了重要进展，有必要开展新一轮全国油气资源评价。

油气资源评价认识影响勘探开发进程。以塔里木盆地为例，"七五"期间完成了第一轮油气资源评价（表1–3），认为盆地资源达到168亿吨油气当量，国家作出了"六上"塔里木的决策，拉开了塔里木盆地石油会战的序幕。"八五"期间进行了第二轮油气资源评价，深化了对天然气资源量的认识，带来了"九五"期间盆地天然气勘探持续突破。"十五"期间开展了第三轮油气资源评价，认识到油气集中分布在库车坳陷和塔北—塔中地区，形成库车、塔北、塔中三大阵地战的战略部署，三大阵地战均打出了大名堂。当下，第四轮油气资源评价深化了超深层和近源油气富集的认识，指导了油田"3+2"战略部署的调整，带来新一轮储量产量的高峰增长。

表1–3 塔里木盆地历次油气资源评价成果表

评价轮次（年）	一轮资评（1981—1985）	二轮资评（1991—1994）	三轮资评（1999—2003）	四轮资评（2013—2016）
石油/亿吨	101.50	107.60	59.94	75.06
天然气/亿立方米	83000.00	83877.09	79599.43	129698.00
油气当量/亿吨	168	174	123	178

1.2 遵循规范流程科学评价油气资源量

油气资源评价就是以石油地质理论为指导，在大量勘探数据、成果与地质认识综合分析归纳的基础上，对地下油气资源总量与分布作出合理的估算与评价。

1.2.1 油气资源评价三大方法

依据评价方法的主要原理，油气资源评价主要有成因法、统计法和类比法三大类。三类评价方法各有其适用条件，在进行不同层次的资源评价时，要优选方法组合使用。

成因法遵守油气从生成到运移、再到聚集成藏的成因原则，通过对烃类的生成量、排出量、吸附量、散失量、破坏量计算，确定最终保留的油气资源量。成因法是对大油气区、盆地、坳陷和区带进行油气资源评价的基本方法，关键是油气分布规律的认识，核心是生烃量和油气成藏过程的研究，对盆地石油地质认识把握越清楚，越要加强成因法的应用。成因法评估的资源分布会影响盆地勘探方向的选择。塔里木盆地前期多轮次的资源评价中，由于主力烃源岩层系和展布认识不清，近源下组合的资源量评价一直不高。2018年以来，下组合的资源评价结果变化很大，从45亿吨油气当量增加到95亿吨油气当量，在此基础上油田公司作出了加大下组合勘探的战略部署。

统计法是应用数理统计方法对资源量进行计算的方法，适用于成藏体系简单、勘探程度较高地区的资源评价。一般假设大油气藏最先发现，小油气藏后发现。统计法的核心是已发现一定数量的油气藏，样本数量足够多，数据分布规律清楚，评价结果才合理可靠。对于勘探初期的评价单元，由于勘探发现少，统计规律认识不清，统计法一般不适用；对于大盆地，由于钻井密度稀，数据样本分布不均，且油气资源分布不均匀，统计法结果代表性不强；对于要进行预探的新区新领域，由于数据缺乏或者有限，统计法结果往往趋于保守。

类比法是按相似性原则，将评价单元与已知单元进行地质要素类比，从而计算评价单元资源量的方法。类比法适用于探井少、勘探程度低的新区新领域，其核心是类比刻度区的选择和地质条件的认识。刻度区勘探程度越高，石油地质条件认识越清楚，类比评价结果越可靠。以塔里木盆地库车北部构造带致密气资源评价为例，第四轮油气资源评价时选取了勘探程度不高的迪北地区进行类比，得到天然气资源量为1.7万亿立方米。"十三五"期间，通过选取四川和鄂尔多斯盆地建立的刻度区进行类比，天然气运聚系数由原来的1.32%增加到4.1%，重新评价天然气地质资源量可达3.5万亿立方米。

1.2.2 油气资源评价三项研究内容

油气资源评价研究涉及地质评价、资源估算、综合经济评价三个主要研究内容。

地质评价是对评价单元的油气地质条件进行研究和评价，是开展资源评价的基础，包括地质背景研究和成藏地质研究两方面。地质背景研究主要开展区域地质背景、盆山关系、盆地演化、地层发育及构造特征等方面研究；成藏地质条件研究包括生储盖及其组合特征、圈闭类型、成藏要素时空配置关系等内容。

资源估算是依据地质评价认识，通过优选合适的评价方法，估算地质单元油气资源量的过程。资源估算是油气资源评价的核心工作。

综合经济评价是在资源估算的基础上，综合评价油气资源总量，研究其空间分布规律，评估油气资源勘探风险，分析勘探可行性和经济性，进而提出勘探开发部署建议的过程。综合经济评价是资源评价的最终成果。

1.2.3 油气资源评价的四个层次

按照油气资源评价单元的尺度，一般要开展盆地、区带和圈闭三个层次的资源评价。

大油气区是指处于同一构造动力学背景中，储量规模较大，在成因、类型和分布方面有联系或相关的含油气区或油气聚集带。大油气区评价是基于全球板块构造演化和构造区划认识基础上进行的石油地质综合研究和资源量预测，核心是区域石油地质条件研究，方法主要是进行区域/盆地的地质类比，目的是明确各大油气区的资源潜力。大油气区资源评价是国家或跨国企业制定全球勘探战略的主要依据。

盆地评价是基于含油气系统研究认识基础上开展的油气资源评价，核心是含油气系统研究和评价，目的是明确盆地资源规模和剩余资源分布规律。通过盆地评价，可以明确油气主要的富集领域和发现未知的可勘探新领域。盆地评价是国家或企业进行投资战略决策的重要依据。大盆地、油气富集盆地和剩余资源规模大的盆地往往是优先投资的对象。

区带评价是基于生烃凹陷认识基础上开展的油气资源评价，核心是含油气区带评价和优选研究，目的是明确勘探方向。区带评价是油气田企业进行勘探布局的重要依据。针对预测评价有利的区带目标，要进行风险勘探，证实区带的含油气性，一旦风险勘探成功，就要加快勘探节奏，落实规模资源，推动规模上产。

圈闭评价是对具体圈闭开展的油气资源评价，核心是油气藏模式的构建，目的是提高钻探成功率。不同勘探阶段，圈闭评价的侧重点不同。在预探阶段，圈闭评价要大胆构思、小心求证，构建科学合理的油气成藏模式，指导钻探目标落实。在集中勘探阶段，圈闭评价要注重于油气藏模式的推广和应用，实现规模效益勘探。在滚动勘探阶段，圈闭评价要转向新层系和新类型的成藏模式研究，力争获得新层系和新类型的勘探突破。

1.3　科学评价叠合复合盆地油气资源量

油气资源评价方法已经比较成熟，地质认识程度成为影响评价结果的主要因素。中西部叠合复合盆地由于目的层埋深大、油气成藏条件复杂，需要重点做好盆地整体研究和基础研究，才能客观认识其油气资源量。

1.3.1　中西部叠合复合盆地油气资源评价面临的挑战

我国中西部盆地都经历多个构造旋回，形成叠合复合盆地，多期次构造运动造就了复杂的石油地质条件，给油气资源评价带来了诸多难题。

一是勘探面积大，叠加变形复杂，全面认识盆地很难。例如，塔里木盆地面积56万平方千米，是我国陆上面积最大的含油气盆地，准噶尔盆地面积13.6万平方千米。两个盆地分别经历3轮次、2轮次超大陆裂解和聚敛旋回，盆地原型种类多，变形叠加改造复杂，隆坳格局变迁频繁，成藏调整改造强烈，全面认识其形成演化过程和成藏匹配关系难度较大。

二是油气成藏复杂，准确认识大盆地地质特征和资源空间分布难度大。叠合复合盆地经历多期构造运动、多期成藏，油气藏类型复杂多样，成藏条件差异性大，要全面认识成藏地质要素、油气藏类型、油气分布规律难度很大，而且越向深层，认识程度越低，技术越不配套，给资源评价带来的不确定性就越大。

三是油气藏埋藏深，资源评价既要评价资源规模，还要评价勘探开发的经济性。如塔里木盆地 60% 以上的资源分布在 6000 米深的超深层，目前已发现最深的油气藏达 8260 米，今后钻探深度甚至超过 10000 米。勘探深度越深，地质条件越复杂，工程技术难度越大，成本越高。因此，需要加强地质研究，落实规模资源分布区，确保勘探开发的经济性。

1.3.2　盆地整体研究是资源评价的基础

"不谋万世者，不足谋一时；不谋全局者，不足谋一域。"抓好盆地整体研究是管长远的大事，是客观认识盆地资源潜力的基础。要通过开展"生、储、盖、圈、运、保"六大石油地质条件研究，明确盆地含油气系统分布及地质要素特征，为客观评价油气资源量提供地质依据。

一个含油气盆地的整体研究，随着地质认识的深化和勘探实践的推进，需要开展多轮次攻关。受盆地石油地质特征复杂程度影响，中西部叠合复合盆地研究周期一般为 3～5 年，是一个"认识指导实践—实践深化认识—认识再指导实践"的循环过程。

针对中西部叠合复合盆地，开展整体研究就是要把盆地当作一个大系统，细分为多个含油气系统，围绕含油气系统开展烃源岩、储层、盖层和断裂等关键要素的研究、描述和评价。将每个含油气系统的成藏过程细分为成盆、成烃、成储、成圈和成藏五个动态过程（图 1-2），重点分析每个过程中烃、储、盖、断的匹配关系，明确烃源岩生烃量、油气输导体系、油气运移成藏有利区域、油气成藏模式和油气成藏组合等石油地质条件，需要重点做好五方面的工作。

一是做好整体研究顶层设计。将叠合复合盆地作为大系统进行结构功能划分，明确每个功能系统的要素组成。在此基础上构思研究顶层设计，明确研究内容，做好短期、中期和长期研究规划。可以按照基础图件、成盆、成烃、成储、成圈和成藏六个方面开展顶层设计，明确盆地工业化图件编制计划、阶段重点研究内容和预期目标。

二是明确工作方法和原则。采用从露头区到覆盖区、从有井区到无井区、从三维区到二维区、从简单区到复杂区的"四从"研究方法，最大限度用好资料、技术、认识增量，注重动态研究成果应用，举一反三，由此及彼，提高整体研究成果的质量。整体研究过程要遵循构造层、标志层、物质平衡、优选简单模型、局部服从整体、系统化、具体问题具体分析和认识闭环等八大工作原则。

三是编制好基础工业化图件。主要指的是搭建盆地格架线网络，编制盆地工业化图件。格架剖面要能够全面反映盆地隆坳格局、沉积地层格架、等时层序格架、构造层、不整合面及期次、断裂构造样式等基本信息。编制盆地工业化图件时要重点解决好研究原点不一致的问题。塔里木油田经过三年的攻关,建立了"五横五纵"格架线网络(图1-3),编制了156幅盆地级工业化图件,为油气资源评价奠定了资料基础。

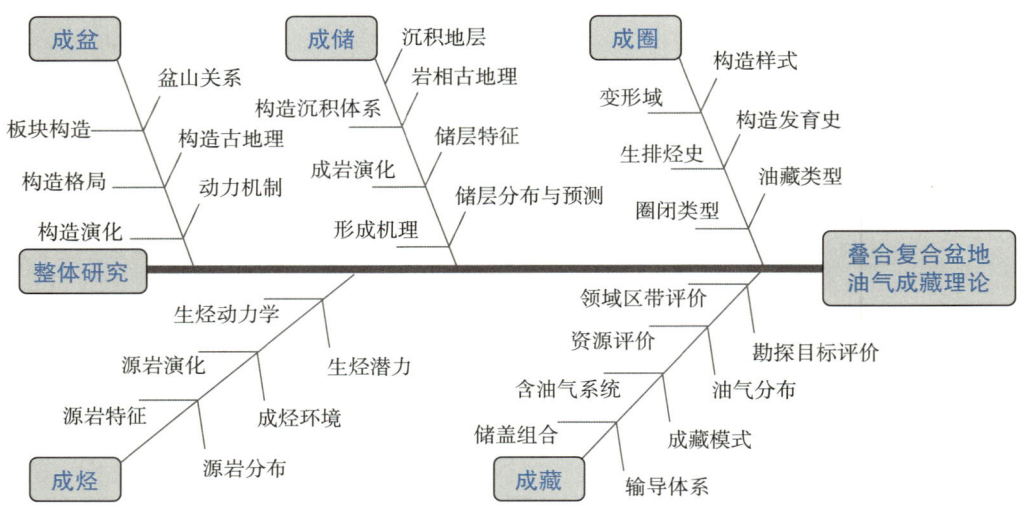

图1-2 中西部叠合复合盆地整体研究框架图

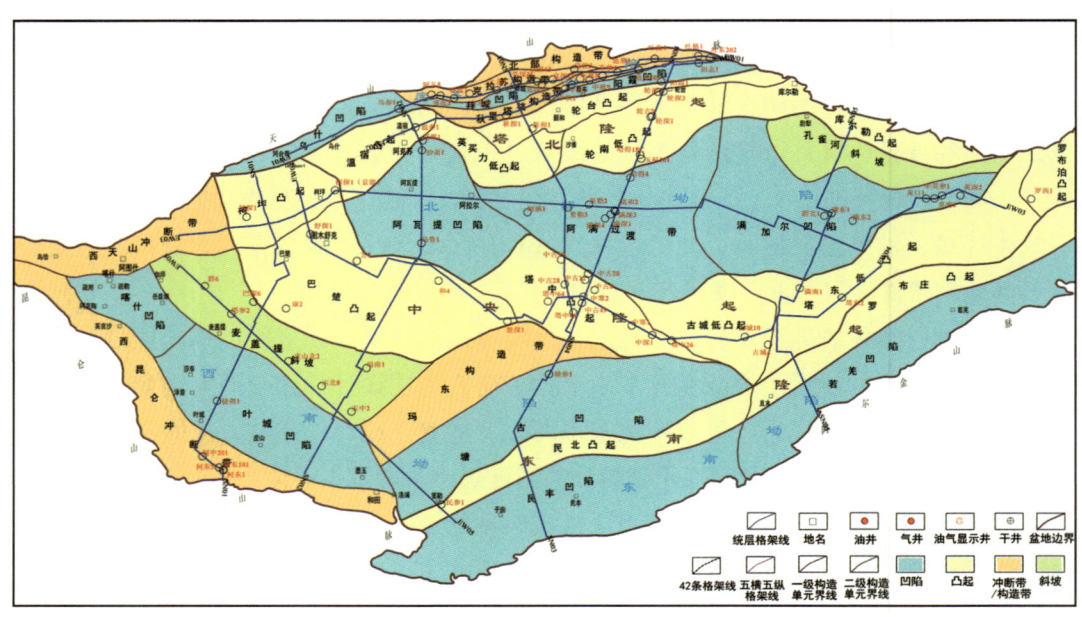

图1-3 塔里木盆地"五横五纵"格架线展布图

四是突出"四全"整体研究。开展从板块到目标的全空间尺度、从古到今的全时间维度、从构造到成藏的全专业链条、从烃源岩到圈闭的全系统分析研究工作,搞清

"生、储、盖、圈、运、保"六大要素的匹配关系，从而对盆地的前世今生、油气成藏的因果轮回形成全面认识。

五是强化研究全过程质控。盆地整体研究内容多、涉及专业广，研究过程要建立全过程表单，逐项明确研究内容、支撑图件、责任分工、审核质控责任人和标志性成果；突出节点式过程管控，及时跟踪项目进展，及时审核阶段成果，确保研究工作有序、及时、高效推进。

1.3.3 基础地质研究是油气资源评价的核心

基础不牢，地动山摇。基础地质研究主要是针对整体研究各项地质要素的形成机理而开展的实验性、理论性和创造性相结合的活动，解决的是油气分布规律不清楚、勘探主攻方向不明确、勘探目标不落实、勘探成功率忽高忽低、大起大落等关键问题，重点要做好五方面的工作。

一是抓好地层的统层工作。叠合复合盆地地层纵向上变化大，横向上差异明显。需要通过地震地质统层工作，明确盆地不同区块地层差异，建立盆地等时地层格架，为后续研究奠定基础。新疆油田"铁栅栏"格架线建立和塔里木油田"五横五纵"格架线部署，是为抓好盆地地层统层而进行的地震资料准备，为两个盆地基础地质认识提升做出了重要贡献。

二是做好盆地构造演化研究。叠合复合盆地经历地质时间长，构造运动期次多，构造演化历史复杂，叠加改造过程强烈。要开展不同时期板块构造背景、盆山耦合关系、隆坳格局演变、构造变形样式、输导体系活动性，以及形成动力学机制研究，恢复盆地演化过程，明确不同时期的构造运动对油气成藏的控制作用。

三是抓实超深层沉积储层研究。中西部叠合复合盆地勘探目的层主要在超深层，做好超深层沉积模式建立、沉积相研究、成岩演化分析、储层特征描述和规模储层发育机理研究非常关键。做好超深沉积体系研究，就能确定烃源岩发育有利相带，落实生烃凹陷展布，明确有利生储盖组合配置及分布；搞清超深储层形成机理，就能明确超深储层特征和形成控制因素，预测规模储层发育有利区，为超深层勘探指明主攻方向。

四是做好油气成藏研究。叠合复合盆地油气调整改造频繁，油气相态多样，油气藏类型复杂。要开展烃源岩成熟演化过程、油气源对比分析、成藏期次厘定、成藏模式构建、成藏过程动力学机制和油气分布规律研究，明确油气富集区，指导勘探获得突破，提高勘探成功率。

五是要重视交叉学科的研究。叠合复合盆地各种地质要素叠加、相互影响，需要抓好不同学科之间的交叉研究，特别是要抓好以层序地层为基础的构造沉积体系研究，以烃源岩为核心的含油气系统研究，以输导体系和储盖组合为核心的优势成藏规律研究。通过构造与沉积、构造演化与储层演化、储层与成藏的专业交叉研究，形成创新性地质认识,丰富和发展叠合复合盆地地质理论,支撑油气资源评价结果新认识,指导勘探开发实践。

2018年以来,塔里木油田持续强化盆地整体研究和基础研究,深化地质理论认识,重新划分了盆地四大含油气系统和三大成藏组合(图1-4)。评价盆地油气资源量为238亿吨油气当量,较"十三五"评价的178亿吨资源量有大幅增长;认识到盆地油气资源主要分布在深层超深层,其中埋深超过4500米,石油资源占比92.47%,天然气资源占比90.77%,有力指导了盆地油气勘探工作,为油田勘探战略决策制定奠定了基础。

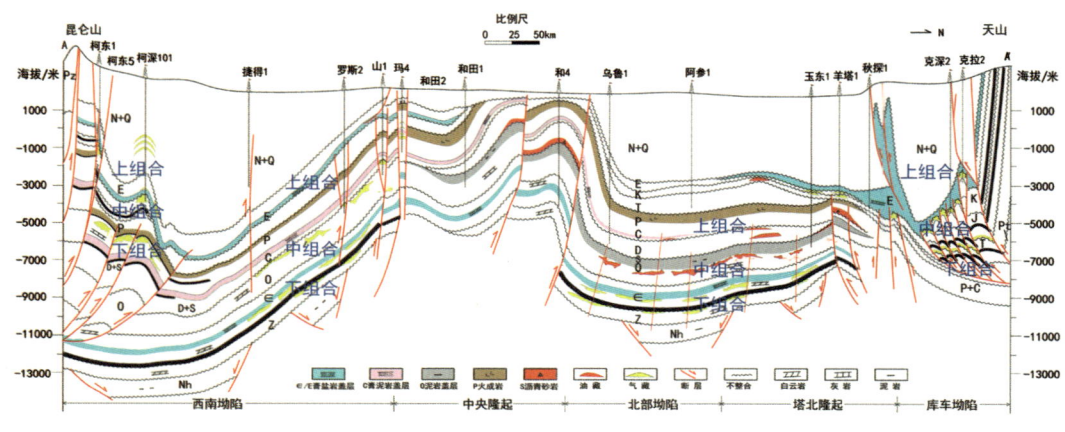

图1-4 塔里木盆地南北向油气藏剖面图

思考和建议

资源评价的准确性对于科学指导盆地勘探工作尤为重要。做好复杂盆地油气资源评价,盆地整体研究是基础,基础研究是核心,前者能够形成盆地动态性、连续性和系统性的认识,后者则能提供盆地创新性、机理性和规律性认识,为客观认识盆地资源规模奠定认识和理论基础。

油气田企业管理者既要充分认识到资源评价工作的重要性和指导性,也要明白过程的长期性和艰巨性;既要持续加大研究投入,确保研究连续性和稳定性,也要鼓励研究人员大胆创新,构思新的油气藏模式,发现新的油气藏类型,不断落实盆地资源规模。

第 2 章 把地震勘探放在极端重要的位置

"成也物探、败也物探",这是老一代石油人对地震勘探重要性的高度概括。可以说,油气勘探的发现史就是一部地震勘探技术创新史,地震勘探技术的每一次进步,都推动了油气勘探的新突破。油气田企业要实现油气高效勘探,就必须把地震勘探放在极端重要的位置。

2.1 地震勘探对油气勘探开发起决定性作用

地震是地质家的"眼睛"。地震勘探是利用人工方法引起地壳振动(如炸药爆炸、可控震源振动),再用精密仪器接收振动信息,对信息处理后得到地下岩层二维剖面或三维立体成像资料,让地质家能够清晰"看到"地下地质体(图 2-1)。地震勘探是当代油气勘探最重要的技术手段之一,在工程地质勘查、区域地质研究和地壳研究等方面也广泛应用。

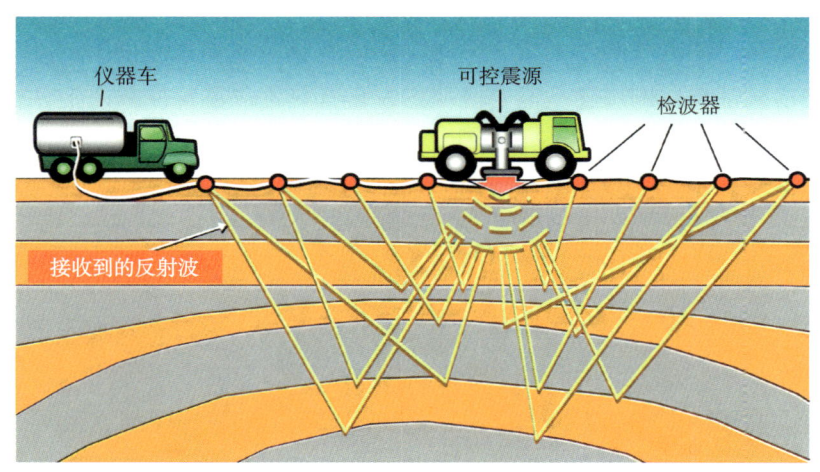

图 2-1 地震勘探方法示意图

2.1.1 地震勘探的特点

通俗地讲,地震勘探就是给地球做 CT。地震勘探的探测深度从数十米到十几千米，远大于地表调查、钻井等方法；空间上可分辨 10 米级的地质体，探测精度远优于重力、磁力、电法等其他地球物理方法。

地震勘探具有三个特点：一是技术含量高。地震勘探面向复杂地质体海量数据的采集、处理和解释，需要高端装备、高效运算、高精处理、高清显示，最新最高端的计算机往往首先用于地震勘探。二是技术更新换代快。近百年来的技术进步用"日新月异"形容一点都不为过，一般 3~5 年就更新一代。三是跨专业技术密集。它涉及地质学、数学、物理学等基础学科，集成了电子、机械、通信和计算机等多种工业技术。

2.1.2 地震勘探在油气勘探中的作用日益突出

地震勘探始于 19 世纪中叶。1845 年，R. 马利特曾用人工激发的地震波来测量弹性波在地壳中的传播速度，这是地震勘探方法的萌芽。1913 年，R. 费森登发明反射法地震勘探方法，1921 年，J.C. 卡彻将反射法地震勘探投入实际应用，在美国俄克拉荷马州首次记录到人工地震产生的清晰反射波。1930 年，通过反射法地震勘探工作，在美国俄克拉荷马州发现了三个油田，地震勘探正式进入了工业化应用的阶段。1970 年，埃克森石油公司在美国勘探地球物理学家学会年会上率先发表了三维地震的研究成果，该技术的发展推动了一批超级大油气田的发现，如阿尔及利亚 Orthoude 油田、沙特阿拉伯 Ghawar 油田、阿拉斯加 Alpine 油田。

21 世纪以来，随着油气勘探向超深复杂领域进军，叠前深度偏移技术、三维可视化解释系统、弹性阻抗反演技术、时移地震技术、深度域地震信息展示技术等一系列高新技术迅猛发展，地震勘探技术在油气勘探发现中所发挥的作用日益凸显。国际上西非深海海域和巴西海域盐下的重大发现，国内准噶尔盆地玛湖油田、塔里木盆地克拉苏气田和富满油田、四川盆地高磨区块的发现都是地震勘探发挥决定性作用的典型案例。

2.1.3 塔里木大发展物探发挥了特殊重要的作用

塔里木盆地油气勘探始于 1952 年，当时油气勘探主要依靠野外地质露头调查、少量钻井、重磁电等资料，初步了解盆地地层及地质结构，通过钻探地表构造，发现了依奇克里克油田。20 世纪 70 年代，地震勘探技术开始登上塔里木油气勘探历史的舞台，模拟地震勘探技术的应用推动了塔西南马蹄形会战，发现了柯克亚气田。20 世纪 80 年代，数字地震勘探技术引入后，逐步解决了"构造带轱辘、高点带弹簧、圈闭捉迷藏"的难题，推动了塔里木油气勘探 7 个里程碑事件（图 2-2）。

1983 年，引进沙漠数字地震技术，实施 19 条贯穿全盆地地震格架线，揭示了盆地"三隆四坳"的构造格局，首次揭开了塔里木盆地的神秘面纱。

1986 年，塔中、塔北两大古隆起二维地震的实施，实现了轮南、英买力、塔中战

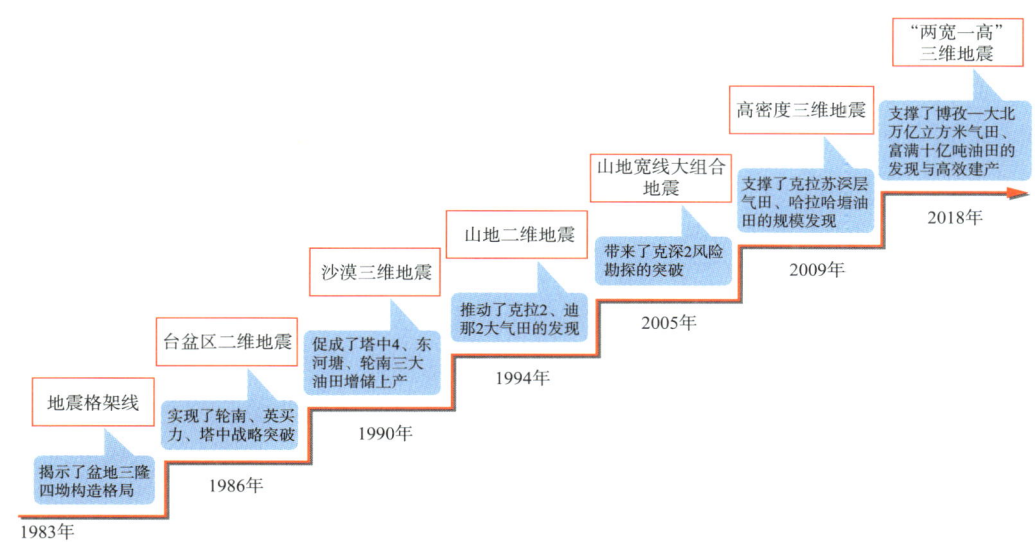

图 2-2 塔里木盆地地震技术发展与油田发展关系图

略突破。

1990年，沙漠三维地震的应用，促成了塔中4、东河塘、轮南三个大油田的高效开发。

1994年，山地二维地震直测线攻关与规模实施，推动了克拉2、迪那2大气田的发现。

2005年，山地宽线大组合地震技术创新与应用，带来了克深2风险勘探的突破，发现了克拉苏深层万亿立方米大气田。

2009年，高密度三维地震技术规模化应用，支撑了克拉苏深层气田、哈拉哈塘油田的规模发现。

2018年，"两宽一高"三维地震技术的创新与应用，支撑了博孜—大北万亿立方米气田、富满十亿吨油田的发现与高效建产，确保了塔里木油田3000万吨大油气田如期建成。

2.2 大型含油气盆地的地震部署要打破常规

含油气盆地地震勘探的通常做法可概括为：盆地评价阶段采用二维地震格架线了解盆地结构，区带评价阶段采用二维规则测网锁定有利区带与重点目标，目标评价阶段采用常规三维地震落实资源规模，油气藏评价阶段采用高精度三维地震刻画油气藏形态。随着油气勘探节奏不断加快，地震勘探要打破常规，不能按部就班。特别是大型含油气盆地，在投资有限的情况下，即使少打井，也要部署三维地震。

2.2.1 以战略思维整体部署盆地格架线

高精度的盆地格架线是开展盆地评价、层系评价的重要资料，对确定油气勘探方向、优选有利区带极其重要。特别是处于勘探早—中期的大型叠合复合盆地，很多基础性地质问题还没有完全认识清楚，更需要通过高品质盆地格架线落实盆地深层结构和烃源岩分布，分析含油气系统，指出油气勘探方向。

过去，油气田企业为了节约投资，通常利用已有二维地震测线反复拼接处理形成格架线。这种方式受地震采集时间不同、采集方法差异、资料品质差别、记录长短不一等因素影响，难以落实盆地深层结构和烃源岩展布，不利于盆地评价、层系评价和有利区带优选。要搞好盆地研究，就要以"面向盆地整体勘探、面向全层系立体勘探、面向企业长远发展"的战略思维，整体部署纵横向贯穿盆地的高品质格架线，一次性解决盆地整体研究的认识问题。

以塔里木盆地为例，过去绝大多数的盆地格架线都是在反复拼接处理老的二维地震资料，转折处地下形态畸变，无法落实深层地质结构和烃源岩分布。为解决这一问题，油田公司从 2019 年开始下决心部署了一批高品质二维格架线，使深层基底结构与烃源岩识别问题得到了有效解决。例如阿满过渡带，老格架线（A）寒武系—前寒武系成像品质差，新格架线（B）解决了深层成像问题，前寒武地层反射信息更加丰富，地震相特征更加清晰，发现了阿瓦提凹陷—满西过渡带发育阿满低梁，控制了震旦—寒武系高能相带的展布，有效指导了盐下油气勘探方向。

2.2.2 高度重视、系统谋划新区新领域地震勘探

新区新领域是油气田企业潜在的战略接替领域，勘探程度普遍较低，要么地质条件极其复杂、认识程度低，要么受限于现有技术手段，久攻不克，往往需要经历攻关、实践、认识，再攻关、再实践、再认识的漫长过程。油气田企业一般把主要研究力量和勘探资金投入富油气区带，对新区新领域的研究和投入较少。

油气田企业要实现可持续发展，就要系统谋划新区新领域勘探，特别是地震勘探工作。通过整体规划、超前部署，分区分领域开展地震勘探技术攻关，围绕富烃凹陷，切实加强地震投资力度，建立稳定的科研团队，强化技术成果总结和推广应用，提高技术能力，提升地质认识，打开新区新领域的突破口。要保证新区新领域每年足够的二维地震工作量，支撑区带评价，落实预探目标；针对地震地质条件超复杂的有利区带，要改变用二维落实目标，钻探发现之后再部署三维的勘探模式，二维地震一旦发现目标显示，直接部署风险三维地震，缩短发现周期，降低勘探风险。

2.2.3 推进富油气区带高精度三维地震全覆盖

富油气区带是油气田企业增储上产最现实领域，其油气藏控制因素、油气富集规律、圈闭组合特征清楚，资源与效益条件优越，应采取积极进攻性手段，加快落实规模效益储量，推进规模建产，尽快将资源转化成效益。

要实现以上目的，高精度三维地震全覆盖是最现实选择。没有高精度三维地震，就很难识别优质地质目标，三维地震达不到全覆盖，就很难做到整体认识和评价。以往三维地震是按照"边部署边认识、小块部署滚动扩边"的模式组织实施的，投资到位多少就部署多少。这种部署模式不利于区带整体认识，不利于规模增储与快速建产。必须改变常规做法，针对油气富集规律认识基本清楚的区块，预探一旦获得工业油气，就要快速实施大规模高精度三维地震，推动区带整体认识、整体评价；要强化以地质认识为基础的勘探开发一体化部署研究，将一次采集和二次采集统筹纳入规划，既能快速整体认识富油气区带，又能提高资料品质，提高钻探成功率和高产高效井比例，有效控制投资、降低成本，大幅提升勘探开发效益；对不能用于评价建产的老三维要下决心重新采集。

实践案例：下大决心实施富满油田大连片三维地震

富满油田位于新疆维吾尔自治区阿克苏地区沙雅县境内，矿权面积1.6万平方千米。富满油田勘探历程可分为三个阶段：2013年哈得32C井首获高产，拉开了富满油田高效勘探序幕；2014年跃满区块获得发现，奠定了走滑断裂控储控藏雏形；2019年富源210井突破，完善了断控碳酸盐岩地质理论。

至此，富满油田的地质认识基本清晰，三维地震技术基本准备到位：一是走滑断裂控储控藏控富认识更清楚，大断裂控制大油藏、小断裂控制小油藏；二是资源潜力认识更清楚，利用二维地震与三维地震联合研究初步识别出70条主干走滑断裂，估算富满油田石油资源量超10亿吨；三是井位部署思路更清楚，形成了"沿走滑断裂、打强串珠储层"的井位部署方法，高效井比例大幅度提高；四是高密度宽方位三维地震技术成熟定型，能够满足超深断控缝洞型碳酸盐岩油气藏描述需求。要快速拿下这10亿吨大场面，首先要在三维地震上做文章。

富满油田发现之前，塔北碳酸盐岩每年部署三维地震600～700平方千米，11年仅部署7200平方千米，到2018年底尚有约5000平方千米三维地震空白区。如果按照老办法滚动扩边，无法满足整体评价、快速建产需求。

研究认为，只要紧抓走滑断裂控储控藏控富这一"牛鼻子"，快速实现高精度三维全覆盖，就能快速打开局面。没有投资，优化钻井部署少打井，也要采集三维地震。为此，塔里木油田按照"整体部署、分步实施"的思路，一次性部署4块4900平方千米的高精度三维地震，三年内实施完成（图2-3）。

特别是2020年，塔里木油田整合勘探、评价、开发投资，以及油田自筹资金，实施了塔里木盆地有史以来面积最大（2408平方千米）的单块三维。虽然一次投入资金巨大，影响了油田当年考核，但从长远发展来讲，产生的效益是巨大的。地震采集实施过程中，充分利用沙漠区冬季施工最佳季节窗口，首次采用了"同步采集＋交替采集"的模块化施工模式，既避免了两支队伍同时采集的相互干扰，又提高了施工时效，仅用四个月就高效完成了超大规模采集任务。

2019—2021年，富满油田实现了三维地震全覆盖，断控缝洞型碳酸盐岩储层成像精度大幅提升（图2-4），实现Ⅰ、Ⅱ级断裂与缝洞体清晰精准成像，新发现主干走滑断裂11条，发现圈闭96个，提供勘探开发井位180口，钻井成功率由83%提高到96%，高效井比例由27%提高到79%，落实了一个10亿吨级的超深富油气区。单块面积最大的富满Ⅱ期三维的实施效果尤其突出，新发现3条Ⅰ级走滑断裂带，长115千米，发现圈闭24个，石油资源量超5亿吨；部署井位47口，完试12口井全部高产，其中千吨井4口，上交石油地质储量3.6亿吨，新建产能28.5万吨，实现了当年采集、当年处理、当年布井、当年发现、当年交储量。

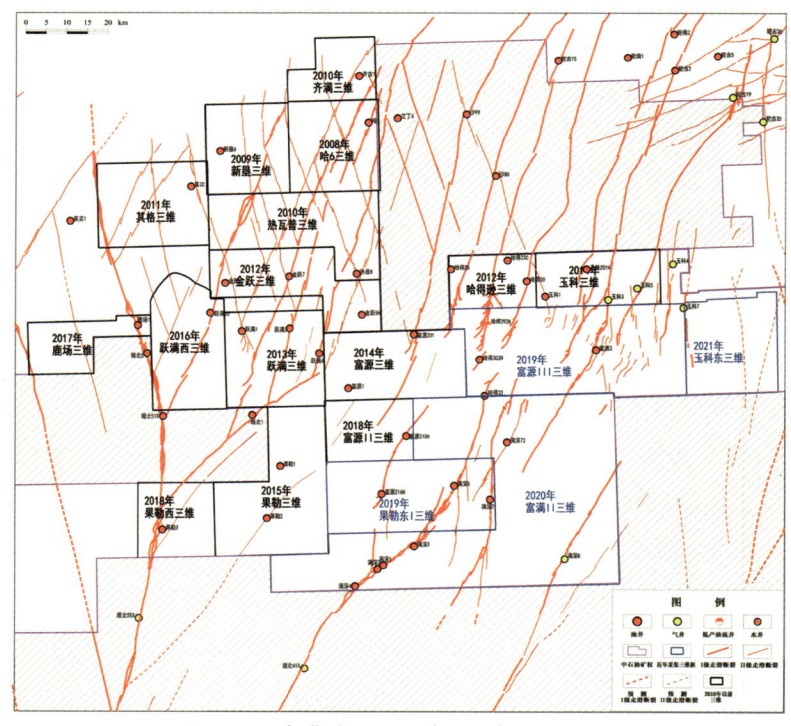

图2-3　富满油田及周缘三维部署平面图

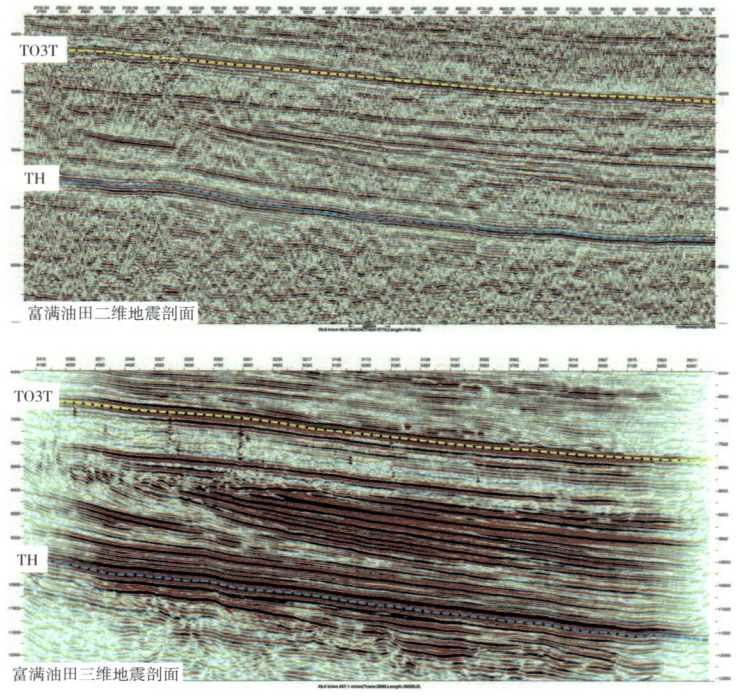

图 2-4　富满油田地震剖面对比图（上：二维，下：三维）

2.3　加强地震勘探全过程管控

地震勘探成效的关键在于过程管控。要推行部署、设计、施工一体化管理，采集、处理、解释一体化攻关，实现地震业务从项目部署到项目验收的全业务科学统筹、全生命周期管理。要通过建章立制、规范流程、分级管理、强化属地责任等工作，把住质量、时效、成本三个关口，管好设计、采集、处理、圈闭研究四个环节，提升地震勘探成效。

2.3.1　把好质量、时效、成本三个关口

一是把好质量关。首先是技术提质，结合不同地质对象的地震地质特点，制定分区分领域的地震技术政策，配套完善地震技术体系和标准，提升地震成果质量。比如，大沙漠地区要采用高密度宽方位三维地震技术，有效补偿强能量衰减，提高深层弱信号的成像质量和储层描述精度；复杂山地区要采用高密度三维地震技术，有效解决复杂构造引起的射线空洞问题，提升深层复杂小地质体成像质量。其次是管理保质，要把"表单化管理、节点化管控"执行到位，一道工序对一道工序负责，层层压实工作责任；充分利用信息化、可视化等技术手段，优质高效组织好生产施工，全过

程把好质量关。

二是把好时效关。如何缩短油气发现与规模建设周期是油气田企业面临的巨大挑战，也是地震勘探需要着力解决的重大课题。"有多少钱、干多少事"的传统模式，已经难以满足大型含油气盆地的地震勘探需求。要树立"大时效"理念，紧盯富油气区带与有利接替区，系统谋划干大事，"干多少事、筹多少钱"，大打地震勘探进攻战、歼灭战。具体地震项目的实施，要在保证质量的前提下狠抓时效，根据勘探开发需求设置合理周期，充分利用好地震施工最佳季节窗口，高效组织好采集、处理、解释工作，控制好过程节点，确保按期完成。

三是把好成本关。地震勘探要树立"大成本"理念。首先，要统筹勘探、评价、开发地震部署，做好顶层设计，避免分头部署、各自行动、重复投入，降低整体成本。其次，要提高质量降低成本，强化物探技术攻关，提高地震资料品质，提高钻井成功率，这是油气田企业最大的降本增效项目。另外，要精细管理降低成本，以技术经济一体化为原则，优化技术设计，降低工程成本；要分区分领域建立造价体系，实施合格品计价，控制好结算成本。

2.3.2 管好设计、采集、处理、圈闭研究四个关键环节

一是管好工程技术设计。工程技术设计大多由施工方或第三方负责，造成施工方"能干什么就设计什么、想怎么干就怎么设计"的现状。油气田企业应把设计的"刀把子"牢牢抓在自己手里，成立专业机构，统一负责工程技术设计，实现油田主导、目标导向，需要什么就设计什么，怎么设计就怎么干，从源头保障地震工作质量和成本控制。

二是管好地震采集。地震采集是地震勘探最基础、投资最大的环节。要保证采集质量，必须按照精细施工设计、精准施工组织、精良施工装备、精益施工保障的"四精"工作要求组织实施。精细施工设计，就是通过详细的前期踏勘做实地面可实施性论证工作，对障碍物、干扰源等影响炮检点布设的外部因素进行详细调查，确保设计方案可实施性强。精准施工组织，就是统筹谋划全探区同期施工项目的人力、物力、财力等资源，采用模块化施工、串并行相结合的组织方式，节约采集周期与成本。精良施工装备，就是要有性能稳定、工艺精良的关键采集设备、机动设备、辅助设备，保障地震采集资料品质。精益施工保障，就是要落实施工准入与许可，积极开展地方关系协调，加强甲乙方联动，确保项目高效运行。

三是管好地震处理。地震处理是最关键、技术含量最高的环节。要着力抓好三方面工作：第一，抓好处理部署。遵循"整体部署、分块处理、连片研究"的工作思路，在区带整体部署的基础上，结合年度生产需求，有计划地开展分带分块处理，既避免单块之间交叉重复，又能实现区带全覆盖，既能满足区带整体认识与研究需求，

又能满足圈闭井位研究的高精度要求。第二，抓好区带统一设计。同一区带统一处理流程、统一技术标准、固化关键技术参数，实现分块处理、连片效果。第三，抓好组织实施。明确项目负责人、工序质检责任人，优选项目承包商，统一调配处理资源。特殊情况下，以会战模式组织实施，集中优势资源，确保快速、高效、规模提供高品质处理成果。

四是管好圈闭研究工作。地震解释与圈闭研究是地震勘探最核心的环节，也是地震资料转化为油气发现的关键。要抓实"区带全层系立体解释、目标层精细解释、圈闭识别与精细描述"三个方面的研究工作，重点要抓牢过程质控与审查管理。这就要求油气田企业建立不同类型的圈闭研究技术规范、标准流程、分级评价与质检标准；建立并实行严格的分级审查流程，从圈闭研究的资料源头开始，开展详细的过程质控与审查，确保圈闭研究成果质量；树立圈闭全生命周期管理理念，把圈闭管理贯穿到勘探开发全过程，实现圈闭"升级、降级、核销、转型"的动态管理。

实践案例：举全油田之力打好地震处理与圈闭研究会战

2020年，塔里木3000万吨大油气田建设进入攻坚阶段，"钻机等井位、井位等圈闭、圈闭等资料"的矛盾非常突出，亟须提供规模高质量地震资料与圈闭成果。面对这种局面，油田党工委经专题研究，果断决策，决定举全油田之力，会同东方地球物理公司开展地震处理与圈闭研究大会战，并采取了四个方面创造性措施：一是成立"一把手"挂帅的会战领导小组，统领全局，统筹协调；二是召开会战推进大会，统一思想，集中调配，确保会战资源投入到位；三是成立处理解释专家组，解决关键技术难题，把好质量关；四是建立会战管理机制，设置专项奖励资金，保证会战周期和质量。

2020年4月28日，塔里木油田召开三维地震采集处理解释一体化工作推进会，发出"地震采集处理与圈闭井位研究会战动员令"，要求按照"油田统领、机关统筹、资源统配、工序质控、节点管控、专家把控、资料共享、技术互振、成果总装"的会战组织模式，着重抓实四项重点工作。

一是抓实顶层设计。明确本次会战是塔里木油田当前最重要最紧迫的提质增效项目，也是管长远、实现高质量发展的提质增效项目，明确塔北—塔中、库车主战场14块三维12458平方千米地震资料精细成像处理与圈闭研究，明确要在220天内提供一批优质圈闭与钻探目标，解决油田钻机等圈闭的困境。

二是抓实资源统配。集中调配8家单位技术人员450人、大型高端处理解释机群

1500个节点24000核26P存储,动用主流处理解释软件许可500余个。特别是在会战攻坚阶段,紧急动用天津超算中心运算设备,解决了海量数据高效运算难题。

三是抓实质量管控。严把工程设计关,行政领导负责,技术专家把关,实施三级方案审查;严把关键技术环节关,专家靠前把关,确定技术对策;严抓过程质控,确定35个关键节点,实行三级质检。

四是抓实工期管控。采取轮班制,机器不停歇,人员不缺位,实现人、机、资料无缝衔接。会战过程中创新"六早"工作法,即基础资料早准备、下道工序早介入、地质人员早参与、风险早识别、遇事早沟通、争议早决策,最大限度缩短研究周期。

本次会战提前完成14块三维面积12458平方千米的地震处理与圈闭研究工作,取得显著成效,塔北—塔中资料信噪比、分辨率显著提升,缝洞体成像,尤其是二三级断裂及小串珠实现清晰成像(图2-5);库车山前盐下深层小断裂与小地质体实现清晰成像(图2-6),重新厘定构造带整体格局与Ⅰ、Ⅱ、Ⅲ级断裂。

通过会战,发现落实圈闭117个,资源量石油10.66亿吨、天然气5097亿立方米,提供钻探井位282口,不仅完成了当年任务,而且超前部署井位145口,一举解决了钻机等井位、井位等圈闭的难题。本次会战,积累了丰富的经验,形成的会战组织方式沿用至今。

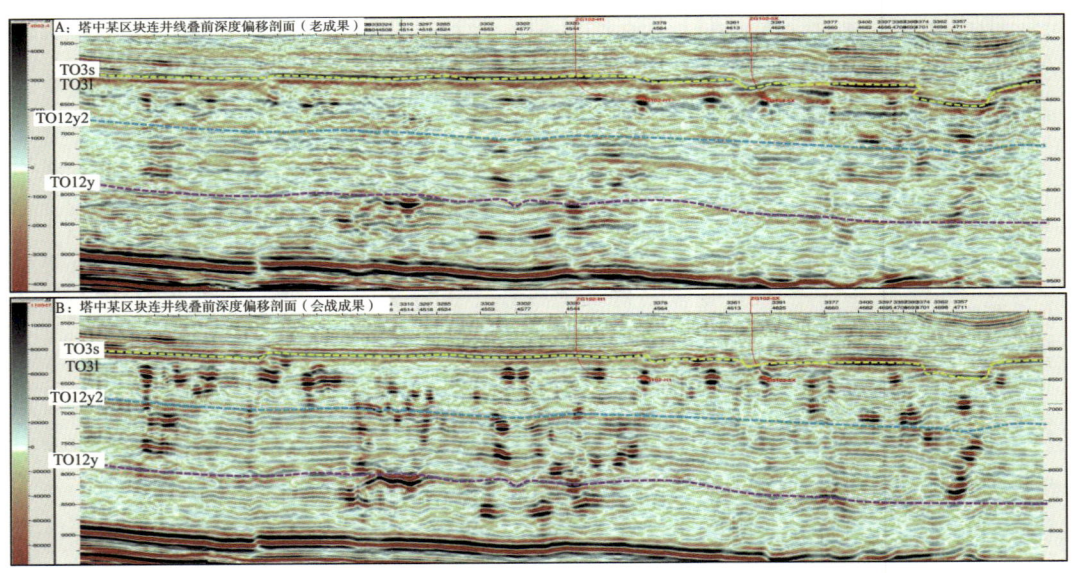

图2-5 塔中某区块叠前深度偏移成果剖面对比图

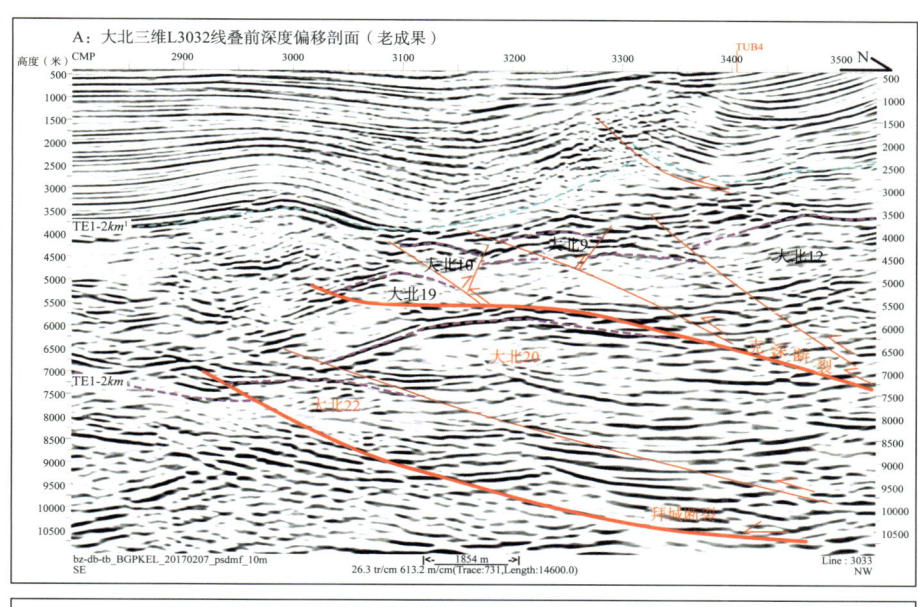

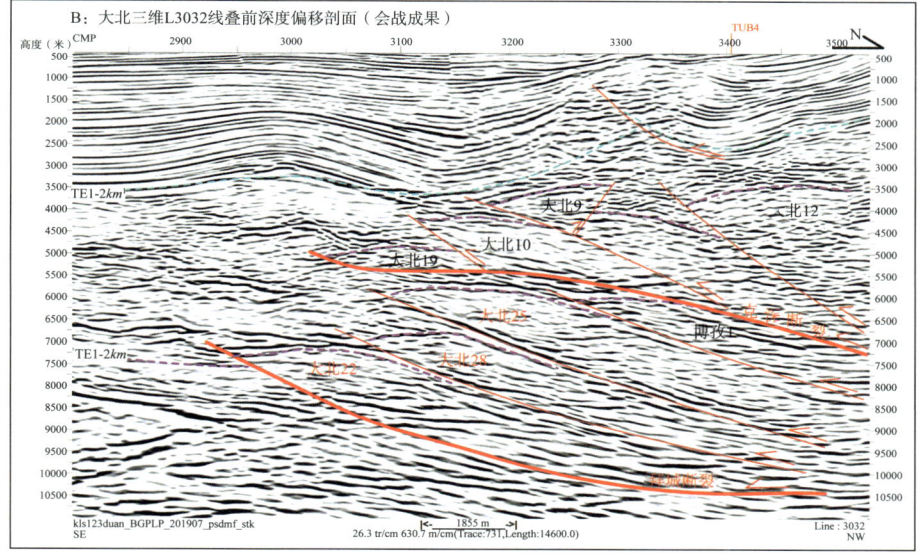

图 2-6 克拉苏构造带大北三维地震深度偏移剖面对比图

思考和建议

油气勘探,物探先行。只有把物探工作部署好落实好,才有圈闭,才有井位,才有储量,才有发展。油气田企业管理者一定要重视物探、用好物探,在地震部署上要有战略思维和战略定力,在富油气区带舍得花大钱、舍得常花钱,超前部署、精细论证、大胆实施,最终获得的将是大效益、大发展。

第 3 章　聚焦富烃凹陷大力实施风险勘探

风险勘探是引领油气大发现的"火车头",一旦突破往往能带动区域性发现。油气田企业要始终坚持把风险勘探放在工作首位,作为"一把手工程"常抓不懈。对于大盆地,特别是西部的叠合复合盆地,风险勘探要牢牢抓住富烃凹陷这个核心。

3.1　风险勘探引领油气大发现

油气田企业要实现长远可持续发展,必须依赖风险勘探持续寻找大发现,培育出新的储量产量根据地。

3.1.1　风险勘探的对象

风险勘探是指未知区域、未知领域内的油气勘探实践活动,是一种战略投资行为。所谓"风险",就是对勘探目标能否获得油气发现并没有十足的把握,但又不想放弃勘探目标,只有大胆试错,这是新区新领域油气勘探的必然选择。

本章所谈的风险勘探,不局限于使用风险投资进行的勘探,还包括具有重大勘探意义的区域甩开预探。风险勘探对象可以概括为"四大、四新、两低、两高",即围绕大盆地、大领域、大目标、大发现,针对低认识程度、低勘探程度的新地区、新领域、新层系、新类型目标进行勘探,虽然风险很高,但往往回报也很高。

3.1.2　风险勘探的原则

新区新领域地质认识程度低,勘探方向不明确,目标隐蔽性强,找油找气异常艰辛。为提高风险勘探成效,应坚持以下四个原则:

一是要坚持"四新"方向。风险勘探强调目标的战略性、全局性、前瞻性。要瞄准新地区、新领域、新层系、新类型,落实勘探目标,寻求战略突破,带动规模油气发现。

二是要坚持研究先行。地质理论创新和工程技术进步是实现风险勘探突破的重要前提和基础。理论创新重点要通过深化地质认识,明确勘探主攻方向,指导战略接替区的准备、有利区带的选择、风险目标的落实。技术攻关重点要攻关复杂地区地震采集处理解释、复杂油气层测井解释、复杂储层改造提产等"卡脖子"技术，提高风险探井成功率。

三是要坚持加大投入。投资不加大、工作力度不加大，加强风险勘探就是一句空话。国际石油公司在勘探策略上更加注重效益和油气发现规模，尤其是低油价情况下，在大幅削减勘探支出的同时，仍然保持一定规模的风险勘探投入，追求以低成本获取大型油气发现，取得了丰厚的资本回报。中国石油自 2019 年开始，将风险勘探工程投资由每年 10 亿元增加到 50 亿元，使得 2019—2020 年部署上钻目标较以往显著增加，保障了风险勘探持续取得突破和发现。

四是要敢冒地质风险。风险勘探是新区新领域油气勘探的起始，探井无空井，向来不以成败论英雄。目前，国内风险勘探成功率虽然只有 20% 左右，却带来了油气储量高峰增长，新增油气储量摊薄了桶油发现成本，实现了风险与收益平衡。因此，搞风险勘探应有一定的冒险精神，不能追求万事俱备，等各项条件都成熟了也不叫风险勘探了。风险勘探中的冒险并不是冒进，而是要在地质认识、工程技术、管理部署精细准备的前提下，押注风险勘探，摒弃掷骰子、碰大运思想。

3.1.3 风险勘探的战略意义

风险勘探一旦突破，就是战略性、长远性、全局性的重大发现，在油气田企业可持续发展中具有不可替代的作用。近年来，国内外各石油公司均高度重视风险勘探，持续加大投入力度，也取得了显著成效。中国石油于 2005 年开始设立专项投资，实施风险勘探工程项目，相继发现了克深、玛湖和安岳等数个大油气区，为塔里木油田、新疆油田、西南油气田等油气田企业发展注入了新活力。

塔里木盆地克深气田的发现是深层—超深层领域风险勘探的成功案例。2007—2009 年，克深 2、克深 5、大北 3 三口风险探井均获高产，冲断带深层勘探获重大突破；2012—2013 年，克深 8、博孜 1、阿瓦 3 等井再获重要发现；截至目前，克拉苏深层构造带形成克拉—克深、博孜—大北两个万亿立方米大气区，支撑了塔里木油田 3000 万吨大油气田建设。

准噶尔盆地玛湖大油田的发现是岩性地层油气藏领域风险勘探的成功案例。2011—2012 年，玛湖 1 井和盐北 1 井获重大突破，此后加大环玛湖斜坡区的勘探力度，甩开预探和评价相结合，玛北、玛南、玛西、玛东斜坡及玛中平台区实现了全面突破，形成"满凹含油"局面，落实了 10 亿吨级大油区，为新疆油田原油上产做出了重要贡献。

四川盆地安岳大气田的发现是海相碳酸盐岩领域风险勘探的成功案例。2009—2011 年，风险探井高石 1 井、磨溪 8 井，其中高石 1 井敲开了灯影组宝藏的大门，磨溪 8 井揭开了龙王庙组大规模勘探序幕。这些突破，发现了迄今我国最大的海相碳酸盐岩整装气田，引领了西南油气田天然气快速上产。

单从一个油气田企业来讲，其每一次跨越式发展都与风险勘探息息相关。以塔里木油田为例：轮南 2、塔中 4 等井的突破，带来盆地碎屑岩油田储量增长第一次高峰；克拉 2 井的突破，助推了西气东输工程的实施，推动我国全面进入"天然气时代"；克深 2、克深 5、阿瓦 3 东中西三口风险探井相继获得突破，三点定乾坤，落实了克拉苏构造带两万亿立方米大气区；塔北哈 6、哈 7 两口风险井的发现，拉开了哈拉哈塘十亿吨级大油田的勘探序幕，满深 1 井重大突破吹响了碳酸盐岩深层断溶体油气藏集中勘探的号角。这些风险勘探的突破，推动了塔里木油田油气储量持续高峰增长和油气产量当量由 500 万吨到 3000 万吨的跨越（图 3-1）。

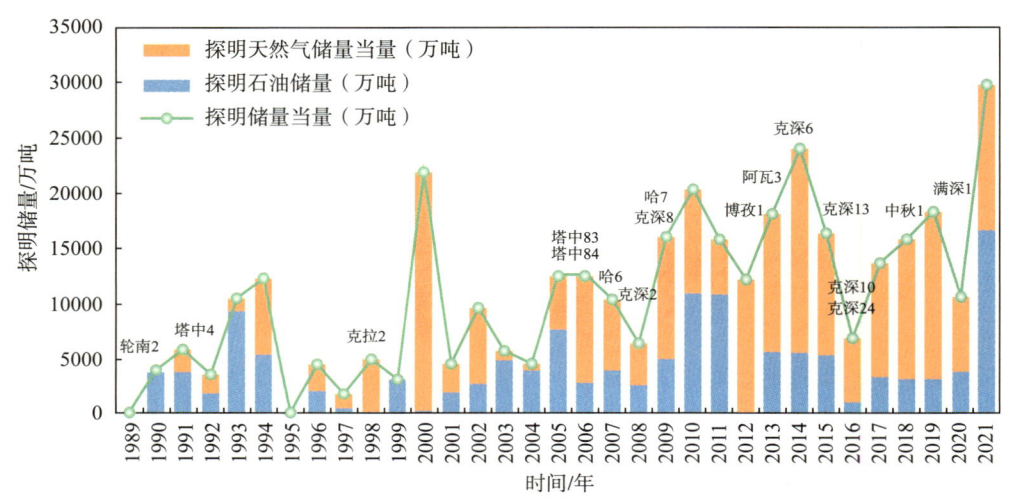

图 3-1　塔里木油田油气重大发现与储量增长态势图

3.2　围绕富烃凹陷谋划风险勘探布局

油气勘探是围绕富烃凹陷、不断逼近烃源岩的过程。从地表勘探到背斜构造勘探，再到岩性油气藏勘探，是横向逼近烃源区的过程；从浅层走向深层超深层勘探，从次生油气藏到原生油气藏，是纵向逼近烃源层的过程。大盆地的风险勘探要立足富烃凹陷，逼近烃源岩，选准具有战略性、全局性、前瞻性的重大领域目标。

3.2.1　大盆地风险勘探要立足富烃凹陷

富烃凹陷是盆地中发育规模优质烃源岩的负向构造单元。纵观全球含油气盆地的形成与演化，伸展期往往发育主力烃源岩，构造稳定期发育区域储盖组合，挤压期形成规模断裂及构造带。富烃凹陷既有生烃条件，也有构造背景，还有成藏优势，勘探开发潜力巨大。

含油气盆地的大中型油气田一般集中在富烃凹陷及周缘。在我国东部松辽、渤海湾等陆相盆地，以"源控论"为指导，早期按照"定凹探边"的勘探思路取得了油气勘探系列重大突破，近年来瞄准页岩油气下凹"进源"勘探，取得非常规油气的重大突破。中国西部的叠合复合盆地，普遍经历了多旋回构造演化，隆坳格局空间有错动，勘探上更要找准并立足富烃凹陷。准噶尔盆地的二叠系、三叠系的大规模突破，塔里木盆地博孜—大北、富满油田规模发现都是立足于富烃凹陷搞勘探的重大成果。

继承性凹陷是叠合复合盆地中最好的富烃凹陷，具有规模生烃、规模成储、规模成藏的优越地质条件，能够形成规模储量。规模生烃是因为继承性凹陷有持续沉降的特点，发育烃源岩厚值区，是生烃中心；规模成储是因为继承性凹陷沉积厚度大，多套储盖组合空间上叠置、横向上迁移；规模成藏是因为输导体系也具有继承性，原地生烃、持续强充注，并且构造相对稳定、保存条件好，油气富集强度高。一般情况下，大油气田要么环生烃中心分布，要么直接叠置在生烃中心之上，一旦地质认识清楚，突破一点就能带动全局。因此，大盆地的风险勘探要围绕继承性富烃凹陷。

落实生烃中心是继承性富烃凹陷油气大发现的前提条件，如果生烃中心认识不清，就无法确定勘探领域、明确攻关方向。比如，塔里木油田2018年通过梳理海相烃源岩研究工作，发现多家单位编制的盆地下寒武统烃源岩分布形态各异，对烃源岩的沉积环境、生烃潜力认识也各不相同，勘探部署很难决策。对此，塔里木油田下定决心组织开展以烃源岩为核心的基础研究，主要目的是按含油气系统思路落实盆地海相生烃中心，指导台盆区超深层高效勘探。

遵循实践、认识、再实践、再认识的规律，油田经反复讨论、反复酝酿，制定了一套"五定五评"烃源岩评价工作流程：一是构造演化定背景，评价烃源岩发育的构造古地理相，通过沉积相与古隆起结合，解决了寒武系玉尔吐斯组岩性变化问题；二是地质统层定层位，评价烃源岩的岩石相，应用同位素地层与古海平面旋回对比法，明确优质烃源岩发育层位；三是层序研究定环境，评价烃源岩发育的沉积相，引进反映古生产力的微量元素研究方法，解决了烃源岩沉积古环境问题；四是成烃生物定母质，评价烃源岩的生物有机相，开展烃源岩生物有机相研究，解决了沉积水深及生烃母质类型问题；五是井震结合定分布，评价烃源岩层的地震反射相。最终依据构造古地理相、岩石相、沉积相、生物有机相、地震相这"五相"，综合确定烃源岩厚值区，精细刻画出了寒武系"一大三小"四个生烃凹陷，为富满十亿吨级超深海相大油区的发现及拓展、寒武系盐下勘探领域的评价提供了重要理论依据。

3.2.2 富烃凹陷风险勘探要逼近烃源岩

富烃凹陷的风险勘探也有规律可循。一般情况下，距烃源岩越近，油气充注越强，越容易形成规模油气藏。因此，富烃凹陷的勘探要逼近烃源岩，寻找大发现。逼近烃源岩有近源勘探、进源勘探两种情况。

近源勘探就是沿着油气运移方向，反向逼近烃源岩，在油气运移通道的前端寻找原生油气藏。比如，塔里木盆地海相油气来源于深层寒武系玉尔吐斯组，最早发现的却是中浅层志留系、石炭系、三叠系次生调整油气藏，随后沿油气运移路径在深层发现了奥陶系碳酸盐岩大型油气藏。近年来，按照近源勘探思路，塔里木油田在落实寒武系生烃中心的基础上，再次逼近烃源岩，积极探索寒武系盐下原生油气藏。中深1井、轮探1井在寒武系盐下均获得工业油气流，证实了近源风险勘探的潜力（图3-2）。

进源勘探就是在烃源层中找油找气，寻找自生自储的油气藏。页岩气、页岩油、煤层气等非常规资源勘探就是进源勘探的典型实践。近几年，中国石油页岩油气风险勘探取得了多项战略突破，其中，鄂尔多斯盆地发现长7段10亿吨级页岩油田；四川盆地探明1个万亿立方米页岩气规模储量区，深层页岩气勘探取得重大突破；准噶尔盆地探明吉木萨尔亿吨级页岩油油田；松辽盆地古龙凹陷古页油平1井、英页1H井分别在青山口组下"甜点"段页理型和夹层型页岩获高产工业油流，实现了松辽盆地页岩油勘探的重大突破。这些成果，充分展现了进源勘探的巨大勘探潜力。据估算，全球"源岩石油"占石油可采资源总量的25%，"源岩天然气"可采资源总量是常规天然气的1.5倍多。中国页岩油可采资源量131.8亿吨、页岩气可采资源量12.85万亿立方米、煤层气可采资源量12.51万亿立方米[3]。进源勘探寻找非常规油气藏，是风险勘探的必然趋势。

无论是近源勘探，还是进源勘探，超深层都是重点领域。谈及超深层，以往通常认为地层压实强、储层不发育，加之地温高造成油气裂解，存在找油找气的极限深度，国际上曾经把4000米当成液态石油的"死亡线"、8000米当成天然气的"死亡线"。但实践证实，多类抗压实优质储层的下限已突破8000米，如塔里木盆地库车山前超深砂岩储层受裂缝作用，低孔不低渗；碳酸盐岩受高能相带、岩溶、断裂破碎三重因素作用，易形成缝洞型储层，储层发育并不受埋深影响。塔里木盆地轮探1井在埋深8260米的寒武系获日产百吨以上高产，将原油"死亡线"向下延伸至8000米深，发现全球最深的古生界原生油气藏，纵向拓展了油气勘探的新空间和新领域。

因此，要牢固树立"勘探无禁区、找油无极限"的思想，只要是超深层发育烃源岩，逼近烃源岩就能成藏，而且油藏类型丰富多样，不是构造油气藏就是岩性油气藏，不是常规油气藏就是非常规油气藏，关键是地质家们能不能认识到、怎么认识到，技术上能不能突破、怎么突破的问题。

在此认识的指导下，塔里木盆地台盆区寒武系盐下、库车前陆冲断带在8000米以深均发现规模工业油气流，勘探深度从7000米到8000米甚至9000米不断拓展，引领了我国油气勘探向超深层进军。另外，四川盆地川西北以及准噶尔盆地南缘、阜康东环带等地区深层超深层也不断取得重大发现和突破，勘探深度已超过7000米。我国

---

[3] 杨智，邹才能."进源找油"：源岩油气内涵与前景，石油勘探与开发[J]，2019，46（1）：173-184.

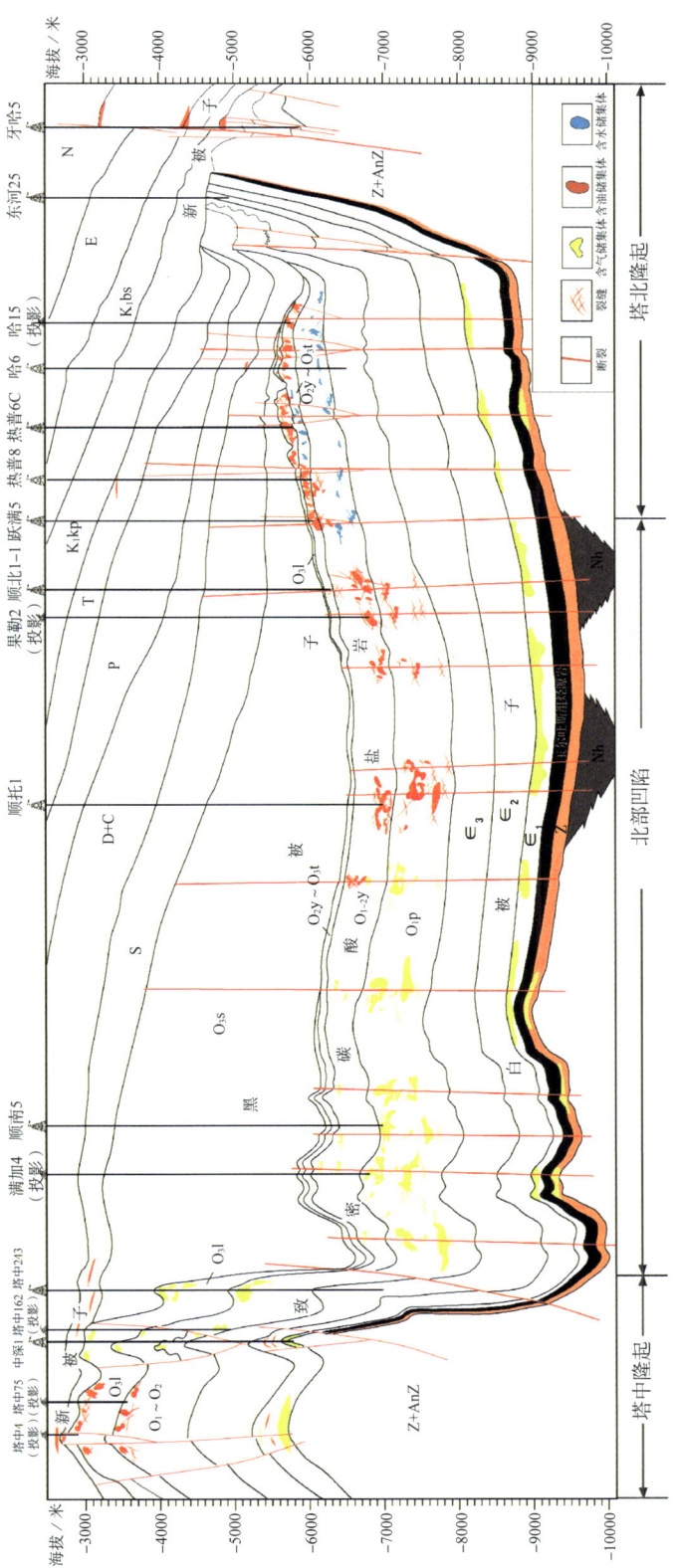

图 3-2 塔里木盆地环满加尔凹陷海相来源油气藏剖面示意图

深层—超深层油气资源丰富，依据第四轮全国油气资源评价结果，陆上超深层和中深层剩余常规石油与天然气资源量达到 250×10^8 吨和 40×10^{12} 立方米，分别占剩余资源量的 78% 和 99%。可以说，超深层将是未来勘探的重要接替领域。

3.2.3 "十步走"落实风险勘探目标

各大盆地的地表、地下地质条件存在差异，风险勘探的技术流程与组织管理也不尽相同，但大致的思路都一脉相承。基于塔里木、准噶尔两大盆地风险勘探实践，可总结为"十步走"。

第一步，明确烃源岩在哪里。通过构造演化分析确定盆地或区带隆坳格局，通过露头、井下联合攻关确定烃源岩发育层段，通过井震结合确定烃源岩横向展布，通过油源对比分析，确定主力烃源岩。

第二步，明确油气分布在哪里。生油还是生气？通过烃源岩母质类型、热演化分析确定油气产物，通过盆地模拟分析确定油气资源潜力及分布，通过构造演化和成藏分析，确定油气运移方向及分布规律。

第三步，明确油气富集区在哪里。通过流体势分析确定油气运聚方向，通过"烃储盖断"匹配分析，确定勘探方向和主攻领域。

第四步，明确优势成藏类型有哪些。开展从烃源岩到圈闭的系统分析，梳理成藏组合，根据运聚方式、圈闭类型、时空匹配关系，构建可能的优势成藏类型。

第五步，明确当下钻井能够得着的在哪里。通过地质、工程、埋深综合分析优选可勘探区块，同时把钻井、测井、完井改造等工程技术攻关配套作为油气藏发现的保障措施。

第六步，明确目前能做工作的有哪些。按照资料、认识、技术、管理四个方向梳理下一步工作，做好风险目标落实工作顶层设计，制定切实可行的路线图、时间表，明确责任人。

第七步，明确前期研究还有没有认识误区。开展失利井分析、老井复查等研究，梳理地质认识证据链，反思地质认识合理性。

第八步，明确怎么落脚到区带、圈闭和井位。在地质体上搭建资料平台，通过信息提取寻找重大线索，地质主导构思领域区带，应用地震技术刻画落实圈闭井位。

第九步，明确近期突破点在哪里。开展领域区带综合评价与排序，按照重点突破、积极探索、研究准备三个层次制定相应部署。

第十步，明确中远期准备哪几个区带。基于富烃凹陷的整体认识与潜力分析，优选潜在的规模性领域区带，安排系统的基础研究、地震准备、技术储备等工作。

3.3 把风险勘探作为"一把手"工程

油气资源是油气田企业可持续发展的根基。油气田企业"一把手"要坚持风险勘探重中之重地位不动摇，把油气发现作为第一位的战略任务，统筹科研、技术、资金、人员等力量整体推进风险勘探，依靠科学有效的组织管理，推动勘探部署、勘探研究、勘探工程、勘探项目落地实施。

一是抓组织协调。公司层面要成立风险勘探领导小组，"一把手"要亲自挂帅，抓实基础研究、井位部署、新井实施等全过程管理，重大部署要亲自安排，重点环节要亲自过问，重点工作要亲自检查，特别是对资金投入、研究部署、政策支持等方面，要亲自协调上下左右的关系。要把风险勘探管理作为油气田企业特殊重要任务部署好落实好。

二是抓资源保障。要保障研究投入，系统部署盆地整体研究和基础研究，超前部署风险勘探前沿领域研究，提前准备风险勘探领域和目标，打好勘探突破的基础。要保障资金投入，特别是在低油价下要保证风险勘探的稳定投入，做到投资再紧也不能紧风险勘探。要保障人员投入，要有专门的机构、专门的人员从事风险勘探工作，同时联合外脑搞研究，组建联合攻关团队，发挥战略联盟单位的技术优势、人才优势，并且保持人员相对稳定。

三是抓氛围营造。构想是风险勘探的灵魂。要鼓励科研人员解放思想、大胆构思，突破思想禁锢、走出认识禁区，始终保持激昂的找油热情和活跃的找油思维。要建立鼓励创新、宽容失败的工作机制，对于失利情况，要予以包容和理解，让科研人员放下包袱、放开手脚，同时也要帮助他们从失利中吸取教训。要理解研究过程的艰辛，关心关爱风险勘探研究人员，引导他们"板凳坐得十年冷"，耐住性子、扑下身子搞研究，一旦勘探突破，也要让科研人员挣到票子、赚到面子、得到位子，真正做到名利双收。

四是抓考核激励。要制定专项奖励政策，对风险勘探突破实行顶格奖励，对风险勘探圈闭、井位研究及工程技术攻关有突出贡献的单位和人员实行精准激励。塔里木油田加大对风险勘探突破的奖励力度，近年来对中秋1、轮探1、满深1等重大发现给予重奖，尤其是突出对圈闭研究和井位提出人员的精准奖励，充分调动了研究人员寻找大发现的积极性（图3-3）。

图3-3　塔里木油田满深1井获重大油气发现

实践案例：进军盆地深凹区的破冰行动——满深 1 井重大突破

古隆起及斜坡控油认识指导了早期塔里木盆地台盆区碳酸盐岩的勘探，发现了轮古油气田、塔中Ⅰ号气田、哈拉哈塘油田三大碳酸盐岩油气田，但勘探开发过程中表现出单井递减大、生命周期短、累产低等特征，开发效果不尽人意。

塔里木油田建设 3000 万吨大油气田，台盆区碳酸盐岩是原油上产的关键，但主力油田哈拉哈塘产量快速递减，已经从 100 万吨峰值产量跌至 60 万吨，与"十三五"规划产量之间存在较大差距，亟须有新的突破来缓解原油上产的压力。

油田积极构想塔北-塔中整体连片含油气，并在凹陷区完成了满深风险三维地震，但深凹区古老海相碳酸盐岩有效储层的地质模型和控制因素并不清楚，油气地质理论认识不完善，相关工程技术也不配套，钻探深凹区存在多方面的疑虑（图3-4）。

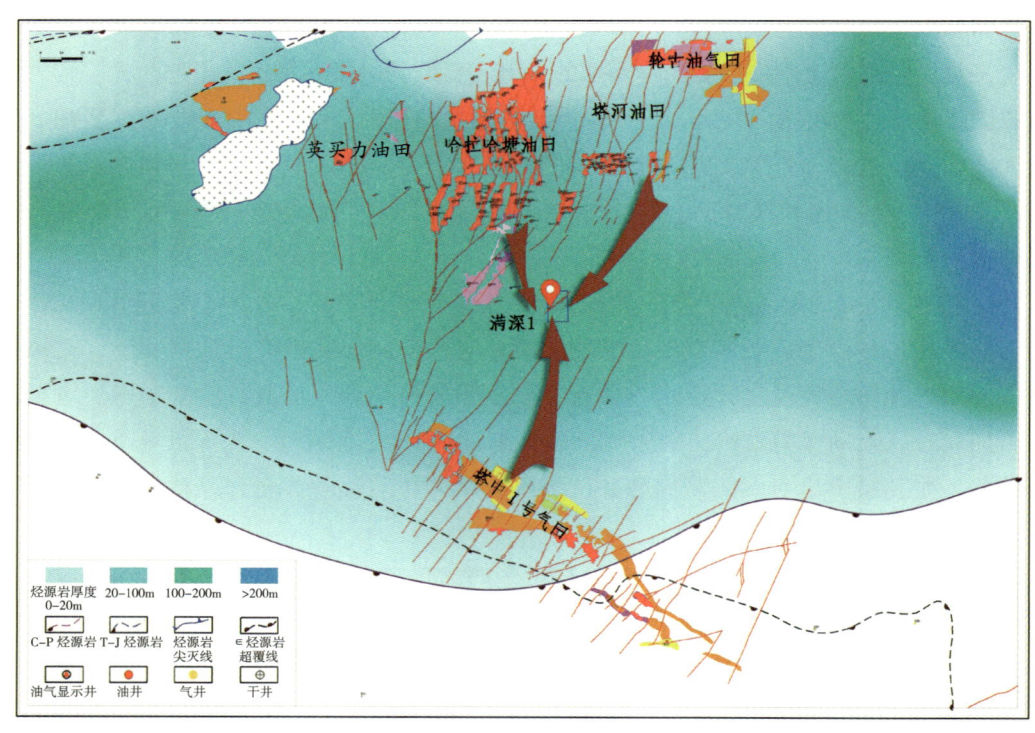

图 3-4　满深 1 井上钻前塔里木盆地塔北—塔中油气勘探态势图

疑虑可以有，勘探必须上。油田对深凹区风险勘探进行了科学论证。一是在生烃条件上，2018 年以来，通过全盆地寒武系烃源岩分布的持续研究，认为向南深凹区烃源岩质量变好、厚度增大，具备勘探潜力，一旦突破将"捞到大鱼"，带动整个区带的规模发现。二是在油气成藏上，从塔北隆起与中央隆起三维地震识别出的多组走滑断裂的趋势来看，有南北贯通之势，同时利用满深三维及二维地震资料，识别出了一条南北贯通、纵向切穿烃源岩的Ⅰ级走滑断裂,深凹区具备油气充注成藏条件。三是在经济效益上,哈拉哈塘油田往南逐渐拓展过程中,表现出越往南成藏条件越好、钻井成功率和高产稳产井比例提高、整体含水降低、原油密度降低等特点,深凹区位置更靠南,如果突破将更具开发价值。基于以上三点,油田下定决心部署满深1井,力争实现深凹区的突破,寻找原油增储上产的接替区。

深凹区储层埋深普遍超过7500米,地震响应不明显、储层预测精度低,利用直井一次中靶难度较大,并且该井又地处沙漠腹地,完井储层改造支撑条件差。通过野外考察构建了走滑断裂"裂缝基岩带、裂缝孔洞带、断层角砾带"三段式地质模型(图3-5),提出利用短半径水平井横穿断裂带的工程技术弥补地质认识上不足的思路,解决上述难题。

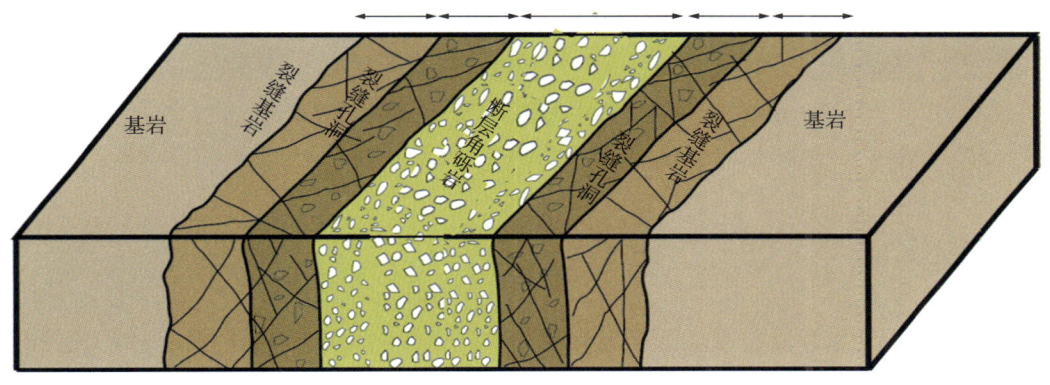

图3-5 走滑断裂破碎带"三段式"模型

油田公司成立了钻探工程领导小组和现场实施小组,明确各方责任主体和负责人。设计上,满深1井浅层钻进过程中,避开浅部断裂,确保顺利钻至奥陶系目的层;进入目的层之前,采集零偏VSP资料,优化地震速度模型,驱动三维地震叠前深度偏移处理,确保储层空间归位更加准确;进入目的层后,钻遇优质储层出现漏失和放空工程异常,实施单位多次提出提前完井,经专家组现场决策,坚持钻进,直至第三次钻遇放空,钻至断裂破碎带核部,达到设计地质目的后才完钻(图3-6)。根据地质认识,结合放空、漏失情况,最后制定了大规模改造的方案,裸眼求产。

2020年4月7日,满深1井在奥陶系7509.5—7665.62米井段酸压测试,10毫米油嘴求产,油压41.3兆帕,日产油624立方米、天然气37.13万立方米,获高产工业油气流,发现了一条横贯塔北—塔中亿吨级富含油气的超级断裂带,进一步证实了富烃凹陷区,纵向油柱高度大,油气充注强、更富集;明确了深大走滑斩裂控制的断控立式板状缝洞型油气藏的基本特征,掀开了塔北—塔中整体连片沿走滑断裂集中勘探的序幕,为中国石油、中国石化5万平方千米勘探打开了新局面。

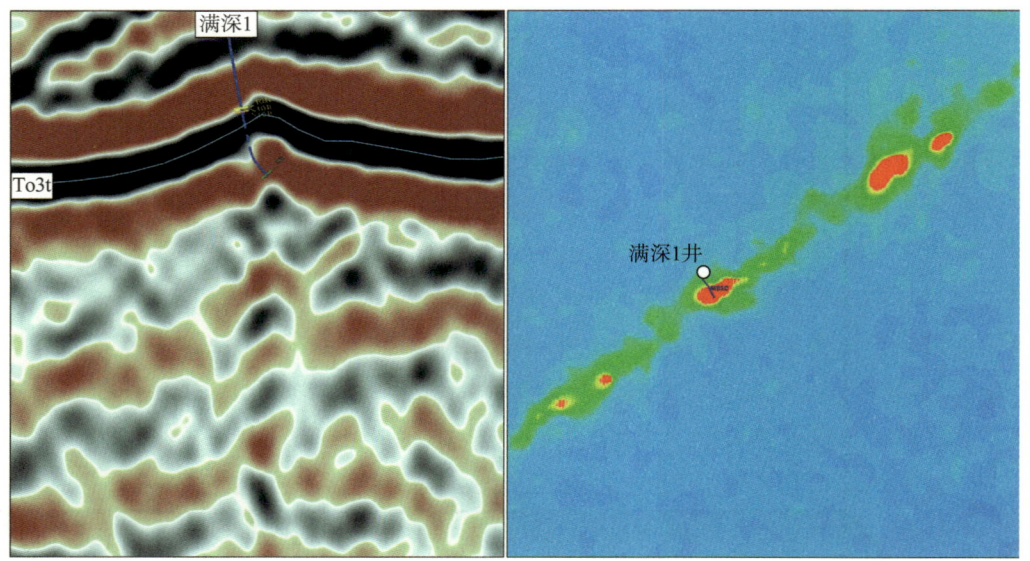

图 3-6　过满深 1 井地震剖面及走滑断裂带平面图

左图为过满深 1 井地震剖面，钻进过程中三次放空漏失；右图为过满深 1 井走滑断裂属性平面图

思考和建议

"江河万里总有源，树高千尺也有根"，富烃凹陷是取得油气大发现的关键和基础。有效的烃源岩分布区基本控制了油气田的大致分布范围，"定凹选带"是一条颠扑不破的真理，至今仍在勘探实践中持续发挥着"定海神针"的作用。

新区新领域风险勘探要沉得住气，没有三五年研究准备，是搞不出名堂的。风险勘探不是盲目勘探，要大胆构思、敢于创新，在精细研究论证基础上科学决策，敢冒大风险、争取大发现。

第 4 章　高效推进富油气区带集中勘探

集中勘探是针对风险勘探发现的富油气区带，以整体认识、整体评价、整体部署为原则，在地质认识清楚、成藏模式明确的前提下，集中勘探投入、集中科研力量、集中组织实施，在较短时间内实现规模增储、快速建产的勘探组织模式。

4.1　富油气区带是油气田增储上产的主战场

富油气区带因油气资源丰富而得名，具有油气资源总量大、资源丰度高的特点。国内外含油气盆地的勘探开发实践表明，无论在新油田还是在老油田，富油气区带的储量和产量均占据主体地位。

4.1.1　富油气区带控制大油气田分布

富油气区带是指具有一定沉积面积和厚度，油气资源量大、资源丰度高的油气富集区。不同盆地资源规模有差异，富油气区带的标准也有所不同。国内专家在研究渤海湾盆地油气资源分布的基础上，将资源丰度大于 20 万吨每平方千米、资源规模在 3 亿吨以上的区块称之为富油气区带，表明资源丰度以及勘探潜力[4]；在东部断陷盆地富油气区带研究中，从探明储量、资源量和资源丰度三个参数来评价，将下限设为资源量 5 亿吨、油气丰度 20 万吨/平方千米、探明储量 2 亿吨[5]。由此可见，富油气区带是一个相对的概念，对于塔里木、准噶尔、鄂尔多斯等大盆地而言，往往以资源规模油气储量超 10 亿吨为界限。

富油气区带从地质角度来讲，都发生过大规模油气生成、运移、聚集、成藏，尽管面积有限，却控制着大中型油气田的形成和分布。

---

[4] 袁选俊，谯汉生. 渤海湾盆地富油气凹陷隐蔽油气藏勘探[J]. 石油与天然气地质，2002，23（2）：130–133.

[5] 文志刚，刁帆，周东红，等. 中国东部断陷盆地富油气凹陷评价体系探讨[J]. 石油天然气学报，2011，33（2）：1–6.

4.1.2 富油气区带具有三大优势属性

富油气区带石油地质条件优越，一般具有油源供给非常充足、成藏模式大体一致等特点。从含油气系统整体分析出发，具有三大优势属性。

一是优势供烃条件。含油气盆地一般有多个沉积凹陷，但油气主要来自其中少数几个油气资源较丰富的生烃凹陷。位于生烃凹陷之上的富油气区带，具有丰富的物质基础，并且从源到藏运移距离短、时空配置好。

二是优势成藏类型。富油气区带具有多种成藏模式和成藏类型，但主要成藏模式往往是深大断裂、不整合面直接沟通油源，与优质储盖组合形成有效的配置关系，多期充注、持续充注，形成的原生油气藏。这种成藏模式，是富油气区带内最发育、最常见的，也是最优质、最高效的。

三是优势主力层位。同一富油气区带，纵向上可能发育多套含油气层系，但不同层系油气富集程度存在差异，油气往往集中在一两套主力层系。比如，塔里木盆地第四次资源评价显示，克拉苏构造带白垩系资源量占比超过70%，富满油田奥陶系和寒武系资源量占比在90%左右。

4.1.3 集中勘探是富油气区带增储上产的有效途径

富油气区带从源到藏地质条件的统一性，决定了可以将其作为一个大型油气藏进行整体认识，其"三大优势属性"决定了适合开展集中勘探。富油气区带的集中勘探要突出"两性两化"。

集中勘探的整体性，就是要把富油气区带作为一个油气藏，统一研究、统一规划、统一部署。要坚持勘探与开发、科研与生产、地质与工程一体化，系统分析富油气区带，以效益勘探为导向，统筹部署勘探、评价、开发工作。

集中勘探的协同性，针对富油气区带的地质特点，从公司层面统一调配人财物力等方面资源，发挥"大兵团"协同作战的规模优势，加速推动地震部署、地质研究、钻井作业等工作实施，实现优势成藏类型、主力层位的整体评价。

集中勘探的精细化，核心是精细落实构造、精细预测储层、精细识别断裂、精细解剖油藏。加强成储、成圈、成藏规律认识的精细研究，提高构造落实精度，搞清储层发育特征，明确油气富集规律，理清储层、圈闭、油气藏之间的关系，全面优化井位部署，提高井位部署质量和高产高效井比例。

集中勘探的集约化，重点是推行科研和钻探的集中统一管理，科研上针对富油气区带成藏类型集中、层位集中的特点，组建稳定的多专业联合作战团队，发挥专业协同优势，靶向开展科技攻关，提高科研工作的质量和效率；钻探上针对富油气区带地域集中特点，优选高素质钻井队伍，开展区域专打和井型专打，加快形成优势配套技术。

4.2　坚持集中勘探落实规模可动用储量

富油气区带的勘探，如果实施"零敲碎打"滚动扩边式的勘探，将制约油气藏整体认识，限制勘探开发进度，制约油气田勘探开发的整体效益。因此，需要谋全局、看长远，强化顶层设计，从整体性、系统性、全局性上谋划富油气区带的集中勘探工作。

4.2.1　大连片高精度三维整体部署

集中勘探必须建立在富油气区带整体认识的基础上，而连片的三维地震资料是整体认识的前提。实践中，往往面临三维地震资料不连片的问题，利用零散的老三维和二维地震资料进行构造整体描述与有利目标落实难度极大，犹如"盲人摸象"一样，无法全面、准确地认识油气藏整体特征。因此，必须突出物探先行，统一采集参数，整体设计、整体实施，积极推进高精度三维地震连片采集和连片处理。

4.2.2　整合力量抓集中研究

集中勘探不仅要在较短时间内完成大量井位部署任务，还要确保钻井的高成功率，对研究工作提出了更高要求。要把油气田企业内外各单位的研究力量有机地统筹起来，以集中勘探小组的组织形式，按照"出思路、抓进展、勤检查、严把关"的要求，采取横向矩阵模式开展集中攻关。

在研究内容上突出三个方面：一是准确评估资源，突出烃、储、断、盖全要素系统研究，评价生烃能力、运移路径、储层规模、盖层条件，勘探与开发结合、动态与静态结合、定性与定量结合，搞清富油气区带的资源潜力；二是明确主攻方向，突出富油气区带整体性研究，深化油气富集规律认识，找准优势成藏类型、优势主力层位，落实有利勘探领域和区带；三是精准落实目标，充分利用大连片三维地震，突出成藏模式构建，细化区域层序对比，提高圈闭研究与目标落实精度。另外，在精细目的层研究的同时，要把非目的层当目的层研究，特别要注重复杂地质体、特殊温压场等准确预测，为安全优质高效钻井保驾护航。

4.2.3　一体化生产组织

实现富油气区带的整体探明、规模建产，必须强化一体化工作组织，积极推动勘探开发由"接力式"向"融合式"转变，重点做好两个方面工作。

一是一体化井位部署。树立"探井就是开发井、开发井也是探井"的理念，以落实优质资源为基础，以地震—地质—工程一体化思路，开展井位目标部署。塔里木油田富满地区基于对超深复杂缝洞型碳酸盐岩走滑断裂控储、控藏、控富的地质认识，打破常规的油气勘探、评价、开发"三步走"方式，在断裂刻画清楚的基础上，勘探、评价、开发同步部署，都交储量、都拿产量，实现快速增储上产。

二是一体化地面建设。按照"总体规划、分期建设、骨架先行、配套完善"的思路，布局上突显廊带优势，油气藏开发、钻井规划与地面规划联动，切实做好地上地下一体化设计；实施上突出超前谋划准备，地面建设紧跟勘探开发节奏，优化节点、加快组织，保障油气产能建设。

4.3 集中勘探要为规模开发做好储备

勘探是开发的开始，开发是勘探的延续。富油气区带的集中勘探要提前考虑后期规模开发需求，为集中建产和效益开发做好资源储备、技术储备和管理储备。

一是做好资源储备。集中勘探的首要目的就是在较短周期内实现规模增储。要坚持把高效勘探摆在首位，通过精细地质研究、优化井位部署，快速准确地找到优质规模储量。比如，对于构造型油气藏，勘探发现后要及时评价圈闭溢出点、油水界面等，实现储量的快速控制、快速探明；对于断控型油气藏，要尽早在断裂两端部署评价井，整体控制含油气面积。需特别注意的是，集中勘探要从注重发现规模储量向注重落实探明可动用储量转变，让开发真正"有米下锅"。

二是做好技术储备。集中勘探和油气藏评价，不仅要评价圈闭的含油气性、储层的产能规模等油气藏地质情况，还要评价技术的可行性、适用性和经济性。比如，钻井采用什么样的井型、什么样的井身结构、什么样的钻井技术，储层改造是否需要、是酸化还是压裂、改造规模如何设计，采油气是自喷生产还是人工举升、应采用哪种工艺技术，等等。这些在勘探评价阶段就要进行试验评价，并基本定型形成安全经济高效的配套技术，让后期规模开发少走弯路。

三是做好管理储备。在集中勘探阶段，既要立足自身搞研究，搞清构造特征、油气藏规模等，支撑高效勘探，还要向后延伸搞研究，吃干榨净已有资料，尽可能搞清储层物性特征、裂缝发育规律、油气藏相态规律等，为制定合理开发技术政策提供依据，指导开发井网构建、生产压差控制、水侵水锥预防等。

> **实践案例：** 集中勘探攻下博孜－大北超深盐下复杂构造万亿立方米大气区

博孜—大北区块位于库车前陆盆地继承性生烃凹陷之上，是油气运聚的有利指向区，资源量超过2万亿立方米，油气在盐下背斜型圈闭连片分布，油气地质条件优越，油气成藏规律清楚，找到圈闭就等于找到了油气藏，具有富油气区带的基本特征。

该区块圈闭发育受斜向挤压应力及南部温宿古隆起阻挡,断裂极为发育,构造极为复杂。前期勘探地震资料品质差,圈闭落实难,从2008年到2017年仅发现了大北1、博孜1等8个零星油气藏,区块勘探程度低、增储节奏慢,与其雄厚的资源基础严重不匹配。2018年,塔里木油田集中力量打响博孜—大北集中勘探会战,重点采取了以下措施:

一是勘探开发一体化研究。整合勘探开发科研力量,专班加强博孜—大北地区地质研究,创新提出四级断裂控圈控藏认识,认识到博孜—大北分为北、中、南三个区带,中带为变形稳定区,油气充注强度大,油气最富集,最具勘探潜力,并谋划了四个千亿立方米气藏群,为规模增储上产奠定了基础。

二是处理解释一体化攻关。该地区三维地震采集区块多,前期大多是单块处理、拼接成图,没有实现连片处理,不能满足构造带整体解剖需求,严重制约了圈闭的发现落实。为此,开展地震采集处理解释和圈闭研究会战,通过大规模连片处理、目标精细处理,解决区带断裂结构梳理和圈闭搜索的难题,提高圈闭落实的精度。

三是增储上产一体化推进。坚持预探、评价、产能建设工作紧密结合,统筹探评价井、开发井共用,预探井求发现,评价井发挥控气藏边界、探气水界面功能,开发井在构造可靠部位部署,发挥评价井功能,加快了气藏评价探明节奏,大幅缩短了方案编制时间及产能建设周期。

四是提速提产一体化组织。地质工程互相交底、互相支撑,针对博孜—大北地区巨厚砾石层,加强砾石层分布规律研究,优化钻头选型,完善配套钻井工艺工具,钻井整体提速5%以上;针对目的层致密的特征,优选天然裂缝发育且活动性好的区域部署井点,完善配套改造工艺,实现了气井的大幅提产。

自2018年集中勘探实施以来,博孜—大北地区新落实22个圈闭,新发现14个气藏,累计落实天然气三级储量超7000亿立方米,目前正钻、待钻圈闭36个,基本落实了一个万亿立方米大气区。四年间,天然气产量从17亿立方米快速增长至52亿立方米,博孜—大北成为塔里木油田天然气增储上产的主战场。

第 5 章　做实老油气田的滚动勘探

油气田进入勘探开发成熟期后，并不意味着勘探工作的结束，增储上产仍大有潜力。特别是对于复杂油气藏，地质认识的形成不是一蹴而就，前期的勘探也不可能把所有油气藏一网打尽，这就需要通过滚动勘探不断在老油气区发现新资源。

5.1　滚动勘探是进入规模开发之后的再一次精细勘探

富油气区带集中勘探之后，由于勘探阵地的转移，有时会出现"勘探顾不上、开发不敢上"的局面。滚动勘探正是解决这一问题、使老油气区"二次创业、重焕青春"的有效途径。

5.1.1　滚动勘探的意义

滚动勘探是油气勘探的一支重要力量。勘探不同阶段是一个由粗到细、由大到小的递进过程。风险勘探是"大杆钓大鱼"，以寻找战略接替资源为目标。集中勘探是"大网捞大鱼"，以获得规模效益储量为目标。这两个阶段均以大目标、大发现为重点，复杂的、隐蔽的、规模较小的油气藏难免成为"漏网之鱼"。滚动勘探是对风险勘探、集中勘探的有效补充，目的就是把剩余的油气资源"吃干榨净"。

滚动勘探是增强老油气田发展后劲的重要手段。随着开发程度的提高，老油气田的资源不断消耗，产量逐步递减，稳产难度大。如果没有新的储量资源，老油气田的稳产上产就十分困难，开发成本也会越来越高。解决这个矛盾，就要加强滚动勘探。老油气田的滚动勘探一般具有部署快、流程短、见效快的优势。通过滚动勘探，能够不断发现接替资源、增加可动用储量、改善开发形势，为老油气田稳产奠定坚实的资源基础。

5.1.2　滚动勘探的类型

每个油气藏都不是孤立存在的。从油气成藏规律来讲，围绕富烃凹陷、富油气区带，油气总是系统分布在一定的三维空间内，只要满足"生运储盖"的组合条件，就有可能成藏，油气不可能只在一个层系或一个地方聚集。比如，对于横向疏导类型，油气沿着不整合面运移，只要横向有遮挡，就能形成一片多种类型油气藏；对于垂向疏导类型，油气顺着断裂运移，只要侧向有遮挡，就能形成一串多种类型的油气藏，如图 5-1 所示（上图为大横向、小垂向；下图为大垂向、小横向）。

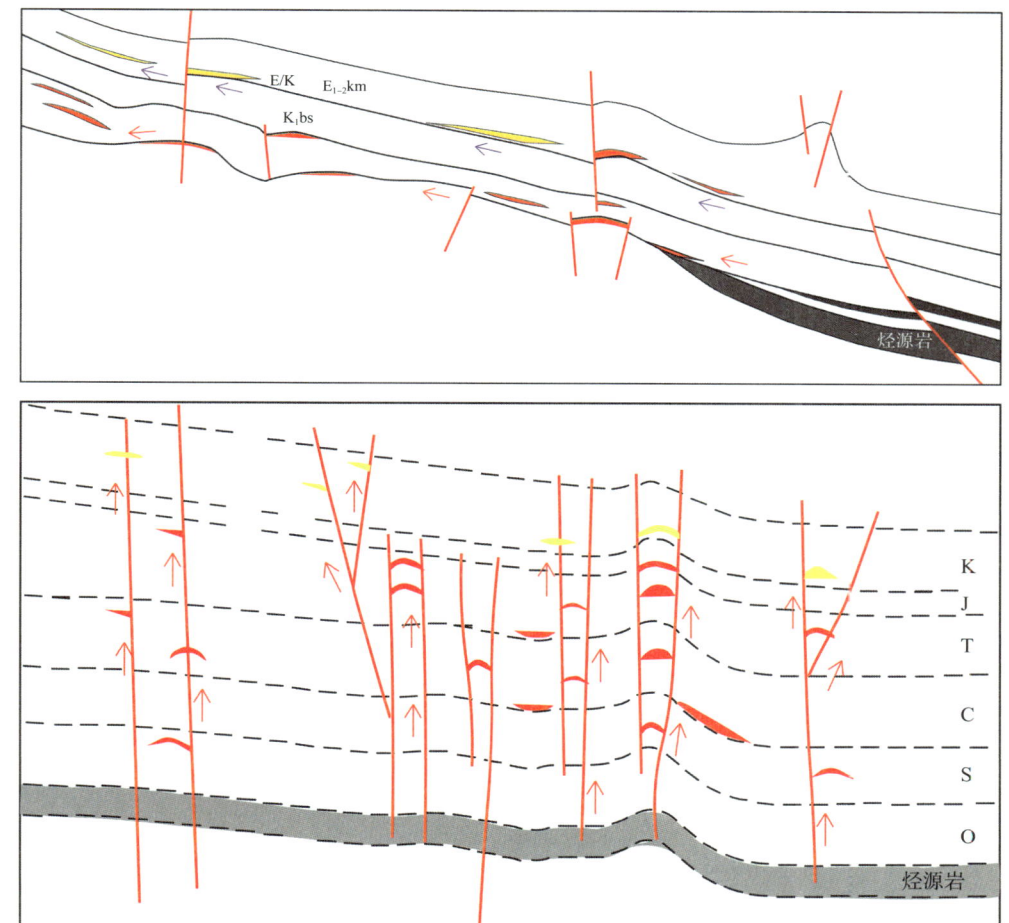

图 5-1 油气运聚模式图

基于这一认识，滚动勘探大体可分为三个层次：一是围绕已证实的油气藏类型进行横向拓展，在老油气田周边找新油气田；二是围绕已证实的油气藏类型进行纵向扩层，在老油气田上下找新油气田；三是基于从源到藏的整体构想，不断在三维空间内发现、探索新类型油气藏。另外，广义上讲，滚动勘探的目标不仅仅是发现新油气藏，老油气田扩边、加密调整、注水注气等挖潜措施，只要能够增加可动用储量，也应属滚动勘探的范畴。

5.1.3 滚动勘探的特点

滚动勘探是开发人寻找探明储量、扩大油田规模的代名词，是在预探或开发成果的基础上，找到新的储量，并将其快速转化为产能产量。具有三个方面特点：

一是勘探开发继承性。滚动勘探最大的特点是勘探中有开发、开发中有勘探。前期的勘探开发形成了大量地质认识和基础资料，建立了相应的技术路线和开发对策，这些成果都是可继承、可延续、可应用的。滚动勘探阶段，勘探上不需要从头研究，开发上不需要从头配套，简化了勘探程序，缩短了建产周期，加快了新油气田建设。

二是经济效益优越性。优越性主要受益于继承性。一方面，地下的继承性能够有效降低勘探风险，相比于预探，特别是风险勘探，滚动勘探一般具有较高的成功率；另一方面，地面的继承性表现在老油气田设备设施较为配套，除了钻井投资以外，不需要其他过多投入，部分地区利用老井侧钻或者措施挖潜也能代替新钻井，一旦获得发现就能快速动用建产、快速回笼资金。

三是地面建设多期性。滚动勘探对象的复杂性决定了开发方案需要反复调整，是一个开发井网由稀到密、层系划分由粗到细的过程。为了追求较高的效益，地面工程要主动适应这种开发模式，提前研究几套地面建设方案，以适应滚动勘探开发的需求。特别是对有扩展余地的富油气区带，要坚持系统思维、统筹谋划，要注重从规划上统一考虑，做好地面扩建的布局。

5.2　立足富油气区带做实滚动勘探

滚动勘探要在已证实的富油气区带上、在前人工作的基础上，解放思想、打破常规，重新认识油气藏、重新梳理成藏规律、重新构思成藏模式，不断拓展新层系和新目标。

5.2.1　由面及点"精耕细作"

搞滚动勘探不能眉毛胡子一把抓，首先要解决在哪找的问题，选准主攻方向和主攻领域。

一是要立足富油气区带。富油气区带处于油气运聚的最有利位置，具有雄厚的资源基础和优越的成藏条件，是预探的重点，也是滚动勘探的重点。国内各油气田企业围绕富油气区带进行滚动勘探均取得了良好成效。比如，新疆油田在红车地区高效探明亿吨级储量，培植了4个千万吨级储量区块；塔里木油田在塔北西部实施滚动勘探，新增探明储量近6000万吨；东部的辽河、华北、大港、冀东等油田对老区进行再勘探再挖潜的成功案例也比比皆是。这些实践充分表明，富油气区带滚动勘探大有潜力、大有可为。

二是立足中浅层。滚动勘探在立足富油气区带的同时，还应把重点放在中浅层。原因有两点：首先是资料品质好，复杂油气藏的滚动勘探对地震资料要求较高，而中浅层的地震成像更加清晰，目标识别更加精准，有利于提高勘探成功率。其次是经济效益好，中浅层勘探开发投入少、周期短、效益高，获得发现后能够更好更快地实现经济有效开发。

三是立足剩余出油气井点。剩余出油气井点是指已通过钻探证实有油气存在，但因地质认识、工程技术、经济效益等原因，未能达到工业油气流标准的井点，是滚动勘探的"潜力股"。要精细解剖地下情况，深入分析低效无效原因，分类制定动用措施方案，精准挖掘井点潜力，同时要高度重视老井复查，全面搜索遗漏油气层，通过改造、侧钻、上返、加深等工程技术手段，把一个个出油气井点变成一个个油气藏。

四是立足经济有效开发。在选准主攻方向的同时，还要加强主要目标区的石油地质综合研究，加强滚动勘探过程中的跟踪研究，加强三维地震采集处理与解释，加强已开发油气藏成藏条件与油气分布规律的解剖分析，通过深化地质认识、配套工程技术、精细过程管理，提高滚动勘探成效。

5.2.2　从源到藏"顺藤摸瓜"

"顺藤摸瓜"就是抓住油气成藏规律的"牛鼻子"，沿着油气从烃源岩到圈闭的运移路径寻找油气藏。这一思路方法是解决油气怎么找的问题，在滚动勘探中具有广泛的适用性，特别是对于多源灶供烃、多期次充注、多疏导体系运聚、多类型成藏的盆地，把握从源到藏的油气成藏规律尤为重要。

一是抓住生烃中心这个"根"。烃源岩的认识程度决定了勘探的广度和深度。从空间上讲，烃源岩的规模、热演化程度、生烃能力与供烃范围息息相关，搞清楚油气最大运移距离，能够锁定勘探纵横向范围。从时间上讲，烃源岩生排烃史与油气藏形成时期脉脉相通，搞清楚圈闭形成与排烃时间的先后顺序，能够判断圈闭有无油气、是否成藏。因此，要重构烃源岩认识，包括供烃范围、排烃时间、期次等，以确定滚动勘探的有利"时空体"。

二是找到油气运移路径这根"藤"。理论上讲，油气沿着运移路径，从前端到末端均有成藏的可能性，因此油气疏导体系的研究对寻找滚动勘探目标具有重要意义。一方面，要立足已发现油气藏，理清烃源岩到油气藏的运移路径，抓住这根"老藤"，实现"老藤结新瓜"；另一方面，要立足新的地质认识，通过深化断裂、不整合面等方面的研究，积极构思潜在的"新藤"，努力寻找各个路径上的油气藏，实现"新藤发新芽"。

三是摸出各种类型的"瓜"。在搞清生烃中心、运移路径的基础上，要重构储盖组合认识，把从烃源岩到圈闭的全成藏体系、全成藏过程中的所有油气藏类型都构思出来，并通过地震地质结合、井震结合、动静态结合等手段，把潜在的油气藏都找出来、落实准。需要特别注意的是，寻找的目标不能局限于已发现类型、已发现层系、已发现区块，要基于成藏体系大胆构思新类型、新层系、新区块，真正实现立体式滚动勘探。

5.2.3 高度关注"小金豆豆"

滚动勘探的对象往往是隐蔽型油气藏，具有"小、低、散、薄"的特点。"小"是指油气藏面积较小，单体储量规模一般小于 50 万吨；"低"是指构造幅度偏低，一般小于二十米或三十米；"散"是指单个出油井点、出油层位零散分布；"薄"是指砂体厚度薄，单层砂体一般只有几米。"小、低、散、薄"并不代表潜力小、效益差。"小"和"低"往往意味着构造背景好、期次多，形成的小构造多；"散"和"薄"大多是岩性地层油气藏，分布广、面积大，表现为"小油藏、大油田"的特点，找到的都是小而肥的"金豆豆"。

因此，滚动勘探一定要精准搜寻小断块、小背斜、小透镜体等小油气藏，不放过任何一个小目标，小油藏也能带来大效益。比如，塔里木油田英买 46 井区勘探发现后，通过滚动勘探先后发现 5 个低幅度油气藏（图 5-2），单个面积 0.9 ~ 1.54 平方千米，构造幅度 11 ~ 15 米，平均单个规模 45 万吨，发现后不到 1 个月即投产。截至 2022 年，累产油气当量 54 万吨，单井平均产量 9 万吨，累计创效 19 亿元，产出投入比 10 以上。

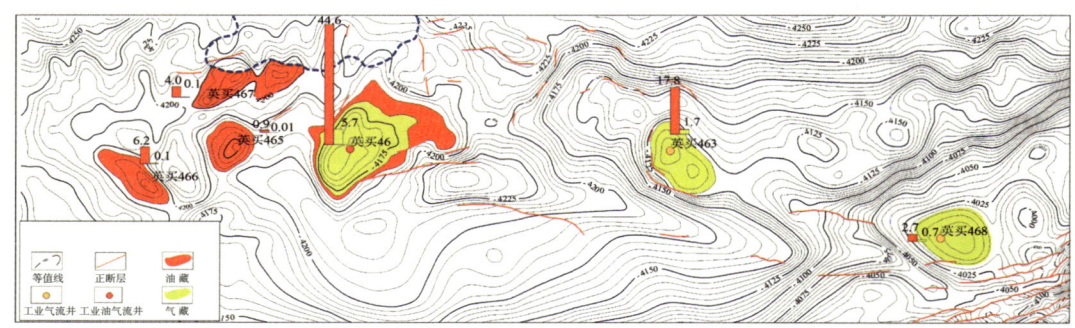

图 5-2 英买 46 井区低幅度构造滚动勘探成果图

5.3 建立高效的滚动勘探组织管理体系

滚动勘探是一项十分重要的工作。油气田企业要高度重视滚动勘探工作，从公司层面加强组织管理，建立一套完善的管理体系和高效的运行机制，提高滚动勘探实施的效率和效果。

一是加强业务统筹，强化属地管理。滚动勘探多以采油气单位自主管理为主，油气田企业应从公司层面加强对滚动勘探工作的管理，建立以公司领导牵头抓总、业务部门归口管理、科研单位技术支持、采油气单位属地负责的管理体系。机关层面要明确业务归口管理部门，统筹管理油藏评价及滚动勘探业务。

二是健全制度体系，规范过程管理。为保障滚动勘探工作的科学决策和高效管理，应建立一套完整的管理制度体系，重点应包括滚动勘探立项管理、井位部署审查、探井利用、地震资料重新处理解释、考核激励等方面，实现滚动勘探工作全过程的制度化、规范化管理。特别是要加强滚动勘探立项管理，确定职责范围、明确工作程序，强化立项、研究、审查、审批、实施等全过程管理。

三是搭建竞争平台，强化考核激励。要建立有效的政策激励体系，对采油气单位不仅要考核产量，还要考核储量，将年度储量任务分解到各单位，对超额完成的给予奖励；公司层面搭建公平合理的竞争平台，充分调动基层单位在老区扩边增储的积极性，促进滚动勘探新成果不断涌现。建立科技成果申报"绿色通道"，滚动勘探成果按照新增探明储量大小可直接申报技术创新奖，只需填报成果申报表，不组织评审答辩。

实践案例：准噶尔盆地红车地区滚动勘探"5512"工程

红车地区是玛湖、昌吉生油凹陷的有利运移指向区，油气资源丰富，石油地质条件好，纵向上发育多套优质储层，断裂、不整合面构成了立体输导体系，发育受断裂、不整合、地层及岩性控制的多种类型油气藏，极具滚动勘探价值。

2006年，通过对盆地各区带资源量、探明程度以及剩余出油点的分析，提出在红车地区实施滚动勘探开发的"5512"工程，即用5年时间，发现50个油气藏，探明1亿吨石油地质储量，建成200万吨产能。同时，制定了"四立足、四加强"工作思路和"两结合、一统一"工作方针，即立足富油区带，立足中浅层，立足剩余出油气井点，立足经济有效开发，加强主要目标区的石油地质综合研究，加强滚动勘探过程中的跟踪研究，加强三维地震采集处理与解释，加强已开发油气藏成藏条件与油气分布规律的解剖分析，将油藏评价与石油预探紧密结合、油藏评价与产能建设紧密结合，勘探、评价、开发统一录取资料、共享数据，努力提升滚动勘探工作质量和效率。重点采取了以下措施：

一是精准定位滚动勘探工作内容。将已开发油区的平面扩展、已开发层系的上下新层、未探明的剩余出油井点、滚动评价三维识别的新目标，以及预探不投入工作量的中小目标，全部界定为滚动勘探开发的工作范围，不和预探抢地盘，不与预探做重复工作。

二是创新地质理论，拓展滚动勘探领域。集成油田公司研究院、东方地球物理公司研究院、杭州分院的优势科研队伍，开展多轮研究会战，夯实基础工作。分析油藏特征与构造期次的相关性，证实正、负向构造均能成藏。运用构造力学原理，落实不同期次、不同级别的断裂展布，结合油气纵向串珠状、多层系富集的特征，提出红山嘴油田左逆冲走滑高陡弧形断阶带成因理论和纵向多层系油气成藏"烟囱"效应理论（图5-3）。

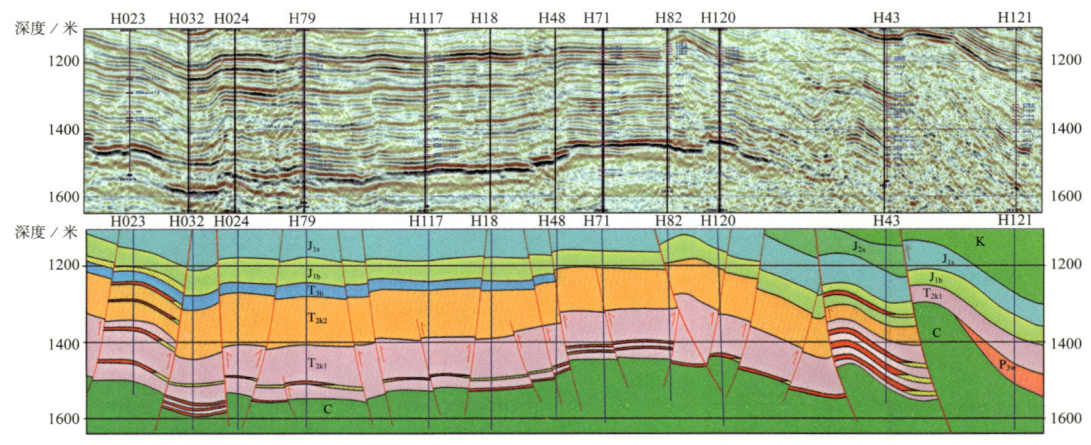

图5-3　红山嘴油田过H023等井地震剖面及油气成藏模式图

三是创新勘探技术，推动滚动勘探发现。全面分析早期勘探三维地震资料的适用性，对于不能满足精细勘探要求的，分年、分批重新采集四块三维，全面夯实地质研究的基础。面对红车地区复杂的断裂系统，形成精细断层解释技术，形成复杂岩性储层预测的配套技术，加强了已开发油藏外围部位及上下未开发探明层系的油层识别。

四是创新管理模式，快速实现增储上产。采取开发早期介入、紧密跟踪滚动勘探的思路与成果，实施滚动勘探开发一体化探明模式，开发完成之时即探明油藏之时。通过滚动实施、优化调整，较设计方案提高了钻井成功率、产能到位率。

通过"5512"工程的实施，在红车地区滚动勘探工作中闯出了一整套"三小"油藏（小断块、小背斜、小透镜体）滚动勘探的新路子，形成了一套高效滚动勘探及效益建产的好办法。截至2009年，红车地区高效探明1亿吨储量（图5-4），培植了4个千万吨级区块，建成产能89万吨、储备产能248万吨，各项指标较计划提前1年完成，为新疆油田增储上产做出了重要贡献。

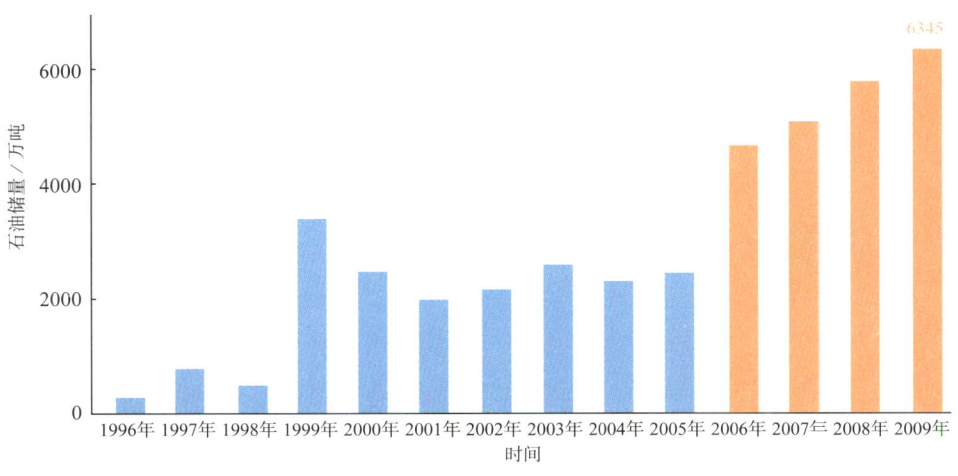

图 5-4　1996—2009 年新疆油田红车地区新增石油探明储量分布图

第 6 章 储量是油气田企业的核心资产

油气储量是油气田企业最重要的资产,不仅是当前利润的源泉,也是长远发展的基础。建立合理储量序列,经营好储量资产,是提高油气田企业价值和成长性的固本之举。

6.1 储量是油气田企业发展的基石

没有储量,油气田企业发展就难以为继。加强储量管理,强化储量经营,是储量管理核心任务,事关油气田企业发展质量和效益。

6.1.1 储量的概念及分类

油气储量是指已发现并按照不同级别估算了油气储藏量的油气资源。国内储量根据勘探开发程度和地质认识程度,分为预测储量、控制储量和探明储量;根据技术和经济条件分为技术可采储量和经济可采储量。国际上 SEC 储量是依据 SEC 准则评估出的油气储量,分为可能储量、概算储量和证实储量。油气田 SEC 储量目前仅评估证实储量,按开发状态分为证实未开发储量(PUD)、证实已开发储量(PD),证实已开发储量根据生产情况细分为已开发正生产储量(PDP)、已开发未生产储量(PDNP)(图 6-1)。

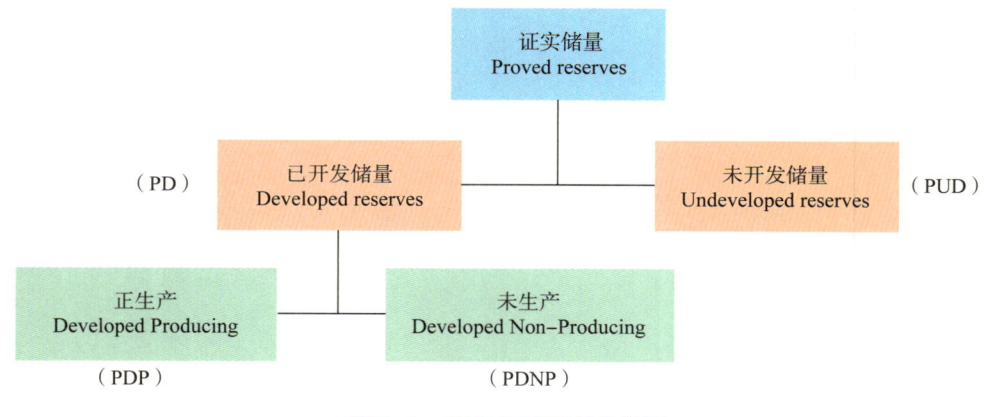

图 6-1 SEC 证实储量分类图

6.1.2 国内油气储量形势

随着勘探开发程度的不断深入，我国油气勘探逐渐向超深复杂领域挺进，给油气储量管理带来了严峻的冲击和挑战，主要表现在以下四个方面。

一是储量品质劣质化。我国油气勘探经历几十年发展后，各油气田企业所属盆地勘探程度越来越高，发现的油气储量逐步从常规储量向非常规储量转变，资源品质劣质化的趋势愈发明显。比如，塔里木盆地、四川盆地近年新增储量主要集中在深层超深层，其中塔里木盆地平均埋深超过6000米；准噶尔盆地、鄂尔多斯盆地、松辽盆地多以非常规、低渗透储量为主。

二是储量序列不合理。良性的储量系列往往呈"金字塔"形，也就说低级别储量与高级别储量呈阶梯趋势（图6-2）。但近些年部分油气田企业出现了储量序列"倒挂"的现象，主要表现为各类储量占比失衡，连续几年内新增探明储量占比高于控制储量或相当、控制储量占比高于预测储量或相当，控制储量与预测储量储备不足，与油气田企业高质量发展的需求不配套。

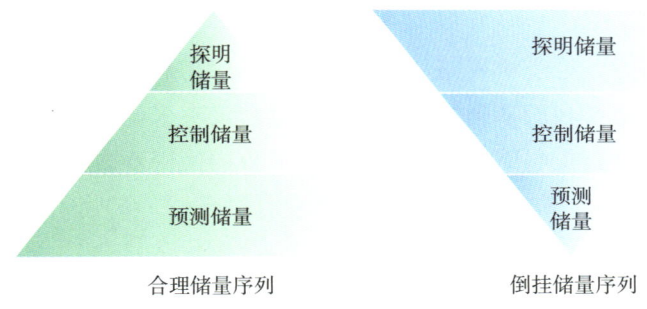

图6-2 储量序列模式图

三是储量动用难度大。经过几十年的勘探开发，许多含油气盆地探明程度较高，松辽盆地资源探明率高达72%，渤海湾盆地陆上资源量探明率达到55%，鄂尔多斯盆地资源探明率也超过50%，常规的、易开采的优质储量几乎消耗殆尽，剩余的储量骨头"越啃越硬"，开发难度越来越大，储量动用成本不断增加。

四是老油气田储量损失大。有些油气田由于开发秩序不合理，造成地层水过分活跃、油气藏见水期提前、地层压力下降速度超预期等，引起油气产量递减增大，加之对油气藏开发的整体认识不深入、提高采收率的措施不到位，导致大量的剩余油气无法采出，储量损失严重。

6.1.3 储量管理重点工作

为了有效应对以上形势，油气田企业必须健全完善以经济可采储量为核心的储量管理体系，突出问题导向、效益导向，立足发展需求，紧扣效益核心，抓住主要矛盾，从重地质储量向重技术可采储量转变，从重技术可采储量向重经济可采储量转变，提升储量管理水平和创效能力。重点要做到"四个融合"：

一是与勘探开发部署融合，构建合理储量序列。要建立勘探开发与储量管理一体化协同机制，一方面，以合理的储量序列，保障勘探开发的高效开展；另一方面，以针对性的勘探开发部署规划，指导油气储量的持续发现及升级动用，推动储量序列的不断优化。特别是要积极加强基础地质研究、工程技术配套，以认识的深化、技术的进步，驱动预测储量、控制储量快速向探明储量转化升级，实现储量阶梯合理的管理目标。

二是与经营管理融合，推进储量资产化管理。牢固树立储量资产意识，既要立足储量的资源属性，积极获取优质储量，形成优质资产，又要立足储量的价值属性，精细开展储量评估及挖潜，有效发挥储量对企业经营业绩的调节作用。

三是与生产实践融合，盘活动用油气储量。储量的价值最终要通过形成产量来体现。如果不进行开发动用，地下的储量就只是报表上的数字。要强化储量估算、评价、复核等全生命周期管理，分类分级制定储量升级动用对策，加快储量变产量、产量变效益。

四是与矿权管理融合，推进矿权储量协同发展。矿权是储量的前提，没有矿权就没有储量；储量是办理采矿权的基础，没有探明储量就没有采矿权。采矿权申报必须有已探明的油气储量，并且探明储量的规模决定采矿权的使用寿命和周期。要突出储量管理和矿权管理有机统一、高度融合，促进二者良性循环。

6.1.4　高度重视 SEC 储量管理

SEC 储量是衡量油气田企业价值和发展能力的通用标准，是企业利润的核心，是经营业绩的关键指标，直接影响油气田企业折旧折耗和利润。SEC 储量还体现上市公司的国际形象，比如 2004 年 1 月 9 日壳牌公司被曝无视会计准则，虚报油气储量信息的发布，引起"储量门"事件，股价当日急跌 7%，市价当日缩水 30 亿美元，影响之大，发人深省，充分说明了 SEC 储量管理的重要性。

抓好 SEC 储量的经营管理，要重点抓好以下工作：

一是树立抓 SEC 储量就是抓油气藏经营管理的理念。SEC 储量与油气藏精细化管理及地质研究挂钩，当年 SEC 储量决定了下年折耗的高低，影响下年的利润，地质研究到位了，勘探成效好了，成本控制好了，储量就增加了，油气田企业的资产折旧折耗才能降下来，经营管理效益才能提升。

二是强化组织管理，落实主体责任。SEC 储量是一项系统工程，涉及多专业、多部门，必须在企业层面统一谋划、强化协调，做好指标任务的分解，层层压实责任，严考核、硬兑现，提高自评估质效和管理水平，全面提升 SEC 储量的价值。

三是加强 SEC 储量评估队伍建设。SEC 储量是上市企业在资本市场价值的重要体现，其评估结果和信息披露必须遵守相关法律法规。若未按资本市场准入管理规定进行油气储量评估及披露，小则会受到证监会的质询，重则将直接核减 SEC 储量，严重损害公司的利益和形象。因此，必须加快建设一支懂技术、懂规则的专业评估师队伍，合规评估储量，降低质询风险，提高评估的规范性和准确性。

6.2 储量管理指导生产经营决策

油气田企业一切生产经营工作实际上都是围绕储量来开展的，寻找储量是勘探评价的首要目的，动用储量是开发建产的基础，储量的价值是投资下达、经营决策的关键依据。储量管理应重点关注储量规模、储量品质、储量集中度、转化率、探明率、储量序列、储量动用率、接替率和采收率九大关键指标。这九大指标直接反映油气勘探开发成效和经营管理水平，是指导生产经营决策的关键参考指标。

6.2.1 储量规模、品质和集中度是勘探开发决策部署的重要依据

储量规模是指储量的多少，规模储量能够带来规模效益，决定了勘探开发投资和部署的倾斜方向。比如，鄂尔多斯、塔里木、准噶尔、四川等大盆地资源基础好，容易发现规模储量，往往是投资青睐的重点对象；同一个盆地也要围绕富烃凹陷、富油气区带加大投资力度，力求规模发现、规模建产、规模效益；具体到每个勘探开发项目，也要优先保障大目标勘探、大油气藏开发的投资。

储量品质与油气藏的储量规模、埋藏深度、储量丰度等定量指标和储层岩性物性、油品性质、流体组分、断裂复杂程度等定性指标相关。高品质储量可动用性强、开发成本低、投入产出比高，是油气田企业高质量发展的优质供给。有了高品质的储量，就可以加快开发节奏，实现高产出、高回报。油气田企业应加快优质资源转换，加大向高品质储量投资倾斜力度。

储量集中度反映的是一个领域、区带、层系的油气富集程度，集中度越高，大油气田分布越集中，勘探开发的效益越好。同样的油气储量规模，十个小油气藏赶不上一个大油气藏，分散的油气藏赶不上整装的油气藏。因此，要围绕富油气区带，加大勘探开发力度，集中勘探、规模建产、高效开发，以集聚效应、规模效应提高经营业绩、释放经营优势。

6.2.2 资源转化率、探明率和储量序列是勘探成效的重要体现

资源转化率是区域探明储量与已钻探圈闭资源量的比率，反映圈闭落实程度和油气分布规律认识程度。一般勘探进程的快慢应与资源转化率的高低呈正相关，资源转

化率高的地区可以适当加快勘探开发节奏，快速推进集中勘探、精细勘探，实现储量落袋为安；资源转化率低的地区要把工作重点放在基础地质研究、工程技术配套上，为高效勘探做足准备，避免盲目大干快上。

油气探明率是区域探明储量与区域资源量的比率，反映勘探程度和勘探潜力，是制定勘探方向、调整战略部署的重要参考。油气田企业应结合探明率的高低，优化调整勘探开发部署，宏观调配勘探开发资源。具体来讲就是，评价开发力量有序接管探明率高的地区，让勘探力量腾出精力主攻新区新领域，以此提高工作组织效率，形成勘探开发良性循环。

储量序列是存量预测储量、存量控制储量、年度新增探明储量的占比分布，反映油气田企业资源基础的厚实程度。如果长期出现低级别储量与高级别储量"倒挂"的现象，则说明储量没有形成良性接替，可升级动用的储量不足，企业长远发展的资源基础不牢，需要加大勘探力度，加快预探、评价节奏，获得更多新发现。

6.2.3 储量动用率、接替率和采收率是油气开发能力与经营水平的表征

储量动用率是动用地质储量与探明地质储量的比率。影响储量动用率的因素有很多，常见的有两类：一是由于地质认识、估算方法、估算参数等原因，造成储量结果不靠实。这种情况要对油气藏进行再认识，做好储量评价分类，摸清储量家底，对可开发储量要加快开发动用，对待落实储量要开展再评价，对待核销储量要做好复算核销工作，实现储量归位管理。二是由于地质情况复杂、开发政策不合理、工程技术不配套等原因，造成储量长期难动用。这种情况就要分析清楚原因，针对性开展技术攻关，实现有效动用，盘活油气储量资产。

储量接替率是指当年新增经济可采储量与当年油气产量的比值，反映油气田企业稳产上产能力。不同勘探开发阶段，储量接替率会呈现有规律的波动。接替率大于1是最理想的结果，表明当下油气勘探处于快速发展阶段；接替率在1左右徘徊，表明勘探进入集中、精细勘探阶段；接替率小于1，往往表明勘探处于低潮，需要加快油气的规模发现，同时合理控制产量规模。储量接替率异常要引起决策者的高度重视，及时调整勘探开发部署，使其回归到正常状态。

采收率指在现有的经济、技术条件下，可采储量与地质储量的比率，是衡量油气田开发水平高低的一个重要指标。实践证明，采收率不仅与油气藏地质条件有密切关系，也与开发、开采的技术措施及生产管理方法有很大关系，特别是在超深和非常规油气藏表现得更为突出。对于缝洞型碳酸盐岩油藏，要强化地质工程一体化攻关，采取一井多靶点钻穿多个缝洞体、大型酸化压裂和高压注水沟通多个缝洞体等措施提高采收率。对于裂缝型低孔砂岩气藏，要采取回归合理采气速度、排水采气等措施来抑制水侵速度提高采收率。对于常规碎屑岩油藏，在原有提高采收率技术基础上，可探

索 CCUS 协同注气提高采收率技术。

6.3 复杂油气藏储量管理

随着国内油气勘探程度的深入，复杂油气藏储量逐渐成为增储的主要接替类型。当前国内石油资源品位分布中，复杂油气资源占 35%，今后复杂油气藏储量的占比还将进一步攀升，复杂油气藏储量管理必须引起油气田企业的高度重视。

6.3.1 复杂油气藏储量管理难点

复杂油气藏通常是指地质背景、成藏规律、配套工艺技术复杂的油气藏，主要包括缝洞型油气藏、致密油气藏、页岩油气藏、煤层气藏等。储量管理主要有两个难点：

一是储量精准估算难。复杂油气藏的生烃环境、成藏条件、储集体物性、油气地下赋存条件与常规油气藏均存在较大的差异。通用的"容积法"储量估算方法不适用，并且目前尚未形成成熟适用的标准方法，导致储量估算精度低，直接影响勘探开发决策部署和储量动用。

二是储量效益动用难。复杂油气藏流体多为稠油、高凝油、挥发油，储量品质多呈现低丰度、低渗透、低孔隙度的特征，且部分埋藏深、异常高压，需要实施地质工程一体化研究，配套特殊的钻完井工艺、储层改造技术及采油气工艺，方能实现储量的效益开发。

6.3.2 提升复杂油气藏储量估算精度

储量的估算精度直接影响油气田发展规划、方案编制的可靠性。针对传统方法不适用的情况，要创新各种类型复杂油气藏的储量估算方法和标准，提升储量估算精度。比如，塔里木油田针对缝洞型碳酸盐岩油气藏，创新形成"缝洞雕刻容积法"，利用高精度三维地震技术，开展缝洞量化雕刻，定量识别孔、洞、缝，有效改变了以往使用传统"容积法"估算储量失真的问题。该方法在哈拉哈塘油田、富满油田、塔中 I 号气田的新增和储量复算中都得到广泛应用，动静态储量吻合程度高（图 6-3），估算结果更加符合开发实际，有效支撑了开发方案编制。目前，该方法由企业标准上升为行业标准。

创新复杂油气藏储量估算方法，还要注重强化以下三个方面的基础工作：一是强化地质特征再认识。综合野外地质露头考察、井下钻探认识，开展控储控藏主控因素分析，准确建立复杂油气藏地质模型。二是强化高精度三维地震应用。针对性开展三维地震资料的采集、处理及多轮次解释攻关，精细刻画、识别断裂，做好有利储层预

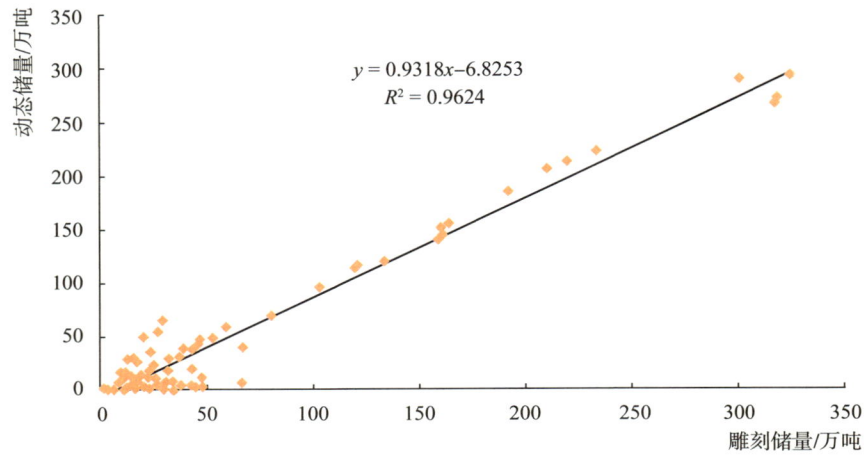

图 6-3　富满油田动静态储量匹配关系图

测。三是系统谋划动静态资料录取。取全取准储量关键井、岩心、测井、测试、温压等资料，精准求取有效厚度、有效孔隙度、体积系数等储量关键参数。各油田企业在创新方法的同时，应结合应用实践不断优化完善，提升适用性，积极推动企业标准上升为行业标准、国家标准，为同类型油气藏储量估算提供借鉴。

6.3.3　提升复杂油气藏储量动用程度

一是坚持开发建产试验先行原则。由于油气藏类型复杂、储量品质差、效益开发难，开发早期要坚持开发先导试验先行，优化钻完井方式、储层改造技术与井型，形成特色的开发配套技术，完成项目经济技术可行性评价后，方可进行全面开发建产。

二是坚持井位部署效益为本原则。由于特殊油气藏钻完井成本高，储量多为边际效益储量，采出程度低，井位部署要严格执行单井效益评价，低于经济效益的井坚决不部署，提升储量的效益开发水平。

三是坚持技术革新盘活储量原则。技术革新已成为特殊油气藏开发的基本保障，无论是页岩气、页岩油，还是致密油的效益开发，都需要持续开展工程地质一体化攻关，突破技术瓶颈，集成经济安全成熟的配套技术，不断降低成本，实现难动用储量全面动用。

实践案例：实施"四提四应"增储行动，赢得 SEC 储量质效双收

2020年，受新冠肺炎疫情和经济持续低迷双重影响，国际油价出现断崖式下跌，塔里木油田 PD 储量（证实已开发储量）大幅缩水，造成折耗大幅上升，经营压力陡增。在投资下降、利润指标不减情况下，亟须开展增储挖潜行动，打赢生存发展攻坚战。

塔里木油田储量委员会牵头编制增储行动工作实施方案，主要围绕储量基础工作、储量研究质量、储量管理水平，以及与生产经营有效结合等重点工作，制定4方面20项具体措施。

推进"四提"管理，提高评估质量。一是提升管理人员经营意识，向管理水平要效益。开展 SEC 储量评估知识宣贯与培训，强化管理人员经营理念，做到"经营上精打细算、生产上精耕细作、管理上精雕细刻"。二是提升储量评估人员水平，从精细评估增储量。通过技能培训、针对性调研、实战练兵，提升评估水平，力争技术上精益求精，合规增储。三是提升资源挖潜领域，促挖潜见实效。制定详细挖潜方案，首次挖潜轻烃、液化气储量。四是提升评估策略应用，储量挖潜有真招。通过开展储量敏感性研究，分油气藏类型、开发阶段、开发方式，建立油价与 SEC 储量敏感性图版，结合油藏动静态特征，优化评估单元，去除无效益单元或单井拖累，释放储量潜力，全面挖潜 PD 储量。

推进"四应"评估，深挖创效潜力。一是应保尽保，守住储量家底。通过单元优化、成本劈分，降低经济极限，合理保留储量，将由非正常生产原因导致负修正并且论证可恢复的 PDP 储量（证实已开发正生产储量），转为 PDNP 储量（证实已开发未生产储量）。二是应转尽转，向存量要增量。全面梳理产建井，根据投产与否分别转为 PDP、PDNP 储量。三是应增尽增，从老区挖储量。财务上精算账、算好账，不做无效益措施，关停无效益单井及大宛齐等油田，实现油田总成本和评估单元经济极限"双降"增储；深挖上返、补孔改层潜力，合理增加 PDNP 储量。四是应评尽评，向扩边新增要储量。扩边新增评估"跳"出从探明储量区增储的限制，把单井点评估、未探明已开发、已发现未生产、零采单元全部纳入评估。

通过半年的评估挖掘，塔里木油田新增 PD 储量石油 336.08 万吨，天然气 389.33 亿立方米（图6-4），推动低油价下折耗硬下降，仅 2020 年下半年就降低折耗 3.6 亿元。

图 6-4 塔里木油田 PD 储量净增量

增储挖潜行动的实施,在全油田牢固树立了储量资产理念,创新形成了一套"四提四应"的特色做法,为企业提质增效做出了重要贡献。这一经验做法,已在中国石油全面推广应用。

第 7 章　矿权是油气田企业的生命线

矿权是油气田企业勘探开发的阵地，矿权线就是企业的生命线。加强矿权管理，深化矿权评价，做好矿权保护，是油气田企业的重要任务。

7.1　矿权决定油气田企业的生存发展能力

矿权规模大小和品质优劣决定了企业所能拥有的油气资源量，反映的是企业生存发展能力。管理好矿权，就要充分认识矿权的基本属性，全面掌握矿权的政策变化，因地制宜制定矿权保护对策。

7.1.1　矿权的四个基本属性

一是权利属性。矿权是依法获得的勘查开采矿产资源的权利，油气田企业的矿权分探矿权和采矿权。探矿权是开展油气勘探的权利，采矿权是开展油气开发的权利，采矿权同时又具备探矿权的权利属性，即在采矿权内也可以从事油气勘探。油气田的勘探开发必须遵循矿权的权利属性，超越权利范围属违法行为。

二是资源属性。矿权内的油气资源属国家所有。油气田企业既有对矿权内的油气资源开发利用获取收益的权利，又有采取各种有效勘探手段最大限度为国家发现油气资源的义务，拿到矿权不投入或盲目投入，不能很好地发现油气、生产油气，是对国家矿权的巨大浪费。

三是空间属性。探矿权、采矿权范围都是由横向面积和纵向深度控制的三维空间，勘探作业可在探矿权、采矿权地表平面范围内所有深度开展，开发作业只能在采矿权地表平面范围内规定的最浅至最深区间开展。超越矿权的空间范围开展油气勘探开发属违法行为，油气田企业管理者要高度重视。

四是排他属性。其一，矿种资源排他，矿权人只能勘探开发许可证指定的矿种资源；其二，空间范围排他，不同矿种的矿权、相同矿种的探矿权与采矿权三维空间范围不可重叠或压覆；其三，使用权排他，任何企业与个人不得进入他人已获得的矿权内勘探开发该矿权规定的矿产资源。

7.1.2 国家矿权管理政策调整

矿权管理是一项政策性极强的工作，国家管理越来越规范，要求越来越严格，油气田企业管理者必须及时跟踪掌握政策变化，及时调整矿权管理对策。

1986年3月19日，《中华人民共和国矿产资源法》正式颁布，明确了探矿权和采矿权的概念，将石油、天然气作为"特定矿种"进行管理。1987年4月29日，国务院颁布《矿产资源勘查登记管理暂行办法》和《全民所有制矿山企业采矿登记管理暂行办法》，同年原石油工业部颁布《石油及天然气勘查、开采登记管理暂行办法》。当时，油气田企业基本没有矿权管理概念，企业之间主要以会议协商方式来界定各自的勘探开发范围。

1998年10月，原国土资源部开始受理矿权登记申请。当时，矿权登记遵循"申请在先"原则，油气田企业通过申请，"免费"获取矿权。1999年中国石油天然气股份有限公司海外上市，让油气田企业意识到矿权的重要性，纷纷开始大量申请矿权。这一阶段，油气田企业快速、大面积登记矿权，先登记有利范围，再查漏补缺、填平补齐。

2004年以来，国家发现全国含油气盆地油气矿权已全覆盖，但勘查投入严重不足，"占着地盘不勘探"的情况严重，开始强化退还监管，先后出台了无投入矿权整体退减、勘查投入不足矿权按投入比例核减面积、与国家级保护区重叠的矿权硬退减等政策。这一阶段，油气田相继增加矿权勘查投入、开展矿权内部流转、研究置换方案，尽量减少矿权退减。

2015年7月，原国土资源部首次以招标方式出让矿权，探矿权出让从"申请在先"改为"竞争性出让"，油气田企业从"免费"获得矿权变为"竞价"获得矿权。要获得矿权，既要主动选出意向区块推荐给政府作为出让目标，还要及时开展目标区块的价值评估，制定竞争策略，参加竞争获取新矿权。

2019年12月，自然资源部下发了《关于推进矿产资源管理改革若干事项的意见（试行）》（以下简称7号文），明确探矿权每次延续登记需退减25%的首设面积，这给油气田企业矿权管理带来严峻挑战。这一阶段，油气田企业既要通过科学制定退减方案、加快探明储量区转采矿权，保住已有的优质矿权，又要积极争取新矿权。

7.1.3 油气田企业矿权管理面临的新形势

一是硬退减政策大幅压缩油气田企业生存发展空间。矿产资源法两次修订意见中均有"探矿权只能延续登记2次"的新条款，一旦政策落地，加之7号文探矿权延续硬退减25%的规定，油气田企业矿权面积将大幅度缩减。以塔里木油田为例，如果执行该政策，在没有新增矿权的条件下，现有的探矿权将在2032年全部退减，届时仅剩2.6万平方千米采矿权（图7-1），严重影响企业生存发展。

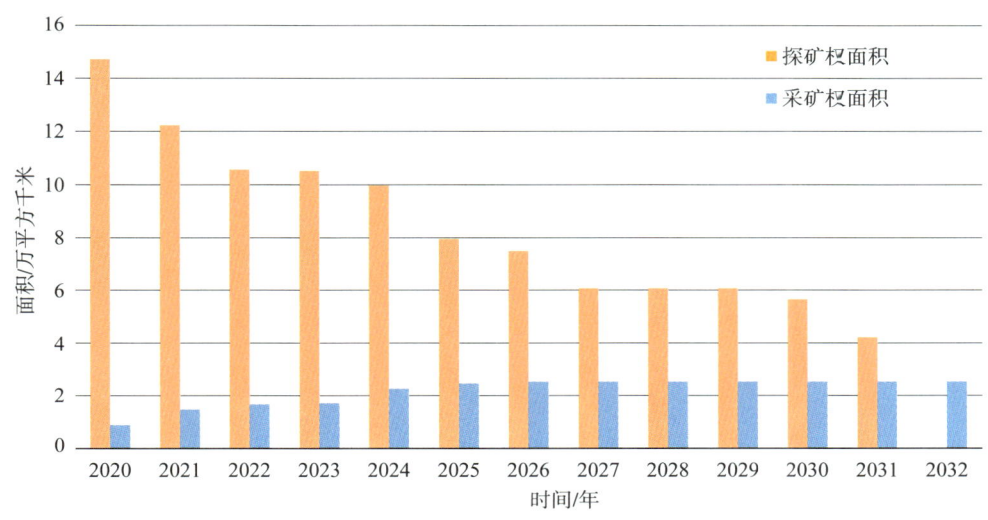

图 7-1 塔里木油田预测矿权面积变化柱状图

二是具有良好保护功能的采矿权面积亟待扩大。由于之前采矿权使用费高、油气发现后可办理试采许可证，油气田企业登记采矿权的意愿普遍不强，采矿权面积都很小。7 号文出台后，采矿权有效期长、到期延续不需要退减面积两大优势凸显，油气田企业需要加快探转采节奏，迅速扩大采矿权面积。

三是生态红线区的划设给油气田企业带来较大影响。以塔里木油田为例，2018年，政府拟划设的生态红线与油田矿权重叠 1.6 万平方千米，涉及油气资源量 20.6 亿吨、已落实储量 3.2 亿吨、可形成产量 84.9 万吨，分别占比 16.5%、11.1%、3.2%。

四是各路资本大量涌入增加了竞争获取矿权的难度。随着国家矿权管理改革的深入推进，民营企业与地方企业以极高的热情加入矿权竞争行列。2015—2021 年，新疆累计出让探矿权区块 25 个，总面积 27855 平方千米，12 个民营企业和地方企业合计竞得 17 个，总面积 22343 平方千米，占比 80.2%，中国石化与中国石油合计竞得 8 个，总面积 5512 平方千米，占比 19.8%。在 5 轮竞争中，综合评价排名靠前的区块均被民营企业和地方企业竞得，石油央企获得优质新矿权的难度增大。

五是针对石油央企的矿权侵权事件时有发生。个别企业以油页岩勘探、煤炭勘查、废弃油气井环保治理等为由，进入油气田企业的矿权范围进行违规违法作业，严重侵犯油气田企业的矿权，处理起来难度很大，必须提前做好预防。

7.2 矿权管理要重点打好"保卫战"与"进攻战"

面对严峻的矿权形势，油气田企业要健全矿权管理体系，强化矿权评价，打好探矿权退减、探转采、侵权预防等矿权"保卫战"，打赢矿权竞争等矿权"进攻战"。

7.2.1 健全管理体系是做好矿权管理的根本保障

矿权工作涉及勘探、开发、环保、土地、法律、财务等多项业务，对内要做好企业各部门、各单位的组织协调，对外要做好与各级政府职能部门的沟通交流，必须建立一个健全的管理体系。这方面塔里木油田做了有益探索，可供参考借鉴。

一是建立企业、机关、基层三级矿权管理架构（图7-2）。企业层面，成立管理委员会，负责矿权工作的决策部署；机关层面，设置资源勘查处、开发处，负责矿权工作的组织管理；基层层面，勘探开发研究院负责矿权研究与技术支持，油气开发部负责属地矿权巡护与保护。

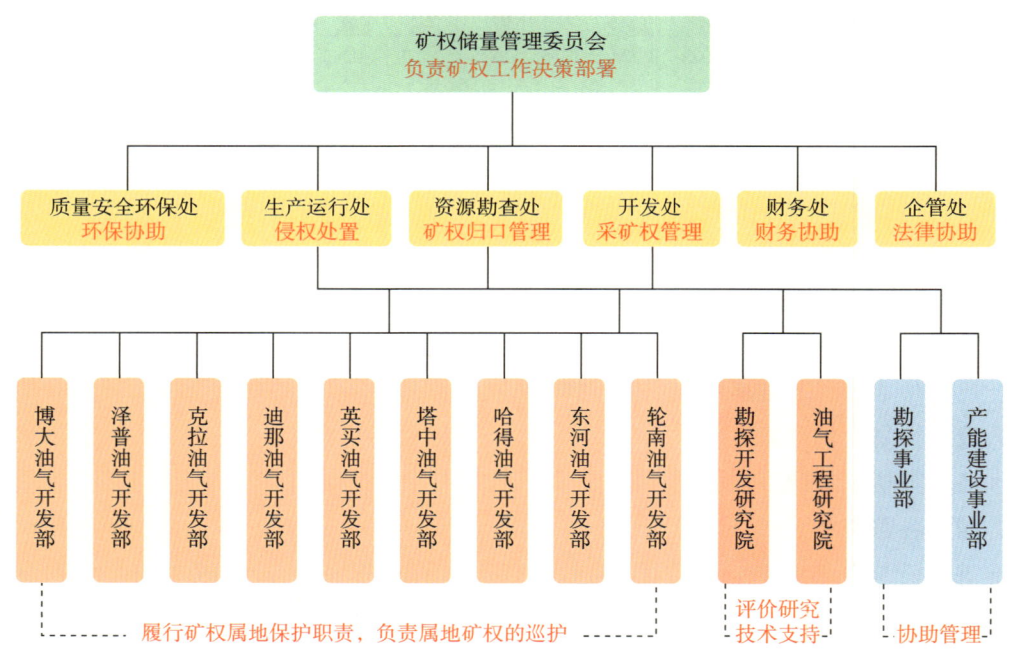

图7-2 塔里木油田矿权三级管理机构架构图

二是充实矿权管理与研究力量。企业层面首次设置了矿权储量首席技术专家，协助分管领导开展矿权储量管理与研究工作；首次在资源勘查处设置了矿权储量管理科，专职负责矿权工作的组织协调；首次在勘探开发研究院设立矿权储量中心，成立矿权储量研究专班，加强矿权的研究与管理。

三是完善矿权管理规章制度。根据国家矿权管理的政策变化及时修订矿权管理规定，制定企业矿权保护管理办法，各油气开发部、勘探开发研究院分别制定本单位的矿权管理与保护实施细则，明确职责，简化优化流程，规范矿权的管理与研究。

7.2.2 加强矿权地质评价，做好矿权资源管理

矿权管理首先是对矿产资源的管理，最有效的应对策略就是做好矿权地质评价，要通过对矿权内油气资源总量、已发现资源量、剩余资源量的规模及分布规律研究，搞清油气资源在矿权区块内的分布，明确哪些是有利区，哪些是潜在有利区，哪些是资源贫瘠区。矿权地质评价是矿权管理与保护的重要基础工作，评价成果是开展矿权研究与制定相关方案的重要科学依据。

矿权地质评价的方法是立足盆地含油气系统，根据构造单元和勘探认识，对全盆地开展勘探区带精细划分，主要从烃源岩、储盖组合、保存条件、成藏条件、目的层埋深、储备圈闭、地貌施工条件、战略意义、勘探潜力、可部署性等方面分 I—IV 类综合评价排队，对每一个矿权明确四类矿权的分布与比例。

7.2.3 加强矿权经济评价，做好矿权成本管理

矿权管理也是对成本的管理。在矿权竞争日益激烈的情况下，油气田企业要竞得矿权往往需要付出高昂的成本。比如，2021 年国家在塔里木盆地公告出让 15 个探矿权区块，总成交价 34.3 亿元，平均单价 23 万元/平方千米，其中尉犁西 1 区块以 10.6 亿元成交，单价 68.6 万元/平方千米。

做优矿权竞争成本管理，主要是为了以较低的"门票"成本获取矿权区块，最大程度降低竞拍决策风险。要在出让矿权区块地质综合评价的基础上，根据资源量大小，运用经济评价技术估算区块的综合价值，算清楚获取新矿权应该花多少钱、获得矿权后如何把花的钱赚回来、多久能赚回来、最终能赚多少等问题，保障买回来的矿权"质优价廉"。

矿权的经济评价没有先例可借鉴，塔里木油田探索形成了一套评价方法：第一，采用类比法，实现从资源量到探明储量、可采储量的估算；第二，按照可采储量编制开发利用框架方案；第三，在勘探、开发投资测算的基础上，运用现金流量法计算出让区块的价值。实战已初步验证了这种方法的有效性，今后还要继续加强与完善。

7.2.4 加强"退、转、调、竞、防"，做精使用权管理

矿权使用权的管理，要解决好怎样做好矿权退减与探转采工作、怎样协调处理矿权与生态保护的关系、怎样维护矿权合法权益、怎样落实矿权属地保护职责等问题。需要从"退、转、调、竞、防"五个方面加强研究，因地制宜采取有效的应对策略。

"退"——深入分析解读矿权相关政策法规，突破条款表面的表述限制，寻找政策许可的每一个潜在空间，并进行合理搭配，创新形成依法合规的应对策略。退减工作责任重大，要慎之又慎，应当把握好三条原则：一是坚持不退减富油气区带，二是

按照难以实施勘探的高大山体区、环保核心区、IV类区、III类区顺序依次退减，三是充分利用同盆地矿权等面积置换政策，最大限度保留优质矿权。对拟退减矿权要开展现场实地踏勘，对年度到期探矿权要制定多个搭配置换退减方案，逐一分析每个方案的优点与劣势，反复推敲优化，确保科学有据退减。

"转"——在政策允许范围内，按照面积最大化原则推进探明储量区块转采矿权。要全面梳理探矿权内出油气井点、储量区块，对具备升级探明储量的区块，要实施专项部署，成立工作专班，压实工作责任，编制采矿权登记计划，优化登记要件的准备流程，加快登记节奏，最大面积、最快速度实现探转采。

"调"——统筹好生态保护与勘探开发的关系，积极推进拟划设生态红线区的优化调整。要联合政府加强对拟划设生态红线区的现场踏勘，精细描述地表地貌，精细刻画地下油气，精准叠合地表地下，按照实事求是、应保尽保的原则，共同制定优化调整建议方案。

"竞"——加强无矿权区域的地质综合评价，优选具备潜力的区块推荐上报自然资源部，推动国家加快矿权出让，提升企业竞争获取新矿权的概率。针对国家出让矿权区块，做好地质评价、经济评价、策略研究为一体的竞拍方案，积极参加矿权竞争，客观谨慎获取新的矿权区块。

"防"——全面落实属地矿权保护职责，将矿权保护纳入各采油气单位的年度绩效合同，督促属地单位采用人防、信息防等多种措施开展矿权巡护工作，同时加强与地方政府沟通，及时获取属地施工作业信息，积极发动群众有奖举报可疑线索，油地联动形成一张覆盖整个矿权的信息网，全方位预防侵权。

7.3 矿权管理需要特别注意的问题

矿权管理责任重大，出不得半点纰漏，油气田企业管理者应该注意以下几个方面的问题，防止出现决策失误。

一是关于矿权管理体系建设的问题。矿权是油气田企业的饭碗，如果对矿权形势的严峻性与紧迫性认识不足，把矿权工作当作填写报告、资料汇交、登记矿权等基础性工作，作为油气勘探分支业务兼职管理，没有建立一套健全的矿权管理体系，就无法适应矿权管理新要求，很容易出现决策失误，给企业带来损失。

二是关于探矿权到期退减的问题。现行政策下，油气田企业退出的矿权，将被国家纳入矿权出让储备库，想再拿回来需要参加竞争，花费高昂成本，难度极大。油气田企业管理者要以对企业负责、对历史负责、对事业负责的态度，以精细客观的矿权评价成果为依据，广泛听取地质等各专业研究专家的意见，多方案比对后集体决策，要确保优质矿权不流失。

三是关于矿权年度信息公示的问题。年度信息公示工作是一项极其严肃的工作，必须确保数据的真实准确。这项工作涉及财务、环保、生产、研究等多部门，应该在油气田企业层面统筹组织协调，把工作要求落实到每一个填表人，汇总部门要严格审核，确保每一个数据都经得起检验。一旦数据错误、信息失真，将被列入异常名录、严重失信名单，后果极其严重。

四是关于矿权管理工作保密的问题。矿权评价成果是对盆地地质条件的认识与分类，矿权竞争方案是参加矿权竞争的核心秘密，这两类资料泄密会造成重大损失。油气田企业应当制定专门的矿权保密管理规定，从人员知悉范围、会议组织原则、会场纪律要求、资料管理传输、成果宣传报道等各个方面规范矿权保密工作。

五是关于矿权主动保护的问题。单纯就矿权论矿权，为保护而保护，只能治标，不能治本，加强矿权评价，加大新区新领域勘探才是保护矿权最有效的手段。一方面，应该加大盆地整体研究、基础研究，研究对象不能仅限于油气田企业自身的矿权区块，也要包括其他企业的矿权区块与无矿权区；另一方面，应加大自身矿权内冷区、新区、低勘探程度区的评价研究，加快勘探部署与实施，加快油气发现，适时开展探转采工作，从根本上解决矿权保护的难题。

实践案例：塔里木盆地哈拉哈塘采矿权整体连片登记的探索

塔里木油田哈拉哈塘地区"烃储盖断"条件优越，是一个面积超5000平方千米的碳酸盐岩大油气田。2019年，该区已探明5个区块，探明面积1252.6平方千米，当时只登记了哈6区块、哈得逊两个采矿权，总面积724.6平方千米，探明油气面积远超采矿权面积。为了适应新的矿权政策，必须加快采矿权登记。

哈拉哈塘油气田断裂系统分布相对密集，油气富集在断裂带附近，平面上油气分布不连续。如果按探明的断裂带逐条登记采矿权，既会大幅增加采矿权的个数，给上级审查增加负担，又可能漏掉断裂带之间潜在的油气聚集区，不利于整体勘探开发。2020年1月，油田决定对哈拉哈塘地区采矿权实施整体登记，确定了"平面上摊薄饼、边角上钉钉子"的矿权储量融合部署策略：要求具备整体探明条件的区块，加快部署实施，尽快实现整体探明；不具备整体探明条件的区块，合理部署，分段探明；边角地区断裂带加快钻探，凭借出油气点扩大升级潜力，增加转采依据。

2020年2月，油田召开采矿权登记新增油气探明储量启动会，发布"储量会战动员令"，要求4月30日前提交15个区块的探明储量。同时，成立储量会战领导小组、工作小组与保障小组，按照严格时间、严密组织、严细审查、严肃态度"四严"

要求，编制详细进度计划，经过 50 天努力，提前完成会战任务。

油田深入分析探明储量、开发利用方案、土地复垦等要件的准备工序，将要件准备流程由串联"接力式"优化为并联"嵌入式"，并创建最大面积划范围、最短时间办要件、质量进度承诺制"两最一诺"采矿权申报管理模式，有效将采矿权登记周期从原来的平均 620 天缩短至 307 天。

2021 年，油田顺利获得哈拉哈塘、哈得逊两个采矿权许可证，与已有的东河塘、哈 6 采矿权无缝拼合，实现了哈拉哈塘油田采矿权整体覆盖（图 7-3）。四个采矿权内探明油气储量当量超过 4 亿吨，整体登记的采矿权有效期 30 年，为哈拉哈塘大油田全生命周期的勘探开发提供了矿权保障。

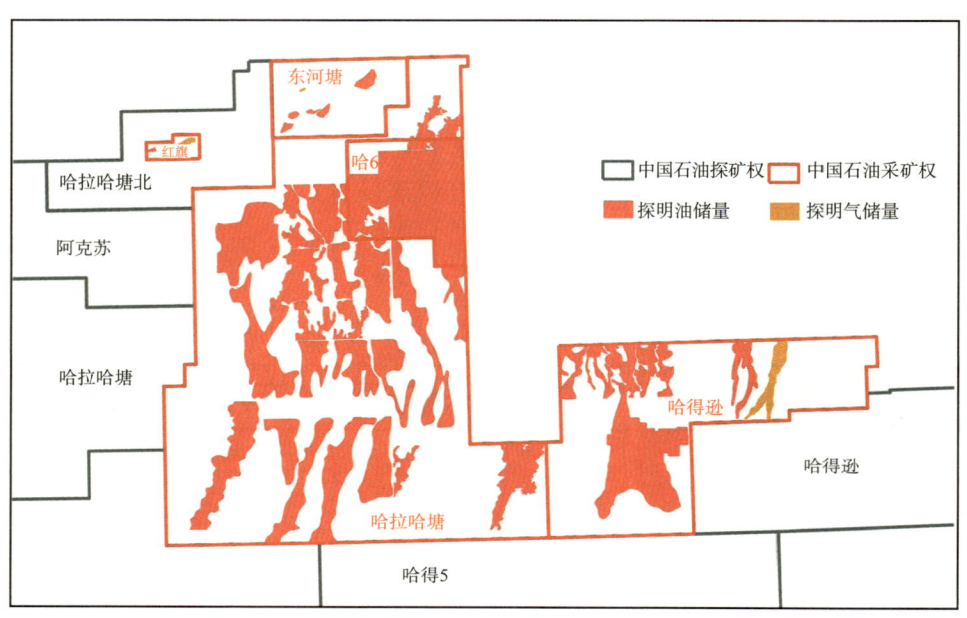

图 7-3　哈拉哈塘地区矿权分布图

思考和建议

国家生态保护红线政策出台后，为油气田企业规范勘探开发行为、更好保护生态环境提供了准则和遵循。红线是不能触碰的线，但在具体工作中，对于红线划定与环保需求确实不相符的情况，油气田企业不能过分死板教条，应以负责任的态度实事求是向地方政府反映，为国家层面出台更加科学适用的红线政策提供有价值的支撑。这是从根本上履行保障能源安全、保护生态环境的职责和义务，更是从根本上当好党的"经济部队"的担当和作为。

第 8 章　油气勘探要运用科学思维

美国石油地质学家华莱士·E.普拉特在《找油的哲学》中有句名言："首先找到石油的地方是在人们的脑子里。"人的头脑不会直接创造出油气，但可以创造出发现油气的思想。勘探家必须坚定找油找气的信心，用哲学思想、科学思维指导油气勘探。

8.1　油气勘探的特点

油气勘探是一个依据石油地质学基本原理和已知的地质信息不断探索未知世界的过程，是为了识别勘探区域、探明地下油气储量而进行的实践活动，是油气产业链的第一环节。

8.1.1　油气勘探是油气产业链的"龙头"

油气产业链可以划分为上游、中游、下游，上游主要是指油气资源的勘探、开发和生产；中游主要是指油气资源的存储和运输；下游主要指成品油炼制与销售、石化产品加工及终端产品制造等。可以看出，油气勘探处于油气产业链的起始位置，是油气产业链的"龙头"，龙头不舞，龙身难动，龙头不振，油气产业链就难以有效延伸。

油气田企业处于油气产业链上游，如果资源接替不足，产量就会难以为继，发展就会举步维艰，将面临不得不转型或者关停的风险，甚至对整个油气产业链带来重大影响。油气田企业管理者必须始终牢记发现大油气田、建设大油气田的使命，始终把勘探工作放在一切工作的首位，毫不动摇地突出勘探，夯实高质量发展的资源基础，扛起保障国家能源安全的重大责任。

8.1.2　油气勘探具有复杂性、曲折性和不可预见性

一是油气勘探对象复杂。油气勘探的对象是蕴藏在地下深处地质体中的油气，需要从时间上、空间上、时空配置上研究复杂的勘探对象。

时间上，自 18 亿年以来，地球发展经历了哥伦比亚泛大陆、罗迪尼亚泛大陆和盘古大陆的形成与裂解，地质体始终处于变迁状态。地下的流体是动态而非静止的，油气始终处于不断聚集、调整、破坏的状态，油气的分布规律受很多因素制约，任何一

个因素的变化，都可能导致油气藏分布位置发生变化。

空间上，地质体小到几个埃（10^{-10} 米）的油气分子，大到以万千米为尺度的板块，跨度极大。研究的方法从使用纳米—微米级的扫描电镜和CT，到使用微米—厘米级的光学显微镜，从肉眼直接观察岩石，到用测井、人工地震、重磁电法等地球物理手段间接描述地下地质体，对地质体的认识从烃源岩到储层、从圈闭到油气藏都有极大的不确定性。

时空配置上，即使同一个盆地同一个区带上构造形态、储盖组合完全相似的两个圈闭，由于其演化史和油气充注方向的差异，也有可能一个含油气，另一个不含油气。在大多数盆地勘探中都能找到这样的例子，这也是油气勘探风险高的原因之一，更是油气勘探突破禁区的魅力所在。

二是油气勘探过程曲折。毛泽东在《实践论》中论述了人类正确认知事物的基本过程，即一种螺旋上升式的认知过程。认知的初始阶段，是直观的、感性的认知，第二阶段由感性认识跃进到理性认识，第三阶段就是将理论应用于实践，实践、认识、再实践、再认识循环往复。油气勘探本质上就是认识地下的过程，往往需要用新思路、新理念来指导，而认识地下需要通过间接手段，多解性强，油气勘探前期没有可借鉴的理论和经验，感性认识成分多。因此，对勘探区块的认识也遵循从感性认识到理性认识、再到实践的螺旋式上升过程。

三是油气勘探结果不可预见。油气勘探本身就是一个曲折的地质认识过程，由于认识的不确定性，勘探的预期与结果经常不一致。据统计，世界平均油气预探井成功率只有30%左右，失利的概率很大，新区新领域落空的概率更大。地质家们要经常经历"几度兴奋、几度困惑"的历程，在长期实践、总结经验、深化认识中，才可能从"必然王国"走向"自由王国"。

8.1.3 油气勘探是勘探家思维革命的过程

思维革命天地宽。思维模式转变的刹那，将看到一个全新的世界。油气勘探的复杂性、曲折性和结果的不可预见性，决定了勘探家必须解放思想，运用科学思维指导勘探实践。油气勘探的过程就是勘探家打破条条框框，不唯上、不唯书，敢于否定权威、否定前人、否定自己，不断革新勘探思维的过程。

1921年，美国明尼苏达大学埃蒙斯教授撰文认为："所有的产油层几乎毫无例外地都是海相地层或与海相地层密切相关的淡水地层。"1922年，美国斯坦福大学地质学教授勃拉克韦尔德在一篇题为《中国和西伯利亚的石油资源》的论文中，提出了中国因没有新生代海相沉积的"中国陆相贫油论"。李四光、谢家荣、潘钟祥等老一辈地质学家突破海相生油论的思想禁锢，通过扎实的调查研究和积极探索，建立了陆相生油理论，找到了新疆独山子、玉门老君庙油田，拉开了我国含油气盆地大发现的序幕，带来了松辽盆地、渤海湾盆地等大型油气田的发现，甩掉了"中国贫油"的帽子，推动了新中国石油工业的发展。

油气勘探的目的就是发现大油气田，这就需要勘探家通过思维革命，在脑海中构建大油气田，再通过理论创新、认识创新、技术创新找到大油气田。无论是风险勘探、集中勘探还是滚动勘探，每个阶段的思维革命都必不可少。

8.2　油气勘探要坚持的七种科学思维

思维是人的一种主观精神活动，思维方式是人们看问题的角度和方法。思维方式决定思想高度，思维方式不同，看问题的角度、方法就有所不同。油气勘探对象是地下十分复杂的地质体，勘探家的主观思维是否符合客观地质实际，对勘探成败起着决定性作用，必须运用科学思维，应对并战胜各种风险与挑战，最终实现勘探突破。

8.2.1　坚持运用战略思维统筹油气勘探全局

"秉纲而目自张，执本而末自从。"一个清晰明确、科学实际的勘探战略部署，对于实现高效勘探至关重要。运用战略思维统筹油气勘探全局，最重要的是要放眼油气田企业长远可持续发展，做好勘探战略部署，明确勘探布局，选准具有战略性、全局性、前瞻性的重大领域目标，寻求战略突破，带动盆地规模油气发现。

自1985年"六上"塔里木以来，塔里木油气勘探开发先后历经五次重大战略调整，每次调整都带来了油气勘探的大发现、油气产量的大提升。

1987—1989年，会战初期，在轮南1、轮南2、英买1获得发现的基础上，提出了"建立两个根据地、打出两个拳头"的战略部署，勘探重点放在塔中、塔东地区，塔中油气勘探取得重大突破。

1991—1997年，在建成塔北、塔中四个原油生产基地，"500万吨"在握的形势下，提出了"四个并举"的油气勘探方针，发现了塔中4、牙哈、英买力、塔西南、和田河等一批大中型油气田。

1998—2005年，坚持"四个并举"，重点评价碳酸盐岩断裂潜山带，突破库车北部第三系盐下，发现了克拉2、迪那2、塔中1号坡折带、阿克莫木等大油气田，推动塔里木油气产量迈上千万吨。其中，克拉2的发现推动了西气东输工程的启动，带动了我国天然气产业的发展。

2006—2017年，根据当时对富油气区带的认识，提出了集中优势兵力打好库车、塔北、塔中三大阵地战的战略部署，相继获得克深2、博孜1、哈6等一系列战略突破，建成了2500万吨级大油气田。

2018年以来，随着库车天然气勘探、塔中—塔北原油勘探整体发现，塔里木油田调整形成"3+2"重大战略部署，风险勘探取得重大突破，油气产量实现跨越式提升，建成了3000万吨级大油气田。

这五次调整都是运用战略思维统筹油气勘探全局的生动实践。以"3+2"战略部署为例，库车、塔北、塔中三大阵地战经过十余年攻坚，打出了大名堂，带来了地质认识的深化和油气储量的规模发现。三大阵地构造特征、油气藏类型、油气富集规律等认识不断清晰，圈闭落实程度高，圈闭钻探成功率近80%，资源转化率超过70%，只要加大投入，就能持续拿到规模储量。但是从长远发展的角度看，如果仅抓住这三大阵地不放，短期内足以支撑油田发展，远期将面临资源接替的挑战。油田坚持以战略思维审视发展，作出了"3+2"战略部署（图8-1），将三大阵地战调整为库车、塔北—塔中两大根据地，集中优势力量主攻库车新区、台盆新区、塔西南新区的三大新区新领域风险勘探与区域预探。三年来，新区新领域风险勘探与区域预探连续突破，两大根据地集中勘探、集中建产成效显著，有力支撑了3000万吨大油气田建设。

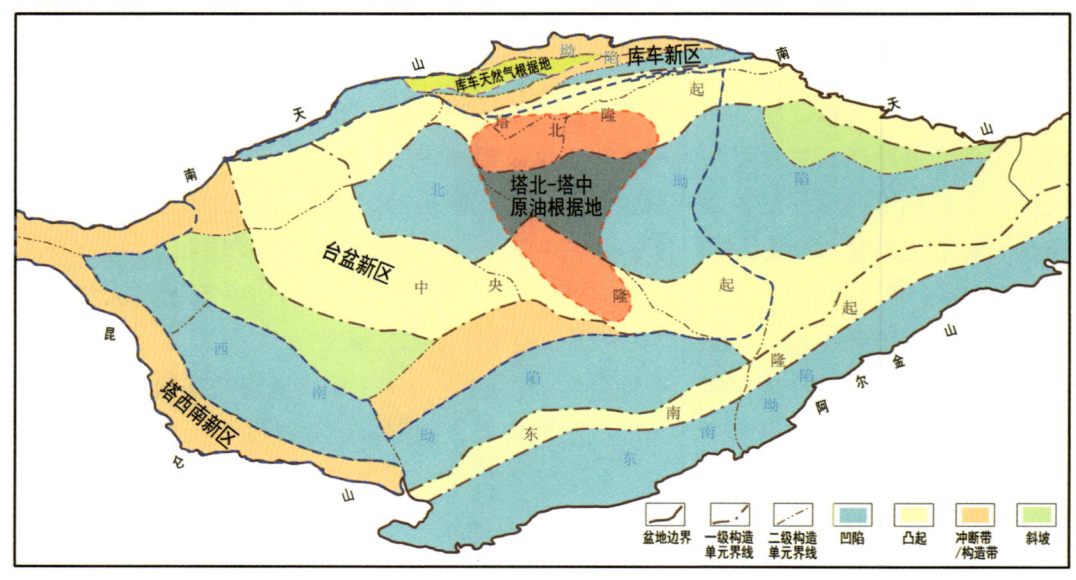

图8-1　塔里木油田"3+2"战略部署图

8.2.2　坚持运用历史思维分析油气勘探规律

"择其善者而从之，其不善者而改之。"历史思维就是把现实放在历史的大背景中去认识的科学方法，以贯通古今的智慧分析现实问题，打破勘探僵局。油气勘探工作者要加强油气勘探发展史的学习，注重从历史经验中汲取养分，用历史思维解决面临的问题和挑战，推动油气发现。

重点要学习和掌握三方面历史：一是世界油气勘探历史，160年的现代油气勘探历史，是一部不断实践、不断认识、由低级向高级螺旋式发展的历史，其中有许多可以借鉴的经验和教训；二是区域油气勘探历史，从资源评价、风险勘探、集中勘探到滚动勘探，每个地区每个阶段的勘探部署、勘探思路、地质认识、技术手段等，都是区域勘探史的重要内容；三是油气勘探对象地质体的演化史，包括盆地的演化史、构造的演化史、沉积的演化史、油气藏形成的演化史。要通过学习三方面历史，把过去成功的经验提升成理论，把失败的经历总结为教训，把成功的案例变成可推广的教材，把没解决的问题列入今后的攻关对象，做到学史明理、将古论今，从而发现制约勘探的关键问题，找到解决问题的办法。

8.2.3 坚持运用辩证思维抓住油气勘探重点

"万物必有盛衰，万物必有驰张。"辩证思维是运用唯物辩证法观察事物、洞察事物发展规律，承认矛盾、分析矛盾、解决矛盾。辩证思维坚持两点论和重点论的统一，在认识复杂事物发展过程时，着重把握主要矛盾，在认识某一矛盾时要着重抓住矛盾的主要方面。油气勘探的不同阶段，面临的主要矛盾和矛盾的主要方面都不尽相同，要坚持一切从实际出发，实事求是，运用辩证思维处理好油气勘探中的"三个关系"。

一是普遍性与特殊性的关系。一个盆地的油气勘探，要用石油地质学的普遍规律来指导。含油气盆地的油气分布规律具有普遍性，应当研究掌握，以作借鉴，以便类比，用来指导该盆地的油气勘探。但是，世界上没有完全相同的含油气盆地，也没有完全相同的油气田，因此在一个盆地进行工作、寻找油气时，不仅要研究它的一般规律，更要掌握它的特殊性、特殊矛盾、特殊规律。

二是整体与局部的关系。辩证看待整体与局部的关系，可以决定我们的战略，使我们的头脑保持清醒。比如，塔里木盆地的石油资源量有238亿吨，看似很多，但分配到56万平方千米面积上，每平方千米只有4.25万吨，资源丰度很低。如果这些资源集中分布在几个局部构造带上，那油气就很富集了。这就决定了油气勘探一定要立足富油气区带找大油气田。

三是成功与失败的关系。人们往往对油气勘探发现津津乐道，却鲜有总结失利井的原因和教训，或者是对失利原因一带而过，因为失败总是件令人不愉快的事。然而，"失败是成功之母"，失败在一定条件下会向成功转化，失利井与油气发现井一样，都会提供大量宝贵的地质信息，要充分利用失利井的信息分析出失败的原因，指引走向成功的方向。从这个意义上说，"勘探无失败、探井无空井"也是有其辩证意义的。勘探家不但要善于总结成功的经验，更要善于吸取失败的教训，辩证看待成功与失败的关系，从失败走向成功。

8.2.4 坚持运用系统思维谋划油气勘探工作

"单丝不成线，独木不成林。"一切事物都是具有结构性、动态性和整体性的系统。从系统思维上讲，要优化系统的结构，抓住各要素之间的协同，相互配合、相互促进，这个系统才能更好地运行发展。

油气勘探工作是涉及多学科、多工种的系统性工程，必须坚持运用系统思维，全方位系统谋划油气勘探工作，要坚持做好"六个一体化"，保障整个勘探链条有序衔接，整体推进油气勘探工作高效运行。一是组织结构一体化，突出生产导向、目标导向，构建多专业一体化攻关团队；二是投资部署一体化，突出优化部署，追求规模效益与利润最大化，尤其是预探与评价阶段，实现预探井、评价井的投资与效益最大化；三是科研生产一体化，比如圈闭井位要紧随钻井开展研究，及时高效支撑生产，提升生产运行效率；四是生产组织一体化，各专业无缝衔接，闭合式管理，缩短生产周期；五是工程地质一体化，工程与地质信息共享，优化施工设计，提高效益；六是地面地下一体化，合理匹配地面建设规模与地下资源规模，合理匹配地面建设布局与地下资源分布。

8.2.5　坚持运用创新思维破解油气勘探难题

"山重水复疑无路，柳暗花明又一村。"创新是引领发展的第一动力，是建设现代化经济体系的战略支撑，抓创新就是抓发展，谋创新就是谋未来。创新思维是破除经验、超越陈规、因地制宜、知难而进的思维方式。油气勘探不能循规蹈矩，需要运用创新思维破解油气勘探过程遇到的各种难题。

油气勘探中的创新就是以解决油气勘探难题为目的，以发现大油气田为目标，最大限度地综合应用现有地质资料，去伪存真，结合已有的研究成果认识，对研究对象提出相对合理的解释与建设性建议，并应用于勘探生产实践。油气勘探过程中，无论是理论创新、技术创新还是方法创新都要遵循"三个要点"：一是掌握创新的四个维度，包括创新的主体、创新的幅度、创新的内容和创新的作用，这是油气勘探行业运用创新思维必不可少的。二是保持创新的激情，勘探家要热衷于探索，要有广博的理论知识和丰富的想象力，善于思考、见微知著。面对油气勘探难题，要走向地质露头、走进生产现场，吃干榨净地质资料；要以开放的心态，发挥个人与团队的力量，聚四海之气、借八方之力，反复调整思维方式，达到创新与实践应用的目的。三是注意创新的尺度，追求本质创新、原始创新和实践创新，创新要有所为、有所不为，不能为了创新而搞一些依附性、边缘性、名词性创造。创新无极限，但创新有底线，要尊重客观规律，实事求是。

8.2.6　坚持运用法治思维规范油气勘探程序

"学法者智，用法者兴，守法者安。"法治思维是一种制度性思维。厉行法治，就是要更好发挥法治固根本、稳预期、利长远的制度保障作用。油气勘探中的法治思维，是在勘探实践中遵守行业规范、规章制度，强调建章立制、制度执行与保障作用。

依法合规开展油气勘探关键在于"两个遵守"：一是遵守行业规定与勘探程序。从盆地普查、区带详查到区带目标落实，从物探部署、井位部署到储量发现，每个环节、每个专业都有相应的标准和规定，环环相扣，不能随意逾越。勘探过程要遵守行业标准与规定，节奏可以加快，程序不能逾越，流程可以优化，质量不能降低。二是遵守法律法规。增强法治观念，尊崇和遵守法律，做到在法治之下而非法治之外、更不是法治之上想问题、作决策、办事情。在油气勘探具体实践中，要严格遵守矿权法、安全法、环境保护法，以及地方法律法规等相关规定条款，做到依法勘探。

8.2.7　坚持运用底线思维做好油气勘探决策

"凡事预则立，不预则废。"底线思维是以底线为导向的一种思维方法和心态，不回避矛盾，不掩盖问题，客观分析每个可能出现的问题并妥善解决。底线思维是客观地设定最低目标，立足最低点争取最大期望值。

油气资源评价、勘探部署、圈闭研究、储量计算、生产运行等方方面面都要运用底线思维，关键是要守住"三个底线"。

一是守住决策部署底线。在取得油气勘探发现的时候，往往会因为油气发现的喜悦忽视底线思维，在没有客观认识地下地质体的情况下，作出过高的判断和期望，可能会影响科学决策部署，这是油气勘探中最常见、也是最要不得的。油气勘探的重大部署决策，要未虑胜、先虑败，未虑得、先虑失，设定基本目标、挑战目标，并且为实现这个目标做最好的构思、最坏的打算、最科学的部署。

二是守住勘探科研底线。比如，计算一个盆地或区带的油气资源量，要客观评价地质条件，分析现有资料，资源量最少有多少，最多有多少，让决策者得到客观认识，从而作出科学的决策。其他研究工作也是如此，勘探研究过程中越是遇到新情况、新问题，越要有底线思维。

三是守住生产底线。比如，钻探一口风险探井，首先是根据钻井地质设计组织生产工作，在生产实施过程中还要提前判断可能出现的复杂情况，作出科学合理的预案，从最坏处着眼、向最好处努力，把形势想得更复杂一点，把挑战看得更严峻一些，做好应对最坏局面的思想准备，打有准备、有把握之仗。

实践案例：思维革命推动塔里木盆地塔北碳酸盐岩油气勘探

以塔北碳酸盐岩油气勘探为例，38年的勘探历程充分反映了思维革命过程。1984年9月沙参2井重大发现，第一次认识到塔北海相碳酸盐岩存在烃源岩、储盖组合，具备油气勘探潜力。1986—1990年开展了全盆地综合研究，部署上钻了一批井位，基本控制了潜山油气藏的轮廓，但油气藏类型、油气主控因素、流体分布规律认识不清，稳产难度大，评价勘探难以展开。第一轮针对海相碳酸盐岩的勘探陷入低谷。

"他山之石，可以攻玉"。1996年，邱中建院士带领有关专家赴俄罗斯尤罗勃钦大油气田开展针对性调研，提出古隆起控油的思路，建立了准层状缝洞型油藏模式，构想轮南巨型背斜风化壳大面积普遍含油的大场面。按此思路，首次明确勾绘出了轮南潜山亿吨级油气田的轮廓，到2004年底，年产原油达到25.8万吨，轮南奥陶系原油累产超过百万吨大关。

从古潜山勘探到古隆起勘探，这是塔北碳酸盐岩油气勘探的第一次思维革命。

2005年，位于轮南古隆起相对低部位的轮南63井、轮古39井相继获得高产轻质油气流，表现出古隆起围斜区保存条件优于古隆起高部位的特点。2006年，研究发现塔北哈拉哈塘地区可能发育与塔中Ⅰ号坡折带层位相当、结构相似的礁滩体，据此部署上钻了哈6风险探井，在奥陶系见到良好油气显示，构想英买力—哈拉哈塘—轮南可能形成整体连片含油气的特大型碳酸盐岩油气藏。2007年开始，按照"整体部署、分步实施"原则开展大规模三维地震勘探，哈7井、哈9井、哈6C井、哈8井相继获得高产油流，哈拉哈塘勘探取得重大突破！

哈6区块突破后，认识到层间岩溶储层控油、缝洞带富集、油气藏大面积分布的规律，创新形成了大型缝洞集合体控制油气富集的地质理论认识。按上产增储一体化的思路，不断滚动扩大含油气面积，连续9年12个区块实现持续发现，证实的古斜坡含油气范围超过5400平方千米，并不断向南、向西、向东南扩大。到2014年底，原油年产量达到115万吨，快速建成哈拉哈塘百万吨大油田。

从古隆起勘探到古斜坡勘探，这是塔北碳酸盐岩油气勘探的第二次思维革命。

在古斜坡勘探的进程中，塔河以南明显表现出钻井成功率提高、整体含水降低、原油密度降低的现象。找出产生这种现象的原因，就等于找到油气新的战略发现的"金钥匙"。2018年以来，系统开展全盆地寒武系烃源岩分布调研、野外露头分析并精细成图，明确向南凹陷区寒武系烃源岩质量变好、厚度增大，研究发现满加尔凹陷不仅是现今的凹陷，更是继承性的古凹陷、寒武系的古生烃中心，进而提出了围绕生烃中心、烃源岩厚值区甩开勘探的思路。基于对生烃中心的准确把握，勘探家们决定从环生烃中心勘探转变为进生烃中心勘探，油气勘探从古斜坡走向古凹陷。

在古凹陷区，虽然烃源岩条件更为优越，但从烃源岩排出的油气如何运聚、保存到哪呢？地质家们跳出以往"断裂是油气运移通道"的局限性认识，提出"断裂既是油气输导路径，又是油气富集场所"的新认识，并以此为基础，形成了超深海相碳酸盐岩断裂控储成藏地质理论。在该理论的指导下，部署满深1井，2020年4月获得日产油624立方米、天然气37.1万立方米的高产工业油气流，发现一条横贯塔北—塔中亿吨级富含油气的超级断裂带，标志着盆地凹陷区油气勘探获得重大突破，并证实了富烃凹陷区纵向油柱高度大，油气充注强，掀开了塔北—塔中整体连片、沿走滑断裂集中勘探的序幕。为进一步落实油气资源规模，油田公司加大了高精度三维地震采集力度，2020年以来完成了富源Ⅲ、果勒东Ⅰ、富满Ⅱ等区块三维采集，实钻证实油柱高度超过677米，相继斩获9口千吨井、125口百吨井，实现了整体探明、快速建产、效益开发。截至2021年年底，基本落实了富满十亿吨大油田，建成了年产油200万吨的效益开发示范区。

从古斜坡勘探到古凹陷勘探，这是塔北碳酸盐岩油气勘探的第三次思维革命。

在第三次思维革命的勘探实践中，基于含油气系统的整体把握，认识到这么大的继承性生烃中心，找到一个十亿吨级油气田是不够的，可能存在更大的场面。勘探家们把富满油田与全球最大的碳酸盐岩油藏加瓦尔油田进行了对比，发现烃源岩条件与加瓦尔油田相当，但从发现的油气资源丰度看，与加瓦尔更是相差甚远，仍具备发现更大规模储量的潜力。对比奥陶系—间房组—鹰山组1-2段相对局限的断控储层，富满油田东部奥陶系深层受多期相带迁移，高能滩相储层应更加发育。通过对走滑断裂分期分级研究，认识到大部分断裂仅在加里东早期活动，未断至奥陶系—间房组。这部分断裂虽然级别小，但密集网状发育，单条断裂通源规模小，但整体通源性更强，对高能滩体的改造作用更普遍，这就为深层油气集中聚集成藏创造了极其有利的条件。综合高能相带、断裂控储成藏等多因素研究，形成了多层系、多类型立体勘探思路。在这一认识指导下，在富满地区东部主干断裂欠发育的F_I17、F_I20断裂之间、高能滩体发育区域部署了富东1井。2022年9月21日，富东1井在地下8000米超深层试获高产油气流，用7毫米油嘴求产，油压90.6兆帕，折日产天然气$40.5×10^4$立方米、油22.3立方米，标志着油田首次在富满主力产层之下获得新类型、新层系的战略性突破，开辟了一个新的油气接替领域。

从古凹陷断控型碳酸盐岩油气勘探到古凹陷多层系多类型立体勘探，这是塔北碳酸盐岩油气勘探的第四次思维革命。

第二篇
油气开发管理

油气田开发的核心是科学拿出效益产量,通俗地讲就是把油气从地下采出来,把储量变成产量、把产量变成效益。油气资源属于不可再生资源,采取有效的管理方式,配套科学合理的开发技术对策,把勘探找到的资源经济高效地开采出来,建立良性开发秩序,对油气田企业实现高质量、可持续发展具有决定性意义。从这个角度讲,油气田开发水平的高低直接决定了油气田企业发展的质量和效益,因此开发管理在油气田企业管理中具有举足轻重的作用和地位。

　　开发管理有两项核心任务:一是新区产能建设工作,二是老油气田开发管理。这两项工作是油气田企业稳产上产的重要抓手。开发过程中还有两项工作贯穿始终,一是针对不同类型、不同开发阶段的油气田研究编制科学合理的开发方案,二是从建井到油气藏废弃的全生命周期管理。本篇结合塔里木盆地和准噶尔盆地典型油气藏开发实践,介绍了效益开发理念、方案编制、产能建设、综合治理、提高采收率等开发管理的一些做法,以及塔里木油田3000万吨大油气田建设的实践经验。

第 9 章　油气开发的核心是科学拿出效益产量

产量和效益是衡量油气田开发水平的关键指标，也是油气开发工作的追求目标。面对地下油气藏复杂的地质条件和市场环境，油气田企业求生存、谋发展，最根本的就是通过先进的生产经营理念和科学的工作方法，获取最大的油气产量和经营效益。

9.1　科学拿出效益产量要经营好油气藏

油气开发采用什么样的管理理念和管理模式，决定了油气田开发效果的好坏。目前，油气藏经营管理已经成为高效开发油气田的基本模式，其核心就是用经营的思维开发管理油气藏，统筹做好从勘探发现、产能建设、开发调整、综合治理直到废弃退出的全过程经营管理，实现合理利用资源和经济效益最大化的目标。

对于油气田企业而言，勘探找到一个油气藏不容易，开发就要把来之不易的油气藏建设好、开发好、经营好，努力以最低的投资和成本，最大限度地从油气藏中获得产量和效益。特别要统筹好短期利益和长期利益，坚持实事求是，采取科学合理的开发政策，避免只重产量不重效益、只管当前不管长远的情况发生，杜绝违背开发规律造成的生产和经营风险，保障油气田企业可持续发展。

经营油气藏要做到认识与实践的辩证统一。经营管理好一个油气藏，必须建立在对其地质条件准确认识的基础上，优选合理的开发方式，达到最佳的开发效果。而合理的开发方式，并非一劳永逸、一成不变，而是随着认识的深化、技术的进步不断发展变化的。只要开发没有结束，认识就不会停止，要坚决地反对认识终结论。即使油气开发进入平稳生产阶段，如果不根据油气藏动态变化及时调整开发对策，也会对油气藏造成破坏性影响。因此，开发管理者要持续不断地认识油气藏、改造油气藏，根据新的工作实践、新的开发形势形成新的认识，建立一套全生命周期的开发管理策略。

9.2 科学拿出效益产量要牢固树立"六大理念"

9.2.1 坚持价值创造理念

效益是开发工作的出发点和落脚点。油气开发要始终以经济效益为中心，把低成本获取油气产量摆在更加突出的位置，在保障油气产量增长的同时，坚持效益与规模的动态均衡，追求有规模的效益和有效益的规模，实现每一吨油、每一立方米气的效益开发。

价值创造关键在于低成本开发。这个低成本，不是一时一事的低成本，而是全系统、全业务链、全生命周期的低成本。特别是在国际油价低位震荡的新常态下，要把低成本作为长期坚持的战略举措，推进全员、全过程、全要素的控投降本。一是抓源头，坚持优化方案是最本质的降低成本，加强开发前期工作管理，突出方案编制的质量，从源头控制成本；二是抓过程，强化投资成本的过程管控和预算的刚性约束，推行以油气藏管理为中心的成本管理模式，按照"事前算盈、事中干赢、事后保盈"的原则，先算后干、边干边算、干后必算，严控成本高的产量和措施作业，确保实现完全成本有效降低；三是抓市场，高营收也是低成本，要强化市场意识，紧密跟踪市场需求和价格变化，加强产运销一体化协调运行，做好分质分销、分类分销、分时分销，让油气产品卖出好价格，实现价值最大化。

9.2.2 坚持增加经济可采储量理念

经济可采储量是拿出效益产量的物质基础，也是实现低成本开发的重要抓手，直接影响着油气资产的折耗，经济可采储量越高，折耗越低。目前，在各油气田企业中，折耗在油气完全成本中普遍占比很高，在油气资产不变的情况下，增加经济可采储量，可以有效降低折耗、摊薄成本、增加效益。

增加经济可采储量主要有两个途径：一是发现新油气田新增油气探明可采储量，二是实施老油气田开发调整或措施，提高采收率，增加剩余可采储量。随着勘探开发进入新阶段，油气资源劣质化加剧，获取规模优质储量的难度不断加大，提高已开发油气藏采收率发挥着越来越重要的作用。油气田企业要加大老区储量挖潜创效力度，通过滚动扩边增储、细分开发层系、完善注采井网、调整注采关系、转变开发方式及进攻性措施挖潜等手段，扩大可采储量规模、减少储量损失，努力增加经济可采储量。

9.2.3 坚持创新驱动理念

油气田开发表面看管的是产量，实则拼的是技术。科技创新在油气开发中始终处于极端重要的地位，就拿提高采收率技术来讲，我国石油工业起步阶段以天然能量开发为主，原油采收率较低，随着开发理论和技术的不断进步，注水开发及三次采油等技术已经使一些油田的采收率达到60%以上。油气田企业必须坚持创新驱动发展战略，大力推进理论创新和技术创新，不断向创新要产量、要效益。

开发工作的创新，首先要解决好理论的创新。随着新类型油气田的层出不穷和老油气田的日趋复杂，常规的开发理论无法实现油气田的高效开发，比如富满断控型油气藏、玛湖致密砾岩油藏、页岩类油气藏等，传统的开发理论已经不适用，必须进行基础理论创新。其次，要加强工程技术的攻关，比如超深层、非常规油气藏，如何少打井、多建产，如何降低单井成本、提高单井产量，如何解决新增储量劣质化与效益建产之间的矛盾，这些都是需要解决的重大开发技术问题。另外，开发领域是油气田企业的用工大头、数据大户，要加快推进数字化转型、智能化发展，实现生产过程自动化、科研工作协同化、分析决策科学化，让"数据多跑路、让员工少跑腿"。

9.2.4　坚持精益求精理念

天下大事，作于精、成于细。精细油气藏开发管理是一种理念，更是一种境界、一种追求。坚持精益求精做工作是油气开发管理者的必备品质，只有精益求精、追求卓越，才能在复杂多变的内外部环境中守住效益底线，扎牢高水平高效益开发的根基。

精细油气藏管理要把精益求精的理念落实到开发每一项工作中，做精地质研究、做精技术对策、做精挖潜措施、做精方案设计，实现储量有效动用，推动油气田提质增效和科学高效开发。油气开发始终与风险伴生，开发管理者不仅要有精益求精的态度，更要有精益求精做工作的能力和水平，要沉下心来扎实提升业务能力，增加知识储备，努力掌握新技术新方法新技能，在开发工作中刻苦钻研，突破认知局限和技术瓶颈，有效应对开发过程中的各种难题和挑战。

9.2.5　坚持绿色低碳发展理念

油气开发在生产能源的同时，自身也会消耗能源、产生废弃物，处理好开发、减污、节能、降碳的关系至关重要。特别是在能源行业绿色转型的大趋势下，绿色低碳已成为油气开发的必然趋势。油气田企业必须把绿色低碳理念贯穿油气开发全过程，建立适应不同油气藏类型、不同开发阶段、不同开发方式的绿色开发模式和技术体系，大力推行清洁技术、清洁材料、清洁工艺替代，推进光电、光热、碳利用等技术的研发与应用，改变油气开发方式，实现效益开发、能源节约、环境保护三者的有机统一。

天然气对于我国能源领域实现绿色低碳转型起到桥梁纽带作用。油气企业要做好绿色产业布局，充分把握天然气的低碳属性，把天然气作为成长性、战略性工程来谋划推进，同时要统筹谋划风、光等多能融合发展，提升低碳、零碳能源供给能力。

9.2.6 坚持系统管理理念

油气开发是一个业务链长、涉及专业面广、时间空间跨度大的复杂系统。所谓业务链长，就是向上接油气勘探，向下接油气销售市场，需要统筹协调的事项非常多。所谓专业面广，就是油气开发不是孤立于其他业务之外的，而是与油气勘探、工程技术、经营管理、安全环保、承包商管理等各方面紧密相连，任何一个环节出了问题，都会影响整体开发的质量和效果。所谓时间空间跨度大，就是从产能建设到油气田废弃往往跨度数十年，甚至上百年。

因此，要想把油气田建设好经营好，就必须运用系统思维、树立整体观念，统筹抓好地下、地面、工程，以及终端用户全流程管理，着力提升开发管理的整体性和系统性，实现油气田企业可持续高质量发展。

9.3 科学拿出效益产量要做好油气藏开发全生命周期管理

一是"开好头"，科学高效抓好产能建设；二是"抓两率"，把控制产量递减率和提高采收率贯穿于油气开发全过程。高效推进新油气田产能建设特别是富油气区的集中高效建产，是企业油气产量规模跨越式增长的关键；持续开展老油气田的综合调整与治理，是实现油气产量稳定的关键。要把开发方案研究与编制、提高采收率技术研究与试验贯穿油气开发整个过程。

9.3.1 抓实产能建设和综合治理两项核心工作

油气田企业的产量构成包括新区和老区两部分，新区是"上"的主阵地，老区是"稳"的压舱石。新区特别是富油气区带，常常表现出储量品质好、上产潜力大、经济效益高的特点，一经发现并及早投入开发就会成为效益产量的主要贡献者。老油气田虽然增储上产的空间有限，但产量基数大，保证其稳产或减缓递减，是推进效益上产的前提和基础。因此，油气田企业要实现可持续、有效益的稳产上产，必须统筹抓好新区产能建设和老区治理开发，突出新区快上产和老区硬稳定，让新老区协同发力，不能顾此失彼，要两手抓、两手都要硬。

9.3.2 推进开发方案和提高采收率两项系统工程

开发方案是油气田开发管理的行动指南，贯穿油气开发的各个阶段，无论产能建设，还是综合治理，抑或提高采收率，都要以开发方案为依据。油气开发不同阶段面临的主要问题和任务不同，需要编制与之相适应的开发方案，指导油气藏高效开发。提高采收率是一个长期的任务，无论是在开发初期，还是开发中后期，都要将其作为一条主线，根据油气藏阶段特点，科学制定合理的提高采收率对策，而且越早谋划越能赢得主动。推进开发方案和提高采收率，最终目的都是实现油气田科学高效开发，要把这两项工作贯穿于油气藏开发的全生命周期，为拿出更高效益产量提供指导和保障。

第 10 章　抓好开发方案编制与实施

开发方案是新油田高效开发的基础。开发方案是指在勘探和试采、开发试验等前期工作的基础上，依据国家法律、法规、标准等相关政策规定，对具有工业价值的油田投入正式开发生产编制的一个综合性的技术方案。它是指导油田开发工作的依据和重要技术性文件。油田无论产能建设规模的大小，投入开发必须有正式批准的开发方案设计报告。

10.1　开发方案编制管理

开发方案的编制是油田全面投入开发前最基础、最关键、最重要的一项研究工作。开发方案涉及油藏工程、钻井工程、采油工程、地面工程、经济评价、健康安全环保要求等多专业多学科领域，要以资源利用和经济效益最大化理念为引领，全方位、全过程突出方案的优化设计。

油气开发投资巨大，如何进行科学的方案部署，避免和减少决策失误，是油气田企业各级管理者和研究人员面临的共同任务。重点是做好两方面的工作：一是做好方案的编制，关键要建立完善的制度流程，加强组织管理，压实各方责任；二是抓好方案的审查，提高方案质量。

10.1.1　方案编制原则

开发方案编制要统筹兼顾规模、效益、质量三者之间的关系，注重科学性、系统性、安全性和经济性，遵循好以下原则：

一是评价产建一体化。将"前后接力、串联式"管理转变为"互相渗透、并联式"管理，油气藏评价向产能建设延伸、产能建设向油气藏评价渗透。评价井落实储量规模，开展试采、开发试验，探索工艺技术适应性；开发评价产能、开发方式等内容同时，进一步评价储量；二者互为融合，加快探明储量，确保探明储量快速有效动用。

二是优化方案就是最大的控投资降成本。通过全过程方案优化，从源头上有效控制投资，降低折旧折耗，保障开发效益，创造更高利润。地质与油气藏工程要充分应用动静态资料，深化油气藏认识，不断优化方案设计和开发指标，提高钻井成功率、单井产量；钻采和地面工程要采用安全、经济、成熟、适用的工艺技术，既满足全生命周期安全平稳生产，也避免"豪华"设计。

三是安全环保从设计抓起。要突出方案的完整性、适应性、可靠性，从设计源头做到本质安全。地质专业要准确预测地层、岩性、温压系统、流体性质、硫化氢含量等，为钻井、采油气及地面工艺设计提示风险、提供支撑。工程专业要充分结合油气藏地质特点，科学合理设计工艺技术和设备，同时做好安全风险识别评估，制定消减措施和应急预案，确保井筒和地面系统安全可靠。

10.1.2　方案编制组织

方案编制要坚持专业融合、专家引领、业务主导。

专业融合，就是要树立多专业支撑方案编制、方案指导多专业生产实践的理念，组织模式由以往各专业"接力式"向一体化"融合式"转变，地质、工程、经济人员同步工作，生产管理人员全过程参与，在井位部署、井型设计、储层改造等方面开展地质工程一体化方案设计。重点方案应成立联合编制小组，地质、工程设计人员充分交底、密切配合。

专家引领，就是压紧压实各级专家在方案编制过程中的责任，充分发挥他们的经验优势和技术优势，全过程参与方案编制研究。遇到关键技术难点、关键参数论证、需要新技术支撑的，可邀请国内外知名专家进行技术交流。

业务主导，指业务部门作为开发方案编制质量控制的责任主体，要及时对方案编制过程进行检查和督导，保证方案编制的进度和质量。方案归口管理部门要统筹协调各专业进度，如果出现重大变化，方案确须延期的，及时组织调整。

10.1.3　方案审查管理

开发方案应实行分级审查，充分发挥各级专家的技术指导和审核把关作用，提高方案编制的质量。塔里木油田建立了专业审查、业务审查、油田公司审查的三级审查制度（图10-1），具体如下。

1. 专业审查。

审查专家：方案编制单位相关技术专家及基层管理者。

审查内容：基础资料是否准确，分析方法是否合理，方案设计是否符合标准规范、是否符合安全环保要求，重点是方案编制过程的审查。

审查要求：通过率达到80%及以上的方案，才能进入业务审查阶段。

2. 业务审查。

审查专家：企业首席技术专家牵头，业务部门、方案编制和实施单位专家代表参加，必要时邀请外聘专家参与审查。

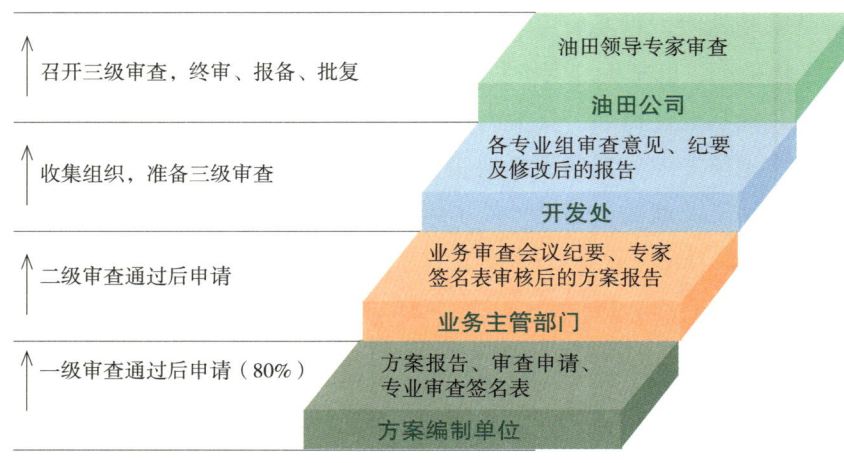

图 10-1　方案三级审查流程图

审查内容：方案设计思路是否合理，开发技术政策是否符合油气藏实际，工程设计是否统筹兼顾实现最优化，经济评价参数取值是否合理，重点是多专业联合审查，确定方案的技术性、系统性、安全性和经济性。

审查要求：业务部门受理后一周内完成审查。通过率达到 80% 及以上的方案，编制总报告，提交油田公司审查。

3. 油田公司审查。

审查专家：油田公司分管领导，各专业企业首席技术专家，各业务部门、方案编制和实施单位专家代表参加。

审查内容：根据方案总体设计和经济评价结果，对方案统筹评价决策。

审查要求：不分专业组审查，分专业汇报。油田公司审查会议纪要下发后，各专业组在一个月内完成方案的修改和完善。方案管理部门根据审查结果发布方案批复文件。

10.2　开发方案实施管理

方案批复并列入投资计划后，进入方案实施阶段，主要按照开发方案设计完成井位部署、实施钻完井工程、地面工程等建设工作，需要做好实施跟踪、优化调整、考核激励和后评估等工作。

10.2.1　实施优化调整

方案实施跟踪是方案管理的重要内容，业务部门、科研和生产单位都必须高度重视，加强工程地质、地下地面、科研生产一体化实施跟踪，深化研究，及时调整，确保实现方案设计指标。

一是新钻井的实施跟踪。钻井过程中地质人员需根据测录井资料，及时开展油气藏构造、储层与流体分布特征再认识，适时优化井位部署、井网井型，提高钻井成功率及储量动用率；工程技术人员应以实现地质目的为目标，对方案采用的主体工艺技术进行技术可靠性、经济可行性、安全可控性、管理便利性评估，针对生产过程中暴露的问题开展专项研究和治理，结合实钻情况，优化设计并实施完井技术方案，努力达到或超过开发方案设计单井日产（注）能力。

二是生产动态跟踪。及时跟踪分析油气藏产量、注水（气）量、综合含水、注采比、地层压力、递减率等主要指标。若发现油气藏地质情况有较大变化或工程技术不完全适应等问题，应及时提出调整意见和补充录取资料要求，并按有关程序报批；若发现油气藏地质情况有重大变化、工程技术等达不到方案设计要求，应及时对原部署和设计进行相应调整，并履行相应审批和备案程序，避免产生无效投资。

10.2.2　方案后评价

新油气田投入开发三年或动用地质储量的采出程度达到10%时，应根据新获取的动态、静态资料组织开展开发方案后评价工作。后评价主要包括以下四个方面内容：一是评价地质认识的准确性，要在后评价中重新认识油气藏地质特征，完善地质模型；二是评价方案指标的合理性，按开发单元评价储量动用状况、标定可采储量、研究开发技术经济指标与方案设计指标的符合程度；三是评价工艺技术的适应性，包括钻采技术和地面工程等方面；四是评价经济效益的有效性，要重点分析效益超欠方案指标的原因。通过以上评价，分析存在的问题，总结经验教训，提出改进建议和措施，为开发调整和综合治理提供可靠依据。

后评价，评价是手段，应用才是目的。要通过后评价，使经验得到推广、教训得以吸取、错误不再重犯、合理建议得到采纳。油气田企业要强化后评价成果应用，将其作为规划制定、项目审批、投资决策、项目管理的重要参考，对后评价报告反映的典型性、普遍性、倾向性问题及时进行研究，并将其作为规范管理、完善制度的依据。

10.3　特殊油气藏开发方案编制

随着勘探开发的不断深入，各种复杂油气藏逐步成为国内石油行业开发主体。比如，近年来塔里木盆地开发建设以超深超高压裂缝性低孔砂岩气藏、超深断控缝洞型碳酸盐岩油藏为主，准噶尔盆地规模开发了玛湖致密砂砾岩油藏。这几类油气藏具有其自身的特殊性，在方案编制过程中需要重点开展针对性研究，确保对油气藏的主观认识符合客观实际，最大程度降低开发的风险，提高开发效益。

10.3.1　超深超高压裂缝性低孔砂岩气藏

这类气藏国内独有、国际少有，以塔里木盆地天山南麓的库车坳陷克拉苏构造带最具代表性，主要开发难点有以下四点：一是埋藏超深，地表地下双复杂，地震资料采集难度大、品质差，构造、断裂和裂缝描述精度无法满足开发需求；二是气水流动机理十分复杂，现有开发理论无法准确表征气水分布和运动规律，难以确定合理的开发指标；三是建井成本高、投资大，单井建井周期一般为1~2年、投资高达2~3亿元，必须走稀井高产之路；四是气藏流体性质复杂多样，有干气藏、湿气藏和凝析气藏，同时地层压力高、集输压力高，对生产设施冲击大、腐蚀强，也存在井壁失稳、气井出砂堵塞等现象，井控、井完整性、地面集输安全风险大。

开发方案编制应注意以下事项：

一是坚持高精度地震先行，有效提高构造落实精度。由于地质条件复杂，开发初期气藏认识不全面，方案设计难度大，投资决策风险高。为实现高效开发，必须强化高精度开发地震的采集、处理和解释，以可靠的三维地震资料为依托，准确落实构造形态、断层及裂缝分布规律，为井网设计、井型确定等提供依据。

二是强化试采或开发先导试验，确定主体开发技术和开发对策。准确认识气藏特征，需要长时间的实践和迭代认识。要开展试采或开发先导试验，录取代表性的动态、静态资料，评价落实可动用储量和气井产能，评价采气工艺、集输工艺等技术适应性，尽早确定合理开发规模和技术对策、明确开发主体工艺技术。

三是加强地质力学研究，提高单井产量。地质力学研究在裂缝有效性评价、井轨迹和钻完井设计等方面发挥着重要作用。要通过建立单井、区块的三维乃至四维地质力学模型，系统优化各环节的工程技术组合和解决方案，尤其要结合地应力开展精细裂缝预测，针对性设计井网井型，确保气井钻遇多条裂缝，提高单井储量控制程度。

四是全生命周期开展治水提高采收率技术研究。地层水总体表现活跃，一旦发生水侵，气体流动通道会被地层水封闭或分割，产气量将大幅下降甚至停产，并且这一过程是不可逆的。因此，要高度重视气藏治水工作，科学制定水侵预警、排水采气、整体治水等对策，并配套排水堵水等工艺技术、气田水处理和回注工程，在合理规模下尽可能延长无水采气期和稳产期，提高天然气采收率。

10.3.2 超深断控缝洞型碳酸盐岩油藏

缝洞型碳酸盐岩油藏主要分为潜山岩溶、礁滩体、层间岩溶、断控岩溶几种类型。断控岩溶在塔里木盆地最具代表性，主要开发难点有以下三点：一是储层非均质性强，井点特征仅能代表井点，不能代表井周，断裂、缝洞描述高度依赖高精度三维地震资料；二是受巨厚沙漠地表、地下火成岩发育、走滑断裂活动强弱、缝洞体规模差异大等影响，地震资料处理成像难度极大，串珠、断裂等地下目标识别精度低；三是碳酸盐岩油藏油水关系复杂，自然递减大，生产动态变化快，开发政策难以制定。

开发方案编制应注意以下事项：

一是方案编制要以高精度三维地震资料为基础。地震资料要满足断裂刻画、储层预测及井位部署等要求，优质储层油气富集规律认识清楚后，才能编制开发方案。

二是单井合理产能要以井控储量为依据。缝洞型油藏多表现为"一井一藏""一洞一藏"特征，要以单个缝洞体为单元，精细刻画缝洞体规模，落实方案部署每个井点的井控储量，逐井确定合理产能。

三是方案规模的确定要依靠有效井点。常规油藏方案编制时，一般用方案区动用储量结合采油速度确定产能规模，但多年实践证明，超深断控缝洞型碳酸盐岩油藏采用该方法确定的产能规模，方案符合率低。必须先确定有效井点，再根据工作量、单井产能，确定合理的产能规模，同时编制区块稳产接替计划。

四是钻采和地面工程方案设计要考虑井筒及地面设施重复利用。由于单井产量递减快、生命周期短，要考虑井筒、地面设施的多次利用，提高开发整体效益。井位实施要统筹好新井上钻和老井侧钻，尽量兼顾多个靶点，地面系统要大力推行橇装化设备，提高装置利用率。

10.3.3 致密砂砾岩油藏

准噶尔盆地玛湖凹陷致密砂砾岩油藏是非常规致密油气藏的典型代表。主要开发难点有以下三点：一是致密砂砾岩储层沉积成因复杂，优质甜点储层薄、横向变化快，同时孔隙结构复杂，有效性评价精度低，甜点描述与预测难度大；二是储层超致密，且具有物性和可压性双重强非均质性，渗流机理复杂，开发早期有效的开发方式、井网井型等设计难度极大；三是这类油藏开发需要大规模缝网体积压裂，如何配套技术、降低成本是高效开发必须解决的重大问题。

开发方案编制应注意以下事项：

一是优化甜点描述技术，提高预测精度。要通过高精度三维地震，找准甜点发育位置。在"四性"关系研究基础上，开展应力特性、脆性和敏感性研究，通过"七性"关系研究确定甜点分类，可分为Ⅰ类"甜点"、Ⅱ类"甜点"和低效油层，因地制宜制定压裂方案。

二是围绕"水平井+体积压裂"工艺优化方案设计。开发层系划分不仅要考虑油层、隔夹层发育特征，更要考虑人工裂缝高度，在确定效益开发的油层厚度界限、泥质隔层厚度界限基础上开展工作。井网设计要遵循缝控储量理念，在无井间干扰的条件下缩小井距、提高油藏储量控制程度。井型设计要论证不同条件下水平段长度、产能和钻井成本的经济界限。

三是通过一体化优化压裂设计降低投资成本。根据甜点预测结果，分段分簇优化压裂设计，开展压裂工程参数基础实验，完善压裂加砂工艺，同时开展高效体积压裂工艺试验并配套小井筒采油技术，形成低成本、成熟配套的采油气工艺技术。

第 11 章 高效推进油气田产能建设

产能建设是将油气储量转化为产量和效益的一项重要生产经营活动，直接关系到油气田企业的规模实力和经济效益。必须聚焦优质储量、建高效产能、拿效益产量，以深化地质认识为前提，以高效开发部署为核心，以精细组织实施为保障，确保产能建设质量和效益。

11.1 高质量的产能建设是企业效益的源头

产能建设是油气田开发管理的重要环节。要组织好产能建设，发挥好新建产能对产量效益的正向拉动作用。

11.1.1 产能建设要坚持规模和效益并重

产能建设具有高投入、高风险、专业技术性强等特点，油气田企业特别是上产油气田每年投入大量资金保证一定规模的新建产能，不仅是简单地提升生产能力、扩大生产规模，根本目的是实现投资最优化和效益最大化。近年来，随着国内勘探程度不断加深，资源劣质化程度加剧，新增储量品质逐年变差，超深层、低渗透、非常规资源逐渐成为产能建设的主体，效益增储上产的难度越来越大，这对产能建设带来了极大挑战。必须坚持规模建产和效益建产双轮驱动，通过优化投资结构、优化方案部署、优化组织实施，让新建的产能创造好的效益。

11.1.2 上产油田要组织好富油气区带的规模建产

富油气区带地质条件优越、油气资源丰富，勘探落实规模可动用储量后，通过开发产能部署和实施，可实现快速高效建产。同时，富油气区带资源品质相对较好，单井产量高、开采成本低、创效能力强，新建产能具有较强的抗风险能力。因此，上产油气田企业要把产能建设的重点放在富油气区带上，集中开发投入、集中科研力量、集中组织实施，推动规模可动用储量向高效产能产量快速转化，力求在较短时间内实现快速、规模、效益上产。需要注意的是，要统筹好新区上产和老区稳产的关系，既要突出工作量向富油气区带的倾斜，也要适当保留老区工作量，为老油气田开发调整、效益稳产提供保障。

11.1.3 高效建产要把搞清地质认识作为前提条件

富油气区带虽然具备集中建产的"天时地利"条件，但如果没有把地质情况认识清楚，容易犯"大跃进"式错误，造成不可逆的资源浪费。因此，在实施之前，务必把油气富集规律、油气藏基本特征及开发技术对策搞清楚，再进行整体谋划、系统考虑，用更少的井拿出更多的产量。

一是把油气富集规律搞清楚。在前期集中勘探对控储控藏宏观认识基础上，通过三维地震资料再处理、测录井资料再分析、探评井动态资料再认识，深化油气富集甜点区的精细描述与潜力评价，搞清高产高效主控因素，为井位部署提供支撑。如塔里木盆地富满油田，在集中勘探阶段已经认识到了走滑断裂是控储控藏的核心因素，具有大断裂大油藏、小断裂小油藏的特征；到集中建产阶段，要进一步落实主干断裂，并进行分级分类刻画，定量评价不同断裂、同一断裂不同位置的油气富集程度（图11-1）。

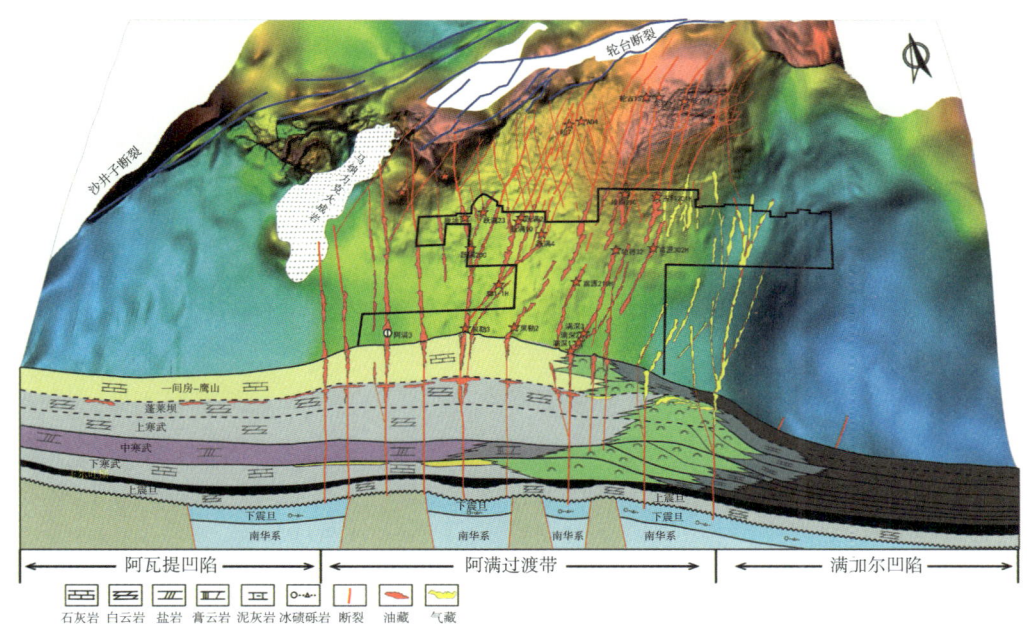

图 11-1 富满油田断裂控储控藏控富模式图

二是把油气藏基本特征搞清楚。油气藏基本特征类型决定了采用不同的建产和开发方式，要理清每个油气藏的可动用储量规模、流体性质差异、油水分布关系、天然能量特点等。以富满油田为例，整体呈现西油东气特征，油柱高度由北向南逐渐增大，跨度在100~600米（图11-2）。据此认识，通过优化产能建设部署方案，在油区适当加密井网,提高储量动用程度;在高油柱区统筹考虑注采井网,深浅兼顾、注采协同,提高油气采收率。

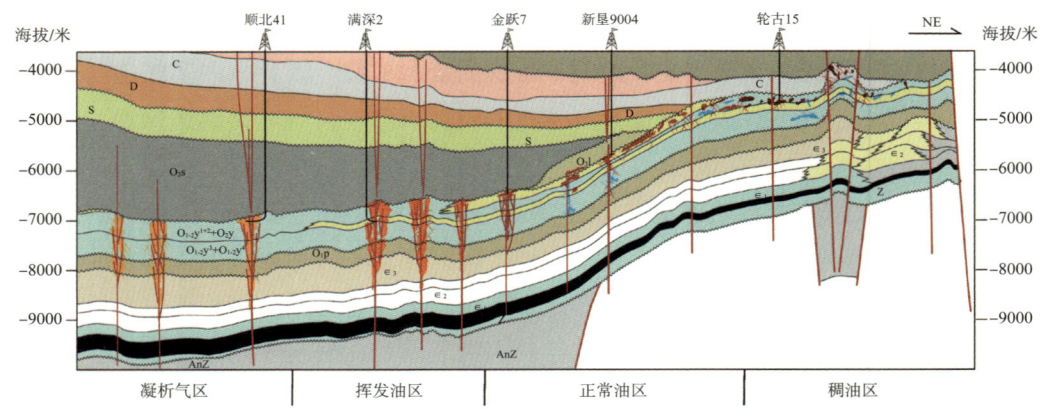

图 11-2 塔里木盆地台盆区南北向油藏剖面图

三是准确确定开发技术对策。在油气藏基本特征认识的基础上,形成相对合理的开发技术对策,充分利用井网构建、井型设计等最大程度提高油气采收率。塔里木盆地博孜—大北气藏,属于典型的裂缝性低孔砂岩有水气藏,气藏水体能量强的,要避大断裂,利用大斜度井开发;气藏水体能量弱的,重点针对大断裂控制的缝网发育区进行井位部署。

11.2 开发部署是产能建设的核心

油气田开发效益好不好、油气产量上不上得去,关键是开发部署好不好。产能建设是不可逆的过程,必须充分论证、慎之又慎。因此,集中建产的核心是通过高质量井位设计,提高钻井成功率和产能到位率,重点要建立井位部署、审查制度和地质工程一体化的工作体系。

11.2.1 科学部署井位

针对不同类型的油气藏,要认真论证开发对策,科学部署井位。结合塔里木油田实际,重点介绍超深裂缝性砂岩气藏和断控型碳酸盐岩油藏井位部署原则与特点。

1. 超深裂缝性砂岩气藏。该类气藏布井难点是气藏的构造主要呈现为高陡式、突发式和宽缓式三种构造样式,不同样式下构造特征、储层裂缝特征及分布规律差异大,导致气井产能差异大,需要制定科学有效的布井原则提高单井产能。对此,确定了"占高点、沿长轴、避断裂、避低洼、避边底水"的部署原则，由早期的"面积布井"转变为"沿轴线高部位相对集中布井"，连续8年钻井成功率、产能到位率100%，高效井比例由早期的52%提高到91%，实现了精准布井（表11-1）。

表11-1 不同构造样式下裂缝分布特征及高效布井模式

构造	裂缝发育模式图	构造特征	裂缝特征	布井原则	井型及完钻井深优化
高陡式		南北向挤压作用强，构造幅度高，东西翼存在水体	高密度、中高倾角、中开度、充填方解石，剪性、张性裂缝均发育，缝网有效性差异大	占高点、沿长轴、打前锋、避低洼、避断层、避边底水、避叠置	打开低应力带、部分中应力带即可，直井、斜井为主
突发式		南北向挤压作用强，构造幅度较高，构造水体次发育	中密度、高倾角、大开度、充填白云石及方解石，剪性、张性裂缝均发育，中上部有效性好	占高点、延长轴、避低洼、避断层、避边水	纵向连通程度更好，打开低应力带即可，直井、斜井为主
宽缓式		属于构造挤压变形早期，构造幅度较低，水体整体发育	低密度、高倾角、小开度、充填白云石及石膏，剪性裂缝比例高，下部裂缝有效性更好	占高点、延长轴、避低洼、避断层、避边底水	下部物性相对好，打开程度较高，斜井、水平井为主

2. 超深断控缝洞型碳酸盐岩油藏。该类油藏布井难点主要是成储成藏理论认识不全面、高产主控因素不清楚，开发井成功率低，高效井比例低，富满油田初期开发井成功率仅75%~85%，高效井比例仅25%~30%，开发效益差。对此，在深化断裂控储成藏地质认识的基础上，形成了"四定四选"高效布井方法，从区块分散布井转变为断裂带集中布井。

"四定"就是定带、定段、定井、定型，优选主干断裂、正地貌、长串珠确定井位；"四选"就是根据叠前深度资料选位置，根据振幅变化率选靶点，根据波阻抗反演选靶层，根据地应力选靶向。在该方法指导下，2018年以来，富满油田累计完钻井138口，试油获百吨井84口，开发井成功率由83%提升至96%，高效井比例由27%提升至79%。得益于高效的井位部署，2021年油田年产原油203万吨，单位完全成本38.6美元/桶、基本运行费3.5美元/桶，快速建成了碳酸盐岩油藏效益开发示范区，规划"十四五"期间建成500万吨当量大油气田。

11.2.2 严格审查管理

井位部署实行分级审查管理，发挥专家审核把关作用、进行集体决策。塔里木油田建立了井位三级审查制度。

一级审查，对井位论证区块的资料、油气藏动静态特征研究进展、井位部署的目的和依据、部署井位的潜力、存在的地质风险及实施要求、SEC 储量的贡献等进行过程审查。

二级审查，对井位的方案支撑情况、地质认识及储量落实程度、油气藏特征分析、井位论证及井位部署、产能产量预测靠实程度等进行技术把关，同时要突出失利风险审核。

三级审查，对部署结果、预测指标、效益评价、投资估算、地面实施条件、对标结果等进行决策审查。

在一级、二级审查中，井位研究单位要提供"七图、三表、三评价"资料，为专家提供审查依据（图 11-3）。

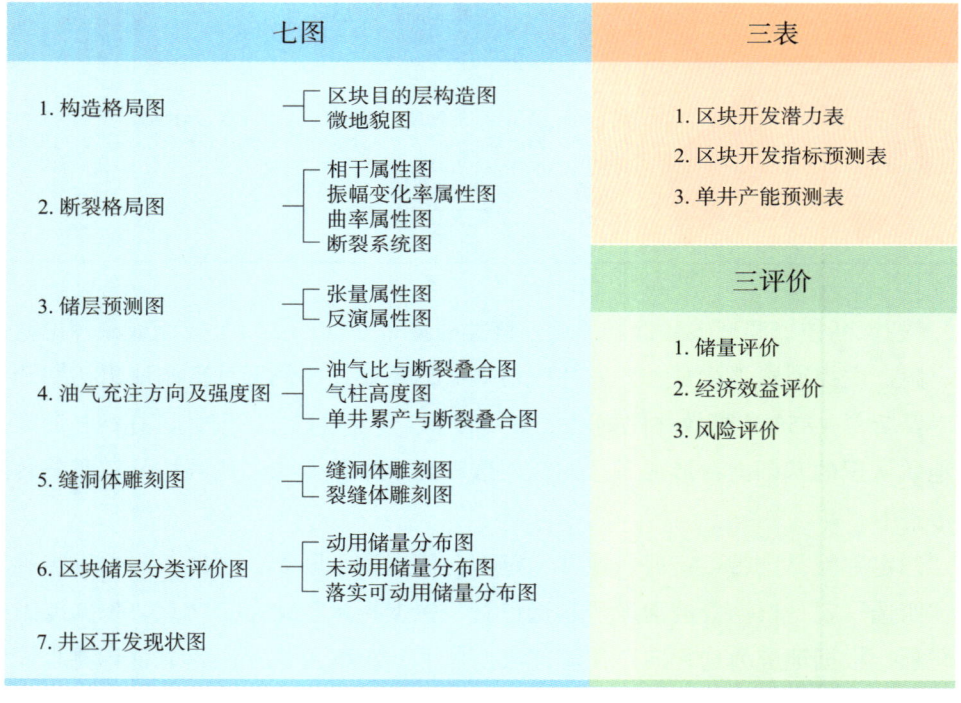

图 11-3 井位审查"七图、三表、三评价"资料图

11.2.3 成熟的工程地质一体化机制

井位审查通过后，还有可能存在地面环境制约、工程技术不满足地质需求等问题。要建立工程地质交流交底机制，开展地质、工程、地面一体化交底，保证地质靠

实、工程可行、经济有效、安全可控。

1. 实施井位联合踏勘。井位部署不仅是针对地下靶点开展的地质研究，而且还要充分考虑钻井施工的地表情况，包括山地、沙漠、戈壁、河流、农田、村庄等多种复杂地表，设计地面井口位置需要综合考虑征地、安全评估、环境评估、林草评估、水源保护评估、井控安全等多重因素。

井位实施前，井位地质设计、钻井实施、油气生产等单位要联合进行现场踏勘，根据踏勘情况编制钻完井地质、工程初步设计。要综合地面的地形地貌及可依托设施，考虑是否有利于钻井的组织及后期地面建设。油气田现场地上地貌复杂，最佳井位坐标可能位于山尖上，不利于钻井安全生产；部分区域环境限制较多，最佳井位周围可能存在较大的环保隐患，后期无法修建地面管线等。这种情况下，就要综合地面因素适当调整井位，优化井型，通过直井改斜井或水平井来满足地上地下的综合需求。

2. 实施设计联合交底。钻完井地质、工程初步设计编制完成后，业务部门、研究单位、生产单位要进行设计交底（图11-4）。交底既要交技术底，也要交安全底，还要交经济底，重点围绕三个方面开展：一是根据预踏勘情况，结合征地、安评、环评、井控等政策法规要求，确定井口位置、井场布局；二是根据标准井设计、邻井实钻情况，确定井轨迹、井身结构、完井试油方案、钻完井周期等工程设计方案；三是依据标准井、邻井投资概算，开展经济效益对标分析，优化单井投资概算。

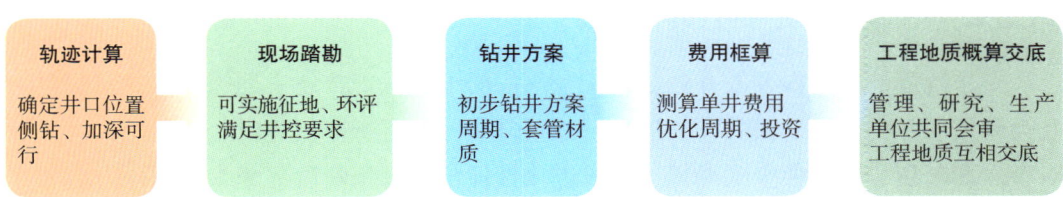

图 11-4 工程地质交底流程图

技术、安全、经济都是底线，有一个存在短板，钻井就不能实施。各专业要换位思考、互相负责，在设计前端协调解决地质需求与工程技术之间的矛盾，通过共同协商制定最优设计方案，实现高效建井的目标。

11.3 一体化组织实施保障集中建产成效

产能建设涉及地质、工程、地面、安全环保等多个专业，需要统筹承包商管理、物资供应、油地关系协调等各个方面。要建立高效合理的组织机构和组织模式，如项目经理部、油气田开发公司等，坚持一体化统筹，提高产能建设的效率。

11.3.1 一体化统筹地下地面

产能建设地下和地面相辅相成、相互影响,越相适应、相匹配,产能效率就越高,油气田开发效益就越好。

一是地面系统布局要适应地下油气分布特征。不同类型油气藏,其油气在地下具有一定的分布规律。比如,强构造背景下,圈闭往往沿着垂直构造应力的方向呈带展布;断控型碳酸盐岩油气藏,油气往往沿着大型断裂带集中分布。地面系统要根据油气分布特征、规模开展布局,特别是骨架管网、道路、电力等公用设施,既要满足已开发油气藏,也要考虑储量较落实的圈闭,尽可能把同一区域油气藏串联起来,提高地面系统利用率,节约生产运行成本。

二是地面建设节奏要和产能配套需求相适应。地面建设原则上要根据资源落实情况适时启动,但随着勘探开发一体化的节奏加快,产能建设的配套需求大幅增加,必须紧跟勘探评价进展,超前谋划、及时启动地面建设相关工作,做到步调一致,否则很容易导致产能释放需求与地面集输处理受限的矛盾。

三是单井地面配套要和钻井实施进度相适应。地面建设人员要在工程地质交底基础上,与钻井设计编制同步开展施工图设计。钻井期间,提前实施单井站外管线、井口工艺预制;钻井搬迁期间,地面人员、机具提前入场,与试油交叉协同作业,缩短投产时间。

11.3.2 一体化组织井位实施

一是统筹部署勘探开发井位。基于较落实的地质认识,建立勘探开发各有侧重、互为利用的井位部署新模式,一边进行储量升级一边进行产能建设。比如,富满油田对新发现断裂,逐条侦查式勘探、分段进攻性评价,每条断裂部署 1 口探井力求油气发现,关键位置部署油藏评价井落实储层、流体和油柱高度等关键参数,支撑储量研究,储量落实区部署开发井建产能拿产量,有效加快了增储上产节奏。

二是统筹组织钻试建投。成立区域产能建设项目组,涵盖钻前、地质油藏、钻井工程、采油气工艺及地面工程等专业,实行地质、钻井、采油、地面一体化管理,使各专业间沟通通道缩短、信息传递加快、办事效率提高,保障钻试建投各环节紧密衔接、高效运行。

例如:2019 年,塔里木油田部署在富满油田 $F_1 12$ 断裂带中部的评价井富源 210H 获高产,新发现一条含油气断裂。为实现断裂带油气规模整体控制,加快储量落实,在该断裂带北端部署富源 210–H7 井、南端部署富源 212H 井(图 11–5)。两口井均获得成功,4 毫米油嘴常规试油,日产油分别达到 145 立方米、92 立方米,落实了储层油柱高度、流体性质、含油气面积等储量关键参数。2020 年,编制完成开发方案,集

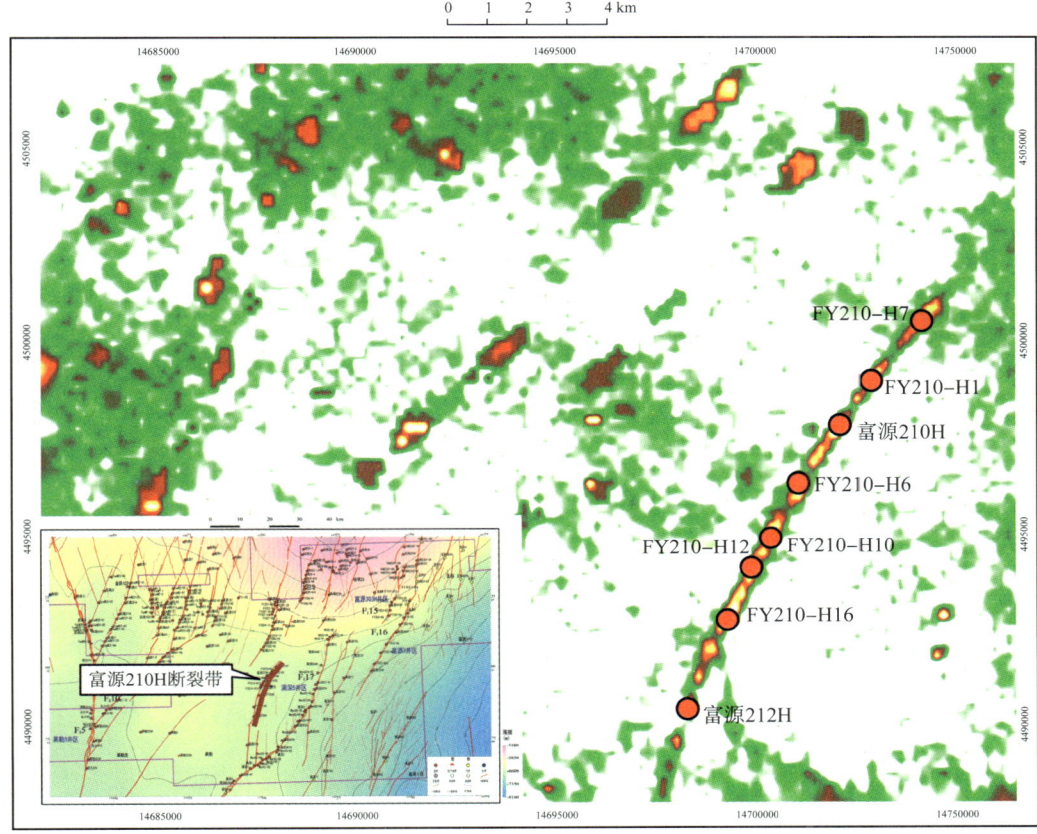

图 11-5　富满油田富源 210H 断裂带储层属性平面图

中部署、实施的 8 口开发井均获高产。同时，沿断裂带建设完成地面骨架管网，实现了地下地面一体化配套。该断裂带当年发现、当年探明，次年建成 15 万吨产能，大幅缩短了勘探、评价、产建周期，创造了塔里木油田原油产能建设最短周期的纪录。

11.3.3　一体化协调建产资源

不同区块的产能建设地质情况、技术要求、建设标准不同，实行区域集中统一管理，可大幅提高资源利用率、生产组织效率和工程建设质量，重点采取以下措施。

一是钻完井推行"区域专打"。保持钻探队伍相对固定、钻机相对集中，让同一钻探公司尽量在同一区块长期稳定作业，既缩短搬安距离、节约搬安成本、提高钻机运行效率，又使钻探队伍更熟悉区域的地质特征和钻探规律，积累钻探经验，缩短学习曲线，用更成熟的技术、更熟悉的方式组织钻探工作，减少故障复杂，降低施工周期。

二是地面建设推行"区域专建"。在队伍选择上，按区域集中选择设计、施工、监理、检测等队伍，发挥队伍的专业优势和集中优势。在物资准备上，统一区域设备材料的型号参数，同时根据区块特点做好长周期设备和常用物资的动态储备，缩短物资设备准备周期。在施工建设上，分区域设立预制中心，推行工厂化预制、模块化施工、机械化作业，提高现场施工组织效率。

实践案例：玛湖致密砂砾岩油藏高效建产

玛湖凹陷是准噶尔盆地最富生烃凹陷，勘探开发潜力巨大。玛湖致密砂砾岩构造岩性油藏，具有埋深大、含油饱和度低、孔隙度低、储量丰度低的特点，效益开发难度大。新疆油田按照"非常规理念、非常规技术、非常规管理"的工作思路，以"水平井+体积压裂"技术为抓手，加快资源转化，突出效益开发，经过几年持续攻关与试验，形成了经济有效的开发对策。

一、树立非常规理念，边评价、边试验、边建产，加快资源转化

一是采用"直井控面、水平井提产"的对策，加快石油储量由控制向探明升级，解决开发资源基础问题，开发超前介入，开展开发方式、井网、井矩和井型的矿场试验及经济效益评价，为规模效益开发提供支撑。为此，玛湖地区开展直井井网注水开发、水平井井距、水平段长度、簇间距、井身结构、不同压裂工艺等系列试验。通过试验攻关不断指导方案优化，试验水平井一年期累计产油达到7449～11612吨，产量进一步提升，投资成本大幅下降，具备了规模效益开发的条件。

例如：2017年完成玛18区三叠系百口泉组油藏整体开发部署并进入现场实施，部署提产试验水平井2口，开展开发方式、井型对比、长段水平井快速钻井，以及细分切割体积压裂技术试验。首口水平井MaHW6004投产，峰值产油118.8吨，成为百吨井，一年期累计产油达到19172吨，取得了有效动用的生产效果，确立了"水平井+体积压裂"主体开发方式。

二是规模建产，实现效益开发。在构建玛湖凹陷斜坡整体成藏认识的基础上，按照"边评价、边试验、边建产"的思路，预探、评价、产能一体化，整体部署、快速推进。仅仅用了2年时间，整体落实探明储量4亿吨、面积350平方千米。截至2018年，在6个区块投产水平井63口，单井平均生产362天，累计产油9490吨，平均日产油26.2吨。同时，为提高开发效益，推广组合平台工厂化作业、优化井身结构、使

用新型压裂液等技术，完井工期、钻压成本分别下降38.2%、35.6%，桶油操作成本下降23.5%，实现了Ⅰ、Ⅱ类致密砂砾岩油藏的规模有效建产。

二、采用非常规技术，规模应用"水平井+体积压裂"，大幅提高单井产量

一是精细刻画甜点展布，明确水平井钻井目标。通过地质、工程一体化开展甜点评价，刻画有利储层展布，结合油层纵向分布特征，确保水平井钻井轨迹设计在油层物性、可压性最好的部位。

二是多因素综合考虑，确定水平段长度。通过理论与生产结合，确认有效水平段长度与累产油量正相关，水平段到一定长度后，产量增幅减缓，必须掌握长度、产量与效益的平衡点。在此基础上，结合油藏形态、井身结构、钻机能力等，按照当年投资水平评估不同长度井的效益，主体采用1200~2200米水平段。以玛18井区为例，水平井钻井周期随长度线性增加，1600米为工期变化的拐点，且水平段长度1600米时内部收益率最高，可作为当前技术经济条件下的最优参数（图11-6）。

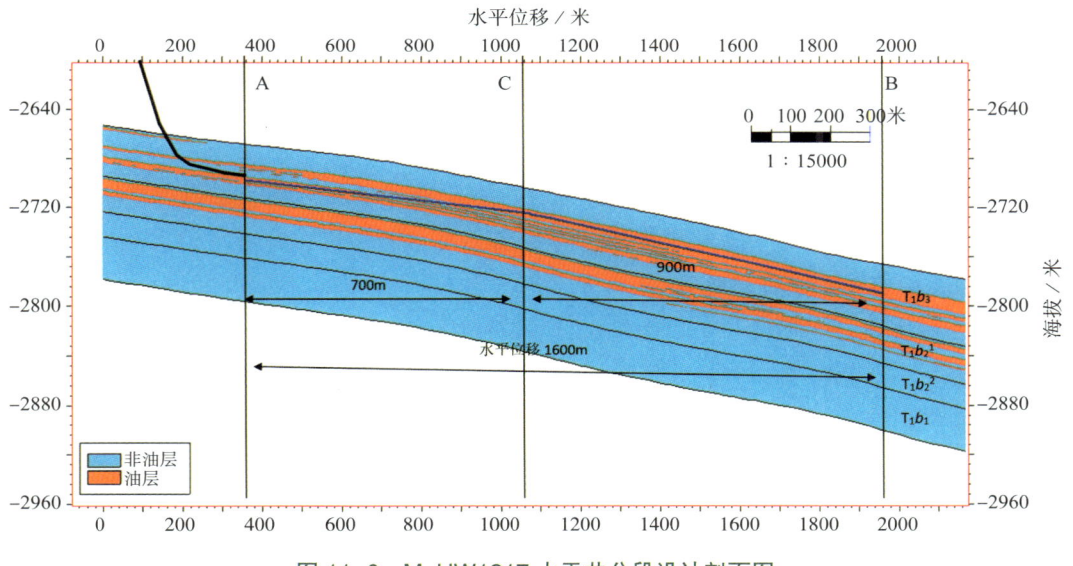

图11-6　MaHW1217水平井分段设计剖面图

三是精细钻井轨迹控制，提高油层钻遇率。通过成立地质工程一体化专家团队，多专业联合办公，形成"重控制、精预测、勤更新、优轨迹、少调整、保甜点、提钻速"的轨迹跟踪优化工作机制（图11-7），水平井油层钻遇率逐年升高，其中2021年完钻水平井106口，油层钻遇率93.5%，同比提高0.4%，单井轨迹平均调整2.8次，创历史最好水平。

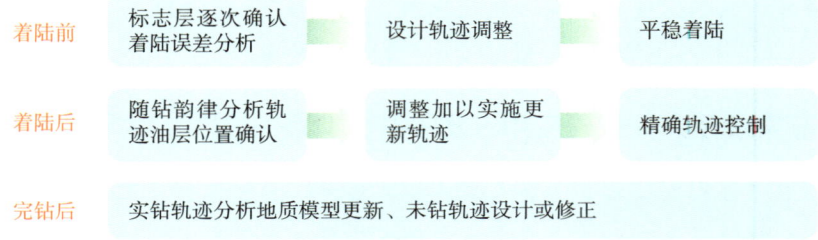

图 11-7 水平井随钻流程图

四是个性化体积压裂，充分释放产能。主体采用桥塞+分簇射孔分压工艺，实现细分切割体积改造。针对不同井段开展射孔位置优选、压裂参数与规模个性化设计，建立"地质定点、工程分段、相近相同、取优舍劣、风险规避"的分段分簇原则，相邻水平井开展交错布缝，确保水平井产能到位。地质定点就是优选物性、岩性、含油性好的地质甜点，工程分段就是岩性、物性相近、主应力差异小的储层分为一段，相近相同就是连续油层段对含油气性相近层段同时改造，取优舍劣就是放弃非油层段改造、降低难度节约成本，风险规避就是射孔、桥塞封位避开节箍2米以上。

三、采取非常规管理，强化落实"三控、一提、一体、一统筹"，实现控投降本

为加快推进玛湖地区致密砾岩油藏规模效益开发，新疆油田成立勘探开发建设现场指挥部，由油田公司主要领导挂帅，将集团公司相关部门、科研单位、钻探企业纳入指挥部，统筹组织、升级管理。

指挥部围绕"控投资、提效率、保安全"三大核心任务，重点推进"三控、一提、一体、一统筹"等方面工作，并建立完善月度例会、监督考核等机制，提高工程建设质量，靠实单井产能和投资回报，确保高效优质建产。

三控：一是控制好水平井轨迹，确保油层钻遇率达到90%以上；二是控制好投资，通过优化设计、成本写实和对标管理，实现投资总体控减15%；三是控制好风险，确保安全环保生产。

一提：提高现场施工效率，包括提高钻井速度、提高压裂效率。

一体：建立"一体化"运作的管理制度和工作流程，实现地质工程一体化、技术经济一体化、方案实施一体化。

一统筹：整体规划，统筹做好道路、电力、管网等配套设施建设，提高效率和效益。

通过技术攻关和精细化管理措施，玛湖地区百万吨产能建设投资由前期试验阶段的69.5亿元下降到45.5亿元，下降34.5%，按55美元/桶测算，内部收益率达11.37%，2021年达到300万吨生产能力，可保证2025年上产500万吨并稳产10年。

第 12 章　常态化开展老油气田综合治理

综合治理是夯实老油气田稳产基础的重要手段。油气田企业一定要把综合治理当成一项非常重要的工作常态化抓好，打通老区延年益寿的"经脉"，让老油气田焕发生机活力，发挥稳产上产的"压舱石"作用。

12.1　老油气田大有潜力可挖

老油气田综合治理，就是在开发生产过程中，通过新取得的各种资料不断反复认识油气藏，寻找增储上产潜力，发现存在的问题，并实施治理挖潜措施的过程。

12.1.1　老油气田综合治理的意义

油气田投入开发后，随着时间的推移，问题井数不断增多、储量损失不断增加、产量递减加快、效益稳产难度增大，这些成为很多老油气田面临的共性问题。综合治理就是系统解决这些问题，把问题变潜力、潜力变措施、措施变产量，有效控制递减率、提高采收率，改善开发效果，使老油气田长期保持效益生产。

综合治理是提高开发管理水平最重要的工作。油气田企业往往面临繁重的上产任务，如果综合治理搞不好，就会出现"新井天天钻、产能年年建、产量不增加、基本补递减"的被动局面。只有夯实"稳"的基础，才能保持"上"的势头。做好老油气田综合治理是构建合理开发秩序的固本之举，只有把这项工作抓实了，才能真正实现产量的可持续增长，形成油气开发的良性循环。

12.1.2　老油气田常见的挖潜点

老油气田可挖掘的潜力很多，常见的有以下十个方面：

一是探明未动用储量潜力。主要包括井间和层间未动用储量，井间未动用储量可通过加密井网、重复改造等措施进行挖潜；层间未动用储量可通过补孔改层、堵水改层、调剖调驱等措施进行挖潜。

二是滚动扩边潜力。主要包括已发现油气藏的横向扩边和纵向扩层，着力在老区周边发现新的接替资源。

三是加密调整潜力。主要是针对一次井网不完善、井网控制不均匀、开采强度不均衡等情况，进行二次、三次井网加密，提高已开发区块储量动用程度。

四是转变开发方式提高采收率潜力。主要是针对原开发方式提采受限，根据油气藏的特征合理选择新的开发方式，改善开发效果。常见方式有碳酸盐岩油藏注水替油，碎屑岩油藏注水、注气、化学驱油，碎屑岩气藏排水采气，稠油火驱、蒸汽驱等。

五是长停井、低效井、遗留井治理潜力。这几类井都是老区挖潜的"潜力股"，在深入分析地质、工程原因的基础上，可因地制宜采取侧钻、大修、酸化、压裂、解堵等措施，恢复油气井生产能力。

六是碳酸盐岩深部串珠潜力。碳酸盐岩一般纵向上发育多套串珠，可通过老井加深、大规模压裂、高强度注水等措施，沟通深部缝洞体，增加可动用储量。

七是地层污染未充分解除潜力。钻井液污染导致产能未达到预期的井，可通过酸洗、酸化压裂等措施解除污染，恢复储层真实生产能力。这类潜力在致密、低压、强敏感性等油气藏中要高度重视。

八是地面不配套产能未充分释放潜力。针对处理装置能力不足、单井地面不配套、高低压管线不配套等问题，采取增加处理能力、橇装化试采装置、高低压分输等措施，有效释放油气井生产能力。

九是老井重复改造潜力。低渗透油藏非均质性强、自然产能低，在生产过程中，因储层污染常常出现产量降低的情况，实施重复改造是治理这些低产井的有效手段。

十是老井加深侧钻潜力。在多目的层开发的区块，上部产层无潜力的情况下，可通过老井加深或侧钻，实现一井多靶，进一步动用其他层位的储量。

12.1.3　老油气田综合治理的技术路线

综合治理要突出"综合"二字，不能泛泛而论、治标不治本。要按照"四清楚、一具体"的技术路线，做到"一型一策、一藏一策、一井一策"。

一是把油气藏地质特征描述清楚。深化油气藏地质认识，既要描述清楚区域整体地质特征，又要分油气藏、层系、开发单元开展精细研究，精细开展油气藏描述工作。

二是把油气田开发现状和生产规律把握清楚。深入分析油气水分布规律、压力分布状况、流体性质变化状态、储量动用状况、剩余油气分布状况、产量递减规律等各个方面，准确掌握不同开发阶段油气藏动态变化特征。

三是把油气田存在的问题认识清楚。在前两项工作基础上，深入分析存在的开发矛盾，评价开发技术政策是否合理、生产能力和生产制度是否合理、井下及地面工况是否正常、地面处理能力和地下产能是否配套，问题分析要涵盖地下、井筒、地面等各个方面。

四是把油气田的潜力分布研究清楚。要突出问题导向，重点围绕上述十个方面的潜力，逐藏逐井深入寻找潜力点，明确措施方向，做到潜力清、方向明。

五是制定具体的有针对性和可操作性的综合治理措施。在坚持效益优先的基础上，提出具体的措施工作量、执行时间、负责单位和责任人，形成综合治理方案，并有效执行实施方案。

12.2 抓好三项基础工作

老油气田综合治理要完成"四清楚、一具体"工作目标任务，关键是抓好油气藏精细描述、动态监测分析和地质大调查三个方面的基础工作，确保对症下药、精准施策，提高综合治理的成效。

12.2.1 做好油气藏精细描述

油气藏精细描述是老油气田综合治理的基础。油气藏描述的精度越高，措施的针对性就越强，综合治理的效果就越好。要坚持开发地质研究"没有最精细、只有更精细"的理念，对油气藏构造、储层、流体等进行精准定量描述，重点做好"三个精细"。

一是精细构造落实。勘探阶段的构造研究重点是搞清构造与油气聚集的关系，开发阶段的构造研究则要更微观更精准。要利用高精度三维地震资料，准确落实构造的几何形态和分布范围，使构造落实更加符合地下的真实情况。同时，要对油气藏内的微构造、微断裂等进行精细刻画，进一步查明小断裂、微构造对开发过程的影响。

二是精细储层描述。储层描述在油藏描述中至关重要，是认识评价储层、发现挖掘潜力的依据。要充分利用物探、测井、岩心、动态监测资料，深入开展储集层与隔夹层精细刻画、优势渗流通道精细刻画，搞清储层的岩性、形态、物性、含油气性等内幕特征，有效指导剩余油气挖潜。简单讲，就是将储层置于"显微镜"下，开展从宏观到微观、从静态到动态、从定性到定量的精细研究。

三是精细剩余油气刻画。老油气田经过长期开发，地下流体分布格局发生很大变化，剩余油气相对富集区越来越小、越来越隐蔽。要在精细构造落实和储层描述的基础上，开展油气水运移规律研究，重构地下流体的分布模式，找到剩余油气的相对富集区域，有的放矢开展措施挖潜。在研究剩余油气分布的同时，要高度重视各类水体运动规律和赋存状态研究，既要防水治水，还要因势利导用好水，发挥好各类水驱提高采收率的作用。

12.2.2 做好动态监测分析

动态监测分析是开发管理者调控油气藏生产的重要手段。油气藏投入开发以后，要加强动态监测，健全制度、落实责任，编制好动态监测方案，有目的、有意识、有规律地录取资料，并深入进行动态分析，为生产管理、地质研究及开发决策提供依据。

1. 动态监测。动态监测要满足油气田各个开发阶段的需求，具体遵循以下五条原则：一是监测井点要具有代表性。监测井要求生产稳定、井身质量好、位置合理，监测结果能够代表油气藏整体情况。必要时，要优选定点井（桩子井）进行全面监测。二是监测时间要具有连续性。监测作业要结合油气藏研究需求，定期录取数据，能够反映油气藏在一定周期内的相关参数变化趋势。三是监测结果要具有对比性。统一同类型油气藏同一监测项目作业的标准规范，确保不同队伍、不同时间的监测结果可对比分析。四是录取资料要具有针对性。突出生产导向、问题导向、效益导向，针对性设置动态监测项目，满足科研生产需求。五是现场施工要具有安全性。监测作业要提前制定安全风险管控预案，严格现场作业安全管理、严格入井工具质量把关，既要确保作业安全，又要避免造成井下复杂和井控风险。

不同类型油气藏动态监测的内容各有侧重，要根据油气藏特点及主要开发矛盾，科学设置动态监测项目。碳酸盐岩油气藏以识别储层流体差异性、评价缝洞体动用状况、评价合理工作制度为主，重点监测油藏压力、生产井停喷时间、生产井见水时间及储层流体变化。碎屑岩油藏以落实油气水分布规律、评价地层能量大小、分析不同层系储量动用状况为主，重点监测饱和度变化、地层压力变化、流体性质变化、注采剖面等。碎屑岩气藏以获取地层压力、标定气藏合理产能、分析水侵规律为主，重点监测气井压力变化、流体性质变化、饱和度变化等各方面资料。

特别需要注意的是，动态监测一定要加强质控管理，保证原始资料真实完整、解释资料标准规范、解释成果及时有效，避免假数据真分析，真数据假解释。为此，塔里木油田建立了计划管理、过程监管、质量控制及结果考核的"4433"全过程管理制度流程（图12-1）。

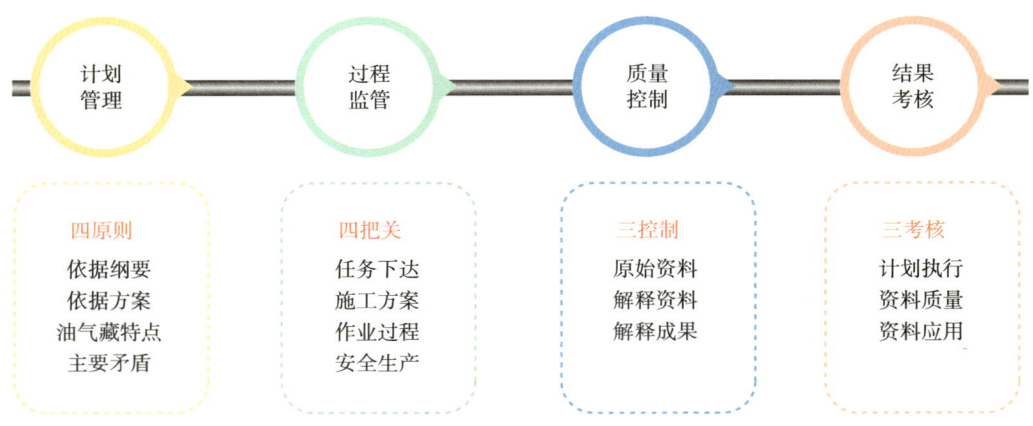

图 12-1　动态监测资料录取过程管理

2. 动态分析。动态监测资料关键在于应用。要充分利用录取的各种资料进行动态分析，对油气藏开展全方位的诊断解剖，重点做好五个方面分析：一是分析压力分布状况。油气藏原始地层压力是一致的，但由于储层存在非均质性，地层压力随着开发的推进会产生差异，要研究清楚压力在纵向、平面的变化规律。二是分析流体性质变化状态。地层流体性质随着压力的下降会发生改变，这种情况在凝析气藏中尤为突出，有的区域凝析油含量高，有的区域凝析油含量低，要搞清楚流体性质的变化规律。三是分析储量动用状况。油气藏不是一个均质体，储量动用程度也不是均衡的，要分析储量纵横向动用情况。四是分析油气水分布规律。随着油气藏持续产出，地下油气水分布始终在动态变化，要研究清楚动态变化规律，为剩余油气挖潜提供依据。五是分析油气田递减规律。在以上分析的基础上，要搞清楚衰竭、保压等各种开发方式，油气藏的产量递减规律及影响递减的主控因素，进而标定合理产能，制定合理开发对策。

动态分析是开发管理的基础工作，也是开发管理人员的基本功。各级开发管理人员要把动态分析作为一项常态化工作，掌握基本方法，提高专业水平，加深对油气藏开发规律的认识，把每一个油气藏都监测好、管理好、经营好，牢牢把握油气开发的主动权。企业层面要重视动态分析工作，建立定期检查机制，搭建同台竞技平台，全面提升科研人员动态分析技能和油气藏开发管理水平。

12.2.3 做好地质大调查

地质大调查是做好老油气田综合治理的抓手。要通过地质大调查，查明问题、分析形势、找出潜力、提出对策，将综合治理措施具体化，重点应做到"三个落实"。

一是落实潜力。要一个油气藏一个油气藏地梳理问题、查找潜力，从单井入手，对砂体、井组、层系、单元、油气藏逐级进行摸排和分析，切实把问题诊断清楚、把潜力评价清楚。企业层面要对问题潜力进行梳理汇总，建立台账、明确责任、督促落实。

二是落实措施。要坚持一个问题就是一项潜力、一个问题就是一项措施，以地质潜力为基础、工程技术为手段，提出见效快、效果好、效益佳的治理对策，将措施落实到单井及具体的层位、井段，及时组织实施地下、井筒、地面一体化的系统治理、精准治理，保证措施的及时性、可操作性和有效性。

三是落实产量。综合治理最终的成果要体现到产量上。要强化地质大调查成果运用，根据潜力摸排情况和措施预期效果，合理安排产量任务指标和运行计划，把产量落实到区块、落实到油气田、落实到单位。

12.3　建立高效的综合治理组织管理体系

综合治理是多专业、多学科的联合作业，不仅包括油气藏开发技术政策、工艺技术的优化调整，还包括生产组织、人力资源、信息共享等方面的统筹管理，需要完善的制度、科学的流程、高效的运行。塔里木油田建立"四统一、两规范、一突出"的组织方式，构建多专业协同作战工作平台，聚合广大科研人员、生产一线的各方力量，系统开展综合治理工作。

12.3.1　"四统一"就是统一编队、统一管理、统一数据、统一平台

以生产单位为主导，研究单位提供技术支撑，跨部门、跨单位，研究人员"统一编队"；组织技术研讨，明确不同类型油气藏、不同开发阶段的研究思路和方法，研究过程"统一管理"；依据油气藏类型建立基础资料模板，制定树形结构目录，按照数据来源、工作流程、计算方法"统一数据"；为保证研究成果的连续性、准确性和完整性，根据各专业需求，利用数字化手段，建立成果数据共享的"统一平台"。

12.3.2　"两规范"就是规范制度流程、规范方案管理

规范制度流程就是围绕老油气田综合治理，制定完善《动态监测管理办法》《动态分析管理办法》《油气水井措施管理办法》《油气井挖潜增效指导意见》等管理制度，明确业务处室、科研机构、生产单位、综合治理小组的职责界面，建立健全资料录取、研究分析、方案编制、实施过程、效果评价的闭环管理制度体系。

规范方案管理就是将综合治理方案升级至与规划方案、开发方案同等级别进行规范管理，定位为年度开发生产的指导文件，作为安排年度配产配注任务、老井措施作业、动态监测、重大开发试验等工作量的依据，作为已开发油气田开发指标测算、开发成本控制、地面调改项目前期设计的依据。

一是规范编制内容。统一综合治理方案编制模板，内容涵盖地质与油气藏工程、采油气工程、地面工程调改、动态监测、经济评价及 QHSE 管理 6 个方面。

二是规范方案审查。实行综合治理小组、生产单位、油田公司三级审查。综合治理小组审查由组长负责，主要审查地质潜力落实情况；生产单位审查由主要领导负责，重点审查治理措施的工程技术可行性及经济效益；油田公司审查由业务部门组织、企业技术专家负责，重点审查治理措施的针对性和可操作性、工作量安排及开发指标预测科学性。

三是规范过程管理。组织专家团队，每年初启动综合治理，研讨各油气田面临的问题及潜力，明确治理目标任务；6月开展半年油气藏动态分析，检查综合治理阶段研究进展，分析措施实施效果，靠实当年油气生产任务指标，并对接下一年度油气生产

框架计划；10月开展地下大调查，检查综合治理研究成果、措施实施效果，落实油气藏潜力，预安排下年度治理工作量及油气生产任务和调控指标；12月完成下一年度方案编制和审查，并发布执行。

12.3.3 "一突出"就是突出经济效益

在执行综合治理方案的基础上，对单项措施进行效益再论证。作业施工前必须经过生产单位总地质师、总工程师、总会计师"三总师"联合审查，确保措施论证的科学性、经济性。作业施工中边干边算、及时优化，出现与设计严重不符、事故复杂等情况，导致无效的，中止作业，及时止损。作业施工后开展后评价，包括措施增油量、措施费用、增量操作成本、利润总额、投入产出比等指标。

实践案例：塔里木油田老油气田综合治理实践

塔里木油田碎屑岩油田开采递减较大、碳酸盐岩油田单井生命周期较短，原油产量从2015年的590万吨下降到2017年的520万吨；克拉2、迪那2等主力气田长期高负荷生产，负荷因子在1.1左右，超出开发管理纲要规定的范围。同时，油田从事油气藏地质研究人员分散在勘探开发研究院、生产单位的油气藏部门和作业区，各专业之间协同配合难度大、效率低，加之缺乏相应的内部激励机制，科研人员主动参与老区治理的积极性不高。

针对严峻的开发管理形势，2018年以来，塔里木油田调配459名技术骨干，组成36个综合治理小组、6个技术支持小组，全覆盖、常态化开展老油气田综合治理。

一是组建精干高效研究团队。构建"跨部门单位、统一编队、协同作战"组织模式，从勘探开发研究院、油气工程研究院、各油气生产单位抽调技术人员，按照开发单元成立多专业协同的综合治理小组，以区块为纽带，组建涵盖物探、地质工程、油气藏工程、测井工程、采油气工程、地面工程、经济评价等多专业一体化团队，统一管理，融合研究。

二是建立标准数据管理规范。按照碎屑岩油藏、碳酸盐岩油气藏、高压气藏、凝析气藏等油气藏类型，建立4大类22套基础资料模板，采用树形结构制定基础资料搜集目录，通过统一数据来源、统一数据采集流程、统一数据计算方法、统一成果数据格式，形成成果数据库。同时，动静态资料相互结合、互相印证，做到静态认识统一、动态数据一致。

三是搭建互联互通信息平台。按照"需求导向、信息交流、成果共享"的思路，采用"研用一体"的信息化技术手段，系统整合钻完井、采油气、测录井、油气藏地质等各种信息数据,通过集成、交换、共享等方式,搭建了纵向贯通、横向集成、共享运用、精准可靠的综合治理研究成果数据一体化管理平台。

四是突出效益导向优化措施实施。建立"三总师"会审制度,确保措施设计论证的科学性、经济性,对入库措施进行优选,集中资源优先实施排序靠前的措施作业。强化措施作业实施管理,与设计发生重大变化及时中止作业,防止论证不清产生更大损失。系统评价措施作业效果与效益,并纳入年度考核。

塔里木油田老油气田综合治理取得了良好成效,在促进老区有效稳产、建立合理开发秩序、培养开发技术人才上发挥了重要作用。

一是夯实了稳产基础。实施单井治理措施1500余井次,累计恢复产能原油130.7万吨、天然气63.2亿立方米,相当于新建一个600万吨级大油气田。油田综合递减率由11%下降到9.8%(图12-2),气田负荷因子由1.1下降到1.01(图12-3),油气田开发生产逐渐步入良性循环。

图12-2 原油递减特征曲线　　　图12-3 天然气负荷因子曲线

二是摸清了潜力方向。以提高储量动用程度为目标,深入开展油气水分布、压力分布等6个方面动态分析,全面搜寻探明未动用储量、滚动扩边等10个方面的潜力,累计摸排潜力点143个,预计"十四五"恢复和新建产能原油237万吨、气84亿立方米。

三是锻炼了人才队伍。通过一体化组织,科研生产紧密结合、生产经营深度融合,科研和生产单位技术骨干深入一线做调查、搞研究、找潜力、定措施,拓展知识面,强化基本功,开发队伍整体素质能力得到全面提升,一批油藏、工程技术人才得到了锻炼成长。

第 13 章 推进提高采收率工程

油气田企业要把提高采收率作为开发管理不懈追求的目标，这既是企业可持续发展的需要，更是对不可再生资源保护和利用的需要。

13.1 提高采收率是油气藏开发的永恒课题

提高采收率，就要对油气藏不同开发阶段"把脉问诊""对症下药"，达到提高储量动用率、增加可采储量、改善开发效果的目的。这项工作贯穿了油气田开发的全生命周期。

13.1.1 提高采收率的重要意义

提高采收率可以获得更多的油气产量和经济效益。随着老油气田开采程度的不断加深，不可避免地会出现产量下降、含水上升、成本增高、效益变差。通过实施提高采收率工程，可有效增加老油气田技术经济可采储量，使老油气田保持效益稳产。一个 1 亿吨石油地质储量的油藏，如果采收率能提高 1 个百分点，相当于增加产量 100 万吨，按照油价 60 美元 / 桶计算，可增加收入 30 亿元左右。因此，提高采收率就是提产量、提效益，是油气田企业可持续发展的必由之路。

提高采收率具有显著的社会效益。油气资源开发与其他矿产资源相比采收率较低，我国陆上油田采用常规注水方法开发，平均采收率仅 33% 左右，约有三分之二的储量难以采出。随着我国油气消费需求持续增长，就要千方百计提高老油气田采收率，获取更多的油气产量，努力降低油气对外依存度，有效支撑经济社会发展。

13.1.2 提高采收率的管理思路

油田的开采分为一次采油、二次采油、三次采油，一次采油就是依靠天然能量生产，二次采油是通过注水或注气的办法驱动采油，三次采油是依靠注入化学剂、热介质和气体等驱动采油。提高采收率不能把这三个阶段割裂开来，更不是进入开发后期才开始考虑的事情，要牢固树立系统观念，按照"关口前移、未病先防、统筹谋划、整体设计"的思路，将提高采收率贯穿到油气藏开发的全过程。

在不同的开发阶段要超前思考、统筹兼顾，打破各自为战的壁垒，在当前阶段提前考虑下一阶段的提高采收率问题，超前进行技术储备，实现各开发阶段有序转变。比如，在产能建设阶段，就要充分考虑采取什么样的开发方式、怎样布置井网、怎样配置产能、年产量多少为好等，这些都是油气田投入开发前必须认真研究和确定的原则性问题；在一次采油阶段，要提前考虑注水注气补充能量问题，合理部署井网，提前规划建设注水注气管网，这对天然能量不足的油气藏尤为重要；在二次采油阶段，要坚持"二三结合"，一体化部署注采井网，前期立足精细注水，优选时机转入三次采油，发挥二次采油井网完整性优势和三次采油驱油效率优势的协同增效作用，可以减少建设投资，大幅提高采收率。

13.1.3　提高采收率的技术原理

提高采收率是涉及面广、技术性强的综合性科学课题。从技术层面而言，由于地质条件和油气藏特征的差异性，不同的油气藏提高采收率涉及的驱油机理则不同，没有放之四海而皆准的方法。从宏观上讲，提高采收率无外乎解决储层连通性和流体流动性两个方面问题。

储层连通性方面：油气采收率与储层性质有很大关系，储集砂体连通性、孔隙结构、孔隙度、渗透率、润湿性等储层条件的好坏会大大影响油气采收率。解决这一问题，要通过先进的储层保护、储层改造等技术，最大程度改善储层条件、沟通孔隙流体。简单讲，就是将不连通变为连通，将曲连通变为直连通，将弱连通变为强连通，给油气建立良好的流动通道，让低渗层的油气更多地有效采出。如碳酸盐岩、砂岩、砾岩等类型油气藏提高采收率的核心，都是通过"三通"原理，提高储量动用程度。

流体流动性方面：地下流体的组分、密度、黏度、温度、压力等也是影响采收率的重要因素，原油密度越高、黏度越大，越不容易采出。对此问题，就要研究如何改善地下流体的流动性和聚集方式，使油气能够朝着预定的、有利的方向流动，具体就是利用物理、化学和生物等手段，人为改造流体性质，扩大波及范围，提高驱替效率。常见的技术手段有精细水驱、化学驱、蒸汽驱、SAGD、火驱、注气驱、微生物驱等，在实际工作中要根据油气藏特征选择科学、经济、适用的驱替方式。

13.2　科学组织提高采收率技术攻关

提高采收率是一项复杂的系统工程，涉及油藏、采油、地面、化工等多学科、多领域，涵盖基础研究、现场试验、技术配套等多个环节，理论创新、技术攻关和组织管理的难度很大，需要顶层系统设计、全方位协作、一体化组织推进。

13.2.1 敢于打破常规，抓好理论创新

思路一变天地宽，理论创新将带来采收率的大幅提高。综观各大油气田，提高采收率技术的突破无不建立在理论认识的创新上：大庆油田创新形成三元复合驱理论，采收率提高 25 个百分点以上；塔里木油田创新凝析气藏循环注气保压开发，提高凝析油采收率 20 个百分点以上，等等。因此，要把基础理论、机理实验作为提高采收率的先导，特别是对于复杂油气藏，要打破常规、因藏制宜，发扬大庆油田超越权威、超越前人、超越自我的"三超"精神，敢于走前人没有走过的路，形成具有颠覆性、革命性突破的理论体系。

实验研究是理论创新的重要途径，也是基础理论与现场应用有机结合的有效载体，能够促进提高采收率机理的发展，也能为现场应用提供理论依据。要通过室内实验研究，反复模拟、综合分析，不断深化对开发机理的认识，逐渐发展丰富的提高采收率理论。特别要通过室内实验模拟分析流体在地层条件下的相态及性质，研究驱替过程中流体的渗流变化，分析提采方案实施过程中可能存在的各类问题，评价提高采收率方法的可行性，优选现场可实施的提采技术，指导油气藏的合理高效开发，实现经济效益最大化。

13.2.2 坚持试验先行，搞好技术攻关

提高采收率技术通常是具有颠覆性的创新技术，不能一蹴而就，应坚持重大开发试验先行，把握节奏、循序渐进、稳步推进，逐步形成可规模推广应用的配套技术体系。所谓重大开发试验，就是在油藏开发过程中，以大幅提高采收率为目的，先开辟一块有代表性的试验区，按开发试验设计的基本技术思路进行现场试验，观察开发效果、技术可行性及效果评价，用以指导工业化应用或规模开发。在实施过程中，要始终围绕"提高单井产量、提高采收率、降低开发成本"三大目标，坚持先导试验与科技攻关相结合、与产能建设相结合的工作原则，瞄准开发中迫切需要解决的重大技术难题，积极探索形成战略性技术，实现开发方式的升级换代。要注重试验项目的管理与总结，明确油藏驱油机理与技术配套，为工业化推广做好各项准备工作。

勘探要抓重大发现，开发要抓重大试验。重大开发试验是油田开发领域战略性探索工程，是科技攻关成果向生产力转化的关键环节。近年来，中国石油加大重大开发试验力度，在辽河、新疆、大港、塔里木等油田开展了化学驱、火驱 SAGD、天然气驱等现场试验和技术攻关，平均采收率提高 14~25 个百分点，形成的技术系列已经成为当前和未来一个时期老油气田提高采收率、增产增效的主体技术。

13.2.3 加强协同攻关，推动产学研用

一是建立"研发、试验、应用"三位一体的组织体系。研发阶段要坚持问题导向，针对油气藏地质特征和开发问题，加强基础理论研究与创新，找准技术攻关和现场试验的方向。试验环节要突出重大开发试验的示范效应，核心技术突破后，要及时总结、集成配套，加快转化为现实生产力。应用环节要尽早形成管理标准和技术规范，实现规模化推广应用。要通过产学研用一体化融合，推动提高采收率技术从室内研究走向现场试验，从攻关试验走向配套推广。

二是建立"企业、高校、院所"三方协同的攻关团队。油气藏的复杂性决定了提高采收率技术攻关的挑战性，需要借脑引智、集智攻关。目前，普遍存在着企业、高校、科研院所产学研脱节、深度融合不够，各方优势难以形成整体合力，制约着技术创新能力的提升。要强化组织领导，成立攻关团队，建立合作模式，充分发挥各自优势，提高技术攻关的质效。特别要发挥高校、科研院所在基础理论研究方面的优势，补强企业在基础理论创新方面的不足。

三是建立"冷热、内外、远近"三个结合的研究梯次。冷热结合就是既要关注进入开发中后期的油藏，搞好亟需技术攻关，又要在开发初期系统考虑油气田的提高采收率问题，提前做好相关理论技术的研究准备工作。内外结合就是既要坚持以我为主，大力攻关符合企业实际、实用的提高采收率技术，也要坚持兼收并蓄，积极吸纳成熟适用的技术为我所用，不搞重复研究。远近结合就是既要立足当前，解决亟需的提高采收率技术难题，也要着眼长远，超前谋划具有前瞻性、颠覆性的技术，做到"成熟技术规模推广、接替技术完善配套、储备技术加快攻关"。

13.3 特殊油气藏提高采收率技术对策

13.3.1 碳酸盐岩高压注水重力分异提高采收率

碳酸盐岩油气藏非均质性强，储层连通性差，单井钻遇缝洞规模有限，初期产量高、递减快，储量动用不充分，采出程度低。近年来，塔里木油田针对这类油气田的高效开发，探索建立了高压注水重力分异驱油模式，其原理和措施主要包括以下三个方面：

一是高压注水、造缝扩容。借鉴水力压裂造缝原理，通过注水憋压，开启裂缝、建立通道，提高钻遇储层的连通性，同时沟通井筒周边及远端的缝洞体，扩大注水波及范围。在注水过程中前置酸液，起到清障和溶蚀地层的双重作用，提高造缝效率。

二是重力分异、油水置换。与常规注水替油的机理类似，因油水密度差异，缝洞体中的注入水和原油产生重力分异，注入水向下沉降，不断置换原油，把缝洞体低部

位的剩余油驱替至高部位,进而流入井筒、有效采出。

三是减少进尺、降低复杂。钻井只需钻揭主要缝洞体顶部,改变了以往打深井多穿储层的做法,可以有效减少钻井进尺,降低事故复杂,大幅提高了碳酸盐岩油藏开发效益。

该技术在富满油田应用取得了初步成效。以富源210断裂带为例,整体属于弱能量连通型,油井投产后油压、产量下降迅速,年递减率超过25%,依靠天然能量生产稳产难度大。塔里木油田在该断裂带实施高压注水先导试验,日注水1320立方米,日产油从459吨提高到747吨,截至2021年底累计注水7.4万立方米、增油2.6万吨。

13.3.2　碎屑岩油藏注气混相驱油提高采收率

碎屑岩油藏进入高含水、高采出程度的"双高"开发阶段,水驱开发接近极限,剩余油高度分散,需要转变开发方式,转入三次采油。不同类型的油气藏,三次采油技术对策不同,中高渗碎屑岩稀油油藏主要采用化学驱(聚合物驱、聚表二元驱、ASP三元复合驱)提高采收率。而对于深层、高温、高盐碎屑岩油藏,化学驱提高采收率技术适应性差,气驱是该类油藏提高采收率的现实可行技术。气驱提高采收率的驱替介质包括二氧化碳、天然气、空气(含减氧空气、氮气)和烟道气等,要根据油藏特征、气源、成本等因素优选注气介质。

塔里木油田东河1石炭系油藏属于典型的超深、巨厚、高温、高盐的块状底水油藏,水驱储量采出程度高达96%,注水无效循环增大,水驱提高采收率潜力小,亟需转变开发方式。研究评价认为,该油藏适合注天然气重力混相驱方式,通过油藏高部位注气,注入气重力超覆形成人工气顶,逐渐向下稳定驱替,延缓气窜,扩大注气波及体积,同时与原油接触混相,实现重力驱提高波及体积、混相驱提高驱油效率的"双重"作用(图13-1),理论采收率可达80%以上。

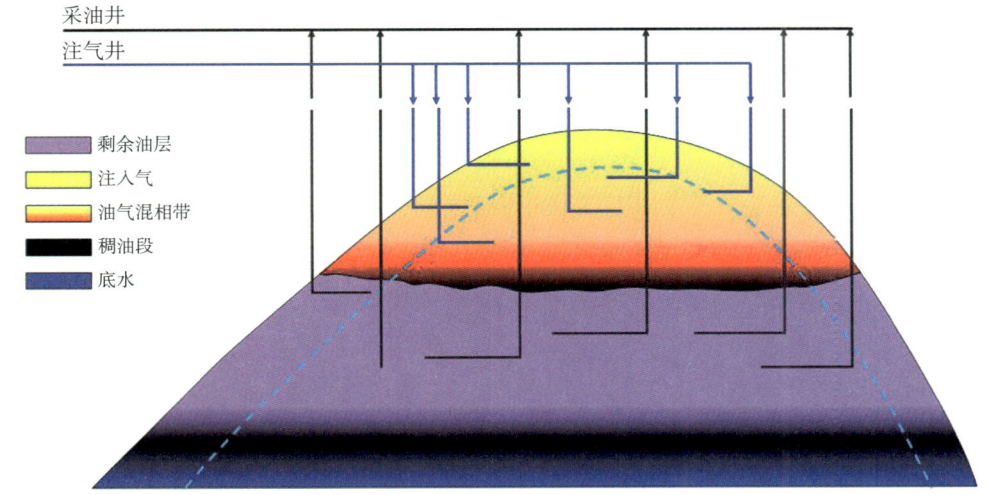

图 13-1　天然气重力混相驱模式图

从 2014 年开始，正式注天然气开发，截至 2021 年年底，累计注天然气 8.3 亿立方米、产油 105 万吨，新增 SEC 储量 145 万吨，13 口井产量翻倍，10 口井转自喷，2 口井成为百吨井，实现连续 7 年 14 万吨稳产。天然气重力混相驱提高采收率技术荣获中国石油 2018 年十大科技创新进展，预测可提高原油采收率近 30 个百分点，是塔里木油田自主探索形成的新一代三次采油技术。

13.3.3 稠油热采提高采收率

新疆浅层稠油的突出特点是沥青质、胶质含量高，黏度大，流动困难，开发方式以注蒸汽热采为主，直接跨越一次、二次采油进入三次采油。其提高采收率的核心是提高蒸汽干度与温度、热能利用效率、波及体积、补能等，常见方式有蒸汽驱、SAGD、火驱等。

蒸汽驱：稠油蒸汽驱进入开发中后期，面临着产量、油汽比逐年下降，生产成本持续增加等严峻形势，亟须寻求经济有效的稳产技术。提高采收率核心是提高蒸汽波及体积与驱油效率。技术对策是多相协同蒸汽驱，解决强非均质储层抑制蒸汽窜流的难题，有效扩大蒸汽波及体积，其原理和措施主要包括以下三个方面。

一是固相颗粒前置，实现深部封堵。蒸汽驱中后期油藏矛盾呈现出整体汽窜与高黏度难以汽驱动用并存，通过优化不同固相颗粒粒径封堵不同类型的汽窜通道，研制深部调堵体系，有效封堵汽窜通道，来实现蒸汽转向沿原先未发生汽窜位置驱替。

二是低渗段储层改造，提高渗流能力。针对难动用潜力层，优选低渗层段，实施储层改造，加快纵向低渗油层预热速度，促进井间热连通。

三是介质辅助液流转向，提高驱油效率。通过研发多介质复合驱油体系，使得多介质辅助蒸汽驱具有调剖调驱提高波及体积，补充地层能量、增加驱动力、降低原油黏度和界面张力的作用，改善流动能力和油水相渗关系等多项机理，发挥了很强的协同作用。

在克拉玛依油田九 6 区齐古组稠油油藏开展多介质复合蒸汽驱试验，油层纵向动用程度得到提高，产油水平由 5 吨 / 天提高到 35 吨 / 天以上，含水由 97% 下降到 94.3%，阶段采出程度 4.6%，预计可提高采收率 10 个百分点以上。

蒸汽辅助重力驱油（英文简称 SAGD）：是国际公认的开采超稠油的有效技术，新疆风城油田超稠油资源丰富，落实资源量 3.7 亿吨，由于油藏埋深浅（150～700 米）、储层非均质性强，油层薄，原油黏度高（50℃原油黏度 2000～500000 毫帕·秒），开发面临渗流屏障多、下泄油速慢、油汽比低等问题。通过持续攻关，形成了 SAGD 立体复合井网储层升级扩容技术，实现了陆相强非均质储层超稠油有效动用。

一是规避夹层，建立多路径泄油系统。针对夹层多的问题，深化辫状河储层构型认识、分类、分属性建立辫状河储层典型夹层分布模式。对不同夹层发育模式，构建双层交错、平－平线线和直－平点线三类 SAGD 立体复合井网，通过复合井网形式打破常规 SAGD 纯重力泄油理念，建立多路径强化重力泄油系统（图 13-2）。

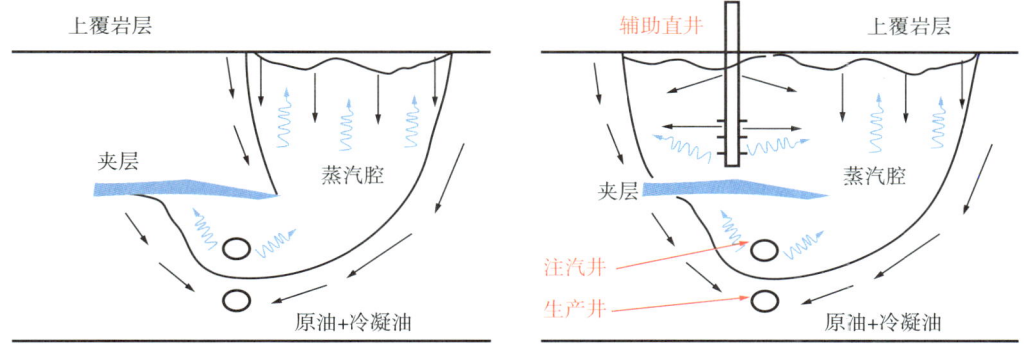

图 13-2　常规 SAGD 与点线组合 SAGD 热流体渗流机理示意图

二是改造储层，增加垂向渗流能力。利用弱固结油砂储层岩石力学特性，通过向注汽井及生产井注入扩容液的方式，改善注采井间及注汽井上方储层渗流能力，打破渗流屏障对超稠油开发的制约，使 SAGD 动用油层渗透率下限由 1.5 达西扩展至 0.7 达西；结合 SAGD 立体复合井网，形成强非均质性储层多通道高效泄油系统。

三是稳定调控，均衡动用，通过长短管组合、交错注采平衡压力方法，实现水平段注采井间汽液界面动态平衡，提高水平段动用程度，改善强非均质性超稠油油藏开发效果。

新疆风城油田先后建立了重 32、重 37SAGD 先导试验区，通过多年攻关与实践，实现了原油黏度 $2×10^4 \sim 30×10^4$ 毫帕·秒（50℃）、渗透率 $2.0 \sim 0.7$ 达西的超稠油油藏的有效动用。累计建产能 191.8 万吨，投产 256 对井组，年产油量 112 万吨，预计采收率可达 60%。

稠油火驱：理论上唯一可行的是将传统火烧"移植"到注蒸汽开发尾矿，但传统火驱表现为"油墙式"驱替模式，仅能实现低黏油藏有效开发。当前世界上工业化火驱技术，主要应用在原油黏度低于 2000 毫帕·秒的油藏，特超稠油无法复制。通过火驱试验攻关，形成了新一代火驱技术。

一是突破了常规"油墙式"火驱理论，将火驱开发原油黏度界限拓展至 $2.5×10^4$ 帕·秒。利用注蒸汽废弃油藏存在次生水和蒸汽通道，火线前缘优先沿通道发育，通过高温燃烧和热传导作用形成条带状的可流动油带，高温流体（油、气/汽、水）的混合携带作用为主，流体源源不断由通道运移至生产井，直至火驱生产结束。

二是形成了"通道预建、快速升温"的点火方法，注蒸汽废弃油藏温场损失严重，注采井间几乎无热连通，通过整体吞吐预热方式在点火前构建注采井的热连通通道；同时揭示燃料沉积量与升温速率内在关系，形成适应低饱和度（35%）油藏的快速升温的点火方法,实现高黏、低饱和度油藏顺利点火启动。

三是建立了"面积启动、线性驱动"的火驱模式。创建注采交错双向线性驱替火驱井网技术,点火初期形成面积驱井网,后期随火线逐渐融合,形成线性驱替,相比传统面积火烧开发模式,火驱前缘驱扫系数增加34%,采油速度提高1.5%。

新疆油田红浅1火驱先导试验区,注蒸汽开发采出程度28.9%,火驱开发采出程度达到63.5%,采收率翻一番。线性火驱工业化生产5年,累积产油达到50万吨以上,赋予濒临废弃稠油油藏"二次生命"。

第 14 章　3000 万吨大油气田的高质量建成

找大场面、建大油气田是塔里木油田与生俱来的责任，也是几代塔里木石油人孜孜以求的梦想。1989 年会战以来，塔里木油田坚决贯彻我国陆上石油工业"稳定东部、发展西部"的战略方针，大打勘探开发进攻仗，2000 年油气产量突破 500 万吨，2005 年超过 1000 万吨，2008 年攀升至 2000 万吨，成为我国重要油气生产基地和西气东输主力气源地。产量的快速增长，使塔里木倍受关注，中国石油对其寄予厚望，向 3000 万吨进军成为塔里木油田新的目标追求和责任使命。

14.1　建设背景

2012 年，塔里木油田首次提出到 2015 年建成 3000 万吨大油气田的发展目标，但在实施过程中，受客观上地质条件超深复杂、主观上勘探开发难度预判不充分等影响，2015 年油气产量当量仅 2467 万吨，未能达到既定目标。

2016 年，油田再次将 3000 万吨建设提上议事日程。与此同时，中国石油作出加快新疆油气业务发展、建设新疆 5000 万吨上产工程的战略部署，明确要求塔里木 2020 年建成 3000 万吨大油气田，承担起主力军和排头兵的重任。然而，2016 年完成油气产量仅 2427 万吨，同比减少 40 万吨。油田采取一系列措施，2017 年油气产量突破 2500 万吨，走出了徘徊不前的困境。

但是，彼时的塔里木，如期实现 3000 万吨目标还存在诸多问题和挑战。首先是时间十分紧迫，2017 年产量为 2538 万吨，三年内要净增 462 万吨，任务十分艰巨，加之当时物探、钻井等各类施工队伍存在很大缺口，工作量与生产力不匹配的矛盾突出，油气田产能建设管理力量分散，生产组织的难度非常大。其次是上产的基础不够牢固，主力气田长期处于高负荷生产状态，负荷因子一度达到 1.10，水侵趋势明显，稳产形势严峻，老油田大都进入开发中后期，原油产量逐年递减、生产形势被动。能不能建成 3000 万吨产能，油田很多人心里都有一个问号，加之干部员工队伍士气不高、信心不足、动力不强，不少人打"退堂鼓"，持"悲观论"，甚至出现了"泼凉水""看热闹""说怪话"的现象。外界也普遍存在质疑，认为塔里木油田在短时间内 3000 万吨目标难以实现。

14.2 主要管理做法

2018年，习近平总书记从国家战略全局出发，作出大力提升国内油气勘探开发力度的重要批示。塔里木油田作为我国石油工业的重要战略接替区，如期建成3000万吨已不单单是油田的规划、集团公司的部署，更是塔里木石油人在新时代保障国家能源安全所要承担起的政治任务和政治责任。

通过深入分析调研，塔里木油田总结勘探开发实践经验，分析存在的问题和矛盾，认识到建成3000万吨确实存在困难和挑战，但也具备基础和潜力，只要干部员工上下一心，统一思想认识、加强工作组织、勠力同心、攻坚克难，3000万吨发展目标一定能够实现。

14.2.1 动员发动，统一思想

一是解决思想认识问题。思想是行动的先导，推动事业发展首先要把员工的思想统一起来。2018年，油田组织召开建设3000万吨大油气田目标再落实动员部署会，全面吹响建设3000万吨大油气田的进军号，细化安排工作任务，向干部员工讲清楚3000万吨为什么干、怎么干、干成什么样。此后，又广泛开展目标任务责任主题教育，动员干部员工团结奋进、真抓实干，以实际行动践行塔里木石油人的初心使命。通过广泛动员发动，全体干部员工政治站位进一步提高，思想认识进一步统一、信心决心进一步坚定。

二是解决工作合力问题。塔里木3000万吨目标，是甲乙方共同的3000万吨，只有甲乙方共同努力才能建成。油田坚持甲乙方"一家人、一盘棋、一起干"，主动走近承包商、关心承包商、帮助承包商，积极研究解决低油价下承包商生存发展问题，两次调整定额造价，支持承包商留住骨干、稳住队伍；加强党工委对全探区甲乙方的统一领导，制定"十条规则"，实施"七统一"工作机制（详见第六篇），推进"双向双重"考核，赋予承包商对甲方的考核权，给予承包商更多的发言权，增强了承包商"主人翁"意识和甲乙方命运共同体意识，凝聚了建设3000万吨目标的工作合力。

三是解决根本动力问题。干事创业关键在人，要充分发挥好每一名员工的智慧和力量。油田坚持以人民为中心，提出并践行"一切为了三千万、一切为了老百姓"工作理念，集中三个月时间深入甲乙方各单位调查研究，面对面了解基层诉求，下大力气解决员工关心关注的热点难点焦点问题，推进实施一批与科研办公、矿区建设、员工生活密切相关的民生工程，保障员工切身利益，消除员工后顾之忧，提升了员工的获得感、幸福感，提高了党工委公信力和凝聚力。通过一系列措施，干部员工认识到3000万吨建设不仅是油田的事，更是自己的事，发自内心地扎根塔里木、建设大油田。

14.2.2 总体部署，有序推进

一是突出系统谋划。分专业分领域组织召开专题研讨会，深入研究勘探开发、工程技术、改革管理、安全环保、党的建设等各路工作，从战略层面提出"12334"总体要求，即：围绕3000万吨一条主线，践行"两个一切为了"理念，抓实掌控资源、配套技术、控制成本三项核心任务，推进安全环保、和谐稳定、党的建设三项基础工程，打造敢担当、勇创新、负责任、可信赖的塔里木。这一部署的提出，构建了油田发展蓝图，进一步统一了思想、提振了士气，坚定了信心决心。

二是突出目标引领。针对3000万吨建设时间紧、任务重的挑战，倒排时间、倒排计划，设定"三年三阶段、一年一台阶"的年度挑战指标，将2018年作为"全面攻坚年"，油气产量达到2650万吨、净增112万吨；将2019年作为"全面加快年"，油气产量达到2775万吨、净增125万吨；将2020年作为"全面决胜年"，油气产达到3070万吨、净增295万吨。这些指标，细化了3000万吨建设的施工图和路线图，引领了各项工作的高效有序进行。在实际运行中，油田守底线、奔高线，主动加压、积极作为，每年均实现超产，一举扭转油气生产被动形势。

三是突出齐抓共管。成立3000万吨生产组织领导小组，制定3000万吨大油气田建设工作方案，将建设目标任务细化分解为10大类32项重点工作，由公司班子成员分工负责、业务部门牵头组织，压实工作责任、靠实时间进度，从组织领导、责任落实、提高效率各方面全方位保障工作执行到位。通过油田上下、机关基层、甲乙双方共同努力，各项重点工作一项项并轨、一步步确认，按计划按节奏按节点完成了阶段建设任务。

14.2.3 突出重点，抓住关键

一是加强盆地综合地质研究，明确勘探主攻方向。坚持把掌控资源摆在首位，组建研究专班，系统开展构造、沉积、成藏等9大基础课题研究，深亿地质认识，搞清成藏规律。在此基础上，确立了"3+2"战略部署（图14-1），风险勘探聚焦库车新区、寒武系盐下、塔西南山前三大新领域，集中勘探突出库车天然气、塔北—塔中原油两大潜力区，获得两个战略突破、23个新发现，落实了富满油田一个十亿吨大油区、克拉—克深和博孜—大北两个万亿立方米大气区，油气储量连年高峰增长，奠定了油田大发展的资源基础。

二是强化物探攻关和部署，提高勘探开发成效。把物探作为管长远的提质增效项目，加强整体部署，强化技术攻关，配套完善高大复杂山地高密度三维地震技术和大沙漠宽方位高密度采集技术，推进富油气区带高品质三维资料全覆盖，采集三维7684平方千米，连片处理2.2万平方千米，有利区覆盖率由33.1%上升至48.4%。连续两年

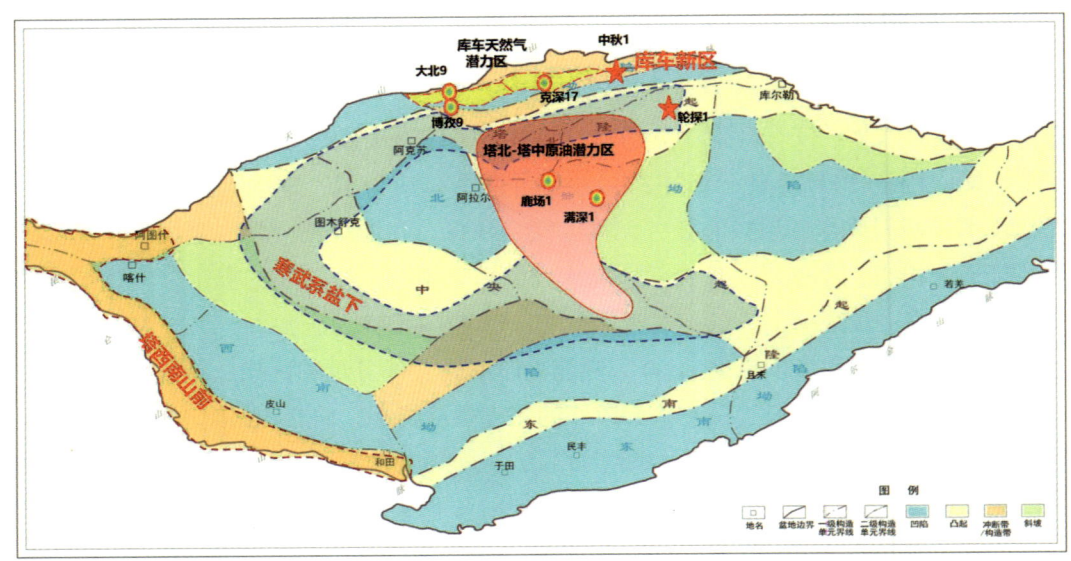

图 14-1　塔里木油田"3+2"战略部署及 2017—2020 年勘探成果图

组织开展圈闭研究会战，共新发现和重新落实圈闭 180 个，有力支撑了高效井部署，库车山前探井成功率达 70% 以上，富满油田钻井成功率达 95% 以上。

三是精细油气田开发管理，构建合理开发秩序。突出新区高效建产，紧盯"产能贡献率、产能到位率"两项关键指标，抓实方案井位准备，精细现场组织管理，优化钻机运行，集中优势资源推进博孜—大北、富满油田规模效益建产，2018—2020 年新建产能原油 275.5 万吨、天然气 103.8 亿立方米，当量 1102.5 万吨（图 14-2）。突出老区长效稳产，树立科学经营油气藏的理念，抓实"控综合递减、降负荷因子"两项重点工程，全覆盖开展综合治理，恢复产能原油 46.7 万吨、天然气 30.9 亿立方米，当量 293 万吨，油田综合递减、气田负荷因子逐年降低，油气开发步入良性循环。

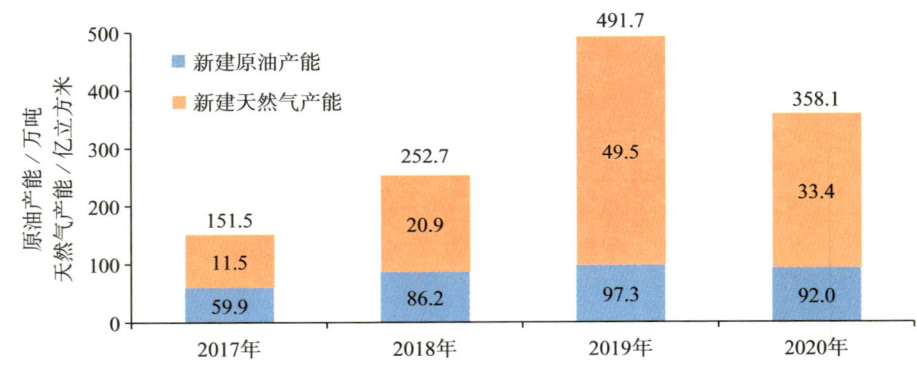

图 14-2　塔里木油田 2017—2020 年新建油气产能对比柱状图

四是攻关配套工程技术，支撑高效增储上产。联合国内外知名油服企业、科研院所和石油院校组建战略联盟，聚焦制约勘探开发的瓶颈技术难题，以提高储层识别率、钻井速度、单井产量、采收率和降低成本为目标，加大地震提质、钻井提速、开发提产提采等关键技术攻关，攻关配套形成适应塔里木盆地不同地质特点的勘探开发技术系列，力求解决 3000 万吨如何建得成、建得快、建得好的问题。加大创新创效的奖励激励力度，强化对油气勘探重大发现、钻完井提速提产提效方面的奖励，解决科研队伍"心气顺不顺、干劲足不足"的问题。

五是深化"油公司"模式改革，提高管理效率效益。按照"三年三步走"的思路，相继开展深化改革年、基础管理年、管理提升年行动，优化组织机构，理顺体制机制，稳准实施勘探开发、炼油化工、安全环保、后勤辅助等领域 20 余项改革举措，压减一二级机构 225 个，控减两级机关人员 1091 人，主营业务单位占比从 40% 提高到 62%。特别是聚焦油气主营业务，成立资源勘查处，加强勘探业务归口管理，适应"3+2"战略部署调整；组建油气田产能建设事业部，提高产能建设效率效益，适应 3000 万吨建设紧张节奏；重组油气开发系统，成立 9 个油气开发部，适应油气生产精细化管理要求。通过一系列改革，实现塔里木油田由会战模式向生产模式的转变，有效提升了管理效率和管控能力，有效激发了发展的动力活力。

14.2.4　检查考核，压实责任

一是建立过程管理机制。建立 3000 万吨月度例会制度，整体跟踪各路工作运行情况，及时协调解决各类生产组织和技术保障等问题，推动各项工作按计划高效运行。全面加强生产运行组织管理，坚持全油田统一调配资源，统筹抓好钻机、物资、水电、运输、后勤各方面保障工作，加快征地、安评、环评等工作节奏，保障亘点项目、重点工程早实施、早投产、早见效。建立油地高层沟通交流和干部挂职机制，全面改善油地关系，最大限度争取地方政府的支持和理解，赢得了有利的外部发展环境。

二是建立精准激励机制。制定 3000 万吨专项考核方案，将工作完成进度和质量纳入年度业绩考核，定期组织开展工作效益、工作质量评比，年底对照工作完成情况严格考核、坚决兑现。设立圈闭研究、重大发现、效益超产专项奖，加大储量、产量、效益完成情况的工效挂钩，打破薪酬分配"大锅饭"，重点提高生产一线岗位薪酬待遇，拉大超产超效单位与欠产欠效单位的收入差距，调动全员找圈闭、拿储量、提产量、增效益的积极性。设置撤销单位"番号"和调降层级临界指标，引导生产单位自觉做好生产运行管理，提升对 3000 万吨建设的产量贡献。

三是建立考核问责机制。坚持在 3000 万吨建设任务落实上不让步，业务部门和纪检部门共同介入，加大重点工作执行落实情况的监督检查和通报力度，坚决查处消极怠工、不思进取的单位和个人，坚决查处不作为、慢作为、乱作为的领导干部，让一批不思进取、作风漂浮的干部挪了位置，让一批担当负责、全面过硬的干部有了舞台。健全完善承包商考核评价体系，定期开展承包商综合考评，强化考评结果综合运

用，对业绩优、能力强的承包商给予工作量安排和奖励，对经常性违章的承包商限制投标，对技术落后、服务质量差、管理能力差的承包商扣减工作量、直至清退。

14.3 建设成效

经过不懈努力，塔里木油田油气产量一年一跨越、三年净增542万吨，2020年12月20日突破3000万吨，全年达到3080万吨，如期建成了3000万吨大油气田，成为塔里木油田发展史上的又一个重要里程碑。这个重大成果的取得，饱含着党和国家的亲切关怀，是新疆维吾尔自治区党委政府和中国石油天然气集团有限公司党组正确领导的结果，凝聚着南疆五地州和兄弟单位的鼎力支持，凝结着几代塔里木石油人的辛勤汗水、无私奉献。

2020年12月22日，塔里木油田召开3000万吨总结表彰大会（图14-3）。新疆维吾尔自治区、中国石油天然气集团有限公司的各级领导、社会各界的朋友、各族干部员工群众共同见证了这一激动人心的时刻，对3000万吨的建成给予了充分认可和高度评价。

图14-3　塔里木油田油气产量突破3000万吨总结表彰大会

塔里木的3000万吨，是高质量、高效益的3000万吨。建设过程中，坚持科学经营油气藏，统筹推进新区老区、油区气区均衡上产，调整产量结构，控减负荷因子，优化生产运行,实现科学合理上产,在快速上产的同时,有效弥补了老区欠账,形成了勘探开发良性循环。坚持走稀井高产、少人高效的科学发展之路,强化成本意识、效益观念,既要规模产量,更要规模效益,在大跨越上产的同时,有效管控了投资成本,创效能力保持行业领先水平。

塔里木的3000万吨,是势头强、后劲足的3000万吨。建设过程中,既立足当下,更放眼长远,狠抓事关企业发展的战略性、基础性工程,推动了储量产量高峰增长、效率效益大幅提升,不仅有力支撑了3000万吨大油气田建设,更奠定了长远可持续发展的基础,做好了高质量加快发展的资源、技术、管理等各项准备。

塔里木的3000万吨,是涨士气、得民心的3000万吨。塔里木石油人只争朝夕、负重前行,把规划数字变成了实打实的产量,圆了几代人寻找大场面、建设大油气田的石油梦,在新时代石油工业发展中创造了塔里木速度、展示了塔里木形象。油田坚持发展依靠员工,发展成果惠及员工,增强了集体荣誉感和职业自豪感,"幸福是奋斗出来的"的理念深入人心,更加坚定了干部员工朝着更高目标奋勇前行的信心和决心。

塔里木的3000万吨,是有分量、贡献大的3000万吨。3000万吨的建成,落实了石油工业"稳定东部、发展西部"的战略构想,优化了我国油气战略布局和能源消费结构,在新时代国家最需要油气的时候,扛起了保障国家能源安全的责任担当,向党和国家交出了一份合格答卷。同时,为新疆石油石化行业和经济社会发展注入了强劲动力,筑牢了塔里木油田作为国内重要能源生产基地的地位,展示了塔里木油气事业良好的发展前景。

第三篇
工程技术与数字化

向地球深部进军是我们必须解决的战略科技问题。俗话说，"上天难、入地更难"，石油工业不断向深地、深海、非常规进军，面临超深、超高温、超高压等一系列复杂的地质工程难题，迫切需要技术的进步与革新。油气田企业的创新最关键有两个，一个是地质理论创新，一个是工程技术创新。目前，影响勘探开发质量效益的主要还是工程技术，我们经常提到的"卡脖子"技术实际上也是工程技术。因此，油气田企业要实现高质量发展、实现科技自立自强，必须掌握关键核心的工程技术。同时，随着时代发展，油气行业进入了信息化时代，数字化转型、智能化发展已成为现代油气田企业的必由之路。

　　科技总是在不断解决问题中发展进步的。工程技术攻关要突出问题导向、生产导向、效益导向，以"安全、经济、高效"为目标开展攻关，确保创新的针对性和有效性。本篇立足塔里木油田超深层勘探开发实践，从技术和管理角度介绍钻完井和采油气技术攻关、地面配套、数字化油田建设，以及"油公司"科技管理体制创新的主要做法和成效。

第 15 章　超深层钻井技术配套

钻头不到，油气不冒。钻井在油气勘探开发中具有不可替代的作用，随着勘探开发不断向超深层进军，超深层的钻井技术配套更为迫切，只有不断打造深地钻井技术利器，才能实现超深层油气资源找得到、够得着、采得出，避免"望油兴叹"的尴尬境地。

15.1　钻井技术概述

油气埋藏在地下几百米、几千米甚至上万米，要把油气开采出来，就要有一条沟通地下和地面的通道，这个通道被称为油井或气井。开凿这一通道的作业就称为钻井，运用的技术就是钻井技术。

15.1.1　钻井的类别

钻井的类别有很多，划分的方法也不尽相同，常见的划分方式主要有以下几种。

按地质目的划分，可分为预探井、评价井、开发井等（表 15–1）。

表 15–1　按不同阶段和任务分类

类别	定义	作用
预探井	在有利的油气构造或油气范围内，为确定油气藏是否存在而钻的井	落实油气藏的有无
评价井	为圈定油气藏边界，并对油气藏进行工业评价及取得油气开发所需地质资料而钻的井	确定油气藏的大小
开发井	在进行油气田开发时，为开采石油和天然气而钻的井	开发油气资源

按井型划分，可分为直井和定向井，定向井又可分为常规定向井、水平井、分支井、丛式井等（见图 15–1）。

按井深划分，可分为浅井（≤ 2000 米）、中深井（2000—4500 米）、深井（4500—6000 米）、超深井（6000—9000 米）和特深井（≥ 9000 米）。

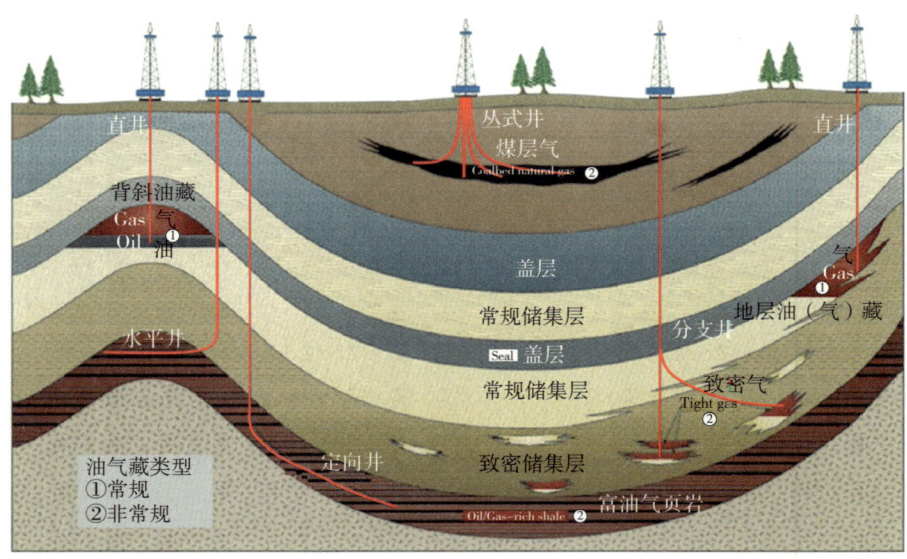

图 15-1 井型示意图

15.1.2 钻井工序

钻井是一个多学科交叉的系统工程,需要多专业、多工种联合作业。每一口井的钻井主要包括钻井设计、钻前工程、钻进工程、完井作业四个阶段,每个阶段又有一系列的施工工序,各工序紧密衔接,各环节环环相扣(图 15-2)。钻井施工的全过程都有相当的复杂性,其中以钻进工程最为复杂,这一阶段也是钻井技术攻关的重点和难点。

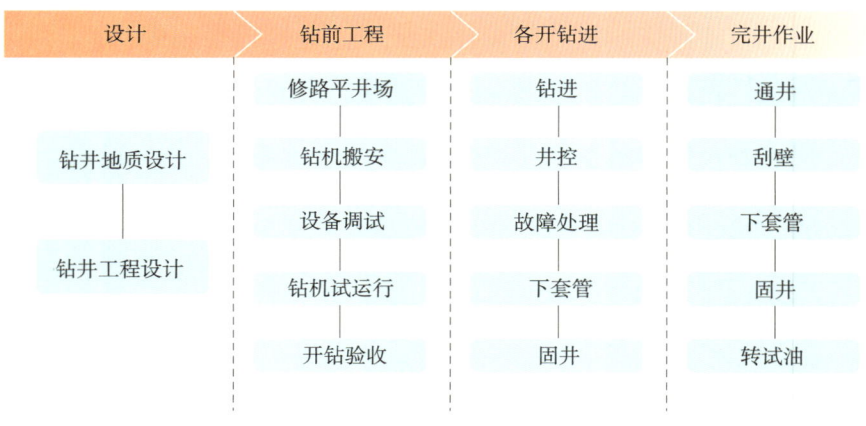

图 15-2 钻井工艺流程

15.1.3 钻井技术的发展

中国的钻井历史源远流长,早在 2000 多年前的西汉时期就在四川临邛出现了天然气井，北宋时期形成了顿钻钻井及配套工艺，清代打成了世界上第一口井深超千米的燊海井（井深1001.42米），有不少专家学者认为钻井是中国贡献给世界的"第五大发明"。

中华人民共和国成立后，随着石油工业的快速发展，我国的钻井技术突飞猛进，主要呈现四个方面的变化和进步[1]。一是钻探能力由钻浅井提升到钻中深井、深井和超深井，目前国内最大井深已超过9000米；二是井型由单一直井发展到大斜度井、水平井、分支井、丛式井等各类型的定向井，现在定向钻井工作量在钻井总工作量中已经超过50%；三是钻井工艺由过平衡钻井发展到近平衡钻井，再发展到欠平衡钻井；四是钻井地域从平原扩展到高原、山地、沙漠和海上。总体上，钻井技术的进步满足了国内油气勘探开发在不同发展时期的需求。

随着勘探开发程度的持续提高，我国石油工业不断向低渗透、超深层、海洋深水、非常规"低、深、海、非"四大领域发展，钻井的难度越来越大，对技术的要求也越来越高。总的趋势是向"更深、更快、更经济、更清洁、更安全和更智能"的方向发展：更深是指向更深地层寻找和开采油气；更快就是提高钻井速度；更经济就是降低单位进尺成本；更清洁就是注重环境保护和保护储层；更安全就是注重钻井作业安全，尤其是井控安全；更智能就是通过各种智能化技术、新型钻井方式来大幅提高勘探开发效果。在具体攻关中，应把握好以下原则：

一是钻井要服从服务于地质目的。地质所需，即工程所为。钻井作为勘探开发的"下位"技术，其核心目的是为"上位"提供更优质、更全面的服务和技术保障。简单讲，就是勘探开发需要钻什么样的井，工程上就要钻成这样的井，确保能够实现地质目的、满足勘探开发需要。

二是钻井要做到安全经济适用。首先，钻井是一项高风险的作业，面临井控、故障复杂等一系列风险，技术配套要把安全放在第一位，既要通过技术进步提升本质安全，又要规避新技术带来的新风险。其次，钻井是勘探开发的投资大头，占比超过50%，要把技术创新成果体现在提质增效、降低成本上。另外，不同类型油气藏需要不同的钻井技术，要因地制宜、有的放矢开展攻关，把好用、管用、适用作为检验技术攻关成效的标准。

三是钻井要不断集成配套创新。勘探开发对象在不断变化，钻井技术就需要不断发展。钻井技术攻关不可能一步到位、一劳永逸，也没有一种技术可以包打天下。要坚持不断迭代升级、集成配套，攻关一项、应用一项、成熟一项、推广一项，逐步形成满足勘探开发需要的技术体系。

---

[1] 苏义脑，路保平，刘岩生等. 中国陆上深井超深井钻完井技术现状及攻关建议[J]. 石油钻采工艺，2020，42（5）：527–542.

以上三条，是分别从功能定位、任务目标、工作方法上来讲的，不仅是钻井技术攻关应坚持的原则，也适用于其他工程技术。

15.2 配套安全经济高效的超深层钻井技术

向超深层进军面临一系列世界级难题，尤其是安全优质钻井挑战极大。

15.2.1 超深层钻井难点

我国的超深井主要集中在塔里木盆地、四川盆地、准噶尔盆地南缘，钻井普遍具有风险大、成本高、周期长等特点。尤其是塔里木盆地和四川盆地，超高温超高压、多压力体系、地层可钻性差、富含酸性流体等问题共存。

1. 超深。一深带万难。"深"是超深层最典型的特征，也是世界级难题的"万难之源"。钻探深度超过 6000 米后，每增加 100 米，工程技术难度会呈指数级增加。塔里木盆地作为我国超深层地质的代表，油气藏埋深普遍超过 6000 米，在近 9000 米地层也获得了工业油气流。在如此深的地下进行作业，而且要精准命中目标，相当于隔着一座珠穆朗玛峰"穿针引线"，其难度可想而知。

2. 超高温超高压。这是超深带来的第一大副作用。目前，国内陆上最高地层压力达 170 兆帕，这个数字是蛟龙号最大下潜深度 7062 米所承受压力的 2.5 倍；最高温度 253℃，高温会使井下的钢质钻杆变得像面条一样柔软。超高温超高压对钻完井工具仪器、钻井液、材料性能要求十分苛刻，有些地区井下仪器的故障率一度高达 60%。

3. 地层复杂多样。钻井穿越的地层纷繁复杂、千差万别，比如塔里木盆地的天山南麓，存在多套压力系统，安全钻井密度窗口窄，溢漏同存，井身结构设计和安全钻井难度大；发育巨厚砾石层、复合盐膏层、强研磨致密砂岩储层、断裂破碎带等复杂地层，机械钻速低，钻井周期长；部分区块浅部地层高陡构造特别明显，地层倾角高达 87°，井身质量难以控制。这些问题导致常规钻井技术基本无用武之地，井下复杂处理也十分困难，甚至有些井不能实现地质目的。

4. 富含酸性流体。深部地层通常富含硫化氢、二氧化碳等酸性流体，对油套管及钻完井工具性能、水泥环长期密封性、井筒完整性等提出了更高要求。特别是硫化氢具有剧毒、强腐蚀的特性，不仅容易造成钻具氢脆、影响钻井液性能，还对作业环境存在潜在危害。塔里木盆地硫化氢含量最高达 45.7 万毫升/米^3，是最低致死浓度的 1500 倍。

以上这些超深层共性难题在塔里木盆地多重叠加、尤为突出，世界公认的钻完井 13 项难度指标中，塔里木有 7 项名列第一（表 15-2），被国内外专家称为"钻探禁区"。

表 15-2　国内外超深层钻完井难度指标对比表

地区	塔里木	墨西哥湾	英国北海	巴西近海	中东地区	四川盆地	中国南海
储层深度/米	6000～8882	6000～12000	5000～6500	3000～6100	3000～6700	6000～8500	3000～6000
储层温度/℃	130～190	240～265	180～205	90～160	100～205	130～203	150～249
储层压力/兆帕	70～143	70～206	60～179	50～105	60～152	60～147	70～142
砾石厚度/米	≤5833	/	≤700	/	≤900	≤200	/
地层倾角/(°)	≤87	/	≤30	≤80	≤60	≤70	≤9
盐层厚度/米	≤5969	≤5500	≤2396	≤3727	≤3800	≤800	/
盐层特征	复合盐层	纯盐	复合盐层	多种盐夹层	复合盐层	复合盐层	/
盐层套数	≤3	≤2	≤1	≤1	≤1	≤1	/
盐水压力系数	≤2.6	≤2.27	≤2.34	≤1.95	≤1.84	≤2.2	≤2.3
硫化氢/(毫升/米^3)	≤45.7万	≤46万	≤50	/	≤35万	≤62.1万	≤47
二氧化碳/%(摩尔分数)	≤16	≤40	≤7	≤78	≤14	≤32	≤70
孔隙度/%	≤8	≤34.1	≤32	≤36	≤27	≤6	≤20
渗透率/毫达西	≤0.1	≤1200	≤1000	≤2400	≤100	≤1	≤40
裂缝发育密度/(条/米)	0.1～0.6	0.7	1～6.67	2.6	19.85	0.56	0.16

15.2.2　攻关方向及重点

超深层钻井技术攻关要以打得成、打得快、打得稳、打得好为目标。实现这一目标，涉及技术和管理的方方面面，其中设计优化是源头，钻井提速是核心，复杂控制是关键，井筒质量是保障。

1. 优化钻井设计，确保打得成。

钻井设计作为现场作业的指导性文件，是实现地质目的、管控投资成本的源头保障。钻井设计应坚持地质工程一体化、技术经济一体化，针对不同区域的地质特征，一区一策略、一井一分析，做到区域有整体方略、单井有针对办法。

地质工程一体化就是要突出目标导向，根据油气井的产量目标逆向思维、反向设计。具体来讲，就是根据一口井的配产及预计的储层改造规模配置完井管柱，根据试油完井管柱确定生产套管尺寸，根据生产套管尺寸和上部必封点数量确定井身结构，以此为基础开展整体钻井工程设计。塔里木油田针对不同区域工程地质特征，设计了三套非常规（塔标）系列井身结构（见图15-3），配套了高强度套管和高性能钻具，解决了多套压力系统、巨厚复合盐层条件下的安全钻井难题，满足了更深更复杂条件下的勘探开发需求。

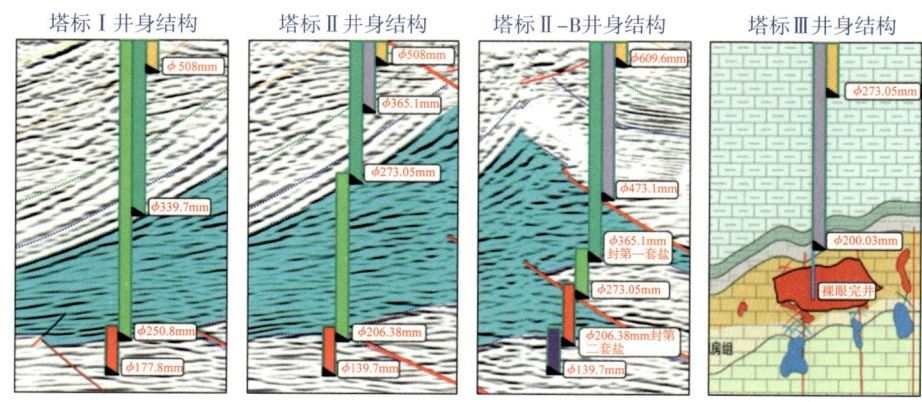

图15-3 塔里木油田形成的塔标系列井身结构

塔标Ⅰ：能够满足目的层<6500米，单套盐层且盐底能精确卡层。主要应用于塔里木盆地轮南、哈得、英买、玉东、克拉、迪那、大北等区块。

塔标Ⅱ、塔标Ⅱ-B：能够满足目的层>6500米，压力系统复杂，存在多套盐层。主要用于塔里木盆地克深、博孜等区块。

塔标Ⅲ：能够满足目的层>7000米，无异常层位的井。主要用于塔里木盆地塔中、塔北等区块。

技术经济一体化就是要突出效益导向，在保证安全实现地质目的、满足勘探开发需求的前提下，尽可能地优化简化井身结构，也就是套管层次能少则少，套管尺寸能小则小。例如，塔里木富满油田为应对地质不确定性带来的风险，8000米级超深井主体采用大尺寸塔标Ⅱ井身结构，随着技术经验的积累，逐渐摸清了区块工程风险，将井身结构由大尺寸塔标Ⅱ优化为小尺寸塔标Ⅰ（图15-4），通过科学瘦身，单井控减投资800万元以上。

2. 强化钻井提速，确保打得快。

"没有最快、只有更快"是钻井的不懈追求。钻井提速主要从技术"硬提速"和管理"软提速"两方面做工作。

技术提速就是要树立全井筒系统提速理念，为重点井段、重点层段、特殊层段量体裁衣，打好钻头优选、工具配套、参数强化"组合拳"，固化形成区域提速模板。塔里木油田针对库车山前盐上巨厚砾石层、复合盐膏层、盐下强研磨目的层带来的钻井周期长难题，攻关配套了盐上非平面齿PDC钻头+垂直钻井工具+减震器、盐层精

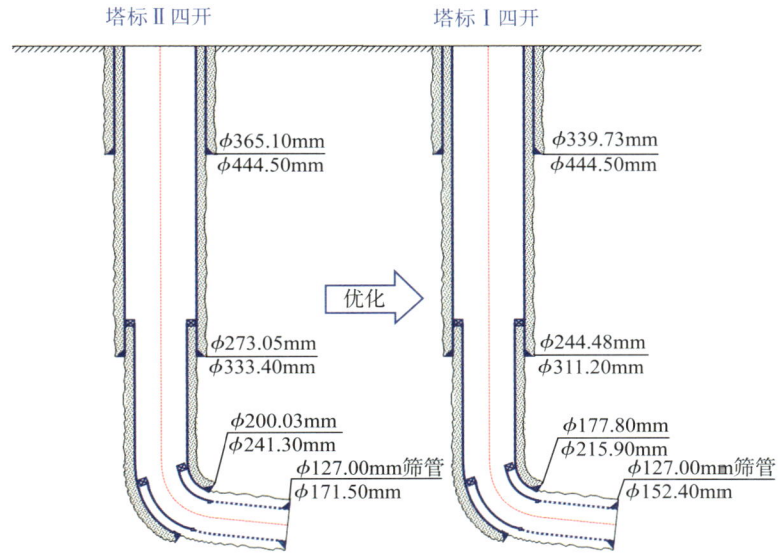

图 15-4 塔里木油田富满地区井身结构优化

细控压+随钻扩眼、盐下"一趟钻"技术体系，优化形成高排量、高泵压、高转速、大扭矩、大钻压"三高两大"钻井参数强化措施，固化为区域提速模板并规模推广应用，钻井周期由 378 天降至 253 天，改写了"三年两轮井、一井两春节"的历史。

管理提速就是要坚持一切围绕钻机转，提高作业效率。对于超深层钻井，在钻机紧缺的情况下，可开展大小钻机接力，大钻机完成大载荷施工后，改由小钻机完成剩余小载荷施工，同时试油阶段尽量不使用原钻机，腾出钻机打新井，提高钻机运行效率。另外，精准设置提速奖励也是管理提速的有效手段，需特别注意不能以区块最优周期作为设计周期，避免"鞭打快牛"，保护好钻井公司和基层队伍提速的积极性。

3. 控制故障复杂，确保打得稳。

钻井"不怕慢，就怕站"，一旦发生故障复杂，不仅影响钻井进度、增加钻井成本，还会带来安全隐患，甚至导致工程报废，造成极大的时间浪费和资产浪费。因此，要把故障复杂预防和控制摆在突出位置，做到以下三点：

一是知己知彼，百战不殆。所谓知彼，就是要千方百计搞清地下情况，尽可能预测潜在风险；所谓知己，就是要根据地下情况，提前制定完备的预防和应对措施。在具体工作中，要充分开展地质工程交底，每个关键节点都要考虑可能会出现的问题及相应的处理办法。特别是对于未知的新领域新层系和已知的复杂层段，更要未雨绸缪、力戒盲目，把问题考虑周全、把工作做在前面，做好应对各类风险的准备。交底不是交了就交了、接了就接了，要做到交底规范化、风险清单化、措施具体化，注重质量、注重细节、互相提醒、互相负责，万万不能走形式。

二是工欲善其事，必先利其器。工程故障复杂一部分是人为操作不精细造成的，还有很大一部分原因是工具材料质量不过关造成的。小工具小材料会引起大事故，要建立入井工具材料全流程管控机制，严把购买、维护、租赁、使用等关口，建立工作档案，严格落实责任，谁引进、谁把关、谁负责都要可追溯、可管控。要特别注重质量抽查、日常检查，严格入库、入井两级质检，严防不合格、不可靠产品入井。油气田企业可实行入井材料工具质量记分管理，明确扣分标准和处罚方案，对于引发故障复杂的，严格追究甲乙方和第三方检测服务商责任。

三是前事不忘，后事之师。这主要讲的是汲取事故事件经验教训。事故发生后要坚持"四不放过"，严格查思想、查技术、查纪律、查管理，深入分析事故发生的原因，认真总结经验、吸取教训。同时，要建好事故复杂数据库，突出全探区不同区块、全周期不同阶段、全井段不同层位、全单位不同队伍等多个方面，系统解剖各个区块、各个工序、各个层位、各个队伍容易出现的问题，形成针对性的教材，有效指导事故复杂的预防。数据库的建立，既要指导事前预防，也要指导事后处置，真正形成一个多维度、立体式的技术指导手册。

4. 提升井筒质量，确保打得好。

一个"健康"的井筒，对于油气井全生命周期的安全生产和提质增效至关重要。任何时候都不能以牺牲井筒质量为代价，建好井才是"上上策"。

提高井筒质量，技术措施必须精准到位。井身质量、固井质量、管柱完整性是影响井筒质量的三大主因，其中固井质量提升是重中之重，也是难中之难。固井因其一次性和不易补救的特点，被行业称为"一锤子买卖"，尤其是超深窄压力窗口地层固井难度更大，常常出现水泥不能完全充填、强度无法保证等问题。想要敲好这关键一锤，必须树立系统思维，统筹做好工艺工具优选、浆体结构性能设计、注替参数优化等工作。一般来讲，在工艺优选上，大尺寸套管建议采用内插法固井，长封固段建议采用分级固井，高压气井生产套管建议采用尾管悬挂加回接固井。在浆体结构上，隔离液应具有良好的冲洗效率和隔离作用，能有效清洁井眼、防止混窜；水泥浆应具有良好的防水窜、防气窜功能，以及长期密封性能，保证封得住、封得久。在注替参数上，一般要求大排量，对于漏失井要采取精细控压等防漏措施。

提升井筒质量，管理体系必须有效管用。首先要建立标准，明确井筒质量不合格负面清单，对此，中国石油制定了"七条红线"（图15-5），具有较强的针对性和可执行性，可供同行业参考借鉴。其次要压实责任，钻井公司虽然是井筒质量控制的责任主体，但井打不好，影响的是油田的后期生产，油气田企业要从重结果向结果、过程并重转变，尤其是对通井、下套管、固井等关键工序、关键作业，要强化现场技术支持和监管，通过齐抓共管，共同推进井筒质量提升。另外，井筒质量问题具有很强的隐蔽性，一些小问题交井时往往不容易被发现，后期生产中才逐渐暴露。应建立并严格落实质量终身负责制，推动井筒质量管理由"交钥匙"模式向"全生命周期"模式转变。

图 15–5 中国石油天然气集团有限公司井筒质量控制"七条红线"

15.2.3 超深层钻井技术配套成效

超深井钻井技术是一个国家钻井技术发展水平的重要标志。全球有 30 多个国家具备超深井钻探能力，欧美一直处于世界领先水平，钻探能力已突破 12000 米垂深，最深的井是苏联完成的 SG–3 井，垂深 12869 米。我国超深井钻井技术起步较晚，与国际水平还有一定差距，近年来取得了明显发展。塔里木油田通过联合攻关，已掌握 8000 米钻井技术，初步具备万米钻探能力。

一是配套了超深层钻井技术系列。形成了钻井装备、提速提效工具、钻井液技术、固井技术、钻井设计优化技术等五大关键技术和装备，在钻井深度不断增加的情况下，钻井周期得到有效控制（图 15–6），支撑了超深复杂油气藏高效勘探开发。

二是创造了一系列钻井技术指标（表 15–3）。特别是 2019 年，打成了当时亚洲陆上第一深井——轮探 1 井，垂深 8882 米，引领了我国石油工业向超深层进军。

三是推动了关键技术装备国产化。联合研发的 9000 米钻机、精细控压装备等一批石油重器填补国内空白，垂直钻井、高密度油基钻井液等一批先进技术打破国外垄断，多项技术实现"弯道超车"、反销国外（表 15–4）。

图 15-6　塔里木油田 2011—2021 年完钻井深和钻井周期

表 15-3　塔里木油田钻井工程指标纪录统计表

序号	级别	指标纪录	年份
1	国际	全球最高油基钻井液密度——克深 10-5 井（密度 2.70g/cm³）	2021
2	国际	亚洲陆上第一深直井——轮探 1 井（完钻井深 8882 米）	2019
3	国际	亚洲陆上最深钻井取心——轮探 1 井（取心井深 8649.5 米）	2019
4	国际	亚洲陆上 7″ 套管（尾管）最大下深——轮探 1 井（8860 米）	2019
5	国内	塔里木库车山前最深直井——大北 4 井（完钻井深 8271 米）	2021
6	国内	塔里木最深水平井——满深 301H 井（完钻井深 8639.6 米）	2021
7	国内	塔里木水平段最长水平井——塔中 721-8H（水平段长 1556.6 米）	2013
8	国内	塔里木 8000 米水平井最快——满深 501H 井（146 天完成 8033 米）	2021
9	国内	塔里木 7000 米超深井最快——热普 301-5 井（59 天完成 7080 米）	2015
10	国内	塔里木 6000 米超深井最快——哈 16-3 井（47 天完成 6633.8 米）	2014
11	国内	塔里木首口超深盐下大斜度井——克深 1002 井（完钻井深 7060 米）	2019
12	国内	塔里木库车山前首口煤下水平井——迪探 2 井（完钻井深 5926 米）	2020
13	国内	塔里木垂直钻井系统应用最大井深——博孜 902 井（井深 7641 米）	2020

表 15-4 超深井钻井关键装备与技术推广应用情况统计表

序号	关键装备技术	应用范围及效果
1	9000 米钻机	全面应用至塔里木盆地、四川盆地、准噶尔盆地、印度、土库曼斯坦等地区超深井钻探，支撑打成了一批超 8000 米超深井
2	精细控压装备	国产精细控压钻井装备在塔里木盆地、四川盆地，以及印尼等地区应用超 70 口井，解决了"溢漏同存"钻井难题
3	自动垂直钻井系统	国产自动垂直钻井系统在塔里木、青海等油田高陡地层应用超 100 口井，井斜控制在 0.5° 以内，防斜提速效果良好
4	高密度油基钻井液	国产高密度油基钻井液在塔里木、四川盆地；以及印尼等地区广泛应用，解决了盐膏层蠕变缩径、泥页岩地层失稳等技术难题
5	耐高温水泥浆	创新研发的耐高温水泥浆在青海油田、西南油气田，以及伊拉克等地区广泛应用，解决了水泥石高温条件下强度易衰退的难题
6	非标井身结构	创新研发的塔标 II 井身结构广泛应用于塔里木盆地、四川盆地、准噶尔盆地等地区超深井钻探
7	高强度钻杆	创新研发的超高强度钻杆在国内塔里木盆地、四川盆地、准噶尔盆地，以及古巴墨西哥湾、委内瑞拉等地区应用累计 110 余万米

实践案例：2019 年亚洲陆上第一深井——轮探 1 井钻井实践

轮探 1 井是中国石油部署在塔里木盆地塔北隆起轮南低凸起上的一口风险探井，目的层为寒武系肖尔布拉克组、玉尔吐斯组及震旦系奇格布拉克组，设计井深 9400 米。

该井储层超深、超高压、超高温、含酸性气体，钻井存在四大技术难点：一是套管及钻具重量大，对钻机提升载荷等整体性能要求高；二是井底温度高，对钻井液、水泥浆抗污染等性能要求高；三是蓬莱坝—寒武系发育难钻白云岩、高含硅质条带与燧石，可钻性极差；四是地层存在倾角，主动控斜手段有限，井身质量控制难度大。

针对这些难点，主要采取了以下措施：

一是在井身结构设计上，通过邻井情况分析，结合地层"三压力"预测，认为本井存在 3 个必封点、1 个风险点。为应对地层不确定性，设计采用塔标 I 四开井身结构 473.1 毫米 ×800 米 +339.7 毫米 ×5504 米 +244.5 毫米 ×7645 米 +177.8 毫米 ×9400 米，备用一开次的 149.2 毫米井眼（图 15-7）。

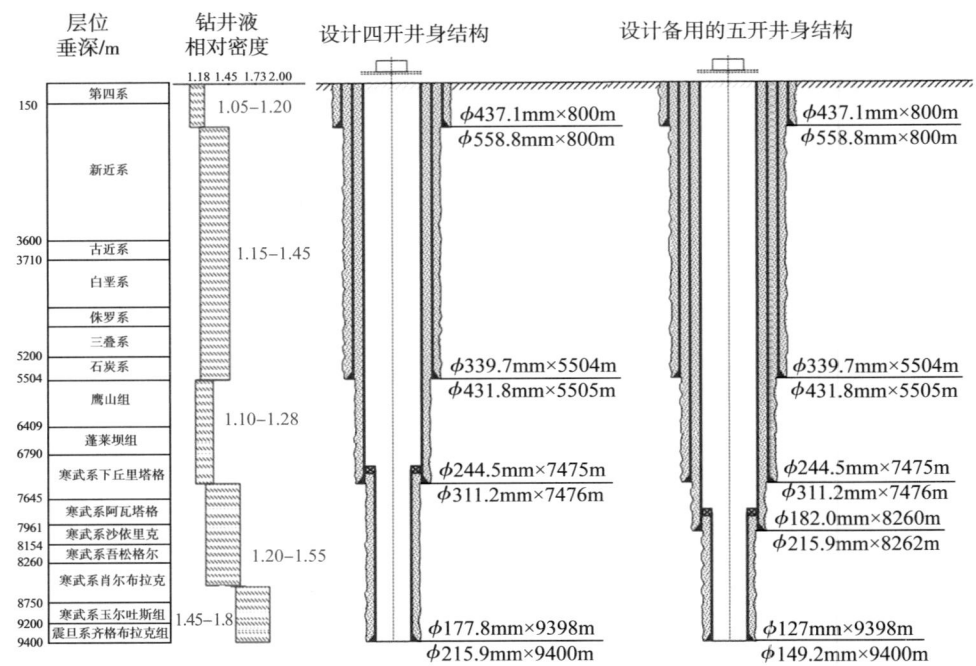

图 15-7 轮探 1 井设计井身结构

若钻揭寒武系阿瓦塔格—沙依里克盐膏层，则钻完盐层后提前下入181毫米厚壁封盐套管。

二是在复杂控制上，钻井队伍优选实力强、业绩好、经验丰富的队伍承担施工任务；钻井装备优选9000米钻机，配备2200马力高压钻井泵，并增配铁钻工、机械臂等自动化设备；钻井液优选抗高温处理剂，采用抗高温聚磺钻井液体系，满足了井下178℃高温条件下安全钻进要求。全井实现了无重大事故复杂，钻井进尺时效占比达54.13%。

三是在钻井提速上，深入分析白云岩地层岩石参数特性和钻头磨损特征，优化设计了三棱齿、混合齿等非平面齿PDC钻头，配套应用扭力冲击器等提速工具，机械钻速和单只钻头进尺分别较邻井提高33%、119%以上。

四是在井筒提质上，固井方面，研发抗200℃高温水泥浆，通过优化套管扶正器加放、水泥浆防窜性能和固井施工参数等措施，目的层封固质量优质率达到82.4%。井身质量控制方面，上部地层采用自动垂直钻井系统防斜打快，在井温超过该系统额定工作温度后，采用钟摆钻具防斜，在岩性变化和地层交界位置，适当降低钻压、提高转速，深部地层井斜控制在2°以内。

2019年10月，轮探1井钻至8882米完钻，在寒武系测试获得工业油气流，10毫米油嘴日产原油133.46立方米、日产天然气4.87万立方米，寒武系勘探取得重大突破。该井创下了当年亚洲陆上3项钻井纪录：直井最深（8882米）、取心最深（8649.5米）、7英寸套管下入最深（8860米）。

15.3 始终把井控放在首位

井控是油气田企业最大的安全风险,井控一旦出事就是大事,带来的后果是灾难性的,造成的影响是颠覆性的。2003年12月23日,重庆开县罗家16H井发生井喷,硫化氢气体逸散造成周边村民243人死亡、2142人住院,6.5万多人紧急疏散。2010年4月19日,英国石油公司墨西哥湾"深水地平线"钻井平台井喷着火,造成11人死亡、17人受伤,钻井平台沉入海底,大量原油泄入墨西哥湾海域,造成严重的海洋环境污染,直接经济损失680亿美元。井喷是勘探开发的噩梦,可怕可惧,但也可控可防,任何井喷事故都是可以避免的。作为油气田企业管理者,一定要重视井控、抓好井控,始终将井控作为"天字号"工程。

15.3.1 立足一次井控,加强溢流防控

一次井控是指钻井过程中防止地层流体进入井筒,发生溢流或井涌。形象讲,地下油气好比老虎,一次井控就是把老虎关在笼子里,其核心理念是"防范胜于救灾",从源头预防井控险情。具体可以从以下三个方面采取措施。

1. 科学设计钻井液密度。

利用钻井液液柱压力平衡地层压力是井控的第一道防线。要充分运用地震资料和邻井资料,精准预测地层压力,合理设计钻井液密度,保证井底压力能够平衡或稍大于地层压力。需要特别注意的是,钻井旨在发现油气层,要辩证处理好井控安全与油气发现的关系,钻井液设计既要保证井控安全,也要有利于油气的发现,做到压而不死、活而不溢,这是井控的最佳状态。

2. 抓实"五特"风险提示。

因地表地下情况复杂,钻井施工过程普遍受特殊地表、特殊岩性、特殊地质体、特殊流体、特殊温压场影响,若认识不到位、提示不到位、预防不到位,会大幅增加井控风险。为此,塔里木油田建立了"五特"风险提示机制,并将"五特"风险提示检查表和"五特"图册纳入钻井地质设计(图15-8)。

一是特殊地表井控风险提示,对设计井周缘地表山体、风向、沟壑、水系、民居、矿场、钻井、管道、坑道、古迹、保护区等进行描述和提示。

二是特殊岩性井控风险提示,对可能出现的砾岩、膏盐岩、煤层、火成岩、变质岩、硅质层、碳酸盐岩、欠压实软泥岩等特殊岩性进行提示,并描述其层位、深度、厚度和岩性特征,必要时附相应的地震解释剖面、预测柱状图或平面分布图。

三是特殊地质体井控风险提示,对可能钻遇的断层、裂缝层、岩溶系统、高倾角及倾角变化较大的地层、易漏易塌等特殊地质体进行详细描述。

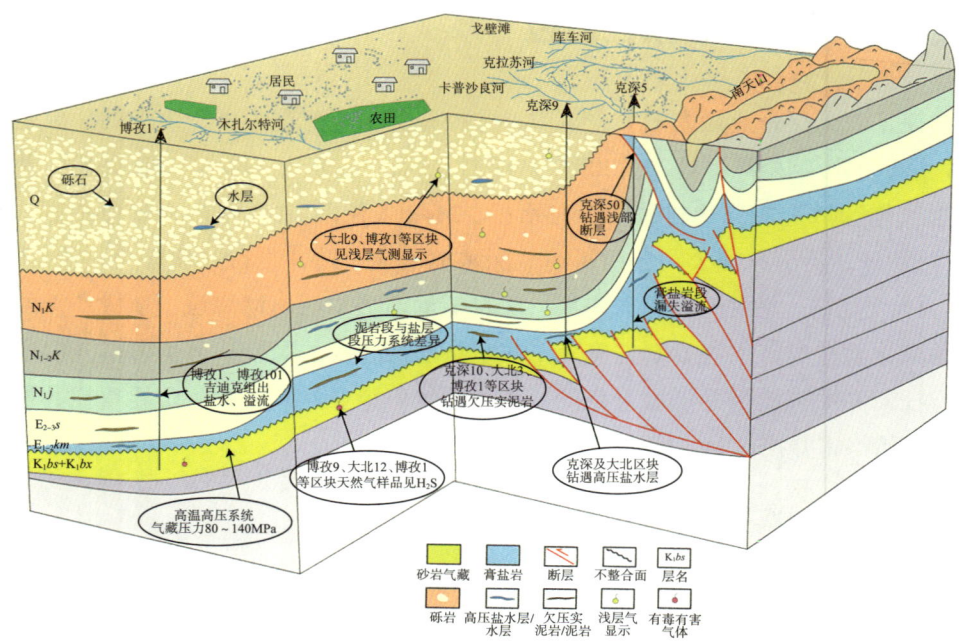

图 15-8 钻井地质设计"五特"风险提示示意图

四是特殊流体井控风险提示,对可能出现的硫化氢、二氧化碳、汞等有毒有害气体的分布、层位、深度、含量进行描述及预测,对非目的层段可能的油气、高压盐水、特殊矿产进行提示。

五是特殊温压场井控风险提示,对邻井原始地层压力、目前地层压力、异常低压层和高压层、油气生产导致的压力异常进行描述,对设计井可能存在的压力、温度异常进行提示,提供井口为中心方圆 2 千米范围内注采井的注采情况。

3. 加强现场"三化"管理。

一是加强一体化防控。树立"大井控"理念,加强各专业、各环节的联防联控,井位确定、钻井设计、井控装备等必须满足井控安全和应急抢险需要。比如,井位的确定要建立地质、工程、地面三方联合踏勘、共同协商机制,尽量避开山体;井场的布局要规范修建进出道路、放喷管线、燃烧池,以满足抢险所需。

二是实行军事化管理。抓好井控关键在于执行。井控岗位操作只有规定动作、没有自选动作,小失误可能引发大事故。对于井控管理,必须坚持"零容忍"的态度,把严格执行井控管理规定和操作规程作为一项铁的纪律,一厘一毫不能差、一分一寸不能让,绝不允许打折扣、搞变通、做选择。

三是推进信息化建设。油公司少人高效的特点决定了井控管理搞人海战术行不通、也不现实,目前通用的做法是建立钻完井远程管控系统,实现现场施工全过程、全天候、全方位监控。同时,对高风险井要实施井队干部带班盯井、机关人员驻队盯井的"双盯"工作法,力求万无一失。

15.3.2　做好二次井控,及时有效处置

二次井控是指溢流发生后,通过及时关井和压井作业重建井底压力平衡。其核心是树立积极井控理念,发现溢流立即关井、疑似溢流关井检查、溢流关井正确处置。可采取以下重点措施。

1. 推广"四个明白人"做法。

井控工作重点在基层、关键在班组、要害在岗位。大量案例表明,井控险情和井喷事故的发生,大多数是溢流没有及时发现、及时关井导致的。井队泥浆工、录井联机员是溢流发现的关键岗位,司钻是关井的关键岗位,井队长、钻修井作业监督是指挥处置的关键岗位,必须把熟练掌握井控规章制度和井控工艺技术的"明白人"放在这些岗位,让关键人员在关键时刻发挥关键作用。要严格对这四个关键岗位的人员进行评估,不合格坚决不能上岗,同时抓好实操训练和实战演练,提升异常发现和处置能力。

2. 任何工艺、任何作业都要确保井口受控。

所谓井口受控,就是要上好"双保险",至少有两道独立有效的压力控制屏障。井控装备作为井控安全的最后一道屏障,完整性、可靠性必须得到保障,要做到"五个100%",即投入100%到位、安装100%达标、维护100%覆盖、试压100%合格、关井100%有效。同时,一些新工艺、新技术也会对井控装备本质安全带来影响,要把井控安全作为引进使用的先决条件,任何工艺技术绝不能以牺牲井口控制为代价,不满足井控本质安全要求的要坚决一票否决。

3. 第一时间发现、第一时间关井、第一时间处置。

溢流发现时间越晚、关井启动越迟、处置时间越长,井控风险越高,处置难度越大。早发现、早关井、早处置,是防止事态恶化、降低风险、减少损失的关键。早发现要求严格执行钻井液、录井"双坐岗"制度,第一时间发现溢流早期征兆;早关井要求抢抓溢流关井的"黄金三分钟",坚持"井口一个人说了算",压实司钻关井第一责任人的职责,严格落实刚性溢流关井制度,避免层层汇报、瞻前顾后而贻误关井时机;早处置要求科学制定压井方案,快速组织现场施工,避免高压气体滑脱上升造成高套压事件。

15.3.3　防患三次井控,强化应急准备

三次井控是指井喷失控后的抢险处置。井喷往往是遭遇战,既要强化事前防控,消除大隐患、杜绝大事故,又要强化应急准备,具备救大灾、抢大险的能力。2020年6月24日,塔里木盆地库车坳陷博孜3气藏的开发评价井——博孜3-1X井在起钻过

程中发生井喷险情。中国石油天然气集团有限公司立即启动井控应急响应，第一时间抽调井控专家和专业救援力量赶赴现场，迅速组织开展抢险救援。整个抢险历经节流压井、拖移钻机、重置井口、救援压井4个阶段288天，先后实施2次节流压井、2次拖移钻机、6次切割井口、19次罩引火筒、4次安装新井口作业，于2020年8月17日成功重置井口，2021年4月8日成功压井封井，取得了应急抢险全面胜利。事后，塔里木油田总结了井控应急抢险的6个步骤。

1. 启动应急预案，成立现场指挥机构。

井喷抢险是一项复杂而危险的工作，需要精心组织施工。险情一旦发生，要立即启动应急预案，迅速成立现场指挥机构，统一领导、指挥和协调抢险工作。领导小组根据现场作业需求，下设作业指挥组、技术专家组和若干抢险施工小组，并建立工作例会制度，及时下发作业指令，及时解决存在问题，保证抢险工作高效运行。

2. 侦查井口情况，制定抢险方案。

现场抢险应想方设法查明泄漏点、喷势、压力、井口损坏程度等情况，尽可能快速掌握现场第一手资料。在此基础上，结合对钻井、地质资料的综合分析，搞清井喷层位、井喷过程和事故特点等，按照科学抢险、安全抢险、环保抢险的原则，制定有效的处置方案。方案除了制定技术措施外，还要配套考虑水电路讯、物资设备、后勤保障等各个方面，避免急用现找、手忙脚乱。其中，供水尤为重要，是抢险的生命线，要提前寻找和储备水源，保障抢险施工作业的用水需求。

3. 设置警戒线，划分安全区。

在井场周围设置必要的观察点，定时取样监测油气喷流的组分、硫化氢含量、空气中的天然气浓度、风向等有关数据，并根据监测情况，全面识别现场风险，合理设置警戒线、卡点、高风险区，及时疏散人员，严格警戒。抢险作业往往是一场大兵团作战，必须加强现场人员的管控，防止无关人员入场。特别需要注意的是，高硫化氢区域的井，一旦监测到超标硫化氢逸散，应当机立断、果断点火。

4. 清除井口障碍，充分暴露井口。

井口清障是重置井口的前提条件，应根据井场的地理条件、风向，按照先易后难、先近后远、先外后内的原则有序实施，为抢险施工腾出作业面。未着火情况下，可考虑在做好消防防护的前提下，实施钻机拖移，将钻机拖至安全位置，避免重大财产损失；带火清障时，要做好喷淋防护，防止人员设备损伤。天然气井井喷，井场油气弥漫，闪爆风险极大，近井口大规模清障前，宜先点火后施工。

5. 拆除旧井口，安装新井口。

旧井口拆除应当采用远距离、耐高温切割工具，以方便切割和罩引火筒为原则，优选切割部位，尽可能一次切割成功。为给近井口拆卸螺栓作业创造条件，需罩引火筒，引火筒设计要科学计算上顶力、侧向力，合理设计通径和配重，确保罩得上、坐得稳。安装新井口一般使用桅杆吊或旋挖机。井口对正是重置井口的关键和难点，施工前可搭建实景演练场，精准限位机具，保证井口重置成功率。

6. 关井、压井作业。

压井作业要充分考虑新井口承压能力，科学控制施工排量和压力，宜先用超重浆快速建立液柱缓解井口压力。若新井口承压能力不能满足压井条件，或压井后仍不能彻底消除井控风险，可考虑打救援井实施压井。救援井难度大、周期长、成本高，完成救援任务后，可转开发利用。

思考和建议

钻井是一项"技术活"，没有金刚钻，别揽瓷器活。随着国家放开油气市场，社会资本逐步流入油气行业，特别是在钻井方面，很多民营企业争相涌入，导致队伍素质良莠不齐，给安全施工带来了极大风险，也很大程度牵扯和稀释了油气田企业的管理力量。建议行业层面注重宏观引导把控，把钻井市场真正建成一个高水平、高层次的市场，为勘探开发提供更加优质安全的钻井服务。

第 16 章　超深复杂油气藏采油气技术配套

采油气工程下连油气藏、上通地面系统，是油气田开发的重要组成部分。安全经济高效的采油气工程配套技术，对增加油气藏储量、提高油气井产量、提升企业经营效益具有十分重要的意义。

16.1　采油气技术概述

采油气工程主要解决油气井全生命周期过程生产技术问题，主要包括完井、生产、弃置三个阶段（图 16-1）。

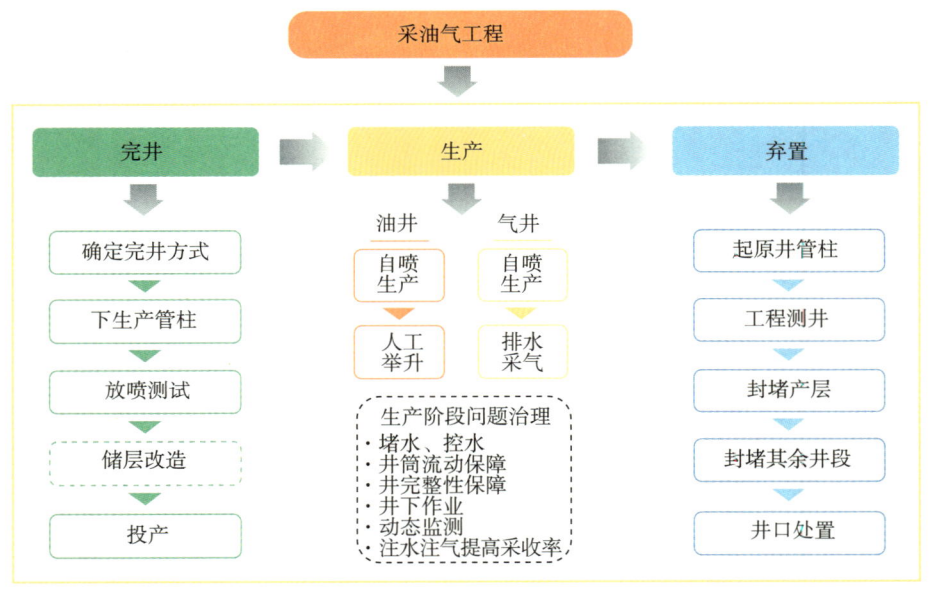

图 16-1　采油气工程主要阶段划分

16.1.1　完井阶段

1. 主要工作任务。

完井阶段的主要任务是建好井，为油气井生产创造良好的先天条件，满足长期开发需要。该阶段的工作主要包括：下入完井管柱进行放喷测试或测试车测试求产；根据产量及储层物性评估情况，确定是否需要改造提产。具备自喷能力的井，可直接投产；无自喷能力的井，可下入机采设备和井下机具后投产。

2. 管理要点。

完井阶段的工作，既要考虑当下，又要着眼长远，充分考虑全生命周期的生产需求。

一是储层保护。完井作业直接接触并影响储层，储层伤害将严重影响油气井的产能。应采用清洁且与油层配伍的完井工艺及完井液，尽量避免储层伤害。

二是井筒完整。井筒是油气从地下到地面唯一的流动通道，后期出现问题治理难度大、费用高。因此，在建设阶段就要做到"优生"，管柱配置要满足长期安全生产的需要，入井材料及完井工艺要有利于减缓管柱腐蚀。

三是经济适用。完井阶段涉及的作业多、工艺多、材料多，可优化的空间大。管材及工具、储层改造规模、化学添加剂配方等要根据实际需求科学优化，只选对的、不选贵的。

3. 工艺技术配套。

储层改造技术是完井阶段最重要的技术，特别是对于超深层、非常规、低渗透油气藏，储层改造是提产量、增效益的必由之路。美国页岩气革命之所以能够成功，很重要的一个因素就是储层改造技术的进步。目前，我国已经形成了以"多簇射孔＋小簇间距＋暂堵转向＋高强度加砂＋石英砂替代陶粒"为核心的储层改造技术，实现了体积压裂工艺由 1.0 版向 2.0 版的跨越发展，同时相关的工具、材料、装备基本实现国产化。但开发总成本仍然偏高，经济效益有待提升，需要进一步配套完善储层改造技术。

16.1.2 生产阶段

1. 主要工作任务。

生产阶段的主要任务是管好井，有效预防、及时治理生产过程中出现的各种问题，保证长期安全平稳高效生产。该阶段的主要工作，就是通过配套实施科学、经济、合理的"预防"和"治疗"手段，使油气井在生产过程中始终保持"健康体魄"，确保油气流动通道的畅通。

2. 管理要点。

生产阶段在油气井的"一生"中时间跨度最长，短则几年，长则几十年，要通过科学的技术管理措施，实现油气井安全正常生产。

一是护好井。精细油气井生产管理，及时跟踪掌握动态情况，通过细心呵护、科学管控，使油气井不生病少生病，实现"治未病"的目标，从源头减少问题井的发生。

二是治好井。油气井在长期生产中不可避免会出现异常情况。针对出现的各种问题，要分类施策、靶向治疗，通过"治已病"消除安全隐患、恢复生产能力，实现油气井保持连续平稳生产。

三是用好井。采油气的使命就是多产油气、多创效益，要根据油气藏不同开发阶段需要，配套科学、经济、合理的采油气技术，并动态调整油气井功能，最大限度动用地质储量。简单讲，就是采油气井要能满足侧钻补孔改层、堵水等地质措施需求，同时也可根据需要转为注水井、注气井，做到井尽其用。

3. 工艺技术配套。

生产阶段采油气工程技术配套应突出问题导向，主要解决好两个方面的问题：技术上，老油田普遍进入"双高"阶段，单井产量下降、含水上升，普遍存在井况老化、检泵周期缩短、修井频率上升等问题，措施增产综合效益变差，需要重点攻关配套机械采油、智能分层注水、油藏开发监测等技术；管理上，老油田采油气数字化智能化程度低，员工劳动强度高，工作效率低，采油气工程也需要加快从传统管理向数字化智能化管理转变。

16.1.3 弃置阶段

弃置阶段是全生命周期管理的最后一个阶段，主要任务是封好井，做好油气井完成使命后的"善后"工作。弃置封井要依据报废的程序和标准，按照应封尽封、有效封隔原则，对关键井段进行永久性封堵，确保不留隐患、不留后患。

16.2 攻关配套差异化储层改造技术

储层改造的目的是为了改善油气流和井筒之间的连通性，是提高单井产量最有效的手段，尤其是致密砂、砾岩油气藏，缝洞型碳酸盐岩油气藏，没有配套的储层改造工艺技术，难以实现商业开发。

16.2.1 裂缝性致密砂岩气藏储层改造

裂缝性致密砂岩油气藏储集空间主要是致密的基质孔隙以及宽度大小不一的裂缝。裂缝是油气主要的渗流通道，微裂缝（≤40微米）如同"羊肠小道"，中小尺度裂缝（40～100微米）如同"普通公路"，大尺度裂缝（>100微米）如同"高速公路"。

1. 改造难点。

一是储层层内和层间非均质性强，天然裂缝发育状况不清，大、中、小裂缝距离井筒的距离、方位不清；二是埋藏深，最大、最小主应力差值大，难以形成复杂缝网；三是储层温度高、破裂压力高，对工具、液体等入井材料要求高；四是井筒小，改造排量受限，加砂难度大。

2. 分类制定改造措施，确保经济高效提产。

储层评价是精准有效改造的基础和前提。根据测井、录井、地质力学等资料综合分析，可将储层分为三类，分类标准及配套改造工艺（表16-1）。

Ⅰ类：天然裂缝发育，已形成四通八达的油气流"高速公路"。这类储层不需要打造新通道，只需要清理通道上的障碍物即可实现高产。改造以疏通天然裂缝系统为主，改造工艺推荐酸化、酸压。

Ⅱ类：天然裂缝较发育，已形成较好的油气流动通道。这类储层改造需激活天然裂缝系统，将分散的"羊肠小道"与"普通公路"连接起来，构建起新的"高速公路"，改造工艺推荐缝网压裂。

Ⅲ类：天然裂缝欠发育或者不发育，油气流动不畅。这类储层改造以建新缝、造长缝为主，把近井的"羊肠小道"改造为"高速公路"，同时沟通远端相对发育的"公路系统"，改造工艺推荐大规模加砂压裂。

表16-1 储层评估分类及改造工艺模板

储层品质分类	Ⅰ类	Ⅱ类	Ⅲ类
储层裂缝系统发育特征			
成像裂缝解释与岩心裂缝特征			
成像解释参数	交叉缝密度＞0.4条/米 力–缝角＜30°	裂缝密度＞0.3条/米 力–缝角＜30°	裂缝密度＜0.3条/米 力–缝角＞30°
钻进井漏参数	漏失量＞300立方米 漏失5–15多点均匀分布	漏失量100–300立方米漏失3–5多点均匀分布	基本不漏失 漏失呈单点漏或不漏
地质力学评估	裂缝易激活 净压力＜–15兆帕	激活难易中等 净压力–15到5兆帕	裂缝激活难度大 净压力＞5兆帕
工艺推荐	酸化（压）	缝网压裂/缝网酸压	大规模加砂压裂

3. 精准配方，保障措施成功。

改造工作液主要由各种酸液和压裂液组成。工作液的配方要根据储层特征精准调配，科学控制添加剂种类和用量。工作液的用量要根据改造储层的规模及造缝长度来确定,造长缝需要大排量、大规模。

支撑剂主要为石英砂和陶粒,深层超深层地应力高,应选用抗压级别高的小粒径陶粒,既能在裂缝中走得远,又能有效防止裂缝闭合;中浅层地应力低,可选择经济实惠的石英砂,降低作业成本。

16.2.2 缝洞型碳酸盐岩油气藏储层改造

缝洞型碳酸盐岩油气藏,储集空间是一个既有孔隙又有洞穴的复杂储集体。

1. 改造难点。

一是储层纵向、平面连通性不清,难以针对性地确定改造工艺和改造规模;二是储层埋藏深、闭合应力高,酸蚀裂缝长度有限、导流能力差,改造难度大。

2. 分类制定改造措施,确保沟通缝洞体。

储层改造前应搞清井—缝—洞展布关系,根据储层钻遇情况,可分为三种模式。分类标准及配套改造工艺(表16-2)。

模式一:井底直接钻遇缝洞体,井筒附近孔洞发育,已有较好裂缝网络与缝洞体连通,钻井存在一定的放空漏失,自然产能一般较高,改造主要以疏通天然裂缝系统为主,工艺推荐酸化、酸压。

模式二:井底未钻遇缝洞体主体,井筒附近没有裂缝网络与缝洞体连通,钻井无放空、漏失。自然产能低或无产能,储层改造需人工造缝沟通远端缝洞体,推荐大规模酸压。如果缝洞体不在人工裂缝自然延伸方位上,可采用大规模酸压+暂堵转向工艺。

模式三:水平井、大斜度井钻探多个缝洞体,这种情况井眼轨迹一般贴着缝洞体顶部,俗称"擦头皮"。主要采用分段酸压储层改造工艺,尽可能沟通多个缝洞体。

表 16-2 钻遇模式及改造工艺

钻遇模式	钻遇缝洞体	未钻遇缝洞体主体	钻遇多个缝洞体
示意图			
改造工艺	酸化、酸压	大规模酸压	分段酸压

3. 创新工作液体系，大幅降低成本。

常规工作液主要包括酸液和压裂液，其中酸液是溶蚀碳酸盐岩储层、提高裂缝导流能力的关键。近年来，塔里木油田创新研发了水力扩容改造技术，以水作为工作液，实施前置酸压并复合高压大排量注水憋压改造。该技术能有效沟通邻近缝洞单元，同时注入水又能通过重力分异，实现油水置换，起到了提高单井产量、提高储量动用率和油气采收率等"三提"作用。

16.2.3 致密砾岩油藏储层改造

这类油气藏储层致密且非均质性强，基本不发育天然裂缝，进行经济有效开发难度较大。

1. 改造难点。

一是储层岩石塑性强，改造难以实现缝网；二是地层起裂难，施工过程中井口压力高、风险大，小排量、低泵压又难以实现裂缝的起裂与延伸。三是砾石含量高、粒径变化大，裂缝缝面粗糙，支撑剂运移规律复杂，容易造成砂堵。

2. 造人工缝网，有效动用储量。

针对储层极其致密的特征，应采取钻井、改造双管齐下的方式提高单井产能。钻井采用长水平段水平井，提高储层钻遇率。改造采用分段分簇＋密切割大规模体积压裂（图16-2），形成密集人工缝网，提高储量动用程度。

图 16-2　长水平段水平井体积压裂示意图

3. 重复利用改造液，缓解环保、成本压力。

水源供应是大规模体积压裂的关键，应突出就近取材、循环利用，可利用油田净化水、返排液及附近海、湖、河水，达到解决水源短缺、缓解环保压力、降低作业费用三重效果。

实践案例：塔里木盆地博孜凝析气藏改造提产实践

塔里木盆地博孜地区为超深裂缝性致密凝析气藏，储层厚达 120～300 米，但储层致密、流体复杂，单井自然产能仅 5 万～8 万立方米/天。早期部署的评价井采用酸压工艺进行储层改造，虽取得一定增产效果，产量提高到 10 万～15 万立方米/天，但仍未达到设计指标。另外，由于产量低导致井口温度低，凝析气中的蜡质析出堵塞井筒，无法实现规模高效建产。

"十三五"期间，针对这一问题，油田组织开展地质工程一体化攻关。2018 年底，油田开始试验缝网压裂和大规模加砂压裂，改造规模由用液 500 立方米提高到 1500 立方米，最大加砂量达 130 立方米，在博孜 1 区块开展现场试验，改造后平均产量达到 36.6 万立方米/天，达到了提产防蜡的目的。

试验成功后，加砂压裂在博孜地区全面推广应用，改造后平均单井产量超过 40 万立方米/天，平均增产 5 倍以上（图 16-3），实现了博孜地区的高效开发。

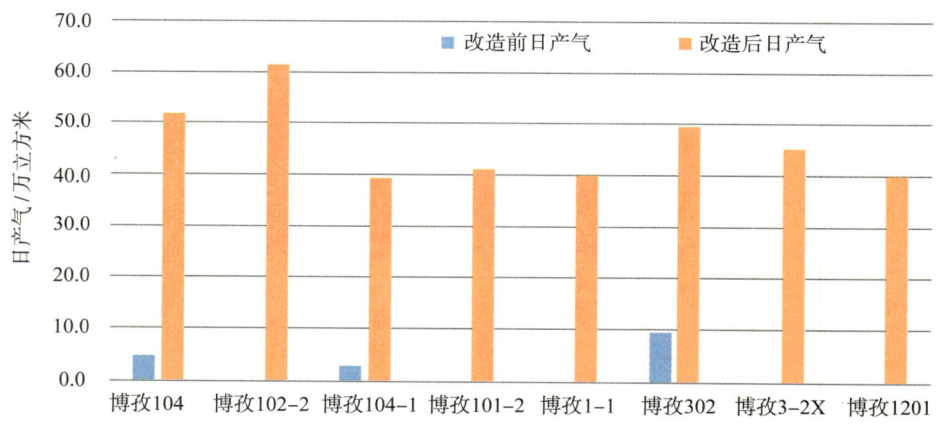

图 16-3　博孜区块部分井改造前后产量对比图

16.3　科学施策，确保井筒完好

每一口油气井都是宝贵的资产。塔里木油田台盆区碎屑岩、碳酸盐岩油藏井筒流动保障技术成熟可靠，但库车山前高压气井储层普遍埋藏深（最深 8098 米）、温度高（最高 188℃）、压力高（最高 136 兆帕），超高压、高温极端服役环境下，井完整性管理难度大。一旦出现井完整性问题，修井难度大、周期长、费用高、产能恢复率低。塔里木油田库车山前高压气井围绕"安全、稳产"目标，创新形成全生命周期井筒保障技术。

16.3.1 强化源头控制，确保设计无缺陷

一是持续攻关并升级气密封扣型，形成适应各种工况的扣型系列，实现油管无弱点。二是创新提出了一套"工况+部件+管柱"全覆盖的三轴力学校核方法，实现管柱强度无弱点。以上两项措施，从设计源头保障了井屏障完好。

16.3.2 强化质量控制，确保建好井

一是创建涵盖"订货、制造、飞检、商检、使用及后评估"的闭环质量控制流程，保证入井工具+管柱完整可靠。二是制定了完井液技术要求及检验标准，提升完井液质量，实现管柱服役环境良好。以上两项措施，保证了新井建得好，2018年以来，新井完好率100%。

16.3.3 强化分级管理，确保护好井

一是提出一套针对库车山前裂缝型致密砂岩储层的临界出砂生产压差预测方法，使气井始终不出砂而平稳生产。二是建立高压气井日常操作及管理制度，使平稳操作成为员工的习惯。三是建立高压气井井屏障维护制度，确保井屏障得到及时有效维护。四是建立高压气井环空异常带压等井完整性问题分级分类管控制度（表16-3），确保井始终处于安全受控状况。

表16-3 高温高压气井井完整性分级原则及响应措施

类别	分级原则	措施	管理原则
红色	第一屏障失效，第二屏障受损（失效），风险评估确认为高风险，或已经发生泄漏至地面。	红色井必须立即治理。油田公司立即组织治理方案论证，现场立即启动应急预案。	油田公司批准治理方案，工程技术处组织协调，生产单位组织实施。
橙色	第一屏障受损（或失效），第二屏障完好；或第一屏障受损（或失效），第二屏障虽然受损，但经过风险评估后，确认为中或低风险。	制定应急预案，监控生产或采取风险削减措施；严密跟踪生产动态，发现问题及时分析评估并采取相应措施。	工程技术处组织工程院和生产单位共同制定监控措施；生产单位负责监控生产，发生重大变化，上报工程技术处，并分析变化原因及影响，提出处置意见。
黄色	第一屏障完好，第二屏障受损，经过风险评估后，确认为低风险。	保持稳定生产，严密监控各环空压力的变化情况；尽量减少对环空采取泄压或补压措施。	生产单位自行监控生产，发生重大变化，上报工程技术处，并组织工程院分析变化原因及影响，提出处置意见。
绿色	第一及第二屏障均处于完好状态。	正常监控和维护。	生产单位自行监控生产，发生重大变化，上报工程技术处，并组织工程院分析变化原因及影响，提出处置意见。

16.3.4 强化分类治理，确保治好井

分类治理应坚持"能不修则不修、能小修不大修"原则，选取安全可靠、经济有效的治理措施。一般情况下，井筒堵塞井以小修为主，异常带压井以大修为主（图16-4）。

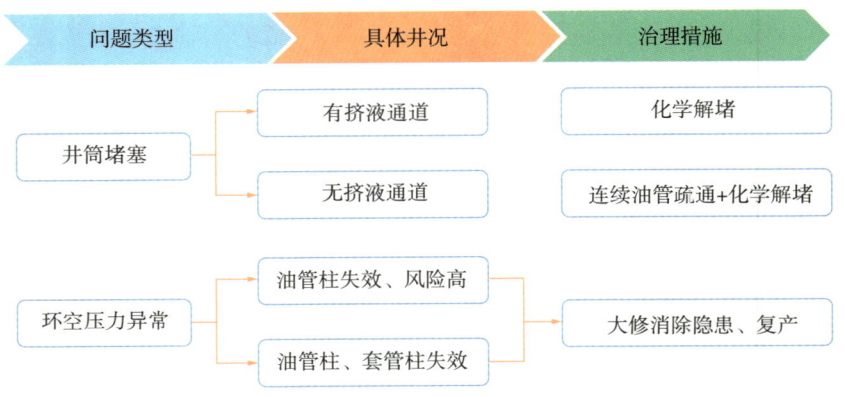

图 16-4 高温高压油气井分类治理方案流程图

16.4 科学设计举升工艺，实现高效举升

自喷采油采气是最经济高效的采油气工艺，要充分利用地层能量，坚持能自喷不机采。随着地层能量下降、流体变化、含水上升等原因，油气井失去自喷能力，需要选择最优的举升工艺，并配套井下工艺、地面设备，实现油气高效、经济举升。

16.4.1 优化设计管柱，延长自喷期

油气流从井底到地面需要克服井筒能量损耗。自喷管理阶段，最重要的是优化油管尺寸，减小摩阻损失、防止积液，延长油气井自喷期。塔里木油田经过多年探索与实践，形成了深井超深井标准化油管选择图版（图16-5）。

16.4.2 持续攻关，配套形成超深举升工艺

人工举升工艺设计重要而又复杂。重要是因为如果工艺设计不当会减少油气井产量，增加生产及管理成本，并且改变工艺需要额外增加大额投资；复杂是因为影响工艺设计的因素很多，如油井供液能力、流体性质、地面生产条件等。各种工艺有不同特点及适用范围（表16-4），塔里木油田人工举升工艺以电泵、抽油机、气举为主，并配套形成了超深耐高温电泵举升工艺技术、超深机—杆—泵配套举升工艺技术、多元化气举举升工艺技术。

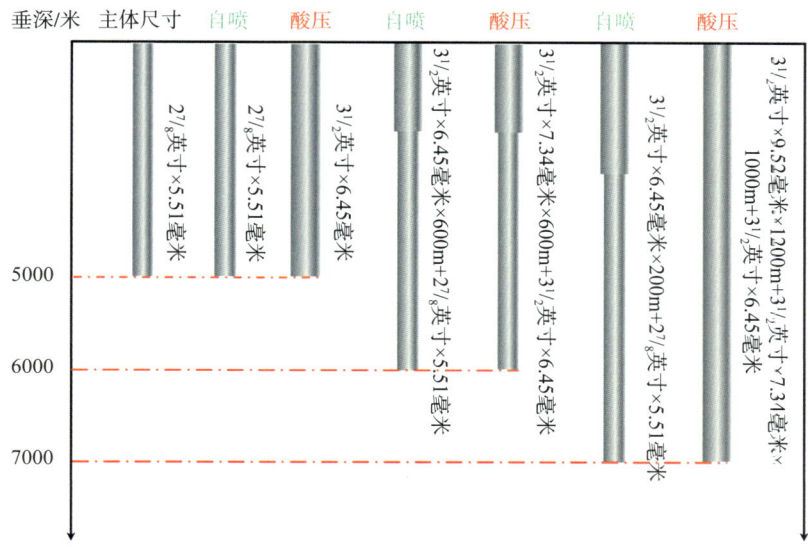

图 16-5　深层超深层井标准化油管尺寸选择图版

表 16-4　各类人工举升工艺适应性对比

油井条件	潜油电泵	潜油螺杆泵	有杆泵	气举	水力活塞泵
产液/（米³/吨）	>50	<250	<50	>30	>30
出砂	不适应	适应	适应	较好	一般
结垢	不适应	不适应	较适应	适应	适应
稠油	不适应	较好	较好	不适应	很好
高气液比	一般	一般	较适应	很适应	一般
一般泵深/米	3000	2500	3500	3650	4000
一次投资费用	较高	较低	较高	最高	较高
运行费用	高	较低	较低	较低	较低
复杂程度	井下复杂	井下较复杂	简单	地面复杂	地面复杂

1. 超深耐高温电泵举升工艺技术。

一是优化电泵结构，并优选耐高温材质，研发出适用120℃、150℃、180℃井况的电泵机组；二是设计出宽流道防砂电泵，配套耐砂保护器和耐砂分离器，提升耐砂性能；三是设计出单/双级分离器及气体处理器，最大气体处理能力达70%；在深泵挂的情况下，塔里木油田电泵井平均检泵周期达到了842天的高水平。

2. 超深机—杆—泵配套举升工艺技术。

抽油机方面，联合攻关形成20型、22型、28型系列直抽，具有超大载荷、长冲程、节能、智能化程度高的优点；抽油杆方面，优选重量轻、耐腐蚀的玻璃杆，最大下深5008米；抽油泵方面，联合研发长泵筒泵，适应长冲程工况，泵筒由单层优化为双层，提高强度适用深抽工况。在深泵挂的情况下，塔里木油田抽油机井平均检抽周期达到了1113天的先进水平。

3. 多元化气举举升工艺技术。

一是形成油管气举、连续油管气举、柱塞气举为核心的多元化气举工艺技术；二是探索形成多元化地面配套系统，根据实际井况可采用单井循环气举、邻井气举、集中气举。气举采油工艺满足了轮南、塔中、东河等高气油比油藏的开发，并成为库车山前裂缝性致密砂岩气藏排水采气的主体工艺技术。

实践案例1：塔里木哈得逊油田耐高温电泵举升实践

哈得逊油田油藏埋深5072米，初期单井日产液14～151吨/天，原油密度0.897克/厘米^3，地层水密度1.161克/厘米^3。综合考虑油藏饱和压力低、气液比低、单井产液量大等因素，系统分析各类人工举升工艺的技术适应性，最终确定采用潜油电泵举升工艺。在应用中针对出砂等生产问题，逐步配套泵下悬挂防沉砂工艺，并不断优化电泵井日常管理工作方法。自2001年应用潜油电泵举升工艺以来，截至2021年底已由2口井推广应用至109口井，年产油占区块采油量的88.6%；检泵周期由2006年的593天增加到2021年的1489天，保障了哈得逊油田的高效开发。

实践案例2：塔里木油田库车山前排水采气工艺实践

2007—2021年，油田先后尝试了泡沫排水、电泵排水、柱塞气举排水等工艺，但适应性均较差。2022年油田研发形成"连续油管＋气举阀"不动管柱气举排水采气工艺，成为库车山前排水采气主体工艺技术（图16-6）。该工艺有四个特点：一是有利于保护套管。若动管柱、取消原井封隔器作业，井筒中缺少环空保护液的支撑，高压盐水层存在挤毁套管的风险。二是作业成本低。超深高温高压气井动管柱作业难度大、周期长（平均3个月）、费用高（平均3600万元）。三是解决了解堵通道的问题。库车山前储层普遍是砂泥岩互层，泥岩遇水将被软化、泥化，随地层流体进入井筒。同时，库车山前高压气井的结垢伴随开发生产全过程，尤其是气井见水后，结垢更快，需要有解垢通道。四是气举地面配套灵活，既可单井橇装，也可集中配套。

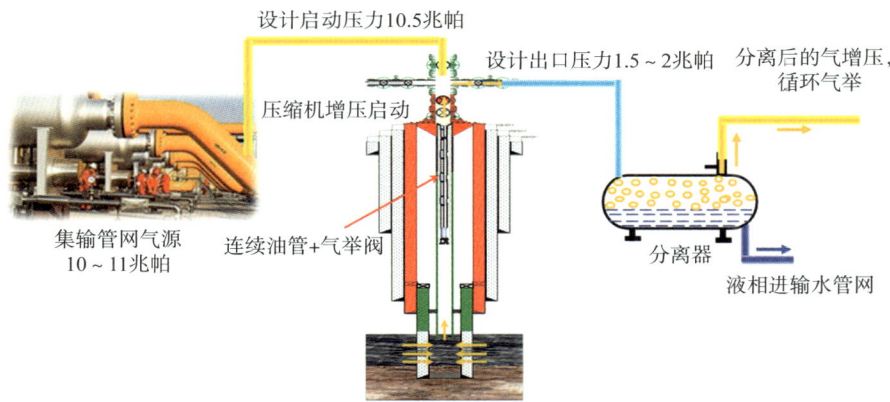

图 16-6　"连续油管 + 气举阀"气举排水采气工艺示意图

第 17 章　地面工程管理与技术配套

地面工程是相对于勘探、钻井等地下工程而言的，将采出的油气收集、处理直至外销的整个过程都属于地面工程。作为开发生产系统不可或缺的部分，地面工程能否高质高效配套好，关乎油气开发的整体效益。油气田要实现快速建产和高效开发，必须统筹好地面与地下、局部与整体、当前与长远的关系，科学布局地面系统，有效适应勘探开发需求。

17.1　地面工程概述

地面工程是释放油气田生产能力的重要保障，是连接油气生产与销售的重要桥梁，承担着实现产能建设目标、提升开发技术水平、录取开发生产数据、保障安全高效生产、外销合格油气产品、采出水回注及达标排放六大功能[2]。

17.1.1　地面工艺流程

地面主体工艺流程包括集输、处理、储销三个环节（图 17-1）。

集输	处理	储销
单井集输	原油脱水	原油储销
油气混输	原油稳定	烃液储销
油气分输	天然气脱水	天然气外销
油气计量	天然气净化	外销计量

图 17-1　地面工艺全产业链流程图

集输是指将油气水通过管线汇集到油气处理站的过程，一般有混输、分输两种模

---

[2] 徐英俊. 油气田地面工程[M]. 北京：石油工业出版社，2019.

式。分输相对于混输而言，输送效率高、适应范围广、便于不同类型产品单独利用，但流程相对复杂、工程投资高、运行维护成本高。应综合考虑介质物性、输送距离、地形高差、产品综合利用等因素，选择合适输送工艺。

处理是指将油气水进行分离净化、获得合格产品的过程。油气经过处理，除了可以获得原油、天然气两大基础产品，通过进一步深度加工，还能获得乙烷、轻烃、液化气等高附加值产品。应尽可能深化资源综合利用，提高油气资源价值创造能力。

储销是指将各类产品储存、外运直至销售的过程。油气田企业在储销过程中重点要把握住两点：一是保持生产与销售的平衡，能够根据供需关系、市场价格变化，灵活地进行储销调整；二是加强质量和计量管理，既要诚信经营、保质保量，又要将"称杆子"掌握在自己手里，努力实现产品效益最大化。

17.1.2 地面工程管理

地面工程从项目管理角度可分为工程设计、工程建设、生产运行三个阶段（图17-2）。工程设计的核心任务是从源头上保障技术的可行性、经济的有效性、安全的可靠性，工程建设的核心任务是做到"优、快、好、省"，打造优质精品工程，生产运行的核心任务是实现"安、稳、长、满、优"运行。

三个阶段中，工程设计是项目安全、质量、工期管理的基础，是项目投资控制的关键，也是项目安全平稳运行的源头保障。工程设计要坚持三个原则：一是坚持地面地下一体化，紧跟勘探开发节奏，及时跟踪地质变化和开发进程，优化调整工程方案、技术路线，不断适应勘探开发对地面工程的需要；二是坚持优化方案，就是降低成本，在优化简化、标准化上下功夫，从源头实现控投降本和提质增效；三是坚持安全环保从设计抓起，选取成熟可靠的工艺和设备，提升本质安全水平。

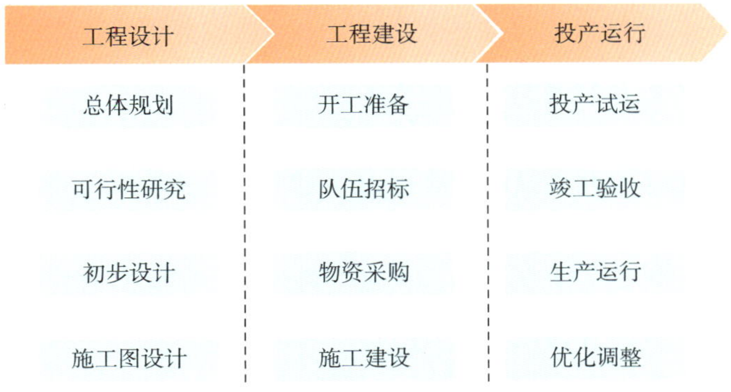

工程设计	工程建设	投产运行
总体规划	开工准备	投产试运
可行性研究	队伍招标	竣工验收
初步设计	物资采购	生产运行
施工图设计	施工建设	优化调整

图17-2 地面工程全生命周期流程图

17.2 地下决定地面，地面服从地下

地下资源是客观存在的，不以人的意志为转移，而地面系统可以根据实际需要科学布局。地面与地下紧密结合、协同配套，才能更好保证油气田开发建设任务的完成。油气田企业管理者要以战略思维、宏观视角，从大局出发、从长远出发，科学布局地面系统。

17.2.1 骨架先行、分期实施

常规整装油气田的地面系统一般在开发初期就可以一步建设到位，但对于滚动勘探开发的复杂油气田，由于地质认识的不断深化和接替区块的不断拓展，往往难以从一开始就配套完善地面系统。对于这种类型的油气藏，地面系统布局容易走两个极端：一个是激进式的全面铺开，后期地下情况发生重大变化，致使油气田投入正式开发以后，地面系统适应性差，被迫调整改造，不仅影响正常开发生产，还会造成人、财、物的极大浪费；另一个是接力式的步步为营，新区块投入开发后才开始地面系统配套，短时间内管线建不上、处理跟不上，造成地下等地面，油气生产能力不能及时释放。针对这种情况，要按照"骨架先行，分期实施"的理念，根据地下开发动态开展前瞻性、系统性的布局。具体来讲，就是在地下油气资源分布规律基本明确后，先行建设处理厂站、管道、道路、电力和通信等骨架工程，把地面系统的主体框架搭建起来；后续紧盯滚动区块，按模块化、橇装化建设的思路，开发一块、接入一块，确保油气产能有效释放。

这一做法在塔里木盆地富满油田的产能建设中取得了良好成效。富满油田是一个大型的碳酸盐岩油气藏，开发方式为滚动接替。碳酸盐岩油气藏具有产量递减快、生产周期短等特点，按照传统的"勘探→开发→地面"建产模式，不仅无法满足快速上产需求，而且试采阶段天然气放空、原油拉运还会造成资源浪费和安全环保问题。为此，油田紧跟地质认识开展地面建设，在掌握"断裂控储控藏、油气沿断裂带连片分布"成藏规律的基础上，实行"按带布线、按区布站、骨架先行、分期接入"的地面建设模式，沿断裂带布置两条纵向干线用于串连主干断裂的油气井，垂直断裂带布置两条横向干线用于串连断裂带，并在南北各设一个区域处理中心，形成了"两纵两横两中心"的地面骨架格局（图17-3）。该做法较好适应了碳酸盐岩油田的开发生产特点，目前富满油田的开发井建成后7天内就可以快速接入系统、贡献产量，有效降低了原油拉运成本、天然气放空损耗，创造直接经济价值11550万元/年。

17.2.2 互联互通、区域协调

通常情况下，不同区域的地面系统相对独立，不能共享处理能力，一旦单个系统

出现异常或开展检修，整个区域将面临关井停产、生产停滞。互联互通、区域协调是指将区域相邻、物性相近的油气田通过联络线有机串联，实现区域间地面系统协调联动、灵活调配，可以带来至少五个方面的好处：一是可实现油气处理能力共享，促进产能释放，特别是对于产能建设区块而言，新建联络线远比新建处理厂投资少、见效快；二是可实现区域间地面系统互为备用，提升应急保障能力；三是可均衡各系统间运行负荷，提升装置运行效率；四是可实现不停产检修，减少对油气产量的影响；五是天然气保供期间可灵活配产，提高冬季保供能力。

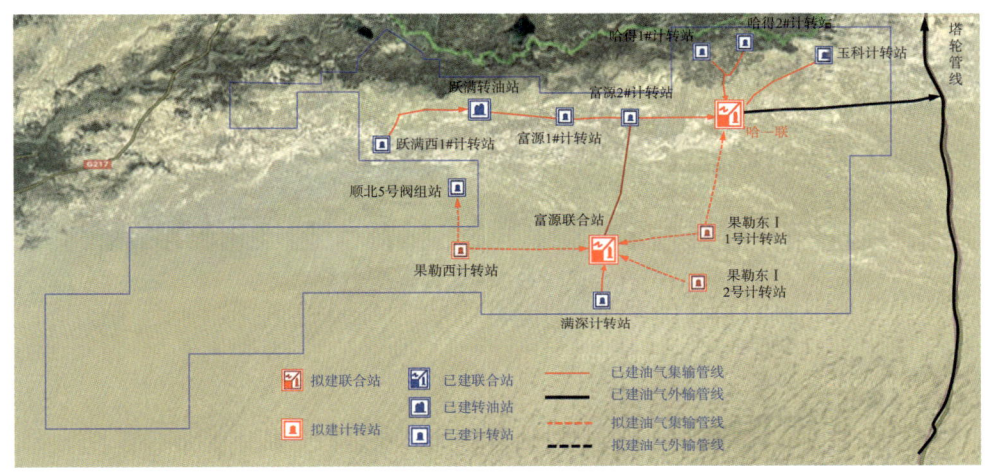

图 17-3　富满油田"两纵两横两中心"地面骨架格局

塔里木油田积极推进区块协同开发，最具代表性的实践就是库车山前天然气联络线建设。库车山前是西气东输主力气源地，主要包括克拉、克深、博孜—大北等气田群，先后建成克拉、大北、克深三座天然气处理厂。克拉、克深处理厂富余能力较大，负荷率分别为57%和85%，装置"吃不饱"，而位于博孜—大北上产区的大北处理厂处理能力不足，新建产能"吃不下"，同时三座处理厂相互不连通，"远水解不了近渴"，严重制约上产节奏。从2018年开始，相继建设克深—克拉、大北—克深等联络线，在三座处理厂间形成"共享链"，相当于新建一套1000万米^3/天的天然气处理装置，同时实现了不停产检修，每年可增加天然气产量9.1亿立方米。目前在建的博孜处理厂也遵循该理念，具备与大北处理厂1000万米^3/天相互调气能力，届时库车山前气田群将全面互联互通（图17-4），构建起能源调配"大动脉"，有力保障天然气快速上产。

17.3　地面系统的优化简化和标准化

油气田企业经过数十年发展，一般都建成了规模庞大、结构复杂的地面系统，

"老、中、青、幼"四代同堂，在设计理念、建设模式、主体工艺等各方面存在较大差异，既不利于统一管理，也影响生产效率和开发效益。因此，有必要按照标准化模式推进新系统建设，积极开展老系统优化简化工作，实现提质增效目标。

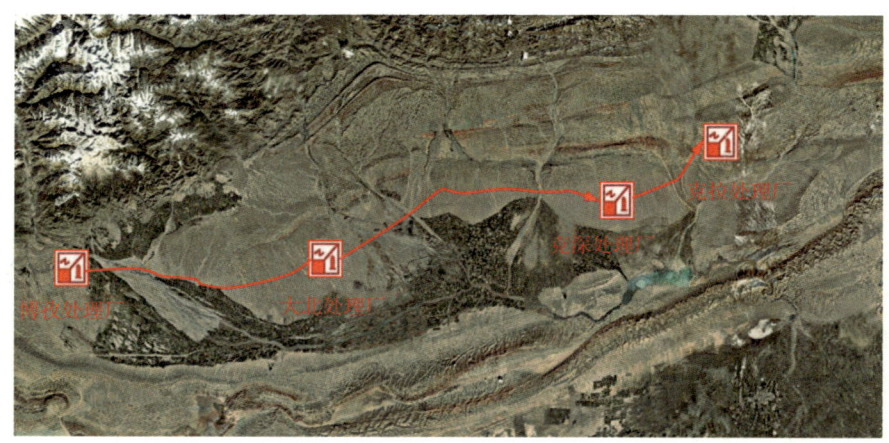

图 17-4　库车山前处理厂实现互联互通示意图

17.3.1　标准化设计、模块化建设、橇装化安装

油气田企业要实现高质量发展，地面建设如何控减投资成本、提升建设效率、保障工程质量是一项关键性的工作。标准化设计、模块化建设、橇装化安装正是解决这一问题的有效途径。标准化设计就是让方案设计有通用模板，对通用性、重复性工作进行总结与归纳，提取共性条件，统一建设标准、建设工艺、建设模式，形成适应不同类型油气藏的标准化定型图。模块化建设就是把总装车间搬到施工现场，在工厂中预制好每一个模块单元，在现场快速装配，提高施工建设的效率。橇装化安装就是把不同功能模块集成为一个橇装装置，便于灵活搬运和重复利用，减少重复建设、重复投资。三者有机结合、集成应用，可大幅提高项目建设质量和效率，降低施工风险和成本，提升本质安全水平。

国内各油气田企业都在这项工作上投入了大量的精力，取得的成效也是比较好的。塔里木油田在长期探索中形成了"五能五减六统一"的有效做法。具体是：在工程设计中坚持能混输不分输、能集中不分散、能自压不增压、能国产不进口、能利旧不新购，科学精减阀门、精减仪表、精减尺寸、精减功能、精减面积，不搞过度设计、不搞过剩功能、不搞过量规模；同时，针对油气藏类型多、介质种类多、工艺技术差异性大等难题，按照"从纲到目、从目到科"的原则，以油气藏特性和开发方式划分类型，以介质物性和生产工况划分功能，以生产规律和适应范围划分系列，统一工艺流程、统一平面布局、统一模块划分、统一设备选型、统一三维配管、统一建设标准，固化形成12项标准化主体处理工艺流程（表17-1）。通过"五能五减六统一"

做法的推广应用，塔里木油田工程建设周期平均缩短 20% 以上，平均单井地面投资节约 79 万元，本质安全水平得到了有效保障。

表 17-1　各类型油气藏的标准化工艺

序号	类型	标准化工艺	适用气田
1	高温高压气藏	前置空冷 + 分级脱水 + 高效分离工艺	克深、克拉、大北等气田
2		乙二醇再生工艺	
3	含汞气藏	低温分离工艺或低温分离 + 化学反应吸附法脱汞工艺	大北、克深气田
4		乙二醇含汞尾气处理工艺	
5	碳酸盐岩油气藏和油田伴生气	丙烷制冷处理工艺	塔中、桑南、哈得、柯克亚等中、低压集输油气田
6	酸性油气藏	天然气 MDEA 脱硫处理工艺	塔中、桑南、和田河等含硫气田
7	含蜡气藏	天然气脱蜡工艺	大北、克深等含蜡气田
8	高含凝析油气藏	分子筛脱水工艺	英买、博孜等凝析气田
9	凝析气藏	闪蒸 + 微正压提馏凝析油稳定工艺	迪那、牙哈、大北、塔中等气田
10	砂岩及碳酸盐岩油藏	三相分离 + 热化学沉降脱水处理工艺	轮南、哈得、桑吉、哈拉哈塘等油田
11	砂岩及碳酸盐岩油藏	重力沉降 + 一级压力除油 + 一级双滤料过滤污水处理工艺	所有油田污水处理
12	小区块、带状油气藏	高压长距离混输工艺	迪那、英买气田等地势平坦区域的高压长距离混输

17.3.2　功能整合、关停并转

油气田进入中后期开发阶段，一些地面系统会暴露出负荷率降低、高能耗低效益、资产利用率低等各类问题，这就需要对地面系统进行整体分析，通过"关停并转"，实现油气集中处理、装置调剂使用等，达到盘活资产、提质增效目的。"关"即关闭高耗能、低负荷、负效益厂站，止住"出血点"；"停"即停运低效的管线、设备、生产部位或生产环节，减少地面管理对象；"并"即变分散为集中，减少资源配置需求，提升系统运行效率；"转"即推进闲置设备再利用，减少新区产能建设和老区改造所需的设备设施投资。

老油气田地面的"关停并转"相当于地下的"综合治理"，是一项极具潜力、极为重要的工作。塔里木油田于 2018—2019 年全面开展地面系统大调查，梳理出综合生产技术经济性较差的站场，对具备优化整合条件的哈得、塔中、轮南等老区，实施站间整合、站内优化、闲置装置再利用，有效解决了开发后期工艺不适应以及"大马

拉小车"等问题，大幅压缩了厂站层级和现场员工总量，装置平均负荷率由33%提升至68%，降低综合年运行费用3042万元（图17-5），老区整体实现了瘦身、升级、提效。

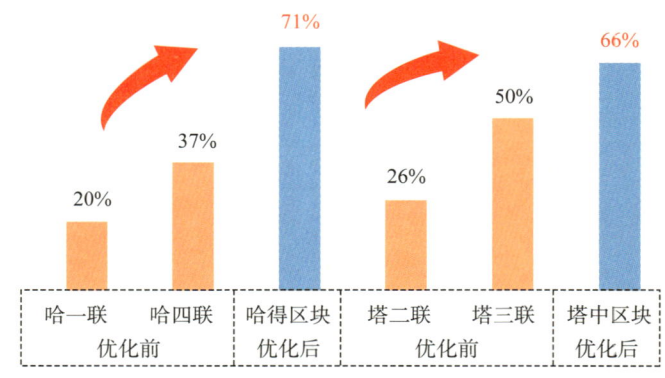

图17-5 哈得、塔中优化前后负荷率对比图

17.4 深挖油气产品附加值，实现资源价值最大化

地下开采出的油气水资源，通过地面厂站的处理，可以提取出形形色色的产品。地面工艺不仅要确保生产出合格的油气产品，还要深化资源综合利用，实现高附加值的伴生资源"颗粒归仓"。

17.4.1 分质分输、效益优先

石油分为轻质、中质和重质原油，油品不同，价格差异很大；天然气分为贫气、富气，富气中可提取乙烷、轻烃、液化气等高附加值产品。如果将不同油气产品混合外销，会造成巨大的资源浪费和经济损失。地面系统建设应坚持效益导向，优化管网布局和处理工艺，实现不同油气产品分质分销，让好产品卖出好价格、产生好效益。以该思路为指导，塔里木油田根据不同区块的油气品质，通过管网的局部改造调整，统筹推进分质分输。天然气方面，将富含乙烷、轻烃的天然气与其他天然气分别输送，前者集中进行深加工，后者直接输入外输管网外销；原油方面，将轻质原油与其他原油分别输送，避免与油田管网中的中质原油混合。小改造带来了大效益，分质分输不仅提高了油气处理效率，也为后期分质分销创造了条件。

17.4.2 深度加工、升级产品

油气不仅仅是化石能源，还是最重要的化工原料。以天然气为例，很多气藏富含

乙烷、轻烃等组分，其中乙烷是制造"工业之母"——乙烯的最优质原料，但乙烷原料供应和生产技术一直被国外"卡脖子"。具备富气资源的油气田企业应立足自身资源禀赋，积极推进乙烷、轻烃深度回收，促进优质资源转化，这既是增加石油液体产量、提升企业经济效益的自身需求，更是贡献高端化工原料、支撑下游炼化转型升级的使命。长期以来，塔里木油田采用浅冷工艺处理天然气，只能实现部分轻烃回收，外输商品气中约有8%的高附加值组分被当作燃料使用，造成了巨大浪费。经测算，油田资源基础可支撑回收超百万吨石油液体，对产能建设和效益提升意义重大。2019年，中国石油在塔里木盆地同步建设乙烷回收和乙烷制乙烯工程（图17-6）。2021年，两项工程建成投产，其中乙烷工程年产76.2万吨乙烷、36.63万吨液化气和7.47万吨稳定轻烃，相当于新建了一个没有递减的百万吨级高效油田，同时带动了下游产业集群发展，拉动了当地就业，年产值达23.8亿元，产生了良好的经济社会效益。

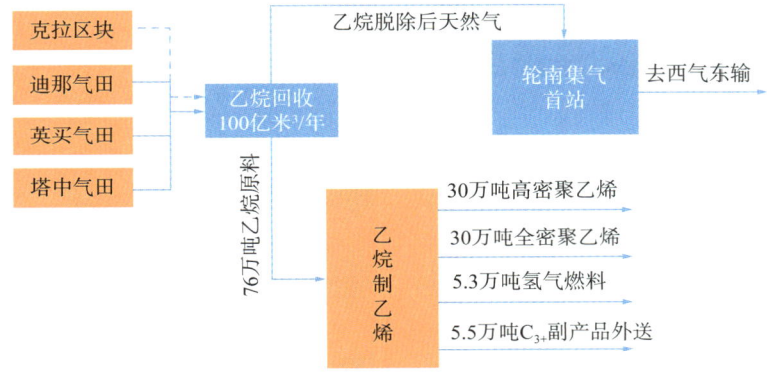

图17-6　塔里木乙烷回收、乙烷制乙烯流程图

思考和建议

油气田地面工程的任务就是将油气储量及时转变为油气产量，将单点突破串联成规模开发，将预估收益变成实际收益，将大场面变成大油气田。在大盆地里搞勘探开发，油气田企业管理者一定要解放思想、系统谋划、超前部署，对于看得准的地面骨架工程，要打破常规，坚决果断实施。上级决策部门也应优化审批程序、提高决策效率，给予油气田企业大力支持。否则，等各项条件都成熟了再干，将严重影响产能释放，带来的是效益损失，制约的是企业发展。

第 18 章　数字化油田建设

物联网、云计算、大数据、人工智能等新一代信息技术的成熟应用，加快了工业化与信息化的深度融合，加速了全球数字经济时代的到来。这给油气行业发展带来了新的机遇，数字化转型已成为油气田企业高质量发展的必由之路，成为企业管理者推动业务流程重构、生产方式转变、运营模式变革的必要手段。

18.1　数字化转型是高质量发展的长远举措

数字化油田是指将实体油气田的一切生产经营活动映射到数字空间中，实现物理油气田与虚拟油气田的双轮驱动、相互迭代升级。具体来说，就是利用新一代信息技术构建油气数据采集、传输、存储、治理、计算、应用的闭环生态，打造智能线上协同工作平台，实现业务数据化和数据业务化，将数据转化为新型生产要素，为企业发展提供新动能。

18.1.1　数字化油田建设的必要性

1. 数字化转型是推进生产经营管理模式转变的必要条件。

油气田企业要持续深化改革，需要借助数字化油田建设，这是基本条件之一。有人说先制定好模式再改革，也有人说先建成数字化油田再改革，这其实说的是两者之间的关系。实际上，数字化油田建设是手段，企业深化改革是目的，要通过数字化油田建设推动企业改革，对生产组织方式和经营管理模式作出调整，减少用工总量，提升管理运行效率效益。

2. 数字化转型是实现安全绿色和谐发展的内在需要。

油气田企业在勘探开发、工程技术、安全环保、维稳安保各业务领域实现信息化、数字化、智能化，本质安全就有了可靠保证。通过电子巡检、无人值守、远程操控等信息化手段，能把人从危险作业中解放出来，比如钻完井现场可以实现有效管控，油气产运储销可以实现统一调度，应急处置可以实现统一指挥，发现问题可以及时报警预警等。

3. 数字化转型是推动高质量发展的战略举措。

当今的数字化时代正对传统产业进行大洗牌，数字化转型已成为各行各业未来发展的必经之路。油气行业作为传统工业产业，面对能源革命、能源转型加快推进的新形势，必须紧跟时代步伐，深入推进信息化与工业化融合，实现数字技术与油气业务充分结合，驱动质量变革、效率变革、动力变革，以数字化转型赋能高质量发展。

18.1.2　数字化油田建设的任务目标

数字化油田建设不能为数字化而数字化，必须服从服务于企业业务发展需求，以业务战略目标为引领，准确定位数字化任务目标。简单讲，就是业务上有什么需求，数字化建设就要做好相应支撑。这既是数字化建设的出发点，也是落脚点，更是衡量数字化转型成功与否的标志。对于油气田企业而言，就是要通过数字化油田建设实现无人值守、智能管控、远程支持、信息共享、协同工作、快速决策，减少劳动用工，降低劳动强度，减少安全风险，提高工作效率，最终把成果体现在支撑企业增储上产、提质增效、管控风险、造福员工上。

数字化油田建设是一个不断迭代升级的过程，尚未形成固定统一的衡量标准，建成的主要标志可体现在岗位定制、任务驱动、智能共享、数字孪生的智能线上协同工作平台全面上线。岗位定制是指按照岗位需要和权限定制千人千面的个人工作间，任务驱动是指按照业务工作流程随时随地在线推送待办事务和工作提醒，智能共享是指按照岗位权限、关注对象和操作行为的不同推荐关联信息、数据和知识，数字孪生是指建立油气藏地质、井筒、站场管道等各类物理实体在数字世界的二三维虚拟模型，对物理实体进行智能感知、模拟仿真、智能预测、自动控制。

18.1.3　数字化油田建设的管理策略

数字化油田建设策略可总结的有很多，但最关键、最根本、最核心的就是落实好统一领导、业务主导、信息统筹这三条。

1. 统一领导。

毋容置疑，企业数字化转型是"一把手"工程，但不是"一把手"一个人的工程，是企业各级管理层共同的工程。数字化转型的根本是人的思想转变，是领导干部和员工的认知提升。企业"一把手"要建立起数字化转型的广泛共识、领导机制、管理制度、组织保障和考核办法，形成主要领导总负责、分管领导亲自抓、各级领导干部主动作为和全体员工积极参与的良好氛围。

一是企业"一把手"自己要真重视。不是会议上讲一讲，口头上说一说，形式上表表态，而是要有真正行动。要亲自主持确定数字化转型方向、战略、目标、政策，亲自统筹人力资源和建设资金，亲自部署重大事项，亲自检查重点环节。同时，要充分授权企业分管负责人统一领导数字化油田建设和数字化转型工作。

二是让企业领导班子成员也行动起来。业务分管领导要根据数字化油田顶层设计，主动思考分管业务领域的数字化转型工作，率先垂范，落实责任，当好"教练员""运动员"，不能当"评论员""观众"，更不能当"甩手掌柜"。

三是把压力和温度传递给基层的"一把手"。企业最高管理者要把数字化转型的意义给各级"一把手"讲透彻，让他们思想上真正认识到位，并层层传递给每一个员工，防止出现"上热、中温、下凉"的现象。

四是建立科学高效的组织架构。企业数字化转型必须要有层级合理、职责清晰、分工明确的组织体系保障，应包括三层架构（图18-1）：企业领导班子负责战略决策；IT部门牵头管理，业务部门归口管理；数字化专业技术单位负责统一承担规划、设计、建设、运维、承包商管理等具体工作，各基层单位负责属地数字化。

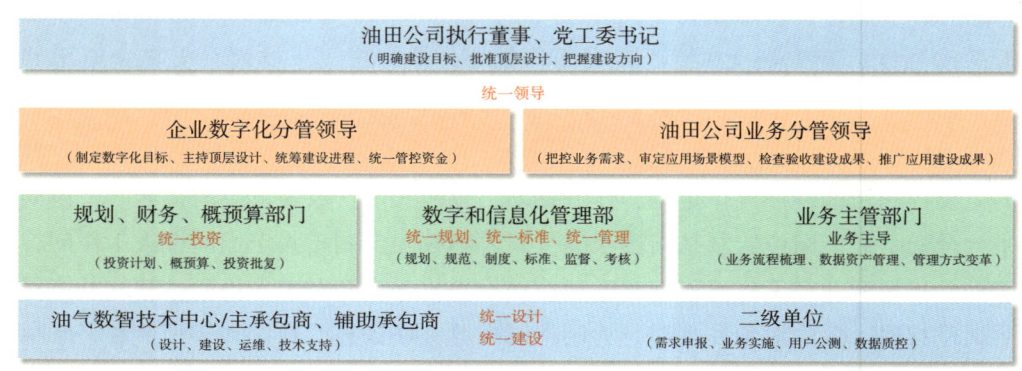

图18-1　企业数字化油田建设组织体系框架图

2. 业务主导。

管业务必须管信息。数字化油田建设不仅仅是IT部门的事，更是业务部门的事，要发挥业务主导作用，重点做好应用平台怎么建、怎么用、数据怎么治理三个方面的工作。

一是主导应用平台建设。首先，要确定业务发展方向、目标和指标，制定工作模式、生产组织方式、经营管理模式等转型方案。其次，要明确支撑发展目标的业务架构，用业务概念模型清晰完整地阐述业务流程、节点功能、业务标准规范、数据输入和输出等，精准描述业务对数字化智能化的需求。最后，要按照问题导向、需求导向、效益导向，提出生产、科研、管理等领域的项目建议，并全过程参与项目建设。

二是主导应用平台使用。要参与软件平台公开测试，帮助信息人员发现问题、解决问题，让平台好用。积极主动组织员工参与培训，让员工会用。配套建立与应用平台相适应的管理制度、技术标准规范、操作流程、作业规程，让平台管用，在生产、科研、管理和决策过程中真正发挥作用。

三是主导数据质量治理。建立"谁产生谁负责、谁主管谁负责、谁使用谁负责"

的数据管理机制，让业务人员主导数据治理，保证数据的及时性、准确性、完整性、唯一性和标准性，改变有海量数据却"无数据可用、无可用数据"的困境，更要避免假数据真分析的现象，真正将数据资源变为数据资产，在企业生产经营中产生更大价值。

3. 信息统筹。

油气田企业各项业务管理水平参差不齐，数字化建设水平也不均衡，数字化需求必然会有较大差异。有的是数字化需求，有的是智能化需求，有的侧重数据需求，有的侧重应用需求，这就需要IT部门按照"一盘棋"思想和"六统一"原则对这些需求进行统筹整合、合并同类项。

一是统一规划。准确把握行业发展大势和企业发展需求，做好顶层设计、搭好底层架构，绝不朝令夕改、各自为政，全油田一张蓝图绘到底、一套方案干到底。

二是统一标准。坚持标准规范先行，按照标准规范搞设计、建设和运维，用统一语言推动业务与信息人员工作融合，避免建设五花八门，不兼容、不共享。

三是统一设计。业务单位提出的项目建设需求，由IT部门汇总、分析、整合，统一组织开展技术论证、技术设计，以及施工设计。

四是统一投资。所有数字化项目的资金要统一概预算、统一使用，杜绝各单位自行使用资金、自行建设项目，造成工作重复、资金浪费。同时，为适应数字化应用敏捷开发、快速迭代的需要，要推行建设、运维资金一体化管理，保证产品和服务快速适应不断变化的需求。

五是统一建设。组建项目经理部统一承担数字化油田项目建设，在承包商选择上要采用"主承包商+辅助特色承包商"的方式，杜绝"万国会"，在物资设备采购上要统一定型选商，杜绝"万国牌"。

六是统一管理。明确IT部门的牵头管理职责，统一组织编制规划，统一制定制度和标准，统一开展建设和运维，统一进行考核和评价。

18.2　数字化油田建设的要点

数字化油田建设受企业内外部环境、业务战略与IT战略、业务架构与IT架构、管理与技术、共享与安全、组织与人才等多维度、多因素的影响。其中，要着重关注顶层设计、项目过程管理、运维保障、标准规范、网络安全等几个关键点。

18.2.1　总体规划是数字化油田建设的灵魂

数字化油田建设总体规划是一套完整体系，包括四个层面的内容：一是企业全局的顶层设计；二是分业务领域的专项规划，比如油气勘探领域数字化转型专项规划；

三是分技术领域的专题规划，比如数据资源专题规划、网络专题规划等；四是具体落地实施的项目群规划。其中，顶层设计是统领各项规划的根本。

1. 顶层设计的方法与步骤。

数字化油田顶层设计的基本原则是业务战略引领 IT 战略，IT 战略为业务战略的实现提供技术支撑（图 18-2）。具体来讲就是，业务架构对 IT 架构提出目标、应用功能与数据需求，指导 IT 项目的设置和建设；IT 架构要设计出合理的应用架构、数据架构、技术架构、功能架构、安全架构来响应业务架构的需求。

顶层设计的主要步骤包括业务需求分析、信息化现状与差距分析、数字化油田战略目标确定、架构设计、项目与实施计划制定、效益预测与风险分析等。做顶层设计，一定要统筹谋划、谋定后动，把需要什么、怎么建设、建成什么、怎么应用等问题都考虑清楚、论证明白。

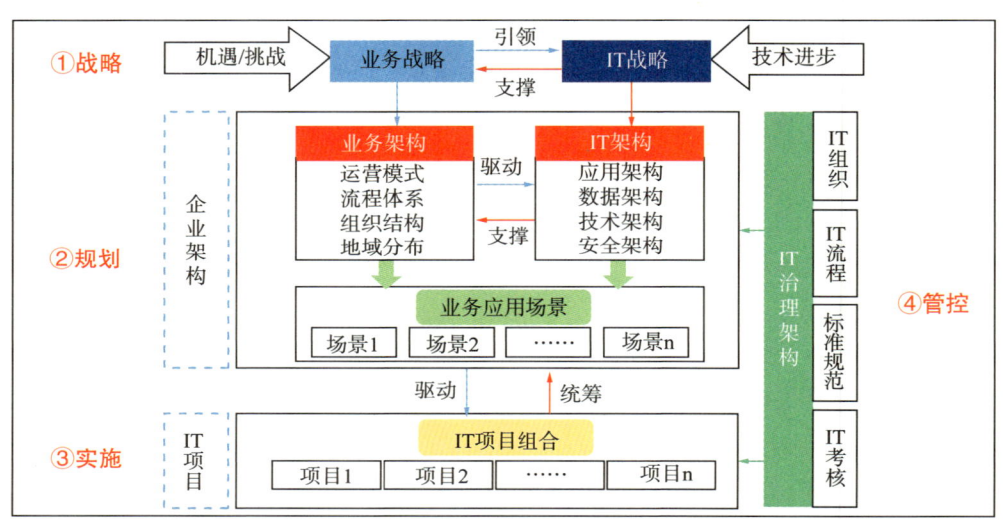

图 18-2　顶层设计方法论框架图

2. 数字化油田顶层设计的"一体两面"。

从企业管理者角度看，数字化油田顶层设计除了做好 IT 技术层面的工作以外，更重要的是企业组织、业务流程、体制机制、管理模式等非 IT 技术层面的配套，前者是支撑，后者是保证，二者缺一不可，必须高度融合、紧密契合，做到"一体两面"。否则，数字化油田建设只是花架子，得不到实质性效果。

据统计，企业数字化转型从建设工作量上看，IT 技术因素占 67%，非 IT 技术因素占 33%，从转型效果影响权重看，非技术因素占主导地位。因此，在做好技术层面顶层设计的同时，必须做好包括组织架构、管理模式等非技术层面的配套，从企业全局设计出与数字化油田相适应的配套改革方案，切实把数字化油田建设成果体现到提高管理效能上，体现到建设更先进、更高效的生产方式上，体现到压减管理层级、减少劳动用工、提高工作效率、全面提升经营管理水平上。

3. 塔里木数字化油田顶层设计示例。

塔里木数字化油田顶层设计分为数字化油田建设和数字化转型两个层面，分别对应 IT 技术层面和非 IT 技术层面。

数字化油田建设重点在技术，包括信息采集、信息传输、信息存储、数据共享、信息应用，以及信息网络安全与保密、管理制度与标准规范、统一运维三个保障体系。总体思路是规模化应用云计算、物联网、大数据、人工智能、移动互联网、虚拟现实等新一代信息化技术，持续开展油田信息化、数字化、智能化建设，全面建成数字化油田和智能化油田，构建岗位定制、任务驱动、智能共享、数字孪生的数字化应用生态，为数字化转型智能化发展提供支撑。

数字化转型的重点在业务转型，包括企业愿景、战略目标、管理维度、转型业务领域等多个层面（图 18-3）。总体思路是以数字化智能化油田为支撑，以油气勘探、开发生产、工程技术、油气运销、科学研究、生产运行、经营管理、安全环保、协同办公等主营业务场景为抓手，实现领导力、运营模式、科技创新、技术装备、劳动力和数据资产等方面的转型。

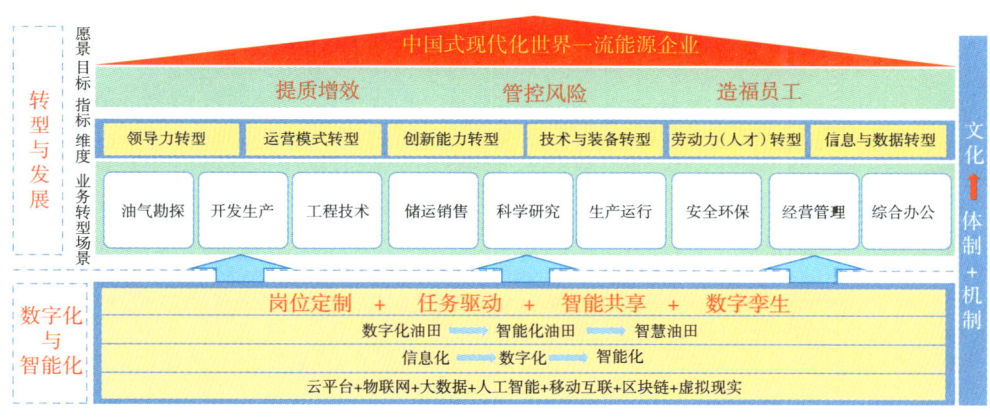

图 18-3 塔里木油田数字化转型示例图

18.2.2 项目管理是数字化油田建设的关键

数字化项目与传统工程项目有很大不同，尚未形成成熟的建设规范和标准，这就大大增加了设计、实施、验收、评价等环节的难度和不确定性。项目管理除了要做好 IT 专业把控，还需要业务部门和用户单位的深度参与，参与程度越深、支持力度越大，越有利于项目的成功建设和推广应用。应共同抓好项目设计、组织管理、质量管控三个方面。

1. 项目设计。

项目设计包括项目立项、需求技术论证、工程技术设计、施工设计四个步骤，其中需求分析是第一关，也是最重要的一关。用户单位和业务部门要说明项目与规划的关系、与在建在用系统的关系，明确建设目标、建设范围、功能需求、数据需求、建设要求、费用来源等，构建业务概念模型，清晰完整地阐述业务流程、节点功能、业务标准规范、数据输入和输出等，为做好设计提供遵循。

2. 组织管理。

数字化项目不是"交钥匙"工程，而是需要各级业务人员和用户联合建设。在项目管理上，应实行业务、信息双经理负责制，业务经理主要负责业务需求落地，信息经理主要负责IT技术实施。这种模式有利于及时协调解决项目建设过程中的问题，及时响应业务的变化调整；有利于项目的产品化，提升用户的体验感，让项目建成用户爱用、好用的精品工程。

数字化项目建设应坚持自主与合作并重，甲方负责总构，乙方负责总装。通俗讲，就是甲方要具有自主设计和鉴赏能力，能够搭建总体框架、编制产品交付的技术要求和标准，评估产品和服务的优劣；乙方要具备行业领先的技术，能够落地甲方的设计理念并提供优质的产品和服务。油气田企业要主动培育自己的战略合作伙伴，通过长期合作保证在数字化转型智能化发展上理念一致、共同发展、成果共享。

3. 质量管控。

数字化项目要做好全生命周期的质量管理，关键是做好软硬件测试、用户公测、竣工验收等环节的把控。项目完成实施后，要成立专门独立的测试团队，负责软硬件测试，保证项目按设计交付产品。业务部门要组织关键用户做好项目公开测试，确保项目按照用户需要完成功能开发，所有模块在经过用户公开测试后才能正式上线运行。项目质量把控的最后一关是竣工验收，应由IT牵头部门统一组织，由企业专家、业务部门、用户单位共同验收项目成果。

18.2.3 统一运维是数字化油田建设的保障

传统的竖井式、孤岛式信息系统独立运行，大多采用一对一、分散运维模式。数字化油田建设广泛采用新一代信息技术，系统泛在连接，数据底座统一，服务中台统一，功能应用微服务化，故障节点呈几何级数增加，运维工作量和难度大幅提高，必须采用新型运维方式。

1. 运维模式由分散运维向统一运维转变。

随着数字化油田建设的持续深入，用户对功能快速迭代、服务快速响应的要求越来越高，运维成本不断提升。为解决这一问题，塔里木油田探索出了"四统一"运维模式，即统一运维标准，实现运维服务体系、运维服务流程、运维操作规程标准化；

统一运维业务，实现一级运维分区域、二级运维分专业、三级运维分业务的前后方一体化协同运维；统一技术平台，实现自动化实时监控、智能化自动报警、平台化任务推送、一站式快速调度；统一运维管理，实现管理制度、质量标准、考核评估、应急处置统一管理。"四统一"运维模式有力提高了运维效率、降低了运维成本、提升了用户体验。

2. 运维技术由传统 IT 运维向智能化运维转变。

在系统架构更加复杂、数据量持续增加、用户应用规模不断扩大的情况下，业务的正常运行对 IT 系统稳定性、连续性、安全性提出了更高的要求。IT 运维方式要从传统的人工运维、工具运维向自动化运维、智能化运维转变，实现人工决策、人工执行、工具辅助向智能感知、自主决策、驱动执行转变，尽可能减少人工干预环节，缩短故障解除时间，降低对业务运行的影响。

18.2.4 标准和安全是数字化油田建设的前提

1. 标准规范。

数字化油田建设涉及业务领域多、参与人员多、数据接口多、技术门类多，要保证高质量设计、建设和正常运行，就需要构建本企业的数字化标准规范体系，前瞻性指导各业务统一开展数字化油田建设工作，避免分散、重复、低效和矛盾。

数字化油田标准规范应该与顶层设计同步规划，自成体系。塔里木数字化油田标准规范体系（图 18-4），共 8 大类 31 小类 110 余项标准规范，覆盖企业的主营业务领域和信息化各专业。在具体编制过程中，要坚持急用先建、超前实施、轻重缓急的原则，具有指导性、前瞻性的标准要优先编制，经验积累型标准可以延后编制或者先行引用其他企业的成熟标准。

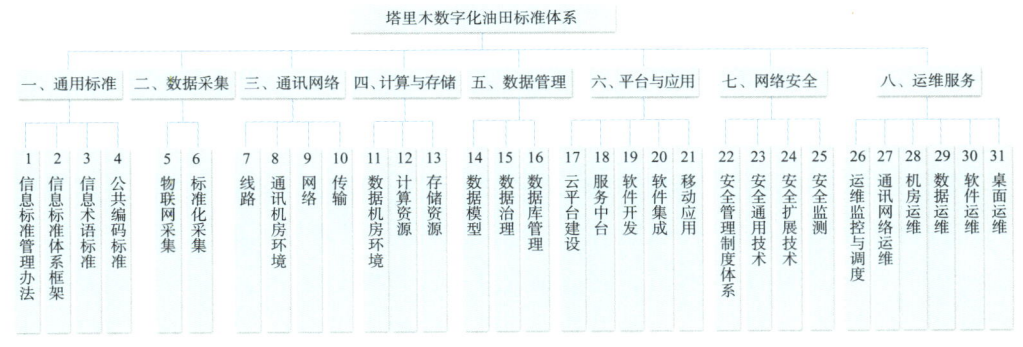

图 18-4 塔里木油田数字化油田标准规范示例图

2. 网络安全。

网络安全是数字化油田平稳运行的前提，是企业安全的重要组成部分。网络安全的基本要求是按照国家网络安全合规性管理要求，结合企业实际，坚持预防为主、防治结合、综合治理的工作原则，从管理、技术、运营三个维度构建一个完备的网络安全体系，建立网络安全长效工作机制。

网络安全包括终端安全、应用安全、数据安全、传输网络安全、工控安全等多个方面。油气田企业要重点关注工控安全和数据安全，这两个方面出现问题将会对油田生产带来重大影响。工控安全不仅要注重加强与外网的边界安全防护，还要注重进行内部安全加固，建立监测预警与应急处置机制。数据安全重点要进行数据分级分类保护，开展数据加密和容灾备份工作，确保非法人员"拿不走、看不懂"。

18.3 数字化油田建设的成果应用

数字化油田关键在建、目的在用。不同油气田企业实际情况不同，建设的方式路径可能会有所不同，但追求的最终效果都是为了让企业发展质量更高、效益更好。

18.3.1 生产组织方式变革

数字化油田建设最根本的改变是进行生产组织方式变革。油气田企业传统的组织方式通常是"大兵团"作战，搞人海战术、劳力堆积，组织模式落后、劳动效率低下。数字化油田建设要能够将各类生产、管理要素集中在"鼠标的控制之下"，减少一线劳动用工，降低员工劳动强度，实现生产组织模式变革。比如，塔里木油田通过数字化油田建设，将探区内的井站、管线等生产设施接入物联网，全面推行自动采集、远程操控，做到了中小场站无人值守、大型场站少人高效。2018年以来，百万吨用工由402人降至306人、全员劳动生产率由259万元/人提高到365万元/人，实现了增产增效不增人。

18.3.2 安全管控能力提升

数字化油田最能体现科技兴安的成果。要通过远程操控、电子巡检、视频监控等技术手段，实时监控设备运行状态和人员作业行为，及时完成趋势预警和异常报警，实现风险智能预测、隐患智能识别、违章智能提醒。以塔里木油田为例，积极推进"工业互联网+安全生产"模式，建成钻完井远程管控支持中心，构建了自动监测、异常报警、远程支持的新模式，钻井作业风险识别由人工经验判断，转变为7×24小时大数据分析识别，实现了溢流、井漏和阻卡等及时预警报警。同时在该模式下，重大施工指挥、故障复杂处置、关键作业监管由传统跑井驻井转变为多专业、跨部门、甲乙方音视讯在线协同，紧急处理效率提升50%。

18.3.3　数据资产集成共享

数字化转型的核心要素是数据。油气田企业拥有海量的历史数据，并且每天都会产生大量的新数据，普遍存在人工采集、数据失真、共享不够等问题，导致数据应用效果不理想、价值发挥不充分。要把数据生态治理作为数字化建设的重要内容，构建源头数据自动采集、数据资源集中存储、数据质量分级管控、数据应用集成共享的数据生态，实现数据资源向核心资产转化。特别是在数据应用方面，要建设大数据共享与分析平台，打破信息孤岛，推进跨部门、跨业务、跨系统的数据共享和集成应用，充分释放数据的放大、叠加和倍增作用。按此思路，塔里木油田持续推进数据湖建设，已初步构建了数据共享生态。比如，在科研领域构建了"三共享四协同"科学研究新模式，资源应用由"分散"变为数据、成果、软硬件"三共享"，数据准备时间减少50%；研究模式由"单兵"变为跨专业、跨部门、甲乙方、前后方"四协同"，研究效率提高30%以上。

18.3.4　员工办公便捷高效

数字化油田建设最直接的感受就是给员工提供一个集成、高效、便捷的工作平台。目前，各企业普遍存在各种平台、各种系统、各种APP的情况，密码规则也不尽相同，员工办公需要多套密码、多次登录，极为不便。解决这些问题，是数字化建设最基本的任务。为此，塔里木油田集成科研、生产、经营、办公等100多个业务系统，总装成为智能线上协同工作平台——"塔油坦途"，并配套PC端、移动端，实现多系统集成应用、多专业数据共享、多场景灵活办公，让员工在一个平台上就能查阅各种数据、办理各种公务，打造了个人工作间。

思考和建议

推进数字化转型智能化发展，关键是跟上数字化时代的发展脚步，在思想深处融入数字化发展的理念，行动上积极培育"数字员工"。特别是业务部门和基层单位要自觉开展数字化，积极投入数字化建设和运营，真正把数字化作为企业提质增效、高质量发展的长远举措，用数字化激发企业的创造力，真正实现价值增长和企业成长。

第 19 章　科技管理体制建设

体制机制是创新的活力之源。一个好的科技创新体制能够有效汇聚创新资源，充分激发创新的巨大潜能。面对日益复杂的勘探开发对象，油气田企业要通过构建自主开放融合的科技创新体系，让机构、项目、人才、资金都充分活跃起来，形成科技创新的强大活力。

19.1　坚持开门开放搞科研

新一轮油气技术革命加速推进，石油行业仅仅依靠内部研发资源进行高成本的创新活动，已难以在日益激烈的竞争中取胜。油气田企业提升自主创新能力，实现科技自立自强，绝不是闭门创新，必须坚持"两条腿走路"，既要以我为主，又要开放合作，做到技术合作和自主研发统筹兼顾。

19.1.1　开放式科研体制的必要性

1. 科技创新正向多元化方向发展。

石油工业的发展史是一部跨界融合、多元化发展的科技创新史。一是石油内部各专业融合多元化，勘探与开发、地质与工程、工程技术之间融合式创新发展，带来了新的理论和技术创新。二是石油内外学科交叉多元化，石油专业学科与化学、数学、生物学、力学等学科交叉融合，推动石油行业全面进入跨学科、跨领域发展的全新时期。三是跨行业科技创新多元化，石油行业与信息、医疗、材料、航空航天等行业结合，推动新一轮油气技术革命加速推进。面对科技创新多元化发展，油气田企业需要建立开放融合的科研体系，构建创新生态系统，集聚创新资源要素，才能更好解决日趋复杂的勘探开发技术难题。

2. 油公司管理体制需要扩大开放。

油公司不搞大而全小而全，"少人高效"的特点决定了仅依靠自身科技人员做到全为不可能、做到全有不现实，必须坚持开放合作搞科研，健全完善开放式科研体系，深化与国内外知名院校、科研机构的合作，积极吸纳外部优势科技资源，不求所有、但求所用。同时，面对能源行业转型之变，石油行业竞争日趋激烈，国内外油公司加快绿色低碳转型和新能源产业布局，涉猎的领域越来越多，对科技供给的要求越来越高，加大开放合作的需求也越来越迫切。

3. 世界级难题需要世界级技术。

近年来，油气田企业面临着资源类型多样化、资源品质劣质化、开发条件复杂化、作业工况苛刻化等一系列挑战。油气资源从常规向非常规扩展，勘探开发对象越来越深，油气地质理论需要创新，开发理论技术需要突破，工程技术需要攻关，相关工具、装备、工艺已普遍由"标准区"转向"定制区"。这些挑战，没有成熟的经验可借鉴，也没有一个油气田企业能独立攻克。开放合作是一种途径，也是一种眼界，必须以全球视野谋划和推动科技创新，借助世界顶尖科技力量集智攻关。

19.1.2 开放式科研体制的内涵

1. 以我为主，把关键核心技术掌握在自己手中。

关键核心技术是要不来、买不来、讨不来的。客观讲，我们很多东西是从国外学来的、拿来的，现在用得很好，相安无事，可一旦形势发生变化，就可能被"一剑封喉"。开放不是附庸，不能让别人牵着鼻子走，要牢固树立以我为主的思想，加快核心技术攻关配套和卡脖子技术突破，形成适合自身发展需要的理论技术体系，确保关键核心技术自主可控。

2. 对外开放，集智优势科技资源为我所用。

一个企业有自己的能力极限。油气田企业直接面对油气勘探开发生产现场，存在科研人员数量和专业结构不均衡、科研条件平台不配套等问题，仅凭自身的能力不能解决生产实践存在的问题。这就需要加大对外开放力度，充分利用外部的高端人才和技术研发等优势资源，深化合作、联合攻关，提高科技创新效率和效能。

3. 融合创新，配套安全经济高效的核心技术利器。

无论是自主研发还是联合攻关，最终目的都是要形成配套完善的成熟技术。搞开放式科研要建立产学研用融合的创新模式，注重组装、集成、配套能力建设，通过引进、消化吸收、再创新，把别人的技术转化为自己的技术，把特色单项技术组装为成熟配套的技术体系。

19.1.3 构建开放式科研体制的重点措施

1. 建设高水平的科技创新平台。

科技创新平台是联结各种创新力量的桥梁纽带，在产业创新支撑、科技人才培养、创新要素聚集等方面有着重要的虹吸效应。搭建一个高水平的科技平台，能够带动各类创新要素广泛聚集，进而构筑多边、开放、富有活力的创新生态。

科技创新平台包括多种类型，油气田企业的科技创新平台主要是重点实验室、技术研发中心。实验室的建设应围绕科研、生产需求，打造"世界一流、特色鲜明、联合共建、开放共享"的生产研究型实验室，提高原始创新能力。技术研发中心建设应立足于打造产学研用一体化的创新平台，联合国内外知名科研院所协同攻关。为更好发挥研发中心筑巢引凤作用，可搭建"中心—分中心"的模式，把"牌子"挂在企业，让人员分布在全国各地，更好吸引国内外高水平研发机构和高端人才。

油气田企业要特别注重实验室的建设，没有强力的实验室支撑，是不可能搞创新的。美国是世界上最强大的实验经济国，1900年至今，75%的诺尔贝奖在美国产生，因为它有庞大的创新物质基础。我国未来几年内一个重要的政策导向是推动科学城体系的形成，为企业提供现代化的实验室体系。油气田企业要提前动手，针对勘探开发的特点难点，加快建设基础实验室和特色工程实验室。

2. 建设稳定的创新联合体。

创新联合体是发挥企业出题者作用，推进重点项目协同和研发活动一体化的重要载体。油气田企业组建创新联合体应充分发挥合作方的优势，形成优势互补的创新联盟。

一是与国内外一流高校建立基础研究创新联盟。高校在油气地质、油气藏开发、工程技术等基础研究领域具有专业优势，与其合作应侧重基础理论技术研究、前沿技术储备攻关以及"卡脖子"技术研发。

二是与国内外一流科研院所建立关键技术攻关联盟。科研院所在理论与技术结合、科研与现场结合等应用型创新方面优势突出，与其合作应侧重综合地质研究、关键技术攻关与现场试验。

三是与国内外油服公司建立新技术配套应用联盟。油服公司的优势是熟悉勘探开发现场，能够根据油气田企业的生产需求及时研发配套新技术。与其合作应侧重于新技术、新工艺、新设备集成配套与国产化，推动装备技术升级换代。

3. 营造良好的创新环境。

构建开放式科研体制，重点是构建开放的、宽松的科研环境，应着重从以下三方面做工作：一是选贤任能。推行"揭榜挂帅""赛马制"，打破身份、学历等界限，在全球范围遴选优秀领军人才，突出"大项目、大难题"，体现"高水平、高价值"，谁能干让谁干、谁能干成让谁干，真正让有能力的人担纲领军攻关重任。二是拴心留人。对引进的知名专家和领军人才，可实行协议工资制、灵活工时制、异地办公等特殊政策，确保人才聚得来、引得进、留得住；对战略科研承包商，要把他们当成企业的一分子，创造更多便利条件、更好工作氛围，积极推进思想融合、管理融合、队伍融合、文化融合，增强他们的主人翁意识。三是松绑减负。建立崇尚科技创新、宽容创新失败的机制，对因不可抗力或不可预见因素导致创新失败的要予以免责；赋予项目经理路线决定权、经费支配权、成员选择权，保障项目经理主导作用和项目组主体地位；精准制定科研人员减负措施，保障他们 80% 以上精力用在科研上，决不能让科研人员把大量时间花在与科研无关的种种活动上。

19.2 以问题为导向组织科技攻关

问题是创新的源头，也是创新的动力源。抓创新必须把解决问题作为根本目的。科技攻关要突出生产导向、问题导向、效益导向，做实科技发展规划、突出科研项目管理、强化科技攻关保障，提高科技攻关质效。

19.2.1 面向发展需求系统布局关键核心技术树

顾名思义，技术树是指展现技术发展路径的树形图，其作用是明确技术发展现状和攻关方向。布局技术树实际上就是制定科技攻关的施工图和路线图。首先，要聚焦发展需求，梳理出必须拥有、不可或缺的关键核心技术，并将各项技术细化到最小单元，确立攻关的方向和重点。其次，要开展技术评价，按探索储备、攻关突破、配套完善、推广应用等层次标定技术成熟度。在此基础上，统筹制定技术培育计划，努力实现前沿技术加快储备、关键技术持续突破、成熟技术集成应用。塔里木油田系统梳理了深层超深层高温高压复杂油气藏开发技术树（图 19-1），共 4 个大项 13 个小项 55 个单项，绿色为探索储备技术，黄色为攻关突破技术，棕色为配套完善技术，红色为推广应用技术。

19.2.2 面向生产需求加强项目全过程管理

1. 建立生产现场发现问题立项机制。

选题是科技创新的第一道工序，也是关键环节。应坚持问题导向、强化需求牵引，现场需要解决什么问题就立什么项目，严格立项把关、精准设立项目，做到与生产联系不紧密不立项、问题分析不清晰不立项、考核指标与应用目标不挂钩不立项。

科技项目立项还应实施分级分类管理，统筹好国家、集团公司、专业分公司、油田四级项目，做到大问题、大立项，小问题、小立项。比如，基础性、战略性问题及关键核心技术攻关等要积极争取国家、集团公司的专项支持，新技术配套应用、重大技术现场试验等，可在专业分公司和油田层面立项解决；小发明小改造等小问题，基层单位可自行立项解决。

2. 突出研究生产一体化过程管理。

实施阶段是科技项目全过程管理的重点和核心，需重点抓住三个关键：一是抓技术路线制定，明确攻关思路，细化研究内容，优化考核指标，突出技术增量和应用增量，从源头解决科研与生产脱节的问题。二是抓人员组织，组建好科研团队，尤其是

油气田企业管理

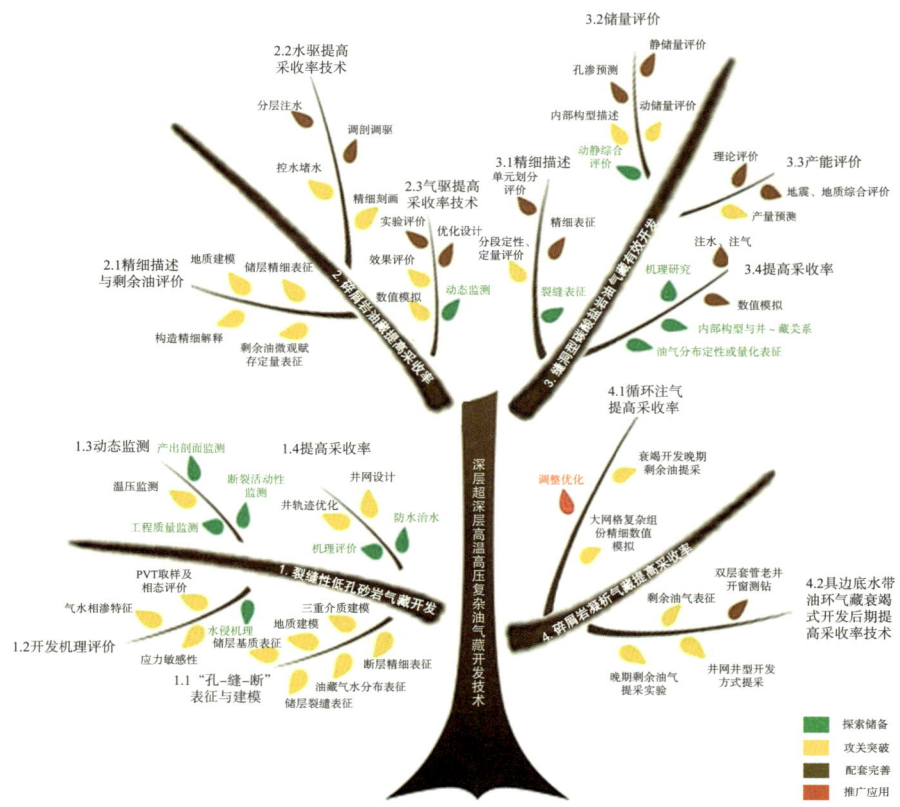

图 19-1　塔里木油田深层超深层高温高压复杂油气藏开发技术树

外协项目要优选能够长期扎根现场、人员相对稳定的队伍，否则就难以形成接地气、有效解决现场问题的成果。三是抓跟踪检查，明确阶段任务目标和风险管控措施，发现问题及时调整，同时研究过程要与生产结合，在研究中应用，在应用中完善。

3. 严格科研项目验收评价。

很多时候，科技项目的验收与评估基本上是借助于专家的知识和经验，缺少一套行之有效的验收指标体系和评估规则，项目验收评估的过程规范和结果随意性较大，容易流于形式、走过场。在验收组织上，公平公正做好专家的遴选工作，建立项目验收专家库，真正让学术造诣深、责任心强的专家参与验收。在验收标准上，突出成果创新性和实用性，不以论文数量论英雄，重点要看定了多少井位、增加多少产量、产生多少效益等生产应用的实际效果。

19.2.3　科技攻关保障

1. 建立运行高效的组织体系。

科研组织的生命力构筑在自身组织力之上，科研效能的提升要靠高效的组织体系去实现。油气田企业提升科研组织力应重点做好两个层面的工作。

决策层面,要让"听得见炮声"的人来做决策。油气田企业一般都设有科委会及专业分委会,应让首席专家、企业专家成为委员,发挥专家技术把关和决策咨询作用,使委员会真正成为学术机构。

组织层面,要让创新成为企业的全员行动。创新不只是专业部门的事,需要全员参与,应坚持专业性创新与群众性创新相结合,建立三级联动的组织体系。具体是:科研单位侧重自主创新,加强基础研究和关键核心技术攻关;生产单位侧重集成创新,做好技术成果的试验、推广和应用;基层站队、班组、创新工作室等侧重大众创新,让小发明解决生产问题。专业性创新与群众创新要互动,前者要指导后者,把基层的小改小造标准化、规范化、成型化,后者要为前者提供灵感,启发思路,使创新成果更实用。

2. 保持稳定科技投入。

科技创新是"烧钱"的行为。美国之所以是科技创新大国,是因为有大量的资金支持。我国也在加大科技投入,不断提升研发投入的强度。2021 年我国全社会研发经费投入达 27864 亿元,研发经费与国内生产总值之比达到 2.44%,已逼近经济合作与发展组织国家疫情前 2.47% 的平均水平[3]。企业作为创新的主体,要把科技投入放在优先保障的位置,坚持投资再紧也不能紧科研,通过多渠道争取、多方式筹集,保障科研投入刚性增长,必要情况下可探索引入社会资本解决科技创新资金问题。科技投入既要保障好、更要使用好,在资金分配上要突出轻重缓急,保障基础研究、技术研发、成果转化推广等投入比例,提高资金利用效率;在经费预算上要突出精打细算,建立项目经费预算审查制度,科学定额造价,实行全成本预算、全成本核算。同时,还要用好国家研发费用加计扣除政策,依法合规减税降费。

3. 打造高水平科技人才队伍。

人才是创新的根基,没有人才一切归零。目前,各油气田企业大都把人才作为企业的发展战略,初步形成了一支规模不断壮大、素质逐步提高、结构日益优化的科技人才队伍,但也普遍存在科技人才队伍结构性问题,特别是高精尖领军型人才匮乏,导致基础研究和原始创新能力薄弱,缺乏引领行业发展的原创技术。领军人才具有引领和带动作用,一个杰出的领军人才往往能够带动一项重大技术的突破,乃至一个学科、一个产业的兴起。油气田企业管理者一定要把人才队伍建设,特别是领军型人才队伍建设放在重中之重的位置,一方面要培养一批从事基础研究的石油科学家,引领公司未来发展进行"久久为功"的科学探索和理论创新;另一方面要培养一批从事技术攻关和转化的工程技术专家,支撑当前进行"快速突破"的技术攻关和工程科技创新。

---

[3] 张翼. 2021年我国研发经费投入强度创新高[N]. 光明日报,2022-1-27(10).

19.3 把科技成果转化为现实生产力

科技是第一生产力,但真正发挥科技第一生产力的作用,还要经历一个转化的过程。油气勘探开发科技成果转化有其自身特点,如何实现科技成果的产业化、有形化,更好支撑增储上产和经济效益增长,始终是科技创新的出发点和落脚点,也是管理者应该关注和思考的重点。

19.3.1 科技成果产业化

科技创新绝不仅仅是实验室里的研究,能转化应用的创新才是有意义、有价值的创新。油气田企业搞创新成本高、风险大,不能让成果束之高阁,为此要重点解决好三个方面问题:一是解决技术本身的问题。研发与生产之间要注重协同布局,研究单位与生产单位之间要互相延伸,建立"接力棒"式的成果研发、应用转化模式,尽可能提高技术成熟度和适用性,让科研成果好用、生产单位敢用。二是解决转化渠道的问题。畅通渠道是成果推广应用的关键,可建立企业内部、系统内部、系统外部三种路径,对于基础好、成熟度高的科技成果要加快推广应用,最大限度实现技术价值,对于标志性重大技术成果要及时推进有形化、标准化和集成化,把技术变成专利,把专利变成产品,为系统内部共享和对外许可实施奠定基础。三是解决使用积极性的问题。对科技成果转化做出贡献的单位及人员,可按照有关政策进行转化创效收益提成或分红,同时可探索成果转化创效回享机制,将部分创效收益建立科技成果转化基金,实现科技成果转化创效投入产出的良性循环。

19.3.2 科技成果有形化

科技成果有形化是科技创新链上至关重要的环节。作为市场化应用的桥梁,一项技术研发出来后,只有通过有形化才可传承、可推广。一般来讲,油气田企业技术有形化主要有高质量的知识产权和高等级的科技成果两个载体。

1. 高质量知识产权的创造和保护。

知识产权作为企业的"命门",是提升企业核心竞争力的关键要素。国内外大型企业都非常重视知识产权的创造和保护,比如华为公司,正是拥有了5G、光传输、光智能等高价值的专利,才能突破被封锁的困境,并在行业内拥有越来越多的话语权。客观地讲,油气行业目前还存在不少"卡脖子"问题,一些勘探开发关键技术受制于人,同时也存在核心技术空心化的问题,一些先进实用技术缺少高质量的知识产权。要实现核心技术自主可控,必须高度重视知识产权的创造和保护。

知识产权如果不能形成价值,就是成本。知识产权的创造要摒弃唯申请量、授权量、发表量的思维,由"以量取胜"向"以质取胜"转变,防止产出大量低价值专利、软件、文章等，增加企业成本、占用企业资源。实现这一转变，首先要通过专利导航工作，确定核心技术知识产权的布局，在此基础上开展针对性的培育和挖掘，努力创造高质量的知识产权成果。对于授权专利要进行动态评价，实行分级分类维护和有序放弃，提高有效发明专利占比，实现专利申请、授权、维护的高质量保护。

2. 高等级科技成果的培育和策划。

高等级的科技成果是企业创新能力和创新效果的综合体现。高等级的科技成果，既要有过硬的实物成果，也需要精心的组织策划。所谓的实物成果，就是要通过科技攻关形成重大理论技术创新，能够产生实打实的应用效果，带来勘探的大突破、产量的大增长、效益的大提升，这点是基础、是前提。所谓的组织策划，就是不仅要会干，还要会总结，要注重勘探开发创新成果的总结提炼，及时上升为地质理论认识和工程技术体系，高质量、成体系地组织好论文论著发表、专利申请、技术标准制定等工作，同时配套做好高端学术交流、主流媒体宣传，营造外部氛围，扩大科技成果影响力。

科技成果奖励申报也要讲究策略，需要从顶层设计谋划，构建一个从企业级奖到省部级奖再到国家级奖的"金字塔"培育架构（图 19-2）。企业级的科技奖励要优化奖励结构，突出优中选优，提高特等奖、一等奖的成果质量，打好高等级成果培育的基础。省部级的科技奖励要统筹好省市区、石油企业、行业协会等不同渠道的奖励申报，确保成果"不打架"，形成多渠道、多专业、多奖种的成果布局。国家级科技奖励要成立工作专班、充分发挥专家咨询作用，及时开展成果的总结提炼、鉴定评价，做好相关申报工作的组织，努力提高申报成功的冲击力。

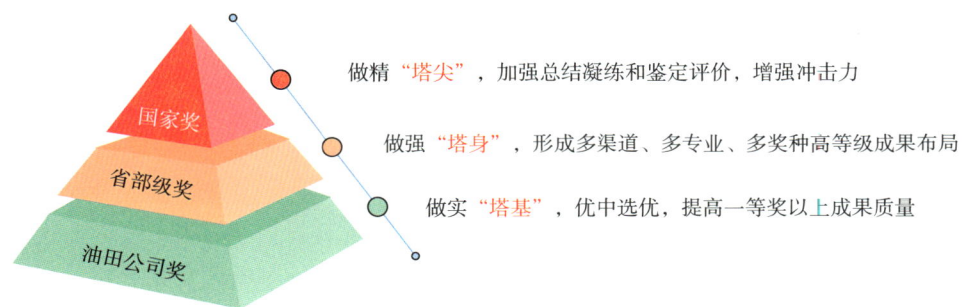

图 19-2 高等级科技成果"金字塔"培育架构图

思考和建议

当今时代是技术创造财富的时代，对于个人来讲，谁拥有技术和知识产权谁就将拥有财富，对于企业来讲，谁占领了科技的制高点谁就掌握了发展的主动权。企业管理者一定要牢固树立科技是第一生产力、创新是第一动力、人才是第一资源的理念，把创新摆在全局发展的核心位置，把发展的基点牢牢建立在创新之上。

搞科技创新要充分调动创新积极性。过去大型知识产权都是国家、企业或机构所有。国家可探索制定相关制度，允许公职人员拥有知识产权及产权收益的合法化，从根本上解决好创新工作动力问题。油气田企业应配套完善人才培养使用、科研成果转化、精准奖励激励等政策，让科研岗位成为最有价值、最具吸引力的岗位，让科研人才名利双收。

第四篇
生产经营管理

管理是企业永恒的主题。什么是管理？大而言之，就是合理配置人力、物力、财力，做到人尽其才、物尽其用，使有限的资源产生最大的效益；小而言之，就是每一项工作、每一项操作都要从经济的观点出发，以最少的投入获取最大的产出。油气田企业具有高投入、高成本、高风险的特点，在油气市场频繁震荡、产业结构加速调整的新形势下，必须通过管理的创新和强化实现高质量发展。戴厚良院士提出，要在"经营上精打细算、生产上精耕细作、管理上精雕细刻、技术上精益求精"的"四精"管理理念，把精益管理、止于至善作为管理提升的永恒追求，注重质量效益和价值创造，推动企业由生产型向经营型转变。

　　企业管理没有固定的模式，也没有最好的模式，管理提升永无止境。实现高效能的管理，关键是通过深化改革理顺管理体制，健全工作机制，把精益管理贯穿生产经营全过程，重点强化以发展为核心的投资管理、以价值创造为核心的财务管理、以效能提升为目的的运营管理，实现各项资源的优化配置。本篇介绍塔里木油田"油公司"模式的改革实践，以及生产运行、投资管控、财务管理、绩效管理等重点领域的一些理念和做法。

第 20 章　建立高效的油公司管理体制

管理体系是保障企业运行的基本制度设计。一个高效的管理体系既要遵循业务发展的基本规律，又要适应内外部环境变化，高效配置业务链的各类资源和要素，保障企业规范高效运行。

20.1　油公司模式是油气田企业管理发展的方向

20.1.1　油气田企业管理模式

我国油气田企业的管理模式按时间轴大体分为两种模式，即会战模式和油公司模式[1]。

会战模式（20 世纪 50 年代初至 80 年代中后期）。该模式的特征就是通过一体化运作，集中力量办大事。这一时期，中国石油企业完全依靠会战模式组织生产，企业要建立物探、钻井、测井、地面工程建设、石油装备制造，以及教育医疗等后勤保障队伍，形成了"大而全、小而全"的运作模式。这种会战模式是新中国石油行业自力更生、艰苦奋斗的真实写照，适应了当时国民经济基础薄弱的实际，最大限度地调动了全国石油战线的力量，发现并快速建成了大庆、胜利等一批油田。

油公司模式（20 世纪 80 年代中后期至今）。该模式是石油企业在具有专业化队伍和社会化分工基础后的必然选择。一是通过会战，逐步培养起了一系列专业化队伍，具备了进行社会化、专业化分工的前提条件。二是我们逐步接触到埃克森美孚、壳牌、BP、道达尔等西方石油公司的运作模式，同样体量的油公司，西方员工数量只有我们的 1/10，但效率和效益远远超越国内油公司，这是尝试建立油公司模式的重要推动因素。三是改革开放背景下，石油行业顺应潮流从计划经济向市场经济转变。"大而全、小而全"模式成为制约企业发展的负担，尤其是在低油价下反映得最为明显。

---

[1] 张占平. 中国特色油公司模式的演变历程与启示[J]. 国际石油经济，2016（4）：23-28.

20.1.2 油公司模式的形成与发展

1982年，为多元化发展我国的石油工业，成立了中国海洋石油总公司，1988年，撤销石油工业部，成立中国石油天然气总公司，我国石油工业开始步入油公司模式。发展大致经历了三个阶段。

第一阶段：油公司模式探索阶段（1985—1999年）。标志性事件为1982年的中国海洋石油总公司成立和1989年的塔里木石油会战，一个是在海上，一个是在陆上。塔里木新型石油会战不搞"大而全、小而全"，采用"新体制、新技术，高水平、高效益"的"两新两高"油公司模式，首次尝试陆上石油勘探开发实行甲乙方合同制，经过十余年的实践，形成了较为高效成熟的油公司模式。

第二阶段：油公司模式全面推行阶段（1999—2018年）。为适应境外上市公司的需要，围绕提升石油行业市场竞争力，对上游板块石油采掘行业进行"脱胎换骨式"改造。在体制上，将油气核心业务重组上市。在机制上，按照外部市场化、内部集约化的要求，建立以资产经营、目标成本控制为主的管理机制。标志性事件为2000年中国石油天然气股份有限公司、中国石油化工股份公司在香港和纽约上市，国内油气田企业全部实施主辅分离。

第三阶段：深化油公司模式改革阶段（2018年至今）。中国石油行业全面深化新型油公司模式探索，以质量效益和可持续发展为导向，加强经营管理，严格控制生产成本和投资规模，加速处置低效资产，加快产业转型升级步伐。标志性事件为2018年年底中国石油发布了推进油公司模式改革的指导意见，掀起了新一轮油公司模式改革浪潮。这轮改革主要解决油气田企业面临的辅助业务规模大、竞争力不强，老油气田企业用工规模大、人工成本高、劳动效率低等深层次矛盾和问题。2020年，中国石油发布了关于推进公司治理体系和治理能力现代化的指导意见，确立"四个坚持"兴企方略（坚持高质量发展、坚持深化改革开放、坚持依法合规治企、坚持全面从严治党）和"四化"治企准则（专业化发展、市场化运作、精益化管理、一体化统筹），重点完善公司治理的结构、党建、组织、监督等体系，配套健全相应的制度体系和运行体系，着力构建与现代化经济体系和高质量发展要求相适应、具有中国石油特点的治理体系，推动制度优势更好地转化为企业治理效能，为打造油公司模式升级版、建设世界一流企业提供了有力保证。

20.1.3 油公司模式的特点

油公司模式主要有三个方面的特点。

一是不搞"大而全、小而全"。坚持市场化运行、合同化管理、专业化服务、社会化依托，将物探、钻井、油建、辅助生产、后勤服务等业务交给专业化服务队伍，聚焦发展油气主营业务。这一点在塔里木油田得到了全面贯彻和落实，历届领导班子任何情况任何条件下都不走回头路，不断推进辅助业务市场化社会化，先后剥离移交或退出了炼化业务、钻工具服务、"三供一业"等业务，实现了业务发展归核化。

二是推行甲乙方合同制。实行以项目管理为基础、以合同契约为纽带、全方位监督为手段的甲乙方管理体制，在全国乃至全球范围内招标选用队伍，充分发挥现代大生产专业分工与协作的优势，不断提高劳动生产率。塔里木油田在长期发展和合作中，甲乙方已成为唇齿相依、同舟共济的经济共同体和命运共同体，比如勘探公司钻井队总数由会战之初的 46 支发展为 91 支，产值由 3.7 亿元增加至 90 亿元。

三是采用"少人高效"的管理运行机制和开放协同的技术创新体系。坚持把人力资源重点投入勘探开发和科研上，运用信息化智能化手段和现代化的管理方式，持续推进扁平化管理和高效运作。坚持开门开放搞科研，建立甲乙方、内外部紧密结合的开放式科技攻关体系，集中甲乙方资源和力量进行攻关。

20.1.4　对油公司管理模式的思考

近年来，随着内外部形势的变化，如何坚持和发展油公司模式、保持体制机制优越性，迫切要求管理者与时俱进、守正创新，塔里木油田针对新形势新变化新问题，提出了"十四个既要也要"的原则，丰富了"两新两高"内涵。

关于新体制，企业良性发展不是追求体制的"新"，而是需要体制的"好"，适合油田发展的"好"体制应该解决以下问题：一是既要甲方用工少，也要乙方队伍精干。以塔里木油田为例，甲方用工在 1 万人左右，乙方承包商 700 余家、3 万余人，如果经营承包模式不科学，不能提高整体效率效益，经营管理也不能说是高水平。二是既要解决好发展问题，也要处理好稳定问题。稳定是发展的前提基础，发展是稳定的有力保证，好体制必须同时兼顾好发展和稳定。三是既要解决好员工的问题，也要解决好子女的问题。油气田企业多处在边远地区，就业市场不发育。油气田企业要多渠道解决子女就业和教育的问题。四是既要管住甲方，也要管住乙方。甲乙方没有行政隶属关系，只有推进融合式管理，把甲乙方都管住管好，才能将"一家人、一盘棋、一起干"落到实处。五是既要解决好旧体制下收入低的问题，也要解决好新体制下收入不能降的问题。坚持做大薪酬总盘与优化内部分配共同作用，在员工收入稳定增长的同时，逐步解决塔西南员工（旧体制）与库尔勒本部员工（新体制）收入差距问题。

关于新技术，塔里木油田地质情况复杂，地面环境恶劣，勘探开发面临一系列世界级难题，需要科学技术来解决。一是既要用好新技术，也要评价好新技术。一项好技术首先要能够带来经济效益，不能增加效率效益的技术，再新再高也只是"花拳绣腿"。二是既要研发好新技术，也要推广好、应用好成熟技术，就是既要做足技术储备，增强油田发展的内生动力，又要大力推进成熟技术的规模化应用。三是既要开展好技术合作，也要自主研发好核心技术。就是既要加强联合攻关、积极引进先进技术为我所用，又要强化技术创新能力，把核心技术掌控在自己手中。

关于高水平，一是既要甲方管理水平高，也要乙方管理水平高。特别是在安全生产方面，现场管控能力反映综合管理水平，一方的短板，就是整体的短板。二是既要主营业务管理的高水平，也要生产辅助业务管理的高水平。国内油公司往往重主业、轻辅业，在辅业上投入的精力少，导致辅业精细管理不够、服务能力不强。三是既要勘探开发技术水平高，也要勘探开发指标水平高。高水平的技术要带来高质量的发展，充分体现在油气田具有一流的开发指标上。

关于高效益，一是既要油田有较高的效益，也要带动地方经济的发展。油田在履行好经济责任的同时，也要履行好社会责任，搞好油地关系，坚持共建共享，实现共同发展。二是既要企业有较高的效益，也要员工有较高的收益。油田发展成果一定要惠及干部员工，特别是提高一线员工收入，实现企业与员工共同发展。三是既要甲方有较高的效益，也要乙方有较高的效益。如果只有甲方效益高，承包商却大面积亏损，会造成承包商队伍员工频繁变更、能力素质参差不齐，也间接给安全生产埋下隐患，这不是中国特色油公司的追求目标。

"十四个既要也要"，虽然是塔里木油田针对当时管理现状提出的，但在油公司模式改革和发展中具有一定的普遍性。新时代、新环境、新形势下，油气田企业必须跟上时代步伐，不断审视和研究解决存在的深层次问题，持续完善油公司模式。

20.2 打造油公司模式升级版

20.2.1 改革是解决发展问题的根本措施

近年来，国际形势错综复杂，国际油价大幅波动，对油气田企业经营管理和可持续发展提出了更高要求。油气田企业由于历史原因，普遍面临着"三低（辅助业务低端化、科技贡献低、经营机制传导效率低）、三大（老油气田稳产难度大、新油田效益开发难度大、投资需求大）、三高（折旧折耗高、人工成本高、原油完全成本高）、三多（管理层次多、组织机构多、人员多）、三重（保供责任重、安全责任重、稳定责任重）"等深层次矛盾和问题，制约着企业发展[2]。塔里木油田虽然在陆上率先采用油公司模式，但在发展中也面临着一些列问题，如管理体制不健全、管理层级多，基层管控能力下降、市场化机制不完善、承包商管控不到位等，部分领域与

---

[2] 饶瑞久. 关于"油公司"模式改革的探索与实践[J]. 北京石油干部管理学院学报，2021（1）：19—23.

行业先进对标存在较大差距。类似的问题在老油田同样存在，可能积弊更深。无论老油气田还是新油气田，都需要通过深化改革，来解决企业面临的深层次矛盾和问题。

20.2.2 优化勘探开发组织方式是油气田企业改革的重点

勘探开发是油气田企业的核心业务，如何高效组织勘探开发直接关系到油气田企业的效率效益。

勘探通常采用项目化管理方式。目前，物探、地质研究、钻井等勘探工作基本上都采用项目管理的组织方式，由勘探管理部门统一部署、统筹安排，项目部负责具体组织实施。实施过程中要注重推进勘探开发一体化，做到勘探与开发有效衔接。

油气田产能建设必须实施集中统一管理。2018年前，塔里木油田新油田建设（钻井与地面工程）由采油厂（采油气管理区）组织实施，存在职能分散、管理力量不强、专业化程度不高、资源配置效率低和产能建设质量和效率不高等问题。特别是地面工程建设、钻完井工程方面的人才较为紧缺。为此，集中管理产能建设，统一组织实施地面建设项目和钻完井项目，实现新油田的高效建设。

开发生产的管理推行扁平高效的组织方式。目前，油气田企业中普遍存在管理层级多、管理机构多、市场化程度低、人工成本高、劳动生产率低等问题。油公司应实行采油气管理区（作业区）的扁平化组织形式，运行维护类业务实施区域一体化和专业一体化的外包模式，依托数字化信息化技术，精简管理层级，减少甲乙方用工。

20.2.3 塔里木油田改革实践

2018年以来，塔里木油田创新发展"两新两高"工作方针，聚焦勘探开发主营业务，全面深化改革，打造油公司模式升级版。

勘探改革：强化勘探管理，适应大盆地大勘探大发展的需求。2019年7月，成立资源勘查处，按照管理、投资、标准、流程"四统一"原则，全面加强勘探管理。创新勘探组织模式，组建两支力量搞勘探，一支由资源勘查处负责，集中精力加强新区新领域风险勘探，寻找油气资源战略接替区；另一支由开发处负责，推行评价建产、滚动勘探一体化，组织成熟区带精细勘探。同时，建立完善勘探开发一体化工作机制，成熟区探井钻探成功进产能建设投资，腾出更多资金搞风险勘探；工作成果由勘探、开发共享，有效调动勘探、开发两支力量找储量、建产能、增产量的积极性和主动性。四年来，累计获得4个重大发现、36个预探发现，落实一个10亿吨大油区、两个万亿立方米大气区，油田迎来新一轮勘探大发现、储量大增长。

产建改革：专业化集中管理，高效建产。改革前，油田钻完井、地面建设的职能分散在四个不同的采油气单位，人员、管理和技术力量难以统一调配，资源配置与工作量严重不匹配。2018年7月，整合分散的钻完井和地面建设力量，组建产能建设事业部，负责地面工程项目建设和开发井的钻完井工作。让专业的人干专业的事，建产效率显著提高，在人员减少110人的基础上，年均新建产能规模比改革前提高了67%。

生产改革：精简管理层级，管理重心前移。改革前，开发生产单元有5个事业部（开发部），下设13个三级特类作业区，管理层级多，管理幅度大，管理难度大。2019年1月，优化开发生产组织模式，成立9个油气开发部，实现了"四个转变"：一是组织模式转变，精简三级管理为二级管理，二级单位直接管到基层，提高工作效率；二是管理职能转变，将主要生产指标及矿权划至各油气开发部，基层成为产量、效益、矿权管理的责任主体；三是人员结构转变，前线人员比例由改革前的60%提高到76%，强化了前线现场管理力量；四是工作重心转变，建立执行1/3班子成员、1/2技术管理骨干前线硬值班制度，领导干部靠前指挥、靠前管理，前线成为指挥中心、协调中心、决策中心。

监督改革：推行总监负责制，构建大监督管理格局。建立一支专业化、职业化的监督队伍，是油公司加强质量安全环保管理的通用做法。2019年8月，油田整合钻试修监督、测井监督、HSE监督、地面工程质量监督力量，成立监督中心，将分散的监督资源统一管理。在此基础上，2021年压缩管理层级，优化管理幅度，推行区域总监负责制，总监代表油田全权负责区域监督管理，与业主单位合署办公、协同工作、联合考核，现场监管能力和水平大幅提升，丰富完善油公司管理模式。

塔西南改革：塔西南公司是按会战体制建立起来的老油气田，历史遗留问题多、业务结构不合理、用工总量大、经济效益差。2018年11月，专题研究塔西南发展问题，开展了系列业务结构和组织结构调整。一是针对炼化装置产能规模小、能耗成本高、安全环保隐患较多、经营连年亏损严重等问题，下决心退出塔西南炼化业务，稳妥分流1363人，年均减亏3.6亿元，彻底止住了"出血点"、消除了安全隐患、盘活了人力资源。二是整合业务单元，大力压缩生产辅助、后勤服务业务，塔西南公司直属单位从17个减少到12个。三是开展"大部制"改革，撤销塔西南机关内设科室，全面推行岗位管理，取消直属机构、附属机构设置，共核减处级机构1个、科级机构46个。四是加强维稳管理，将3个二级副机构整合为1个二级正机构，形成维稳工作合力，适应新形势下的维稳工作要求。塔西南公司的油公司改革实现了主营业务大发展、创效能力大提升，四年间油气产量从283万吨增至646万吨，营业收入增长88%，员工总量减少34%，全员劳动生产率提高2.8倍，一个老油气田重新焕发了青春活力。

辅助业务改革：瘦身健体，实现业务归核化。塔里木油田虽然成立时就采用油公司模式，但由于历史、地理和社会环境条件限制，仍然保留了部分生产保障业务和后勤服务业务。2019年以来，油田大力精简后勤辅助业务，剥离移交"三供一业"、医疗服务、退休人员管理等企业办社会职能，全面退出钻工具服务、编织袋服务等生产保障业务，重组整合行政—运输、矿区—维稳、消防—应急等同质同类业务，推动业务共享，生产保障单位从17家减到10家，促进了油田"瘦身健体"。

塔里木油田实施油公司模式二次改革，建立了主营业务突出、管理架构扁平、资源高度共享、管理运行高效、甲乙方队伍精干的油公司，有效解放和发展了生产力，进一步释放了高质量发展的动力活力，仅用不到1万人建成了3000万吨大油气田，全员劳动生产率达到360万元/人、百万吨用工减少至306人，主要指标达到行业领先水平。

20.3 油公司要选对用好承包商

承包商是油公司发展的主力军。油公司生产经营各项指标，相当程度上取决于承包商的能力素质、技术水平和服务质量。选对用好承包商，既要坚持市场化的原则，用好市场这只无形的手，以公平竞争实现优胜劣汰；又要防止"市场失灵"，用好监管这只有形的手，规范市场行为，维护市场秩序，营造健康的市场环境。通过"两只手"共同作用，在竞争中逐步培育战略承包商，打造与油公司目标思路方向高度互融互促的命运共同体。

20.3.1 承包商准入管理

建立承包商资源库，实行准入管理，是油公司的通行做法。勘探开发的巨大工作量，意味着对优质承包商的巨大需求，需要提前储备承包商资源，为选商、用商提供选择。同时，油气行业高风险的特征，决定了对承包商质量的高要求，需要建立完善准入制度，防止劣质承包商进入市场。

准入管理的核心是资质审查和能力评估。针对不同业务的需求和特点，分别建立完善审查评估标准，明确资质、人员、设备、技术、业绩、诚信等量化指标；组织技术、商务、法律等专业人员成立专家组，根据审查评估标准对相关要素进行审查。审查方式上，要突出资料审查和现场核查相结合，在常规资料审查的基础上，强化对人员素质、设备设施、技术适应性、管控能力等的现场核查，避免"纸上谈兵"，谨防"言之无物"。从油公司管理实践看，这一点尤为重要。

20.3.2 承包商选择管理

承包商的规模越小、实力越弱，需要的承包商就会越多，油公司的管理成本和管理难度就会越大。油公司倾向于选择规模大、实力强、服务优的承包商。实现这一目标，需要油公司做大发包规模，通过集中资格、框架协议、批量采购等方式进行集中发包（集中招标、集中采购）。基于对国内石油行业历史发展、技术特点和市场状况的分析，塔里木油田提出了"五步选商法"原则，即"中国石油内部、行业内国有、上市公司、行业内大公司、特色小公司"，同时大力推进集中招标，就是出于以上考虑。

承包商的选择，一般采用招标、谈判、询价等方式。以招标为例，说明如何做好承包商选择管理，实现承包商质量的源头管控。一是制定科学的规则（评审方法、评审标准），只有科学的规则才能产生科学的结果。规则要符合项目的实际，体现"择优"的目标，保证竞争性；二是组建公平的团队，有了公平的团队，科学的规则才能发挥作用。团队组成要反映评审的专业需求，要公平对待每个投标人，要严格遵守既定的规则；三是依托专业的机构，有了专业规范的程序，招标的质量和效果才能得到保证。

20.3.3 承包商使用管理

准入、选择，最终是为了使用，同时承包商的使用，又与评价、处理紧密相连，所以使用是承包商管理的核心环节。现代社会是契约社会，合同是油公司与承包商合作的纽带和依据。做好承包商使用管理，要注意几个方面：首先，要抓实合同编制，分专业建立完善合同文本体系，将管理要求转化为条款约定；其次，要抓实履约开始，严格核查承包商准备情况，确保投入满足要求；第三，要抓实监督管理，督促承包商严格按照合同条款实施项目。

承包商的使用，除了注重技术能力和履约表现外，还应注重发挥承包商的力量履行对当地的社会责任，鼓励承包商实施本地注册、本地雇佣和本地采购，解决当地就业，促进经济发展，让油田发展成果惠及当地，营造良好的油地关系。另外，也要注重发挥承包商的优势，用其所长助力油田发展，比如本地承包商更加贴近生产现场、熟悉当地环境、了解风土人情，有助于油地双方沟通交流和诉求协调，提高项目建设相关事项的办理效率。

20.3.4 承包商评价管理

承包商的优胜劣汰，离不开对承包商规模实力和业绩表现的综合评价。规模实力，主要评价承包商的强与弱。业绩表现，主要评价承包商的好与坏。承包商评价，一般采取综合打分法，根据评价要素的重要性，分别赋予不同的分值权重。基于打分结果，将承包商分为优秀、合格、观察使用和不合格四个等级，为分级管理、优化使用提供依据。

承包商评价不合格的，予以淘汰（取消准入资格，一段时间内不允许承接油公司项目）；观察使用的，予以停工整顿（整顿结果需经评估，评估合格前不允许承接油公司项目），或者予以末位淘汰。承包商评价得分应与承包商选择挂钩，让得分高的承包商有机会获得更多工作量，实现从"优胜"到持续的"优胜"，从而达到培育高质量战略承包商的目标。

20.3.5 承包商处理管理

承包商处理是承包商管理的保障机制。管理体系设计得再好，如果缺乏必要的惩戒手段，仅仅依赖承包商的自觉，也难以取得预期的效果。在准入、选择和使用的过程中，承包商有可能发生各种各样的违规行为，给油公司带来负面影响和后果，这就需要各种处理手段，预防和纠正承包商的违规行为。

承包商处理既是维护油公司利益的过程，也是树立明确市场导向的过程。要通过承包商处理，明确市场的底线和红线，对存在资质业绩造假、串通投标、发生安全环保事故等性质恶劣、后果严重违规行为的，坚决清出市场、纳入黑名单。对其他违规行为，要充分考虑市场状况，给予承包商整改和提升的机会，不简单地"一开了之"，根据违规行为的性质、影响和后果，匹配适当的处理手段。比如，塔里木油田对承包商的处理就包括告诫、通报批评、限期整改、停工整顿、支付违约金、暂停准入资格、纳入黑名单等多种类型。

思考和建议

油公司模式是一个优秀的模式，又不应是一个不变的模式，不能妄想"一招鲜吃遍天"。不同的企业有不同的管理特点，不同的发展阶段有不同的管理特征，需要适应复杂多变的内外部环境。油公司管理模式的发展优化，不是为了改而改，而是为了优而优，应坚持稳准原则和问题导向，深入调研、系统谋划，从理顺管理体制、健全管理机制两个方面入手，建立现代企业管理制度，以体制机制层面的共同发力、相互作用，促进油公司管控模式优化和管控能力提升，进一步激发内生动力和发展活力。

第 21 章　牢牢把握生产运行主动权

生产运行管理是油气田企业联系上下、协调各方的运行中枢，肩负上下游一体化统筹协调、产运储销全链条系统优化的重要责任。油气田企业管理者要十分重视生产运行管理工作。

21.1　科学精细组织生产运行

油气田企业受地理位置、工作对象、作业性质等影响，普遍具有点多线长面广、专业性强、流程复杂等特点，高效生产运行是管理的重点和难点，要抓好全过程精细组织管理。

21.1.1　生产运行特点

油气田生产运行管理具有全面性、衔接性、连续性、及时性、前瞻性、靠实性等特征要求，这既是生产运行的业务特点，也是对管理者的能力要求。

全面性主要是由油气田企业业务覆盖面决定的。油气田的生产运行管理，囊括了从勘探开发到地面处理再到外输销售的每一个环节，只要与油气相关的工作内容，都属于生产运行管理范畴。衔接性主要为油气田各业务间紧密连接、环环相扣、上下联动。生产不息运行不止，油气生产具有连续性，油气田企业的生产运行管理，尤其是在勘探开发方面，最忌讳的是非计划停钻、停井、停站、停运。生产运行工作停不得也等不起，但又不可避免地会遇到麻烦，及时性主要是指及时发现问题、及时处理解决问题，不因小问题引发大问题，不让局部问题上升为系统问题。同时，及时性也是衔接性、连续性的保障。前瞻性指的是油气田生产运行管理需要准确预判、超前部署，这一点在油气勘探开发部署和市场需求研判中体现得较为明显。靠实性主要是因为油气田企业的生产运行要对上负责、对外协调、对下指导，如果时间节点不靠实、数据质量不靠实、指令下达不靠实，将使生产运行陷入被动。

21.1.2　高效组织生产运行

油气田企业抓生产运行关键是严格计划管理，突出问题导向，强化责任落实，提高生产组织协调的效率。

一是严格计划管理。计划编制应坚持科学合理、超前研判。"科学合理"要求计划编制要实事求是，深入分析生产运行的客观规律，编制过程要与实施部门充分对接，确保可实施、能落实。比如，天然气保供工作既要毫无保留地提升供气能力，履行好政治责任、社会责任，也要坚持科学开发，如果保供计划不科学，不但任务无法完成，还会伤害气藏。"超前研判"要求准确把握当下局势，精准预测变化趋势，时刻关注生产运行现状、市场营销情况、上下游供求等，实现在宏观形势环境中的准确定位。比如，超前的市场研判，能够保障油气后路畅通，超前的价格预测可以指导增库降库，实现利益的最大化。

计划的生命力在于执行。要强化计划刚性执行，具体工作中要坚持抢先抓早、有序有效，推行工序目标节点控制法，各项工作早部署早动手早落实，存在问题早分析早预警早调度，以早抢得先机、赢得主动。就整个生产运行链条来看，越靠近链条前端的业务对整个生产运行计划的影响越大，抢先抓早的必要性越强。比如，在井位计划的运行上，塔里木油田一般在3月底前完成当年可实施井位部署的80%，6月底前全面完成；钻探组织一般3月底前开钻65%，9月底前全面开钻，并同步启动明年井位部署工作，12月底前完成30%的前期工作。将任务提前落实，让工作有序推进。

二是推行问题管理。及时发现问题、解决问题是生产高效运行的关键。生产运行的协调要用好问题管理机制，一切围绕着问题开展工作，协调跟着问题走、资源奔着问题去，始终把问题的及时有效解决作为工作的出发点和落脚点。问题管理最忌官僚主义、形式主义，机关部门与基层单位要互相负责，机关部门不当"官老爷"，主动转变作风，提高服务意识，深入一线协调解决问题，在解决基层问题上定了就干马上就办；基层单位要破除"等靠要"思想，反映问题实事求是，减少迟报漏报甚至错报瞒报，准确提供价值信息。

三是强化责任落实。生产运行中很容易出现推诿扯皮，需要建立权责明确、职责清晰的落实机制，在工作安排中将每项任务落实到具体单位、具体人员，确保各项工作层层抓落实、事事有人管、件件有着落。同时，要以考核激励倒逼责任落实，动态评价生产运行成效，加强评价结果应用，对行动迅速、措施到位、成效明显的单位和个人予以表彰奖励，对推诿扯皮、落实不力、效果不佳的进行追责问责。针对生产运行重点工作，要加大督促检查力度，全面掌握进度，及时协调解决存在的困难和问题，并建立红黄牌预警制度，及时纠偏调差，避免一步跟不上、步步跟不上。

21.2 推行以效益为核心的市场化营销机制

市场营销是创收盈利的主要途径，是保障后路畅通的关键环节，需要精细策划，以市场导向配置要素、组织经营、保障供应。

21.2.1　产销协同均衡生产

坚持以市场为导向，充分发挥产运储销一体化优势，根据市场变化及时调整产量规模和生产节奏，构建循环畅通、运行高效、引导有力的产销运作机制。

一是重视市场，把握好资源和市场的关系。在市场竞争条件下，若盲目追求生产，忽视下游市场的拓展，上游生产将陷入被动；若盲目追求市场，忽视了资源的开发，培育的市场就是一个空壳。油气田企业要转变重生产、轻市场的观念，增强围绕市场转的行动自觉，建立随市场转的生产运行机制，既要依靠资源优势赢得市场份额，又要依靠市场优势保障勘探开发生产，避免"有价无量、有量无市、有市难保"情况的发生。

二是培育市场，调整好生产和营销的节奏。油气田企业生产运行追求平稳高效，需要产运储销一体统筹，如果市场主体单一、市场活力不足，勘探开发生产节奏极易受到市场环境变化影响。需要积极地培育市场、开拓市场，提升紧急情况下销售与生产弹性，通过市场有效调节减少生产被动调节。塔里木油田地处南疆、远离下游主体市场，一旦下游需求疲软，就会面临关井限产，严重制约均衡生产和产能释放。2018年以来，在集团公司试点政策下，塔里木油田积极培育周边天然气销售市场，南疆市场占有率从72%提高到78%，畅通了销售渠道，以后路的畅通保障了生产增量。

三是经营市场，保障好油田和客户的利益。诚信是市场经济对企业的基本要求。油气田企业要坚持诚信经营，强化油气供应能力，提高对客户的服务水平。特别是在供小于求情况下，具备条件的企业可立足自产与外购两种资源，最大限度避免因季节性供气不足，造成客户停产、限产或间歇性生产。2019年以来，塔里木油田在冬季保供期间，积极加强外采联动，补充了冬季保供资源，保障了下游客户生产平稳，同时盘活了管道资产，有效发挥了管网优势、储能优势，为油田赢得了信誉、创造了效益。

21.2.2　分时分输密切联调

把握好营销工作的时和效，要根据不同时期市场供给端、需求端、资源端、价格端和竞争端的不同特点，优化营销组合策略。

一是推进数字化营销。用好信息化工具，深化市场数据的统计分析，加大市场趋势的研判力度，实时监控销量、价格、库存情况，为营销工作提供技术支撑。同时，不断完善定价分析管控机制，搭建与价格挂钩的产销动态调整模型，第一时间掌握市场信息变化和上游生产动态并及时提出应对策略，指导做好产销运行计划的提报工作。

二是动态优化库存。分时分输的重点是库存经营,需要把握库存动态优化与油价走势、市场供给能力的关系。高库存既增加运行压力、也增加跌价风险,同时给"两金压控"、自由现金流带来影响。日常运行过程中,要精细库存联动方案,确保整体效益的提升。高库存、高价位区间要"多产快出",多销售多创效;低库存、低价位区间要"均产慢出",少销售多补库。

21.2.3 分质分销提高价值

分质分销是一个系统工程,需要系统梳理上游资源供给、油气生产工艺、储运外输流程、下游客户需求等因素,激活"创效点",让高品质油品带来高效益回报。

一是厘清原油品质。按照质量标准,精细分析每一个区块的油品组分,厘清重质油、轻质油、轻烃、液化气构成比例,做好不同油品的分质分输工作。其中轻烃和液化气要坚持就地销售,能销尽销。2021 年塔里木油田销售液化气 44 万吨、轻烃 25 万吨,销售价格分别高于原油 174 元 / 吨、284 元 / 吨,实现了增收创收。

二是完善油气储运设施。储运设施的不断完善,是分质分销的前提,配套工作要做在前面。近几年,塔里木油田先后实施了塔中凝析油稳定及储运、气源改造、塔中和英买首站建设、塔里木凝析油优化配置、克轮线分质分输等工程项目,强化上游产品质控,提高轻质油占比,实现富气的深度挖潜利用。

三是抓好产品销售推价。首先,加强产品质量管理,认真落实产品标准要求,强化产品源头控制,确保销售的油品质量合格;其次,摸清客户产品需求,与下游炼化企业建立日对接机制,把客户的需求当作生产调度令,按照客户需求灵活调整产品工艺参数;最后,做好高质量产品的推价工作,确保产品按质计价,实现产品效益。

21.3 高度重视油地关系协调

油气田企业的开发建设离不开地方的大力支持。建立良好的油地关系不仅能够推动地方与油田互利共赢、协同发展,也能够有效提高生产运行的效率,为企业发展营造良好的外部环境。

21.3.1 "一把手"要真重视、真行动

为了油地关系的和谐发展,国内的油气田企业大都设有负责协调油地关系的机构部门,同时配套相应的制度办法。但其运行效果,有好有坏,管理上的深层次原因,是重视程度不同。油气田企业"一把手"领导本单位全面工作,无可厚非要将勘探开发、生产经营工作放在重要位置,但油地关系因其工作特性,也需要强化顶层设计、高位推动。

"一把手"要当好"指挥官"，紧密跟踪地方经济社会发展、政策环境、利益诉求等新动态新变化，全方面考虑加强改善地方关系的问题。比如，油田层面怎么搞、机关部门怎么做、基层单位怎么执行，如何通过沟通增强互信，如何通过合作实现共赢，如何通过发展更好履行政治经济社会责任等。同时，还要当好"外交官"，"一把手"需要亲自研究、亲自部署，更需要亲自推动、亲自落实，"企业再大也是企业，政府再小也是政府"，要摆正自身位置，准确把握油田与各级地方政府的关系定位，有理有据有节对外沟通协调，积极争取地方党委政府的理解和支持。

21.3.2　让沟通更主动、协调更有效

沟通协调贯穿于油地工作的全过程，是搭建高度互融油地关系的桥梁，主动沟通协调的意识必须根植于每一位油地工作者的心中。

一是不能单兵作战。油气田企业需要建立统一领导、归口负责、协同配合、共同参与的油地工作领导体制，分层级、分区域、分项目开展油地协调工作。油田层面为油地工作提供保障，研究解决制约油地发展的重大事项，向上争取支持政策，统一协调领导油地工作开展；专责机构负责跟踪探区范围内油地工作动态，牵头县级及以上地方政府走访交流，组织大型建设项目前期协调，统一政策、统一口径、统一标准，共享油地工作信息；规划计划、安全环保、财务企管等机关部门负责与地方政府的业务对接，并为基层单位提供技术、专业和法律法规方面的支持；基层单位重点负责县级及以下地方政府油地具体工作事项的办理，以全方位、多层次、立体式工作格局保障工作落实。

二是让挂职干部发挥作用。高度互融的油地关系需要抓在日常、走在经常，"无事不登三宝殿、事急临时抱佛脚"是工作中的禁忌。油气田企业一般工作区域大，比如大庆油田涉及海内海外，长庆油田横跨陕甘宁蒙，塔里木油田覆盖南疆五地州，战线长、协调难度大。选派干部到地方挂职交流是深化油地融合的新举措、培养锻炼干部的好途径，让挂职干部充分发挥桥梁纽带作用，以感情融合促进工作融合，主动加强与各级地方党委政府的沟通汇报，配合做好征地、安评、环评等工作，有利于把联系服务工作落到实处，全力推动油地双方实现改革发展共商、问题困难互助、各类资源同享，为油田高质量发展创造良好条件。

21.3.3　油地协调既要真情实意，又要真金白银

建立高度互融的油地关系，互相理解、互相配合、互相支持、互相信任是思想基础，需要带着感情、带着责任、带着惠地惠民的情怀开展工作。

真情实意要求我们换位思考，真真切切为地方着想，急之所急、解之所难，主动将油田发展融入地方发展大局，特别是处于民族地区、边疆地区的油气田企业，要充

分认识油地工作的特殊性，尊重民风民俗，坚持诚信办企业、真心搞协调，力所能及的事情一抓到底、坚决办好。同时，对外协调要坚持原则底线，按程序办事、按规矩办事，对地方诉求认真对待、审慎研究，不轻易做承诺，更不能开"空头支票"，不能答应不合规章制度、触碰依法合规底线的要求诉求，耐心细致做好沟通解释工作。

真金白银要求我们强化资金保障，油田层面要将油地关系作为一项重要任务予以优先保障，完善专项资金支出保障机制，优化资金保障结构，优先支持油地关系工作最现实、最薄弱、最紧迫的地区部门，不撒胡椒面、不搞大平均。同时，要建立健全严格的资金管理制度，规范资金列支标准和渠道，优化审批程序，提高使用效率，确保资金使用精准、合规、高效，特别是扶贫帮困、征地补偿、复垦补偿资金要专款专用，严禁挪用占用。

思考和建议

生产不息运行不止，生产运行的效率高低、质量好坏直接影响油气田企业的发展。生产运行管理，要坚持把工作做在前面，把问题摆在面上，主动谋划、主动协调、主动落实，特别是在大盆地、上产油气田，管理战线长、协调事项多，需要管理者既重视宏观调控，又抓好细节管控，让生产运行链条上的每一个环节高效运转起来，只有这样，才能实现生产运行的有序有效。

第22章　今天的投资就是明天的成本

投资的过程是油气田企业扩大再生产的过程，投资管理包括投资规划与计划、投资项目管理，贯穿油气田生产经营始终，投资规模和质量影响后期生产成本、决定企业经营业绩，是油气田企业管理十分重要的环节。

22.1　科学规划引领高质量发展

油气田企业战略规划是根据国家产业政策和上级战略规划及部署，在分析外部环境和内部条件基础上，做出的未来中长期发展愿景、战略定位、发展目标、工作部署。战略规划绝不是决策者们常规工作中束之高阁的一份报告，而是高瞻远瞩、深思熟虑的宏观布局和能够统领全员努力奋斗的目标方向。

油气田企业战略规划需始终坚持稳健发展、高质量发展和可持续发展，坚持速度和规模服从质量和效益、近期服从长远、局部服从整体，既要突出主业，又要统筹均衡，从全局性、系统性、前瞻性、可操作性、风险性等多方面充分论证，坚决杜绝"战略空洞论""战略编制论"，让规划真正成为引领高质量发展的指导性和纲领性文件。应重点做好以下工作：

一是培养全局思维，增强大局意识。大格局决定大未来，规划不仅要与自身发展相适应，更要与国家政策、社会发展相结合，特别是油气战略资源关乎国计民生，需要将自身发展规律与国家产业政策、地区发展目标协调一致。要求企业各级管理者主动掌握政策信息，培育战略思维，从全局谋划一域，以一域服务全局，高站位、高起点、高质量绘制规划蓝图。

二是坚持系统谋划，注重一体布局。油气田企业战略规划涉及勘探、开发、地面建设、工程技术配套等多项业务，是一个复杂的系统工程（图22-1）。在规划制定过程中，需坚持系统谋划、一体化布局，实现企业价值链整体最优。同时，油气田业务专业性强，在制定专业规划时，也应体现系统性方面的思考。比如，地面专业规划的编制，需要统筹考虑地面系统现状、产量目标预测、工艺适应性及节能降耗等因素，还应考虑伴生资源开发、油气周边销售利用等内容。

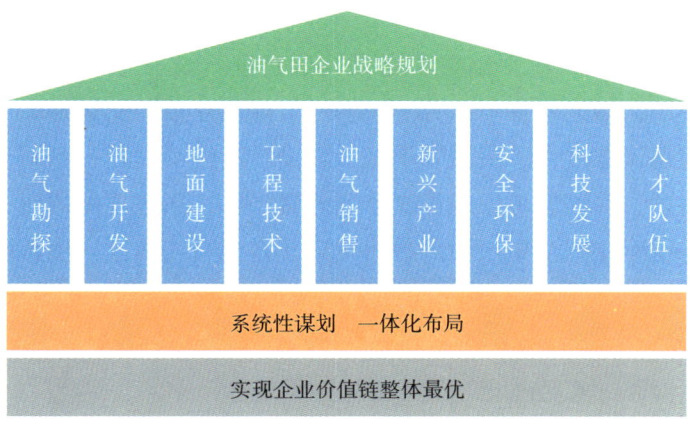

图 22-1　油气田企业战略规划系统工程示意图

三是强化前瞻研究，把握战略方向。战略管理本质是一种前瞻管理，准确判断发展环境和形势变化是科学编制战略规划的前提。具体到油气田企业，需要做好做细勘探开发潜力、地面配套能力、行业发展趋势、市场发展方向等方面的深度分析，准确把握战略方向，做好管理、技术、人财物力等方面的储备和谋划，引领企业质量效益可持续发展。

四是靠实战略目标，具有可操作性。近年来，国家对油气行业发展规划目标越来越重视，已成为确定油气田企业年度考核指标的重要依据，规划的可操作性显得愈发重要。太高或者太低的规划目标都不具备现实意义，油气田企业需要立足资源基础，系统分析业务潜力，科学选取既靠实又不失挑战的规划目标，优化分解任务指标，使规划具有可操作性。

五是充分考虑风险，精心组织实施。规划的实现，要从脚下开始、从每一个项目开始，要坚持放眼长远与脚踏实地相结合，坚持总体规划、专业规划和具体项目协同推进。受内外部环境变化、宏观政策调整、地质认识深化、市场需求变动等因素影响，规划目标的落实势必存在一定程度的不确定性，这要求规划的制定和实施过程要考虑潜在的风险，配套制定风险防范措施。

22.2　优化方案就是降低成本

方案是管长远的，是效益的源泉。方案优化是对方案细节的把控，具体到油气田企业就是在可行性研究、初步设计等阶段对资源条件、建设规模、工艺路线、设备选型等内容的反复论证，提高方案的科学性、适用性、经济性。

22.2.1 统一立项是项目优化的前提

统一立项指由投资管理部门对所有投资项目进行统筹论证，做到一把尺子量到底。油气田企业项目涉及物探、钻井、采油气、地面建设、储运等多个专业，易出现多头管理、统筹协调难度大、决策效率低、建设节奏慢等问题，不利于项目系统谋划部署。在立项阶段，要综合考虑轻重缓急和投资形势，通过现场调研、专业审查、综合平衡等工作，统筹组织油田层面的项目论证，客观公正地进行项目取舍和排序，重点应把握住两点：一是优先考虑制约生产瓶颈的项目，严控非生产类项目立项，实现高效勘探开发，保障产运储销全业务链最优；二是系统研究项目布局，整合同类同质项目，避免重复投资、重复建设，提高投资整体效益。

22.2.2 做好审查是项目优化的基础

方案审查是为了防止投资项目的"先天不足和后天有余"。工作组织过程中，受组织方式、素质能力、工作态度等影响，易出现把关不严、不准、不全，技术、经济方案论证不充分等情况，严重影响投资项目的质量和效益。三级审查是解决上述问题行之有效的管理方法，包括专业审查、业务审查、油田审查（图22-2）。专业审查由基层单位组织，以现场生产、技术人员为主，重点论证项目适用性，研究方案是否满足生产需要；业务审查由业务管理部门组织，重点研究技术成熟度和适用性，确定基本技术路线；油田审查由投资管理部门组织，重点研究各专业方案之间的衔接，进行系统性的优化统筹。共性是三级审查中都要牢固树立"一切成本皆可降"的理念，在满足安全生产的前提下，积极应用先进适用的配套技术，优化简化工艺流程，避免豪华设计；都要全过程、全要素、全生命周期强化成本管控，统筹考虑一次性投资与运营成本的关系，实现源头控投降本。

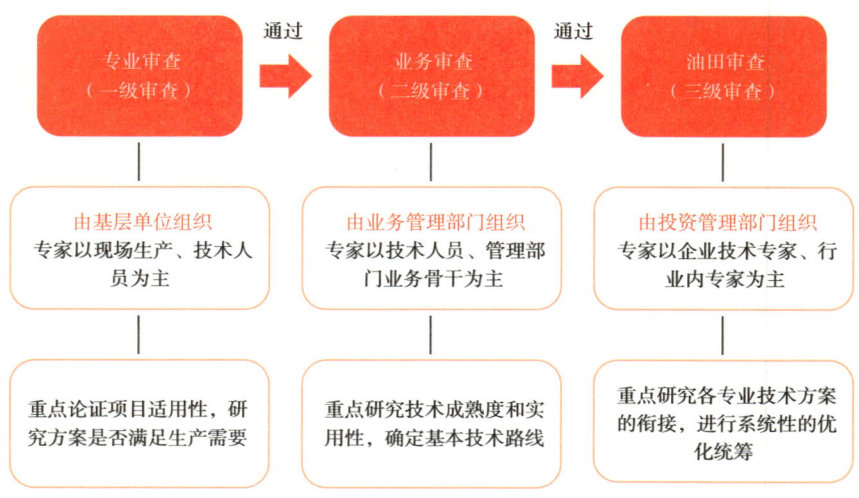

图 22-2 项目前期三级审查流程图

需要注意的是，"三级审查"不仅是组织方式的优化，更是技术管理的升级，要把高水平、负责任的专家纳入审查组"献智献策"，发挥他们熟悉现场、经验丰富、见多识广的优势，这是优化方案的关键。油气田企业应分专业建立项目审查专家智库，同时配套建立考核激励约束制度，促进履职尽责。

22.2.3 经济评价是项目优化的支撑

经济评价是投资决策之前用技术经济原理和方法对项目经济效益进行计算和分析的过程，通过对多方案经济效益进行比选，筛选出技术经济最佳方案，同时过滤掉低效无效项目。具体工作中，管理者应树立"效益达标是决策前提"的理念，始终把投资回报放在首位，真正做到以经济评价指导项目决策，效益不达标的项目坚决不上。特别是面对油价大幅度、不确定性波动的挑战，要从注重规模速度向注重质量效益转变，审慎研究、谨慎决策，优中选优、好中选好，始终将经济评价作为投资决策的先决条件。

22.3 精细投资管理促进效益发展

精细投资管理的核心是站在有利于整体发展的高度，以最小的投入创造更大的效益，以新建项目正向拉动整体效益，关键要把控投资方向，抓实过程管理，严格考核评价，形成投资闭环管理机制。

22.3.1 做好综合平衡统筹，投资要用到刀刃上

投资为实现战略发展目标提供保障，应瞄准储量、产量等生产性规划目标和完全成本、投资资本回报率等经营性规划目标，做好投资和工作量的合理匹配。储量、产量等目标的完成是油气田企业长远发展的基础，有大规模才会有大发展大效益。完全成本、投资资本回报率等目标的完成，则需要"以小投入得到大效益"，对项目质量的要求很高，必须择优实施。为了实现战略目标，需要兼顾规模和效益，做好综合平衡统筹，靠实项目、细化落实，制定符合实际的年度发展计划，确定实际运行的年度投资规模，并予以严格控制，将有限的投资安排到最有必要、最具效益的"刀刃"项目上。

应根据年度投资规模持续优化投资结构，统筹策划投资使用。油气田企业的投资一般可分为勘探投资、产能建设投资、生产配套投资和后勤辅助投资等，其中勘探投入事关长远发展，产能建设投入事关生产经营任务完成，两者投资一分也不能被占用。在保障投入强度的同时，勘探要在保障年度储量任务完成的基础上，突出工作量向新区新领域风险勘探倾斜，产能建设要严格效益评价，突出工作量向效益区块和优

质项目倾斜。同时，还应适当保障民生项目的投入，让发展成果惠及广大员工。

22.3.2 做好投资过程管控，计划要具有严肃性

计划执行的过程管控是投资管理的重点。推行"抓两头、促中间"管理理念，建立"综合管理、业务管理、实施管理"三级管控体系（图22-3）是重点、是关键，也是保障。

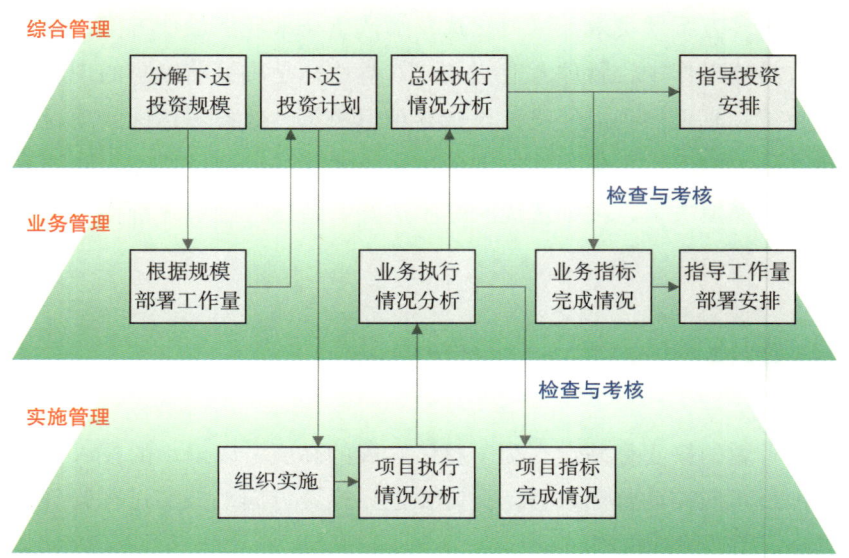

图22-3 投资三级管控体系示意图

"抓两头、促中间"，就是前端要刚性下达计划，约束实施主体做好生产组织，控制好工程成本；后端要硬性考核结果，对工作质量、投资控制、工程后效严格考核评价，以前后端的严格管控，促进业务管理部门、项目实施单位更加主动地抓好项目全过程管理。

建立"三级管控体系"，就是要坚持"管业务就要管投资、管部署就要管效益、管工程就要管成本"，落实各级主体的投资管控责任，形成各司其责、齐抓共管的投资管理合力。综合管理部门面上统筹，建立完善投资管理制度体系和考核办法，站在油田层面统筹所有类别投资，对投资计划总体执行情况进行分析预警，督促业务管理部门做好分专业投资管理；业务管理部门线上优化，统筹业务范围内项目部署、设计、投资计划建议、项目实施进展跟踪等工作，严格变更管理，对业务范围内投资计划执行情况进行分析预警，督促实施单位落实控投降本、提质增效工作措施；实施管理单位点上发力，在投资计划下达后，对招标、合同、开工、实施、竣工等实施阶段工作进行管理，做好具体项目投资管控。

22.3.3 做好考核与后评价，投资要实现闭环管理

在做好项目前期论证、投资计划综合平衡等投资管理关键工作后，还应做好项目收尾，实现管理闭环。

首先，要做好投资管理考核，重点是设置科学的考核指标体系，主要指标有以下五类：一是整体考核指标——投资完成率，主要是指计划下达后完成当年计划对应投资的比例，用于约束投资安排的计划性和准确性，投资完成率越高，计划准确率就越高，资金的利用率就越高。二是年度方案达产达效考核指标——新建产能产量符合率，考核年度发展计划中产能建设项目达产达效情况，促进相关部门、单位做实做细年度发展计划，加强部署优化，源头提升产能项目效益。三是项目达产达效考核指标——投资增效，根据项目论证的方案，对标可行性研究中的关键技术经济指标预测值，考核项目达产达效情况，达到约束方案论证、提升方案符合率的目的。四是工程成本控制考核指标——投资控减率，对业务部门、科研单位、实施单位部署、设计、实施三个阶段进行考核，选取"单位产能钻井投资、审定概算米成本、审定决算"等与"历史数据、审定概算"对比，传递投资控制压力，促进各阶段科学优化。五是控制类考核指标——投资控制，对计划外项目、超批复概算、未按规定履行审批程序等违规行为进行严格考核。

其次，要做好项目后评价。按照"总结项目最佳实践，服务投资决策"的工作定位，坚持重点突出、实践破题，紧扣生产经营核心，重点开展油气勘探、产能建设、科技专项后评价，全面总结重点项目在前期、建设、生产运行、可持续发展等环节的经验与教训，定期发布后评价成果，为推动问题整改和新建项目管理提供参考和借鉴。

实践案例：塔里木油田优化工作部署推进提质增效实践

2020年的低油价不仅来势凶猛、冲击强烈，更有供需双向压力的特点，对全行业、全产业链带来了深刻的影响。在此情况下，塔里木油田主动适应形势、积极应对形势，深入推进精细化管理，立足优化工作部署，将低油价遭遇战转化为提质增效攻坚战。

一是优化勘探部署。在投资大幅控减的情况下，坚持勘探投入不降，突出在优化勘探投资方向、优化勘探项目管理上下功夫，努力用有限的资金干更多工作量、出更多成果。物探采集采用"三兼顾一统一"整体区带设计，统一参数、连片采集，节省

炮点5.4万个，采集平均日效提升14.2%，保质保量完成4498平方千米三维采集和1.2万平方千米资料处理工作，新发现圈闭31个、重新落实圈闭86个，为高效井部署奠定了基础。探井部署突出新领域风险勘探，强化富油气区带集中勘探、精细勘探，在投资减少2.7亿元的前提下实现了工作量不减，获得轮探1、满深1两个重大战略发现，落实了博孜－大北万亿立方米大气区、富满油田十亿吨原油规模储量区。

二是优化产能建设部署。集中力量动用优质资源，将产能建设集中在博孜－大北、富满油田等高效区块，调减其他区块钻井38口、进尺18.1万米，在投资下降13.9%的情况下，油气产能完成率不降反升，完成年初计划的100.3%，内部收益率整体提高5个百分点以上。严格新井部署三级审查，把控井位质量，提高"命中率"，高效井比例提高14.2个百分点，新井平均日产油、日产气同比分别提高24.8%、11.5%（图22-4）；同时优化钻井实施管理，强化钻井技术保障，钻井整体提速10.4%，平均单井钻井液漏失降低18.5%。

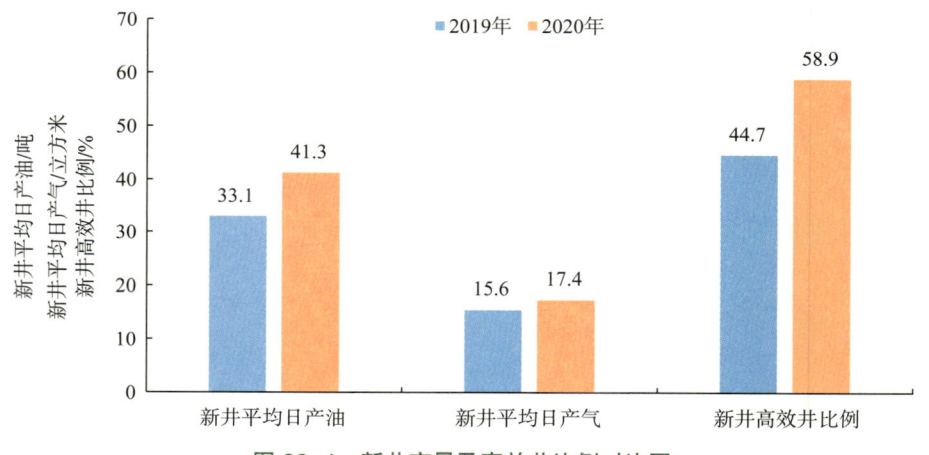

图22-4 新井产量及高效井比例对比图

三是优化地面建设部署。暂缓实施辅助配套项目，保障生产投资需求，暂缓实施油区内道路完善工程等与产量关联度小、效益低的8个项目，把投资集中用于联络线、骨架管网等关键项目，有效满足了产能释放需求。同时，大力推行标准化设计、模块化建设，控减投资1.4亿元。

四是优化措施作业部署。以提高措施成功率和单井产量为目标，按阶梯油价重新评价措施单井效益，实施措施作业动态管理，同时强化措施作业"三总师"会审，效益排队、优中选优，优先实施潜力大、投入少、见效快的措施井77井次，恢复产能原油20.8万吨、天然气10.5亿立方米，较原计划少实施16口、多产油气当量3.8万吨。

2020年，通过优化工作部署，最大程度优先保障了勘探开发工作量，超额完成生产经营任务，单位油气操作成本、完全成本同比分别下降9.7%、8.5%，实现了投资控减,但发展质量和发展速度不降,以提质增效成果助推 3000 万吨大油气田的高质量建成。

思考和建议

石油行业的开发建设具有高投入、高风险、高回报特点,抓好了投资管理,就抓好了企业未来的发展。各级管理人员要牢固树立"今天的投资就是明天的成本,今天的投资要为明天创效"的理念,从方案阶段抓起,发挥好方案管源头、管全面的作用;要加大项目决策效益否决、成本否决力度,将有限的资金向主营业务、补短板业务和高效项目倾斜,以投资结构的优化实现业务布局的优化;要推进投资管理"放管服",只有优化审批流程,精简决策程序,提高适应市场经济条件下的决策效率,才能抓住项目最佳实施窗口,确保项目效益最大化。

第 23 章　将精细成本管控贯穿到生产经营全过程

财务是经营者的眼睛，对外提供资本市场和国家监管机构需要的信息，将生产经营信息转化成会计语言对外披露；对内要为各级管理者提供有助于最优决策的参考信息，使他们更深刻地了解每一个决策或者生产经营安排，短期会对效益产生什么影响，长期会对管理产生什么影响。同时，有效的财务体系可以最大限度地减少违规舞弊和失职渎职，在制度层面为企业发展构建起一道厚实的防护墙。成本管理是财务管理的重要内容，渗透在企业管理的每个环节，对公司运营有着重要的意义。油气田企业要通过精细成本管理取得竞争优势，提高价值创造能力和抗风险能力。

23.1　精细成本管控与生产经营全面融合的作用和意义

23.1.1　精细成本管控是油气田企业高质量发展的内在要求

企业高质量发展的内涵是用更少的资源耗费创造更多的产出。对油气田企业来说，高质量发展就是用更低的成本生产更多更好的油气产品，满足市场需求，保障国家能源安全，同时兼顾低碳环保、安全生产、社会责任履行，实现国家利益、社会利益、企业利益和员工利益相统一。因此，低成本是油气田企业战略竞争力的来源和体现。

精细成本管控是低成本发展的重要手段。它既是一种管理方式，更是一种管理理念、管理意识。油气田企业应该把精细成本管控融入每一块业务、每一项工作、每一个环节，实现全方位、全过程的精细化管理。

23.1.2　生产经营全面融合是财务工作的"根"和"魂"

与生产经营全面融合，既是财务工作的目的，也是手段。财务工作重要目的之一就是服务生产经营，服务企业发展。财务要保安全、保生产，支撑和服务企业业务调整、结构转型等重大决策，这是财务工作的"根"。没有这个认识，财务工作就容易丢掉大局，迷失方向，甚至陷入本位主义、本本主义，给发展带来不利影响。

同时，与生产经营全面融合又是财务工作的"魂"。财务工作只有与生产经营全面深入融合，才能做实做准做细。因此，在实际工作中，财务要深度参与业务工作，在上下游、产供销等各领域、各环节，发挥财务优势，协同促进价值提升，全面提高企业创效能力。

在此过程中，财务人员能力提升尤为重要，要对各单位的生产经营情况、成本运行规律、现状及存在问题特别熟悉和了解。不了解不熟悉这些，财务工作就会僵化，就会成为数字游戏。

23.2　如何将精细成本管控与生产经营全面融合

23.2.1　围绕核心工作搞财务

财务管理是企业管理的重要方面，在服务战略、支持决策、改善管理、防控风险、提升价值等方面发挥着重要作用。各级财务部门要充分认识财务保安全、保生产、保发展的战略支撑作用，认真学习研究油气田企业的发展形势和战略目标，及时调整匹配财务政策，围绕预算、资金、资产及税收筹划等，开展资源优化配置和价值提升工作，增强运营创效能力。

同时，要充分认识价值创造是企业的根本使命，勘探、开发、生产、销售、科研等工作都要充分考虑财务效益，突出资源占用效率效益，围绕生产组织优化、技术进步等，充分酝酿讨论比选各种方案，实现效益最优。要坚持价值思维、效益导向，全员树牢"一切成本皆可降"的理念，以实现全生命周期综合成本最低为出发点和落脚点，加强各类成本管控，提高精细成本管理水平。

23.2.2　深入研究政策

政策体现各管理层级的意志，明确工作目标、原则、任务和方式方法，是组织运行的重要保障和管理手段。油气田企业财务管理是政策性很强的工作，财务部门既要充分研究上级部门的各项政策，为油气田争取有利的发展环境，又要作为政策制定部门，做好顶层设计，科学管理所属单位。

把上级政策研究清楚，油气田企业才能尽可能多地了解、掌握获取资源的各种路径，更好地解决各种工作问题。比如，熟悉预算考核政策，就能更好争取上级的资金支持以保障生产需求，熟悉油气资产弃置费用政策，就有利于争取更多治理费用，熟悉资产报废政策，就能进一步推动资产轻量化，熟悉资金配置政策，就能提高资金使用效率效益，熟悉原油贴水政策，就能争取更合理的销售价格，熟悉福利费政策，就能在依法合规的前提下更好保障民生福祉。油气田企业各级管理人员应加强对上级政策性文件的学习与研究，弄懂吃透业务范围内的各项政策和要求，形成符合油气田企业实际的贯彻落实意见，为领导科学决策、开展工作打好基础，做到"谋之有方、参之有道"。

把对下政策制定好，才能更好地传达、贯彻企业的战略意图和管理要求，协调统筹各单位各业务的关系，调整优化各类资源配置，提高效率效益。油气田企业各级管理人员应不断提高政策制定、沟通协调和归纳总结能力，有序有效地安排部署各项工作，推动整个企业思想统一、步调一致。比如，制定生产经营目标统筹联动政策，向业务管理部门引入经济指标，引导业务领域立足全局发挥效益比较优势，将成本安排向高回报项目倾斜，提升投入产出比；建立"一切成本皆可降"的预算刚性管控政策，有利于落实责任、传导压力，全面提升二级单位成本管控意识和管控能力。

23.2.3　现场调查与写实

现场调查与写实是财务资产工作推进的基础。要坚持问题导向、生产导向、效益导向，以群众工作的方法、尊重基层首创的态度，结合油气田企业实际，深入把握和剖析生产规律和特点，扎实细致地开展全员全过程全要素的调查研究。要坚持实事求是，严细认真做好资产写实、投资写实、成本写实、工作量写实、承包商写实以及制度流程的写实，深入分析创效能力和挖潜潜力，努力实现项目建设投资、基本运行成本、油气田综合递减率、资产负债率、劳务用工、承包商数量等关键指标不断下降。

成本写实应深入分析重点业务领域的成本构成，对单井、区块、场站的成本支出进行分析解剖，摸清成本发生情况，找准成本管控的薄弱环节和成本控制难点。资产写实应摸清资产管理现状，建立台账、分好大类，比如按照使用状态或者创效能力进行分类等，为分级分类管理提供依据。写实的目的是发现问题、改进管理，在把家底摸清、把问题找准、把数据吃透、把情况弄明的基础上，对查找出的短板不足和薄弱环节，研究制定针对性、可操作的整改措施，推动问题逐个解决。比如，2019年塔里木油田深入开展钻井成本写实工作，组建专班、全程驻井，现场调研钻井管理现状，逐一分析钻井成本上升的主要因素，写实钻井周期以及泥浆、柴油等主要材料消耗情况，调研主要材料价格，精准摸排价格压控空间，推动建立了科学合理的定额标价及钻井定额周期，为招标采购和钻井成本管控提供了依据。

23.2.4　坐在一起决策

财务与生产融合，首先是决策过程融合。生产、技术、财务各有专责，总地质师、总工程师、总会计师各有所长，对每一项工作每一项决策，应从不同层面分析研究，充分交换意见，一个桌上讨论，坐在一起决策，不能各干各的、互不沟通，更不能互相掣肘、互相拆台。

在油气田管理过程中，经常会出现"生产经营两张皮"的情况，生产人员只管干，财务人员只管算，导致方案不全面、决策不科学、控制不精准、管理不精细。针对这些情况，塔里木油田经过认真研究论证，提出了生产作业"三总师"会审制度。即：总地质师判断地质潜力，审核作业可不可以干；总工程师确认现有技术能否满足作业内容，审核作业能不能干成；总会计师把握是否效益可行，审核作业干成了能不能赚钱。通过这种坐在一起决策的方式，实现生产经营管理多专业协同。

在具体操作中，主要包括以下要点：

1. "两步三轮次"论证（先算后干）。

为保障"三总师"会审制度的高效执行，油田以规范制度程序、建立权责对等的可追责机制为出发点，制定了《塔里木油田"三总师"会审会签实施细则》，规定所有拟进行的生产措施作业必须经过"两步三轮次"的论证。

第一步是入库储备，包括两轮次论证。第一轮由油藏部门和工程部门联合进行，油藏部门提出地质需求，工程部门拿出工程方案，两个部门结合确定效益性和可行性。第二轮由油藏部门召集工程、财务部门和科研单位开展论证，油藏部门汇报地质工程方案，工程部门确认费用计划，财务部门对效益审核把关，科研单位全程参谋，通过论证后按照风险大小、效益高低排序纳入措施作业储备库。

第二步是出库实施，包括一轮论证审批，由财务部门牵头，结合年度产量计划和成本情况，确定措施作业实施计划，同步制定费用支出预算和措施增产目标。

2. 强化生产作业全过程成本管理（边干边算）。

依据增油量、增气量及费用情况，对比优选高效的作业技术方案，加大低成本工艺技术应用，节约生产作业费用。建立生产作业费用预警机制，及时终止超预算复杂作业，对发生复杂作业井的已发生费用、预计发生费用进行测算，"三总师"联合决策，确定是否继续作业。

3. 开展措施作业后评价分析（干完再算）。

每季度召开措施效果分析会，对所有投产三个月后的措施井进行系统评价，与"三总师"论证确定的指标进行对比，总结分析措施实施效果，修正地质认识，指导后续措施作业，并将措施作业实施符合率纳入业绩考核。

通过"三总师"会审制度，塔里木油田措施作业实现全过程闭环管理，取得显著成效，单井措施增油量逐年上升，由 2018 年的 1483 吨/井次上升为 2021 年的 1995 吨/井次（图 23-1）。

同时，在生产经营过程中，积极将"三总师"会审的理念和做法应用于其他领域，对钻完井、工程建设、生产运行等"花钱大户"，纵向上建立多级审查机制，横向上建立多专业会审机制，从源头上强化"优化方案就是降低成本""安全环保从设计抓起"的理念，深挖控投降本潜力，做到不产生利润效益的钱一分也不花。通过实施以"三总师"会审为代表的一系列精细成本管控措施，塔里木油田成本管控水平不断提升，各项效益指标不断向好，"两利四率"等关键业绩指标均处于集团公司前列，尤其是 2021 年，各项指标创七年最好水平（图 23-2），实现"十四五"良好开局。

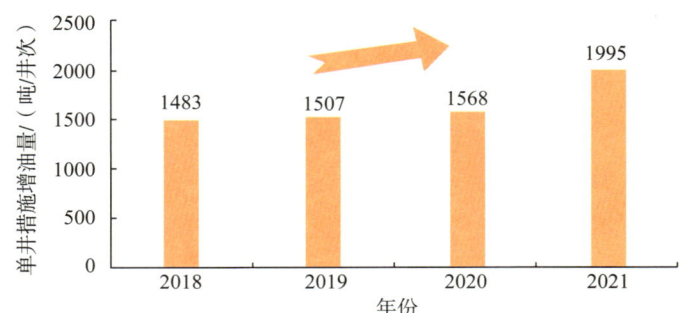

图 23-1 塔里木油田 2018—2021 年单井措施增油量对比图

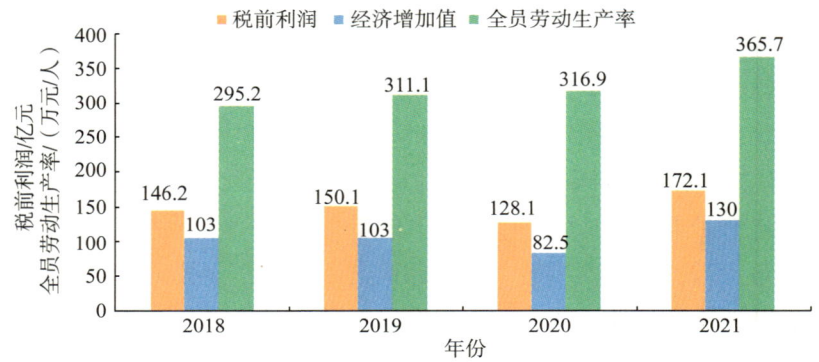

图 23-2 塔里木油田 2018—2021 年关键业绩指标趋势图

23.2.5 分类分级管理

分类分级管理是精细化管理的基础手段之一。成本的分类分级应按照不同的发生形态分别管控，资产的分类分级应以储量为中心进行评价管控。其他财务工作也都一样，应管好管细，抓住核心影响因素，深入细致地分析其一般性和特殊性，并据此分类分级管理。

资产是企业生产运营的重要物质基础，是创造价值的载体和源泉。企业要重视资产的分类分级管理，提高资产使用的效率和效果。油气田企业资产规模大、种类多、分布广，更要实施精细化管理。

从历史情况看，油气田企业的发展更多依赖各种生产要素的驱动，尤其是投资的驱动，因而产生了相对粗放的资产管理模式。近年来，随着高质量发展要求的提出，这种管理模式将逐步被淘汰，资产精益管理将成为油气田企业的必然选择。在此背景下，塔里木油田经过几年的探索，逐步建立了以资产分类分级评价为基础的资产精益管理体系。具体做法包括：

1. 调查写实，完善资产管理制度体系。

按照资产全生命周期管控重点，从项目管理、资产取得、运行、退出、制度建设五个方面着手，开展现场资产专项调查与写实。针对调查写实发现的问题，从制度入手，堵塞管理漏洞，理顺管理流程，构建"1+N"资产管理制度体系（图23-3），夯实资产管理基础。

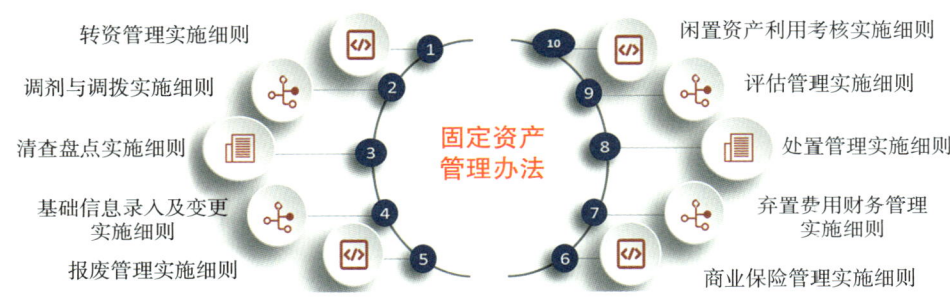

图 23-3　"1+N"资产管理制度体系

2. 精细分类评价，全面识别资产质量状况。

对于油气田企业，资产创效能力主要取决于地下储量。围绕表外 SEC 储量，逐级打开区块、资产组、单项资产，开展以资源潜力、生产能力、运行水平匹配度为基础的分类评价。同时，围绕表内资产负债表，根据各类资产特点及创效关联程度，将资产划分为 10 大类 15 小类，分别采用净现值法、账（库）龄分析法等方法进行评价。其中，对产生效益最直接的区块和单井，建立"四线五区"效益评价模型（图 23-4），将实现收入分别与基本运行费、操作成本、生产成本、完全成本进行对比，精准识别高效、常效、低效、负效资产。

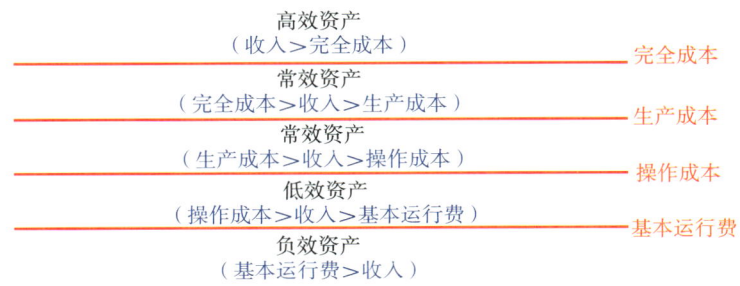

图 23-4　"四线五区"效益评价模型

3. 精准施策，制定差异化管控策略。

加强评价结果运用，分析资产效益转化动因，分类分级制定资产创效管控措施，深度挖掘资产创效潜力。

一是推动低效负效变常效。针对负效低效区块、单井，根据油价走势分析评价效益状况，为效益排产和措施治理提供精准决策支持。2020年低油价下，塔里木油田建立随油价变动的开关井机制，整体关停大宛齐、巴什托普2个负效区块，关停其他区块低效负效井286口，减少运行成本7000万元，实现了及时止损。同时，全面摸排长停井、低效井情况，合理安排措施作业，推动负效低效井转为常效井。

针对低效负效存货及固定资产，常态化开展修旧利废，通过技改修复、平库利库、降级使用等手段，实现废旧资产再利用再增值。同时，建立闲置资产利用考核机制，对设计、生产、采购和业务分管部门实行捆绑考核，强化积压控制，挖掘闲置资产创效潜力（图23-5）。2020—2021年共利用闲置资产4.08亿元。

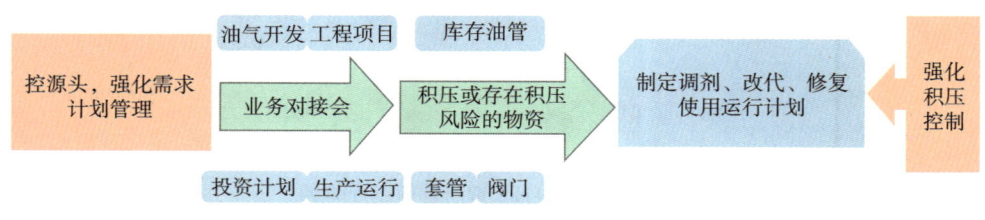

图23-5　积压物资管控图

二是推动常效变高效。坚持把降低折耗作为油气资产常效变高效的关键，精准识别储量变化对折耗变动敏感的区块，通过优化储量评估单元、策略性提产等措施，深挖储量创效潜力。2019年以来，通过储量评估挖潜，年均控降折耗约13亿元。

三是推动高效再提效。对于高效区块，优先投入、效益排产，加快高效资产创效能力释放；对于优质项目，加快推进、尽早投产，形成新的效益增长点；对于高效装置，通过优化组织生产运行，提高资产运行时率和负荷率，促进高效资产上台阶再提效。

通过实施资产分类分级管理，塔里木油田实现了资产管理从财务管理、实物管理向创效管理的根本性转变，同时牵引各业务领域价值创造，资产质量不断向好。2021年资产评价结果显示，塔里木油田高效资产同比增加9%，常效资产同比降低7%，低效负效资产同比降低2%，实现了资产效益"两降一升"。

23.3　系统推进业财融合

将精细成本管控贯穿到生产经营全过程，实质上就是推进业财融合。塔里木油田从 2020 年开始进行了业财融合体系建设的探索，推动了管理理论和实践创新，拓展了成本管理的内涵和外延。

23.3.1 顶层架构

业财融合是指生产活动与财务管理相结合，业务和财务融为一体、紧密协同，以价值创造为出发点，推动资源高效配置与企业高质量发展。从业务部门来说，在业务开展的全过程，都要有投入产出意识和风险意识。从财务部门来说，要将财务管理职能延伸到业务前端，通过对数据的预测和分析，及时反馈给业务部门及管理层，使有限的资源配置更加合理。

按照这一思路，塔里木油田从三个方面搭建了业财融合顶层架构。一是搭建业财一体的思想基础和组织基础，明确"财务引领、业务主导、专业协同"总体思路。财务部门通过整合相关信息，引领并支持业务活动有效开展，实现有限资源的优化配置。业务单位负责生产活动的组织和具体实施，主导价值创造。专业部门统筹优化本领域资源，协同价值创造。二是搭建业财一体的工作基础，突出语言、流程、表单、数据的口径统一，实现业务和财务用同一标准规划、分析和总结问题。三是强化数据治理的成果应用，在油田预算管理、经营分析、效益评价、决策支持等方面发挥有效的参谋作用，推动油田由生产型向经营型转变。

23.3.2 管理实践

1. 推进业财融合规范化，筑牢精益管理根基。

一是统一业财语言，将财务语言转化为各专业、各层级清晰易懂的业务语言，解决业财语言不通、沟通不畅问题。二是优化管理流程，靠实生产经营职责界面和管理责任，提高业务人员经营意识、效益意识。三是规范通用性表单，统一工作模板，线上运行，有效规避工作量篡改、重复结算等风险。四是统一数据采集规范，以数字化油田建设为依托，全过程规范数据采集、加工和应用，满足精细决策支持需要。

2. 贯通业财融合链条，推动生产经营闭环管理。

一是实现全业务链线上运行。从立项选商、过程实施、结算付款全过程线上闭环运行，确保生产经营信息实时有效采集，消除成本分析和预算管控盲区。二是与信息化技术有机结合。将业务制度和合规管理嵌入业务各环节，实现制度标准化、标准流程化、流程信息化，有效提升合规管理和风险防控能力。三是建立完善价格参量库。加快工作量向价值量转换，将作业项目与合同执行定额标价精准关联，业务人员依据作业项目实现价值量自动测算，实时掌握"钱花到哪里，已经花了多少，还剩多少钱可以花"，为下步资源的科学配置提供参考。

3. 强化业财融合成果应用，有效发挥决策参谋作用。

一是开展经营质量分析，聚焦工作实施的计划管理、事前算赢的成本预测、单据审核的时效性等环节，建立时效性、符合性、合规性等 13 项指标模型，实现经营管理指标智能预警。二是打造管理会计报表报告体系，以绩效指标为重点，分类分级出具业务人员看得懂、专业人员用得上的内部管理会计报告。三是构建企业生产经营管理仪表盘，及时、准确展示企业生产经营成果，多维洞察企业运行状态，为生产经营更高效更精准决策提供有力支撑。

23.3.3 队伍建设

推进业财融合关键是要建设一支精财务、懂业务的队伍。财务人员要提升自身本领，加强多专业、多学科的学习，既要学财税政策、学法律法规、学专业知识，又要针对性地开展生产主营业务相关知识的学习，为业财融合打下坚实基础；要转职能、强服务，加快由核算财务向管理财务转型，强化对生产工作的支持和保障，提升以财务为中心的管理效能。各级生产经营管理者要树立经营思维和投入产出意识，加强财务知识学习，学懂会用财务"三张表"，心中装着关键成本指标，对财务状况和经营成果要了然于胸，真正做到懂生产、会管理、善经营。

思考和建议

财务管理是一项很专业的工作，内容很多。对油气田企业来说，最基础、最核心、最具行业特点的是成本管理这一块。同时，由于油气田开发具有投资大、风险高、产业链长、技术密集、协同部门多等特点，成本管理也比较复杂，所以油气田企业管理者要对成本管理予以更多的关注。

关注的核心就是如何用更少的成本，实现更多的产出，创造更好的效益。如果说油气田企业是一支"能源经济部队"，那么成本管理就是研究如何用更少的人员伤亡和弹药消耗取得更大的胜利。有三点要把握好：一要有格局，从政治出发，从大局出发；二要接地气，从业务抓起，从基层抓起；三要有手段，把理论学透，把实践做实。具体的方法和案例，本章都做了一些提炼和介绍。

未来随着油气田开发技术的进步、管理的革新，成本管控的理念、方法、工具也必然会不断发生变化。所以，油气田企业管理者也要与时俱进，不断学习，才能用好成本管控工具，推动企业创造更好的效益。

第 24 章　用好绩效管理"指挥棒"

一流的企业要有一流的业绩，一流的业绩需要一流的绩效管理。绩效管理是对企业发展战略、生产经营目标分解落实、分析评价和考核兑现的管理活动，对提升企业管理水平发挥着重要作用。企业只有用好绩效管理的"指挥棒"，才能有效激发全员动力活力。

24.1　树立鲜明的考核激励导向

考核激励是企业人力资源管理的重要环节。树立鲜明的考核激励导向，一方面要树立竞争意识、团队意识，带动全员创造更优的业绩，获得更多工资总额；另一方面要强化共享理念，构建公平公正的分配秩序，让发展成果更好更多地惠及员工。这就是我们经常提到的"蛋糕"理论，既要做大"蛋糕"，又要分好"蛋糕"。

24.1.1　企业员工共同努力做大"蛋糕"

大河有水小河满，大河无水小河干。员工的利益与企业效益同频共振，员工的发展与企业命运休戚与共。对企业来说，企业的发展源于每个员工的劳动和创造，员工实现自我价值的过程，就是企业蓬勃发展的过程。对于员工来说，企业是员工实现利益和价值的载体，只有企业发展了，个人的利益和发展才能得到更好的保障。因此，企业与员工的最大公约数，就是合作共赢。

做大"蛋糕"是考核激励的前提。在工效挂钩的政策下，油气田企业只有取得优良的业绩，才能挣回更多工资总额，否则就会"巧妇难为无米之炊"，员工激励就无从谈起。油气田企业工资总额增量主要与利润、油气产量等指标挂钩，只有调动全员的力量，努力做好油气勘探开发、储运销售、提质增效等工作，才能更好地完成生产经营任务指标，工资总额才会更有保障。绩效考核是引导员工行动的有效手段，油气田企业要创造优良业绩，就必须通过建立有效的考核激励机制，调动全员的积极性。

因企业性质、员工观念意识的差异，油气田企业绩效管理或多或少存在管理不严格、方法不得当、作用不明显等问题，导致企业活力不足。这就需要通过精细绩效管理引导员工强化"业绩是干出来的、工资是挣出来的、幸福是奋斗出来的"意识，建立个人绩效和企业绩效的正相关关系，实现企业和员工的双赢。

24.1.2 分好"蛋糕"，让实干者得实惠

分好"蛋糕"是考核激励的关键。油气田企业大多具有员工总量大、业务链长、岗位多等特点，员工总量少则数千人，多则上万人，甚至数十万人，每个单位、每个岗位的工作内容、难度、承担的责任和工作要求不同，对企业的价值和贡献也不同。加之绩效考核工作又与团队价值目标导向、团队文化建设、和谐氛围营造等高度关联，这从根本上决定了员工队伍的考核激励是一项立体、复杂的系统工程。

做好考核激励，一方面要坚持差异化分配。著名学者亚当斯认为，员工不仅关心薪酬的绝对数量，还关心薪酬的相对数量。员工工作积极性和获得感、幸福感，取决于他所感受到的分配上的公平程度。这个"公平"，不是简单的平均分配，而是与他人比较、与历史比较、与自身付出比较的结果。油气田企业要突出价值导向，合理拉开收入分配差距，切实让实干者得实惠、观望者没市场、懒惰者被淘汰，真正让"干与不干不一样、干多干少不一样、好干难干不一样、干好干坏不一样"成为绩效管理的核心理念和员工的自觉行动。

另一方面要突出重点。"二八"管理定律告诉我们，企业要抓好核心骨干人员（占员工总量的20%）的管理，再以关键少数带动大多数员工（占员工总量的80%）。这就要求员工队伍激励不能"胡子眉毛一把抓"，要把好钢用在刀刃上。如果考核激励不能突出重点、精准有效，不仅会导致总成本高、激励效果差，甚至还会出现"劣币驱逐良币""躺平有理""内卷无罪"等怪象。所以，要强化精准激励、重点激励，变"漫灌"为"滴灌"。

24.2　考核激励体系要科学管用有效

用好绩效管理的"指挥棒"，既需要树立鲜明的考核激励导向，更需要建立科学的考核激励体系。

24.2.1 突出目标导向，科学设置绩效指标

考核指标是绩效管理"指挥棒"的灵魂，必须通盘考虑、充分论证、科学设置。指标要有针对性，能充分体现考核对象的性质和特点；要有关键性，能有效促进企业生产经营目标的完成；要有准确性，做到指向明确、可量化；要有完整性，能完整反映被考核对象的各个方面；还要有可操作性，可测量、可评价、可实施。

指标体系的建立，要运用平衡计分卡原理，综合考虑企业发展战略、生产经营计划、单位部门设置、业务职能、员工队伍、市场环境等因素，分层分类设置所属单

位（部门）和具体岗位的考核指标。机关部门发挥着决策参谋、服务保障、督查督办的作用，要定量考核和定性评价相结合，将上级考核指标和企业生产经营目标与对应的机关部门"捆绑"考核，同时由分管领导和二级单位对机关部门从重点工作、管理效能、服务态度和工作作风等方面进行评价；科研设计单位从事地质研究、油气藏研究、方案编制、井位部署、科技攻关等业务，主要考核新增油气储量、方案编制与井位设计质量、科研工作、现场问题技术攻关配套和处置及时性等指标；主营业务生产单位从事油气勘探、产能建设、开发生产、储运销售等业务，主要考核钻井成功率、产能到位率、投资控制、油气产量、油气商品量、利润、安全生产等指标；生产辅助单位主要考核可控成本、作业质量、保障效能等指标；后勤服务单位主要考核服务满意率及年度重点工作等指标；油气田企业所属单位的基层站队主要承担操作执行任务，考核指标不能上下"一般粗"，要简洁易行，同类工作不标新立异，特色工作不生搬硬套，让人人身上有指标、人人身上有担子。

对岗位员工的绩效考核，根据工作岗位、性质、环境等因素，重点考核工作业绩、能力、作风等基本要素，指标设置上突出与岗位要求相匹配。经营管理人员，注重生产经营、重点工作和管理效率效能考核、工作目标完成效果评价，以考核评价促进经营管理人员履职尽责，发挥头雁效应；专业技术人员，注重创新创效、"卡脖子"技术攻关、作用发挥情况考核，激励技术人员当好专家；操作技能人员，强化安全生产、工作执行情况、工作效能的考核，激励技能人才发扬工匠精神，提升现场工作质量。

24.2.2 突出价值导向，实行差异化分配

薪酬分配是生产关系的重要组成部分，差异化的考核分配，对促进生产力发展、提高人力资本产出具有关键作用。薪酬分配制度改革的方向，就是要体现价值导向，注重劳动生产率提升，形成差异化的分配机制。

一是优化薪酬分配结构。油气田企业大多采用岗位（技能）工资制，员工薪酬主要由基本工资、津补贴、奖金三部分构成，其中奖金又包括绩效奖、专项奖等形式。基本工资主要调节不同岗位的分配关系，津补贴主要调节不同工作环境的分配关系，两者属于固定部分，可调整空间小，灵活性小，激励性较弱。绩效奖主要调节不同业务、不同业绩的分配关系，专项奖主要调节突出贡献与一般贡献的分配关系，奖金属于浮动部分，可调整空间大，灵活性大，激励性强。因此，优化薪酬结构，重点要合理确定员工薪酬固定部分与浮动部分的比例、业绩奖与专项奖的比例。

奖金的分配不能"撒胡椒面"，应建立完善单位奖金总额与效益联动机制，强化与效率效益的挂钩。要将奖金与利润指标挂钩，完不成利润指标的单位，不兑现效益奖，引导全员创造效益"挣奖金"；将奖金与油气产量挂钩，在完成基准油气产量

和产能贡献率、产能到位率、投资管控等指标的前提下，超额完成油气产量、新建产能任务的，给予相应奖励，引导各单位效益开发、高效上产；奖金还要与人均劳效挂钩，全员劳动生产率、人均利润提高的，给予相应奖励，引导各单位增产增效不增人。

二是实行单位分类管理。首先，要依据核心业务关联度、油气产量、投资及成本、安全风险、员工人数、资产规模、工作环境等因素，划分单位类别，对不同类别单位实行差异化考核、差异化确定绩效奖金基数，将单位绩效奖金总额与单位类别硬挂钩，促进薪酬向价值贡献大的单位倾斜。其次，在单位分级分类管理的基础上，引入经营管理难度系数，更加全面地反映单位工作难度，拉开同类单位间的考核差距，引导薪酬分配向经营管理难度大的单位倾斜。

以塔里木油田为例，油田生产经营范围涵盖油气勘探、开发、储运、销售、新能源、生产辅助、后勤服务等多种业务，二级单位间业务性质、管理规模、安全风险、技术难度、队伍结构等有较大的差别，但业务性质相近、管理难度不同的单位之间薪酬分配却差距小，不能充分体现经营管理难度。为此，油田引入经营管理难度系数，详细分析测算单位基础数据，用数据说话，将测算出的系数作为各单位综合业绩分值的计算系数，拉开同类单位间的考核差距，引导薪酬分配向经营管理难度大、效益好的单位倾斜。具体做法如下：

经营管理难度系数计算主要考虑资源品质、资产（投资）总额、管理幅度和难度、安全环保风险、员工指数、队伍结构、工作环境艰苦程度等因素，分别赋予各测算因素不同的权重。根据各测算因素数据，采用回归分析法分别确定一、二、三类单位经营管理难度系数，一类单位取值区间为 $1.15 \sim 1.25$，二类单位取值区间为 $1.1 \sim 1.15$，三类单位取值区间为 $1.05 \sim 1.1$，油田公司机关取一类单位平均值。

通过这一方法，同类单位人均业绩奖金考核差距达 1.5 万元，领导人员考核差距达 5.7 万元，拉开了同类单位间的考核差距，促进了人力资源良性流动，油田组织运行效率效能得到了有效提升。

三是突出岗位价值贡献。该做法的核心是实行体现岗位价值和贡献大小的"一岗一薪"分配制度，推动奖金分配向岗位价值高、贡献大的人员倾斜。油气田企业可根据岗位职责、工作性质、责任大小、价值贡献、艰苦程度等因素，差异化确定不同岗位奖金系数，合理拉开不同岗位之间以及相同岗位不同绩效员工之间的分配差距。比如，科研岗位工作辛苦、技术含量高、工作成果事关重大，一线岗位环境艰苦，岗位表现直接关乎安全生产和效益生产，应在考核分配中予以关注和倾斜。同时也要注意，奖金系数要拉开差距，也要保持合理的梯度，调动和保护好员工的积极性。

24.2.3 突出关键对象，实行精准激励

有效的激励能使企业发展要求和员工内心需求协调统一，要抓住关键业务、关键项目、关键人员，对激励对象进行精准激励，最大限度地激发员工的工作潜能和工作效能。

首先，要精准识别激励对象。专项奖不是"唐僧肉"，谁都可以来啃一口，必须用在最需要的地方。要找准关键业务项目，油气勘探开发、科技创新、提质增效、安全生产等工作对油气田企业生产经营意义重大，应常设专项奖励；对企业改革、发展、稳定等方面做出突出贡献的重点工作、重大项目，可给予一次性专项奖励。要定准突出贡献人员，关键业务项目确立后，也要优化团队内部分配，不看级别、不唯资历，真正做到重点激励有重点，精准激励真精准。比如，重大勘探突破，就要坚持大贡献大奖励、小贡献小奖励、无贡献不奖励，重奖找圈闭、定井位的人员，不能数人头、搞平均，切实让关键少数得到应有报酬。

其次，要科学把握激励力度。精准激励不但要对象精准，还要力度精准。要根据难易程度、工作成效以及贡献大小等给予不同的激励，既有"大惊喜"，也有"小惊喜"。"大惊喜"做到重奖真重、让人心动，对油气勘探开辟新领域的、发现大型整装油气田的、科技攻关取得重大突破的，要给予几倍甚至十几倍的奖励。"小惊喜"做到意料之外、情理之中，安全工作、创新性工作、体量小但示范意义强的成果、阶段性急难险重任务、评先选优等，要一事一策，及时给予物质激励或者精神激励。

24.3 推进考核激励落实落地

绩效管理一分部署，九分落实。规则制定后，关键是要刚性执行，严考核、硬兑现，确保绩效指标落实落地。

24.3.1 加强绩效过程管控

绩效管理主要包括绩效计划、沟通、监测、考评等环节。要高度重视绩效计划，绩效考核目标制定要划定红线、明确基线、指引高线，既要有挑战性，又要有可操作性，能"跳一跳、够得着"。良好的绩效沟通能发挥出事半功倍的效果，与上级部门的沟通要提高站位、主动担当，从大局出发考虑问题，同时全面、客观反映本企业的实际情况；与所属单位（部门）及员工沟通要充分交换意见，让被考核者从内心认可，将"要我干"转变为"我要干"。绩效监测重在过程，考核指标通常以年度下达，但不能年底一考了之，要采取"月度跟踪考核、半年预控考核、年终结果考核"的方式，动态掌握指标完成情况，及时采取措施纠偏，避免"平时不烧香，临时抱佛

脚"。绩效考评要客观公正、真实有效，避免过于宽松、过于严苛、单一片面、个人偏见等可能存在的各种偏差，提高考核结果的质量。考评过程中应将单一的"长官"指示转变为多维的"客户"评价，比如塔里木油田，机关与基层实行双向考核，机关考核基层生产经营指标完成情况和主要工作落实情况，基层考核机关服务质量和工作效率。

24.3.2 强化绩效考核结果应用

考核结果应用是绩效管理的又一个重要环节，考核结果不应用等于不考核。要将考核结果应用到薪酬兑现、岗位调整、评先选优、员工培训等方面，使其成为收入能增能减、干部能上能下、员工能进能出的重要因素。一是要将考核结果与个人薪酬紧密挂钩，可对年度综合考评定性为"优秀""不称职"的分别上浮、下调绩效奖金系数。二是要与岗位调整挂钩，对绩效考核特别突出的，应优先予以提拔重用，对绩效差且连续考核排名靠后的，应重新培训上岗或调离岗位。三是要与评先选优挂钩，将考核结果作为先进评选的重要依据。四是要与培训工作挂钩，根据考核结果找出员工能力素质的短板，有针对性地进行培训。总之，要通过强化考核结果的应用，奖勤罚懒、奖优罚劣，不让受累者受气，不让流汗者流泪，不让吃苦者吃亏，形成人心思干、人心思齐的良好局面。

24.3.3 完善考核激励的保障措施

推进考核激励的落实落地，还需完善各项保障措施。一是牢牢牵住绩效考核的"牛鼻子"，加强岗位责任制建设，形成责权利统一的责任体系，让员工知责履责，让考核有据可依。二是完善绩效管理组织机构，充分发挥各单位（部门）的直线管理作用，突出"谁的业务谁考核、谁的员工谁考核"，建立组织人事部门牵头抓总、各单位（部门）分工实施、直线领导具体负责的管理模式。三是严谨制定考核制度，充分听取各方意见建议，详细研究论证，凝聚各方共识，做到既有高度又接地气，同时要严肃考核制度执行，言必行、行必果，对事不对人，营造公平公正、风清气正的环境。四是定期优化考核体系，定期开展员工收入分析、人工成本分析、考核激励效果分析，及时评估诊断考核激励体系的有效性、适用性，对于发现的问题，及时采取措施纠正。五是引导形成良好的考核激励文化，注重关注员工的内心需求，积极培养、构建与激励措施相适应的心理契约，让员工服气、适应、认同。

思考和建议

古人云，"赏罚不明，百事不成；赏罚若明，四方可行"。队伍管理、凝聚人心是一门大学问，考核分配、激励约束是一个大课题。不论是企业管理者还是普通员工，考核激励都与之密切相关。只有做好考核分配工作，企业生产经营目标、发展蓝图才能落实落地；只有做好考核分配，员工工作才有奔头，队伍才有战斗力。

第五篇
质量健康安全环保管理

安全环保是企业高质量发展的前提，是衡量企业综合管理水平的重要标准。油气行业属于高危行业，勘探开发普遍具有高温高压、易燃易爆、有毒有害等特点，客观的风险挑战极大。如果安全环保管理不到位，极易对员工生命财产安全造成重大损失，对企业形象和企业发展造成严重影响。安全环保是政治、是发展、是民生，油气田企业无论是推进自身发展，还是造福员工群众，都必须抓好安全环保工作。

用体系抓安全环保已经成为国内外企业安全环保管理的通行做法，我国石油工业在长期发展中也探索出了一套具有行业特色并且行之有效的 QHSE 管理体系。本篇主要结合塔里木油田工作实践，从体系建设运行、安全生产管控、生态环境保护、应急管理、质量和健康管理等五个方面，介绍油气田企业安全环保管理方法和实践，同时列举了博孜 3-1X 井应急抢险救援等实践案例供参考。

第 25 章　QHSE 管理体系建设

HSE 管理体系是国际石油石化企业通行的安全环保管理模式。国内很多企业对管理体系进行了有益探索，以塔里木油田为代表的一些油气田企业，在 HSE 管理体系基础上，融合质量管理体系，探索建立了 QHSE 管理体系，即质量（Quality）、健康（Health）、安全（Safety）和环境（Environment）管理体系。该体系将组织机构及职责、程序、方法、资源等要素有机融合，具有鲜明的行业管理特色，逐渐被油气行业所认可。

25.1　一体统筹 QHSE 管理体系建设

25.1.1　体系建设任务

近年来，国家和属地政府对安全环保的监管日趋严格，特别是新《中华人民共和国安全生产法》《中华人民共和国环境保护法》的颁布对企业安全环保管理提出了更高要求。传统的安全环保管理方法往往游离于生产经营之外，造成安全环保与生产经营"两张皮"，表现为"你管你的、我干我的、他查他的"。

油气田企业要打破传统管理模式，运用系统思维，实施全要素管理，避免"各自为政"的管理。具体来说，就是建立并严格执行 QHSE 管理体系。建设阶段的任务包括现状评估、对标定位、框架设计、制度建设，最终形成完备的体系文件。执行阶段的任务包括严格落实体系文件要求，及时发现并解决突出问题，并对体系进行健全完善、修订纠偏。

体系建设与执行只是管理手段，最终目的是提升 QHSE 管理的科学化、规范化、系统化水平，防范事故事件发生，达到健康零伤害、安全零事故、环境零污染，质量无缺陷、计量无差错、资源无浪费的"三零三无"目标。

25.1.2　体系建设原则

坚持以人为本原则，这是体系建设的根本。油气田企业发展要以人为本、以民为本，不能要带血带泪的产量效益。在体系建设过程中，要时刻把关心关爱员工作为出发点和落脚点。建体系为了员工，也依靠员工，要围绕"转变观念、提升能力、养成习惯"，加强宣传教育和培训评估，把制度条文转化为全员自觉行动，内化于心、外化于行，保障 QHSE 体系有效运行。

坚持第一责任人原则，这是体系推行的关键。QHSE 工作是"一把手"工程，领导重视与支持发挥着极其重要的作用。各级主要领导都是第一责任人，要做好人、财、物等资源的支持，通过自身良好行为，带动全体员工思想意识和工作能力的提升。第一责任人应当签发 QHSE 承诺，代表企业向社会、公众和全体员工做出庄严承诺，践行 QHSE 理念和价值观，并主动接受监督。

坚持全员参与原则，这是体系执行的重点。良好的 QHSE 业绩不仅是管出来的，更是员工共同参与的结果。从领导到员工、从机关到基层、从甲方到乙方，都要树立"主人翁"意识，都有责任和义务做好 QHSE 工作。体系管理部门、业务部门要相互配合、加强监督、齐抓共管，教育引导员工从传统的管理对象转变成 QHSE 工作的参与者、建设者和践行者。

坚持风险管控原则，这是体系运行的核心。QHSE 管理工作要坚持关口前移、预防为先，真正做到防患于未然，才能不出事故、少出事故。管控风险应该围绕识别、评估和控制这条主线，眼睛盯住现场，功夫下在现场，采取一切有效的管理和技术措施，从根本上消除事故隐患。

以上四个原则的落实，需要相应的工具、方法和行之有效的管理模式予以保障。

25.1.3 体系建设程序

体系建设无一定之规，国际石油大公司都建立了各自的管理体系，衍生版本更是多种多样，但万变不离其宗，所遵循的程序大同小异。

一是管理现状评估。根据国家、行业体系建设标准，重点结合以往事故事件和管理实践，逐项对照体系要素，重点查找管理、制度、流程等方面的不足缺陷。

二是对标找准定位。对照国内外先进的 QHSE 管理体系，重点对标百万工时伤亡率、污染物排放强度等关键指标，分析体系建设处在什么样的一个水平，找出自身差距。

三是体系框架设计。根据管理现状和对标结果，策划体系管理架构，具体来讲就是确定体系手册、管理程序和实施指南。重点要全面科学确定管理要素，必须涵盖工艺安全、职业健康、环境保护、承包商管理、交通安全、消防安全等领域，覆盖物探、勘探、开发、地面、生产运行、废物处置等各环节，确保 QHSE 管理体系是全要素的、全流程的。塔里木油田建立的 QHSE 管理体系架构模型（图 25-1），主要由行为安全、工艺安全和系统安全 3 个子系统构成。行为安全是体系运行的人文前提，旨在通过有效的行为管理，培养和固化良好习惯，消除人的不安全行为。工艺安全是体系运行的硬件基础，旨在管控设备设施全生命周期风险，确保本质安全。系统安全是体系运行的全面保障，强调全方位管控，为行为安全和工艺安全提供支撑。

图 25-1　塔里木油田 QHSE 管理体系架构模型

四是体系文件编制。QHSE 管理体系发挥作用需要一个载体，通常就是体系文件。根据法律法规和上级制度要求，梳理完善制度体系，优化管理职责程序，系统解决"管什么、谁来管、用什么管"的问题。油气田企业管理者要组织业务部门对体系文件进行系统审查，确保合规性、适用性、可操作性。

25.2　深化推进 QHSE 管理体系运行

PDCA 循环是体系运行的通用模式，包含"策划（Plan）、实施（Do）、检查（Check）、改进（Act）"四个阶段（图 25-2），可以说，抓住了 PDCA 循环就抓住了体系运行的"牛鼻子"。

策划阶段。通俗来讲就是制定"管理方案"，即根据 QHSE 管理战略目标，分阶段制定管理指标，并明确工作运行计划，配套组织机构、人员、资金等资源，保障计划实施和目标实现。

实施阶段。坚持在生产经营活动中抓实施，以"设计与施工－质量保证－投运前审查－机械完整性－装置评估"为主线，重点做好工艺分析和变更、作业许可和操作规程、隐患和应急管理，以及全过程抓好承包商管理，确保管理体系与生产经营深度融合。体系建成了，关键在于执行，执行的难点往往在基层。塔里木油田创新建立基层"两册",推动基层站队QHSE标准化建设,为体系落地见效提供了有效载体。基层"两册",即《基层管理手册》(表25-1)和《基层操作手册》(表25-2),其中管理手册是基层管理标准化建设的总纲,操作手册是基层岗位操作标准化建设的依据。大力推行基层管理、现场、操作的标准化建设,做到培训以手册为重心、工作以手册为标准、演练以手册为内容、检查以手册为依据、考核以手册来量化,打通体系落地的"最后一公里"。

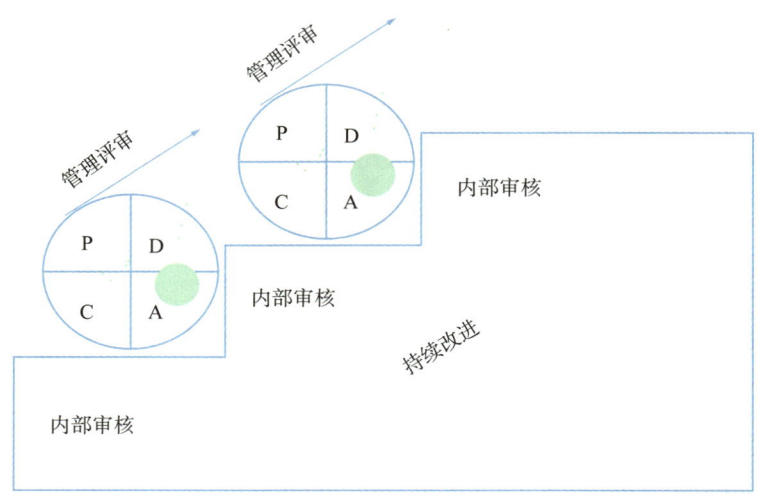

图 25-2　PDCA 循环模式图

表 25-1　《基层管理手册》框架

序号	要素(模块)	主要内容
1	站队简介	介绍站队基本情况,包含站队概况、组织机构等
2	企业文化	集团公司文化、油田公司文化、二级单位文化、基层站队文化等
3	规章制度	党建管理、QHSE管理、生产(或运行)管理、工艺设备管理、物资经营管理等
4	附件清单	规章制度模块的各类具体制度及站队需要定期填写的各类表单

表 25-2　《基层操作手册》框架

序号	要素(模块)	主要内容
1	属地范围	区域属地、管理属地、临时属地、所管辖区域的工艺流程清单等
2	岗位职责	以岗位说明书的形式来体现岗位职责、任职条件等内容
3	工作清单	以清单的形式体现岗位员工具体的工作内容,主要包括周期性工作和不定期工作

续表

序号	要素（模块）	主要内容
4	工作程序	以流程图的形式来体现岗位员工主要工作的程序
5	工作标准	表述岗位员工所做工作的标准
6	风险防控	岗位主要危害及风险控制措施
7	能岗匹配	能力评估清单、能力测试评估表、评估报告等
8	绩效考核	各单位对岗位员工的考核

检查阶段。要用好监督检查和体系审核两种手段，开展常态化隐患排查，及时排查整改人的不安全行为、物的不安全状态、管理缺陷和作业环境不良等隐患，通过隐患数据统计分析，进行管理追溯，查找制度规程、体系文件方面的缺陷。加强对QHSE相关数据的监测与分析，强化事故/事件发生情况的监管，及时发现、纠正和预防不符合项。

改进阶段。PDCA循环的最终目的是改进提升。管理评审是改进阶段的主要手段，直接决定体系改进质量。评审工作一般由企业"一把手"亲自组织开展，覆盖体系运行所有要素和全部活动，详细回顾、审视和检查体系实施情况，综合评价体系适用性、充分性和有效性，并根据评价结果采取相应措施，以达到持续改进的目标。

实践案例：塔里木油田QHSE管理体系审核探索与实践

1996年，原中国石油天然气总公司在总结以往事故基础上，积极学习借鉴国际石油公司先进管理经验，翻译转化国际标准组织（ISO）发布的《石油天然气工业健康、安全与环境管理体系》，并于1999年印发HSE管理体系建设指南，从此拉开了中国石油建立和运行HSE管理体系的序幕。

1997年，塔里木油田率先完成了HSE管理体系建立，并在2013年将质量管理体系与HSE管理体系整合，形成了QHSE管理体系。审核是推动这套体系持续改进、有效运行的重要抓手。所谓QHSE管理体系审核，就是评判体系的符合性、适宜性和有效性。多年的体系审核实践，塔里木油田探索总结了一些行之有效的做法。

一是领导带头、以上率下，着力提升审核质量效果。领导带头参与体系审核，亲自参加首次、末次会，调研座谈、审核把关，检查确认体系审核质量效果。将体系审核与安全生产承包点结合，明确管理层参与方式，让领导参加承包点体系审核成为习惯,发挥头雁效应,体现有感领导。

二是分类分级、精准量化,建立的适用管用审核标准。针对不同专业、不同层级,分别建立成套审核标准,两级机关按照油气开发、工程技术、生产辅助等业务领域建立 11 类审核标准,基层站队以《基层管理手册》和《基层操作手册》为主要内容,建立 158 项审核标准,做到了管理层级、责任部门、专业领域、审核内容四个全覆盖,从内容和形式上做到了适用管用。

三是业务主导、专班推进,有效落实业务监管责任。落实"管行业必须管安全、管业务必须管安全、管生产经营必须管安全"的要求,持续强化业务主导审核,分领域成立专业审核组,融合推进业务专项检查和体系审核,实现了审核从"技术主导+业务协同"向"业务主导+技术支撑"转变。业务部门统筹组织本领域审核工作,督促审核发现问题整改,确保审核质效。

四是转变方式、体现差异,精准实施管理体系审核。持续优化审核方式方法,突出差异化、精准化,尽量减少全要素、无差别审核,逐渐固化形成"两步走"审核法。上半年,根据单位风险等级和上年度审核情况,统筹确定专项审核还是全要素审核,实施差异化审核,"抓两头、促中间",提升审核质量。下半年,全覆盖开展现场验证审核,促进审核问题整改,实现闭环管理。

五是全面总结、系统分析,高效运用体系审核结果。审核是手段,不是目的,重在结果运用。重点强化了短板要素趋势分析、高风险低频度和低风险高频度问题分析、验证审核分析,及时总结典型做法,让审核结果运用更有针对性。

六是定期培养、突出实训,不断加强内审队伍建设。充分利用内部审核资源,建立内审员专家库,实行分级动态管理,定期开展专项培训,建设一支高水平、高素质内审员队伍。在审核过程中,不断提高内审员参与审核的比例,内审员参与率由最初的 10% 上升至 100%,实现了体系内审由第三方专家主导向内审员主导的转变。

思考和建议

QHSE 管理体系是"舶来品",如果过分强调全面移植,就有可能水土不服,应该先学后创,建立具有企业特色的管理体系。QHSE 管理体系应该简洁实用,决不能搞厚厚一摞,让员工没有时间和精力耐心读完,最终只能让没完没了的文件躺在管理者的柜子里装点门面。解决的办法就是推进体系建设与生产经营深度融合,在体系建设中解决生产经营难题,生产经营中落实体系要求,形成"你中有我,我中有你"的局面。一个好的管理体系,在操作层面的直观感受应该是工作量不增、管控效果更好,如果是相反的感受,就证明该体系到了必须改进提升的时候了。

第 26 章　安全生产是企业发展基础性工程

安全是最大的效益，事故是最高的成本。针对石油石化行业安全生产，戴厚良院士提出，要把安全业绩作为衡量企业综合管理水平的体现，把安全工作成效作为衡量领导干部"治企有方、兴企有为"的重要标尺。油气田企业要始终把安全生产摆在第一位，以风险管控为核心，科学辨识评估风险，准确把握管理难点，制定落实管理措施，提升安全管理水平，确保风险受控，实现安全发展。

26.1　油气田企业安全风险和管理难点

26.1.1　主要安全风险

知风险，才能保安全。油气勘探开发生产环节多、施工作业多、涉及危险化学品多，风险类别多样、风险因素复杂，安全生产始终面临着诸多挑战。只有全面、系统、科学辨识风险，清楚掌握风险有哪些、在哪里、有多大，才能有的放矢、精准防控。

1. 井控风险是油气勘探开发最大的风险。不管是陆上还是海上，井控风险始终是油气田企业的头号风险。一旦发生井喷失控，极易引发火灾爆炸、硫化氢中毒、环境污染，极易造成群死群伤和重大财产损失，而且抢险时间长、抢险难度大，耗费大量的人力、物力、财力。随着勘探开发逐渐向深地、深海进军，井控风险挑战更加突出，比如塔里木盆地、四川盆地，地下环境十分复杂，钻井深度、地层压力和温度、硫化氢含量等各参数均处于世界已开发油气田的第一梯队，井控面临的风险极大。

2. 危险化学品风险是油气勘探开发最普遍的风险。勘探开发的产品包括石油、天然气、液化气、轻烃、乙烷等，本身就属于危险化学品。另外，生产过程中必须使用大量危险化学品，例如物探要用到炸药，测井要用到放射源，油气处理要用到甲醇、氢氧化钠等，如果管控不力，极易引发火灾爆炸事故。

3. 施工作业风险是油气勘探开发最难管控的风险。油气勘探开发涵盖物探、钻井、地面工程建设、装置运行及检维修、装置废弃封停等诸多环节，涉及动火、吊装、高处、进入受限空间等高危作业，像塔里木油田这样 3000 万吨级的油气田，年均高危作业超过 10 万次，作业风险点多，管控难度大。

26.1.2　主要管理难点

面对安全生产风险，不能只停留在"知"的层面，更应该清醒认识到潜在危害、管控难点，找准深层次、根本性原因，补短板强弱项、破顽疾除隐患，方能化危为机、化险为夷。从国内油气田企业来看，安全生产管理的难点主要体现在意识能力、责任落实、风险辨识和承包商管理四个方面。

1. 安全意识能力达不到岗位需要。大量事故表明，事故背后的原因千差万别，但导致事故发生的共性原因往往是员工安全意识和安全技能达不到岗位需要。我们常听说，高处作业不系安全带，某钻井平台发生单吊环事件……诸如此类的"三违"行为往往不是个例，根源就在于员工的安全意识不强和安全技能不足。主要表现在：有的操作人员风险防范意识不强，有令不行、有禁不止，殊不知冒险蛮干的后果就是导致事故发生。有的业务部门监管力度不够，技能培训针对性、实用性不强，在员工安全意识和能力提升上没有发挥应有作用。有的管理人员转行从事安全工作，半路出家，对相关的法律法规不熟悉，红线意识和底线思维不强，抓安全的能力、经验不足。

2. 安全责任严不起来落不下去。油气田企业管理过程中，如何健全安全生产责任体系，实现责任落实横向到边、纵向到底始终是管理的难点。主要体现在：一是安全责任体系不健全，各业务部门职责交叉，岗位安全生产责任清单流于形式。有的安全管理人员没有承担起本单位安全生产管理职责，对安全生产工作研究得不深入，没有把制度、流程、技术、标准制定得很科学。二是安全检查不扎实，不精不细，有的甚至是走过场，不仅达不到发现问题的目的，反而给基层增添了负担。三是监督执纪过程中存在"老好人"思想，拉不下脸、狠不下心，心慈手软、得过且过，难以形成严抓严管的有力震慑。

3. 风险辨识管控不全面不到位。风险管理之所以能够做到事前预防，就是因为风险管理能够发现危害因素，并采取相应措施，对其进行控制。因此，对风险的全面辨识和有效管控是安全管理的基础性工作。从事故事件调查分析来看，油气田企业风险辨识管控存在的薄弱环节主要表现在：一是辨识方法选择不科学，安全风险辨识缺乏系统性，辨识内容不全面。二是风险辨识与现场结合不紧密，坐在办公室里识别风险的情况在很多管理部门不同程度存在，导致识别不精准、不系统。三是分级管控落实不到位，管控措施针对性不强，存在眉毛胡子一把抓的情况。四是很多风险没有实现动态管理，没有根据现场的变化而变化，风险辨识内容更新不及时。

4. 承包商管理始终是安全管理短板。承包商管理的问题，表面上看是数量较多、成分复杂、能力素质参差不齐的问题，深层次是甲乙方在目标思路、价值追求等方面存在差异。主要表现在：一是思想上共融不够，企业没有让承包商感受到"主人翁"

的地位、"一家人"的温暖，削弱了凝聚力。二是发展上共赢不够，企业对承包商装备质量、技术水平、人员素质等方面的要求越来越高，但配套的支持政策没有跟上，没有为承包商创造足够条件。比如，服务价格市场形成机制不健全，低油价时承包商出现亏损，无法保障在装备、技术、薪酬、培训等方面的投入，出现了缺员、人员素质偏低以及转包分包等一系列问题。三是管理上共进不够，很多承包商不注重管理体系的自我完善和提升，管理体系不健全、不完善、不能有效运行，有的甚至根本没有体系，管理混乱，管理水平跟不上业务发展需要。

以上这些风险和问题，在油气田企业不同程度存在，应该引起足够重视。油气田企业管理者应结合本企业安全管理现状，坚持问题导向，坚持从严从实，坚持标本兼治，系统加强安全管理工作。

26.2 立足关键环节制定落实管控措施

抓好安全环保工作，意识是先导，制度是基础，责任落实是根本，风险管控是核心。临渊羡鱼不如退而结网，须抓住以下几个关键。

26.2.1 提升全员安全意识和能力

意识决定行为，能力决定结果。开展针对性、差异化培训教育与能力评估是提升意识能力的重要手段。要坚持"干什么、评什么、缺什么、补什么"原则，制定岗位能力评估标准，逐级开展能力评估，根据评估结果，针对弱项进行岗位练兵和培训提升，通过培、练、评的有机结合、不断循环，提升员工能力水平，真正做到能岗匹配。需要重点抓好三类人：一类是无知无畏的"生瓜蛋子"，对知识掌握不全面，业务素质不达标，对风险置若罔闻；另一类是偷奸耍滑的"老油条"，存在麻痹思想和侥幸心理，怕麻烦、图省事，有章不循，拿生命当儿戏；还有一类是岗位变动人员，对岗位不熟悉，对风险识别不到位，很容易作出误判，需要严格做好上岗前培训评估，确保达标上岗。

一流的安全管理靠文化。油气田企业要想从根本上解决安全意识问题，必须坚持文化引领，重视安全文化建设，营造安全文化氛围，推动实现从"要我安全"向"我要安全"转变。应当用好安全经验分享、金点子、金哨子、安全里程碑、安康杯竞赛等平台载体，广泛开展全员安全活动，引导员工自觉参与风险辨识、隐患排查、审核培训、事件调查、制度标准及操作规程制定，发挥基层班组在安全文化建设中的积极性、自主性、创造性，不断丰富群众性安全文化活动。配套精准考核激励措施，打破负向考核占主导的传统，设立安全文化贡献奖、隐患排查能手等奖项，重奖发现重大风险隐患、有效避免事故、提出合理化建议的员工，激励促进员工转变观念、提高能力、养成习惯。

26.2.2　健全安全管理制度体系

安全管理制度体系包括制度、标准、检查表等。实践证明，严格、科学、适用的制度体系不是"紧箍咒"，而是员工生命健康的"保护伞"。

安全管理制度是规范企业安全管理行为和操作行为的指导工具和基本准则。要按照国家法律法规、国家标准、行业标准等，结合企业生产经营实际和风险特点，制定涵盖全面、管用有效的安全管理制度。同时，结合体系审核、专项检查、常态化全员隐患排查整改等工作，每年对制度运行情况开展一次专项评审，始终保持制度的有效性、针对性和可操作性。

安全技术标准是对安全管理制度的有效补充。企业技术标准的制修订要突出业务主导，由QHSE委员会统筹、各专业部门分工负责，对适用于油气田企业安全生产的国家、行业、企业标准进行系统梳理、优化整合，建立各业务领域的企业标准体系，方便员工使用，养成"用标准说话"的习惯。

检查表是促进制度标准落实的有效工具。油气田企业各类检查较多，存在标准不统一的情况，让基层无所适从。要依据安全管理制度和标准体系，分类建立勘探开发、油气储运、工程技术、工程建设、生产辅助等全业务全流程检查表，为各级管理者和岗位员工提供系统、实用的监督检查工具，规范企业各级安全监督检查工作。

制度不在于多，在于精。制度体系建设过程中，要特别注重顶层设计、统筹优化，不能上级来一个制度就发一个制度，要解决好重复冗长、交叉打架、表述不清、论述不明等问题，确保制度量少质高、适用管用。

26.2.3　严格落实安全责任

抓安全生产最忌有责任不落实、落实责任不到位。油气田企业要严格落实全员安全生产责任制，从"有感领导、直线责任、属地管理"三个层面，压实责任、强化执行，形成一级抓一级、层层抓落实的工作格局。

1. 践行有感领导。有感领导，顾名思义就是有安全感召力的领导。各级领导要以身作则、率先垂范，发挥示范和引领作用，带头开展安全培训、安全经验分享、安全观察与沟通、参与体系审核等实践活动，通过良好的个人安全行为，让员工看到、听到、感受到领导对安全生产的重视，营造全员参与安全管理的良好氛围。具体工作中，不能以去了多少次现场、开了多少次会、提了多少要求来评判，要以调查发现、协调解决了哪些突出问题为重要依据，以发现破解问题为抓手，推动管理持续改进。

2. 强化直线责任。落实"三管三必须"，是一流安全业绩公司最成功的实践经验。业务部门要履行好直线责任，关键有两个方面：一是系统分析业务领域内安全管理现状和薄弱环节，从更专业的视角发现基层难以发现的问题，并从制度优化、机制改进等方面系统整改，做到发现一个问题、完善一项制度、消除一类隐患；二是要做好对基层的监督指导，既要加大关键环节的检查力度，抓住不落实的事、盯住不放心的人，也不能只督不导、只提要求不管过程、只管现象不管本质，要与基层单位共同推动问题的解决、管理的提升。要坚持有权必有责、有责要担当、失责必追究，建立追责问责机制，推行"一事双查"，发生事故后，追查属地单位责任的同时，一律倒查业务部门履职情况，倒逼业务部门落实直线责任。

3. 突出属地管理。属地管理是安全生产管理的落脚点，推行属地管理就是赋予员工属地管理权，让员工"当家作主"，自主管好属地的安全工作。一方面要明确岗位职责，通过岗位说明书等形式细化岗位职责，包含生产运行、设备管理、安全工作要求等，实现权责对等，不空位、不越位、不错位；另一方面要细化工作标准，通过对岗位职责进行分解细化，以清单形式明确岗位工作内容、时间、频次、要求等，实现全覆盖、无遗漏。基层单位抓好属地安全管理，关键是要把责任落实到位、把制度执行到位，以严细实的作风落实好安全环保各项要求，切实守好自己的"责任田"、管好自己的"一亩三分地"。

26.2.4　突出重点安全风险管控

抓好风险管控要全面管，更要重点抓。油气田企业既要"抓大不放小"，也不能平均用力，要立足识别大风险、消除大隐患、杜绝大事故，在重点风险管控上狠下功夫。

1. 把井控作为"天字号"工程来抓。井控管理已在第三篇中论述，从安全管理的角度来说，就是立足风险隐患抓井控。具体来说，就是要实行风险隐患清单化、辨识管控制度化，精准辨识地质风险、工艺施工风险、管理风险，并采取有效的措施控制风险。要特别注重建立分级管控机制，明确什么层级的风险隐患由什么层级的技术人员解决。要把井场问题当命令，出了问题，相应人员要第一时间到现场去解决问题，切实把风险隐患消除在萌芽阶段。

2. 全过程管控地面风险。实施地面工程全过程、全生命周期管理，重点抓好设计及变更、施工、投产、运行等关键环节管控，确保风险受控。设计阶段要开展100%工艺安全分析，系统识别工艺设备风险，提出对策措施，把隐患消灭在图纸上，从源头保证本质安全。另外，设计变更往往会带来"额外风险"，并且可能形成连锁反应，必须实施变更分类管理，抓好连带变更管理，确保变更不引进新的不安全因素。施工阶段，要把握好施工进度与质量安全的关系，绝不能为了抢进度牺牲质量安全，严格执行施工标准和作业流程，改善现场施工环境，杜绝"低老坏"问题，促进施工质量、施工效率全面提升。投产阶段，不管是新建、改扩建项目，还是检维修项目，都要全面开展投运前安全审查，及时发现并消除隐患，为装置高效运行打下基础。运行阶段，要建立站场和管道完整性管理体系，加强运行维护、检验检测、腐蚀防护等方面管理，夯实安全硬件基础，确保装置安全平稳运行。

3. 加强承包商安全管理。针对承包商安全管理短板，坚持标本兼治，通过理念上融合、行动上监管、文化上培育，做到思想上共融、发展上共赢、管理上共进。一方面，要加强承包商监管，严把源头控制关、合同约束关、培训评估关、过程监管关、考核兑现关，特别是要加强入场前现场核查、过程中监督检查、阶段性综合考评，实施安全生产记分制及"黑名单"管理，坚决把不合格队伍、不合格人员拒之门外；另一方面，要把承包商当成自己的队伍来管，纳入企业 QHSE 管理体系建设范围，加大管理、帮扶和支持力度，做到责任一样、考核一样、追责一样，增强承包商的"主人翁"意识，促使承包商加大技术、装备、人员等方面的投入力度，不断增强自身实力和服务能力。

有什么样的甲方，就有什么样的乙方。油气田企业管理承包商要加强自身建设，各级管理人员要提升管理能力，要懂业务、懂技术、懂现场，能够把准方向、找准问题、抓住关键，真正会管敢管善管。要主动转变作风，摒弃"官老爷""少东家"的做派，真心实意为承包商着想，对承包商反映的问题和诉求不能敷衍了事，要认真研究解决，忽视承包商就是漠视安全生产，就会引火上身。

4. 狠抓施工作业风险管控。统计资料显示，90%以上的安全事故发生在直接作业环节，因此直接作业环节是现场安全管理的重点。一是推行安全禁令。国际知名石油公司都有推行"保命条款""救命规则"的做法，设置安全管理红线，严格管控可能直接导致事故发生的关键环节。塔里木油田建立了安全生产"双十条"（图 26-1、图 26-2），并配套处罚办法，一旦发现违反"双十条"的行为，即使未造成不良后果，也一律严格处罚，实现从"结果论"向"行为论"的转变。二是加强施工作业全过程安全监管。施工作业前，实施作业预约公示制度，研判作业风险，明确管控责任；施工作业中，实施作业许可制度，严格落实"双监督""包保制""区长制"，压实过程监管责任；对作业过程中发现的违章行为，采取安全生产记分、约谈措施，针对典型问题开展查思想、查管理、查技术、查纪律的"四查"分析，让违章得到处罚、让教训得到吸取。三是严格特殊敏感时段升级管理。升级不只是管理层级的升级，而是整个管理模式的升级，要通过审批升级、技术升级、措施升级、监管升级、追责升级，实现思想、行动、措施更细更严更实。同时，要注意统筹好升级管理与正常生产的关系，不以升级管理为借口，影响既定生产秩序。

图 26-1 安全生产"十条禁令"　　　　图 26-2 安全生产"十条措施"

26.3 建立安全生产长效机制

准确把握安全生产的特点和规律,全面推行安全风险分级管控,开展常态化隐患排查整改,把风险控制在隐患形成之前,把隐患消灭在事故发生之前,提升安全生产整体预控能力,有效预防事故事件发生。

26.3.1 风险分级管控机制

风险分级管控机制是在全面辨识危险有害因素的基础上,通过定性、定量评价,科学划分风险等级,精准制定管控措施,构筑起防范安全事故的第一道防火墙。风险分级防控机制应当坚持"业务主导、属地主责、分级管控、全面受控"的原则,按程序制定管控清单,落实管控责任,配套激励考核政策,确保制度健全、职责清晰、运行规范、管控有效。一般遵循以下程序:

一是划分业务领域专业类别。类别要覆盖物探、工程技术、地面建设、油气生产、生产辅助、矿区后勤等业务领域,做到油气田生产经营业务全覆盖,为做好风险分级管控提供前提保障。

二是制定风险分级标准。按照"固有风险分级、动态风险调整"的原则,制定业务领域风险分级标准，并根据变化因素动态调整，做到标准清晰、具体量化、可操作性强。

三是明确管控层级。结合管控风险所需资源，将不同级别风险分别对应企业相应的管控层级，一般可分为油田级、二级单位级、站队级、岗位级，上一层级风险管控不能替代属地单位风险管控主体责任。

四是制定管控措施。各层级风险管控责任单位组织制定本层级风险管控措施，形成风险分级管控清单，明确分级管控对象、管理部门和主要管控措施。将风险管控措施要求融入岗位责任清单并列入绩效考核，严格照单检查考核，倒逼职责落实。

26.3.2 隐患排查整改机制

长期以来，油气田企业隐患排查整改以突击式、运动式为主，没有实现常态化。随着油气田企业安全工作日趋严格细致，亟需建立"全员、全方位、全过程、全天候"的常态化隐患排查整改机制，斩断隐患演变成事故的链条。为此，塔里木油田探索建立了隐患排查整改"四全"管理体系（图26-3），主要内容是建好一套机制、统筹六项工作、用好多种工具、实施"安眼工程"。

图26-3 隐患排查整改"四全"管理体系框架图

建好一套机制，就是建立以"鼓励发现问题、奖励整改隐患、从严处理事故"为主要内容的工作机制，通过正向激励、指标倒逼、督办通报、倒查追责和安全巡查，保障隐患排查整改既有数量，又有质量。

统筹六项工作，就是开展常态化全员隐患排查整改、业务领域专项检查、反违章专项整治、典型安全环保形式主义官僚主义20种人排查、监督中心监督检查、QHSE体系审核，从人员意识能力、工作作风、设备设施、管理制度等方面全面实施隐患排查整改。

用好多种工具，就是用好安全经验分享、隐患排查清单、工作前安全分析、工作循环检查，既能有效促进全员参与隐患排查，又能有效提升隐患排查整改质量和精准度，同时鼓励将企业内部实践经验转化为可复制、可推广的经验做法，形成具有特色的安全管理工具，提升安全管理水平。

实施"安眼工程"就是推进施工作业风险智能预测、远程智能分析、隐患智能识别、违章智能提醒，持续提升安全监管信息化、智能化水平，实现风险隐患全方位、全过程、全天候管控。

思考和建议

安全生产的极端重要性，说到底就是四个字——人命关天！安全环保可以概括为三句话："安全环保是政治，谁不认真抓安全环保工作就是'两面人'；安全环保是发展，谁不认真抓安全环保工作就是'绊脚石'；安全环保是民生，谁不认真抓安全环保工作就是'刽子手'。"企业各级管理者一定要从保护职工群众生命财产安全的高度来认识安全生产、抓好安全生产，与讲良心挂起钩来，本着对员工负责、对生命负责的态度，扎扎实实履职尽责，切实把安全生产抓在手上、放在心上、扛在肩上。

第 27 章　筑牢应急管理最后一道防线

应急管理是应对各类突发事件而开展的应急准备、监测与预警、处置与救援、评估的全过程管理，承担着防范化解重大安全风险、及时应对处置事故事件、保护人民群众生命财产安全的重要职责使命。国家和地方政府高度重视应急管理工作，进行应急管理体制改革，逐级组建应急管理部门，整合优化应急救援力量，应急综合管理工作逐年加强。油气田企业涉及井控、着火、爆炸等重大风险，始终是各级政府监管的重点，加强应急管理和应急能力建设，对油气田企业而言，既是一项紧迫任务，又是一项长期工程。

27.1　建立统一高效的组织体系

统一领导、权责分明、权威高效的应急组织体系，有利于充分调动应急管理力量，凝聚各业务单元合力，也是准确科学、规范有序开展应急工作的关键。

27.1.1　应急管理要与业务工作深度融合

传统应急管理模式通常是由综合性应急领导小组直接管理各业务领域的应急工作，很容易造成企业分管领导、业务部门的职责缺位、参与不足，这将导致无法精准识别各业务领域风险，不能针对性制定防范措施，或者措施不能达到预定效果。

解决传统模式的局限，就需要推动应急管理与业务工作深度融合，按照"统一领导、综合协调、分类管理"原则，建立"1+N"应急组织体系（图 27–1），即分层级建立 1 个应急领导小组、N 个业务领域应急组，分别下设办公室。"1+N"应急组织体系明确了分管领导、业务部门应对专项突发事故事件的主体责任，有利于形成齐抓共管的工作格局。

27.1.2　建强专业支撑机构

油气田企业应急管理人员多为兼职人员，应急管理力量分散，应急管理研究投入相对有限。面对重大突发应急情况，处置工作极其复杂、极具挑战，特别是井控抢险，必须统筹多个门类的应急队伍，如何协同作战成为首要问题。油气田企业应坚持

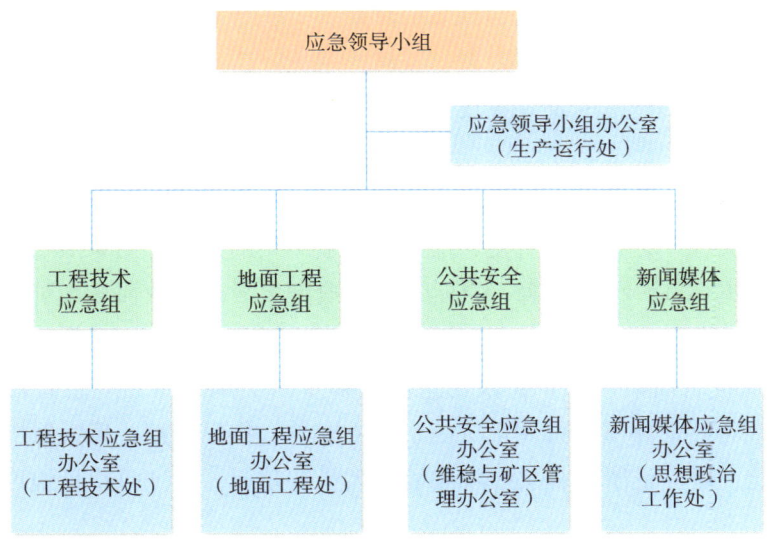

图 27-1　"1+N" 应急组织体系图

"统一管理、管办分离、专业支撑"思路，变革管理模式，建立应急管理专门支撑机构，整合应急救援队伍，着力培养一支专常兼备、反应灵敏、作风过硬、本领高强的应急救援力量，形成管理能力、装备配套、人员素质的聚集效应。支撑机构的核心职责是应急管理和应急救援，主要任务是统筹建立"平时一体化管理、战时一体化响应"的联动机制，提升企业应急响应能力和应急救援能力。

27.2　建立科学适用的预案体系

应急预案是在风险分析评估、应急资源调查基础上，为迅速、科学、有序应对可能发生的生产安全事故，最大程度减少事故损害而预先制定的工作方案。

27.2.1　制定预案的关键要素

应急预案主要解决事故发生之前、发生之时、发生之后，做什么、怎么做的问题，主要分为综合应急预案、专项应急预案和现场处置方案。预案制定应坚持以应急处置与救援行动为主线，明确机构人员、职责分工、行动程序、处置原则，突出规范实用性和科学严谨性，通常要注意以下 5 个关键点：

一是充分发挥专家作用。油气田企业大多经历过或大或小的事故事件，积累了很多经验，也培养了一批事故事件处置的专家。应该把这些专家吸纳到应急预案编辑工作组、评审组，将"明白人"的专业知识和应急处置经验融入预案程序，提升预案的实战指导效果。

二是严格风险辨识论证。应急预案的制定，要基于准确科学的风险辨识。首先，要全面辨识、找全找准各类危害因素。其次，系统分析各危害因素衍生事故事件的可能性、危害后果、影响范围及处置复杂程度，并依据风险等级，制定相应的应急处理措施。

三是善于借鉴抢险经验。每一次事故都是一次惨痛的教训，也是一本生动的教科书，为应急预案编制提供了最直接、最具体、最深刻的指导。要从油气行业发生过的井喷失控、火灾爆炸、中毒窒息、自然灾害等典型事故中汲取深刻教训，把经验教训总结提炼为应对措施。

四是客观组织预案评审。要依托企业内部专家团队和专业应急管理研究机构，建立内部评审与外部评审双重评审机制，多方参与、集思广益，最大限度规避不合理预案程序设定。要广泛听取相关技术和管理人员的建议，让"听得见炮声的人"提出意见。

五是完善应急预案。应急预案作为应急工作的指导性文件，侧重于组织架构职责和重大原则确立，必须保持简洁性，应急细节问题不可能在预案中一次全部解决。这就需要及时完善补充应急预案，细化程序内容，系统解决人员安排、任务分工、物资保障、工作衔接等细节问题。塔里木油田编制印发了《应急响应指导手册》《应急资源调度清单》两个补充程序方案，旨在实现"应急基本单元可自主有序开展应急行动、应急队伍与业务管理部门可随时对接、现场应急指挥工作有效简化"的目标。修订完善作业现场应急处置卡，按照简单实用、迅速有效的原则，依据现有的风险评估报告、应急资源调查报告，结合场站岗位设置和可能发生的事故特点，根据不同生产事故类型，针对具体场所、装置修改完善现场应急处置卡，实现自救互救和先期有效处置。

27.2.2 抓实能力培训与演练提升

在油气行业，由于盲目施救、处置不当造成事故复杂、次生事故的情况时有发生，究其主要原因，还是员工安全意识不强、能力不够、组织不当，培训针对性不强，应急演练以考试代替实操，重演不重练等。针对这些问题，需要从以下几个方面下功夫：

一是突出关键人员培养。关键岗位、关键人员在关键时候发挥着关键作用，尤其在紧急情况下，是不可替代的。油气田企业应当逐级建立应急管理人员变更管控和轮训机制，重点培养应急管理领导、应急管理部门、现场负责人三个关键岗位人员。同时培养综合性应急调度指挥人才，以及井控、储运等重点领域应急技术人才，确保关键环节、关键岗位有可用的明白人。

二是突出培训和演练实效。应急演练是以应急预案所假定的事故为基本场景，通过组织模拟事故应对，达到检验预案、完善准备、锻炼队伍、磨合机制和科普宣教的目的。要推行"双盲"演练方式，有效避免演练流于形式、实战手忙脚乱。强化实操考核，突出应急预案的掌握和应用，提升现场操作人员预判预警和第一时间、第一现场处置能力。还要针对演练中暴露出的问题，结合岗位特点，分类分级建立能力需求矩阵和培训清单，扎实做好培训工作，切实提升应急人员能力。

三是突出比武竞赛实战。比武竞赛是模拟实战的重要手段。可以建立油田公司、二级单位、基层站队三级赛事制度，也可以分专业组织内部竞赛。积极选派优秀应急人员参加区域性应急救援队伍竞赛、各级地方政府组织的综合性比赛，以赛促战、观摩学习、对标提升。

27.3 建立完备充足的资源体系

应急资源主要包括人力、物资和信息资源，抓好资源体系建设，才能为突发事件应对处置提供有力保障。

27.3.1 打造一体化应急救援力量

油气田企业虽然建有应急队伍，但往往规模较小，装备不足，能力不足，难以独自应对重大突发事故事件。应当按照"专兼结合、强化磨合、发挥合力"原则，推进应急救援力量一体化管理，构建专职、兼职、协作三类应急队伍。

一是建强专职应急救援队伍。要突出"专"的定位，主动适应"大应急"综合救援需要，严格训练、严格管理、严格要求，全面提升正规化、专业化、职业化水平。油气行业最难应对的是井喷失控，要加强井口处置、破拆清障、气防监测、泥浆转供、无人机侦察测绘等专业救援力量建设，提高极端条件下综合救援能力。

二是提升兼职救援力量专业化水平。油气田企业建有水电通信、物资管理、车辆运输、环境监测等兼职应急队伍。要健全指挥管理、战备培训等机制，定期组织与专职应急队伍的联合演练与集中培训，加强指挥人员、技术人员、救援人员实操实训，提高兼职队伍正规化管理和专业化水平，确保紧急关头顶得上去、拿得下来。

三是做好救援力量协作联动。应急救援涉及医疗救护、道路运输、警戒保卫、舆情监控等方方面面的工作。救大灾、抢大险必须依托各方力量、各种资源，可与地方政府、医疗机构、兄弟单位签署合作协议，建立常态化协同联动机制，定期开展交流互动，加强各类救援力量的资源共享、信息互通和共训共练，确保应急状态下第一时间获得资源保障、技术支持，做到准备充分、出动迅速、配合有序、有条不紊。

27.3.2 统筹物资储备和装备配套

油气田企业作业区域分布广、战线长，应急物资存储和管理难以实现全面的集中统一，而分散的存储和管理方式，很容易导致装备兼容性差、匹配性不强、共享共用困难等问题。针对这些问题，可以从以下几个方面来改进和解决：

一是建立配套标准和更新机制。定期开展应急资源的调查，结合应急能力评估结果，细化技术规格和参数，推行分类编码和信息化管理，形成区域配套、分类科学的应急物资装备配套标准。对于井控、自然灾害等典型应急装备配套，在执行国家、行业、企业标准的同时，要结合油气藏、周边环境特点，以及以往救援经验，建立与之配套的标准。密切掌握行业发展趋势，结合业务发展情况，持续跟踪应急物资装备需求，积极开展技术革新研究和改进，定期升级装备配套标准，循环开展批量更新，确保装备的适用性、先进性。

二是实施分类配置和区域共享。根据不同物资装备在应急救援过程中发挥的不同作用及重要程度，实施分类分层次配置。比如，防喷器、消防车等关键核心设备，要保证性能可靠，配备到所有重点应急任务、处置对象；对讲机、无人机等指挥通信装备，要保证功能完备、技术先进等。应急物资装备使用频率不高，推进区域共享才是明智之举。通过建设区域资源保障中心和支撑点，形成应急处置圈，保障压井泥浆等重点物资快速调集。

27.3.3 搭建智慧应急平台

"智慧应急"是油气行业应急管理的发展方向。在当前这个阶段，可以按照"平战结合"思路，打造两个平台，再造业务流程，推动应急管理向科学化、精准化和智能化转变。

一是打造应急管理综合平台。运用信息化手段，将工业视频、工艺流程、钻完井及场站生产数据、属地自然灾害预警数据，以及应急物资装备、应急队伍和应急管理人员信息进行全面集成，实现风险早期识别、预警、预报和灾害链的综合监测。综合平台不仅实现了从线下到线上的模式转变，更重要的是提高了综合预警和调度能力。

二是打造应急处置指挥平台。按照应急程序搭建响应启动、研判会商、过程跟踪、现场处置等应急处置场景，应急指挥人员可以通过平台，快捷获取关键数据和实况视频，为快速准确作出决策、高效组织应急提供支撑。在应急状态下，平台自动提供不同处置阶段所需的远程会商连线、现场事件实况、资源调度动态、装置设备参数和对应的预案程序，并实时将指令下达到对应的操作单元。

实践案例：博孜 3-1X 井应急抢险救援

博孜 3-1X 井是塔里木盆地库车坳陷博孜 3 气藏的一口开发评价井，位于新疆阿克苏地区温宿县境内，由西部钻探巴州分公司 80018 钻井队总承包。2020 年 6 月 24 日 11 时 47 分，在完井钻杆传输测井过程中，发生单吊环，4492.18 米钻具断落井内，产生较大激动压力，造成失返性漏失和油气置换，诱发井下快速溢流，钻井队紧急抢下四柱钻具，发生井涌，抢接内防喷工具不成功，先后三次紧急关井，剪切全封一体化闸板在运动状态下未能形成有效密封，最终发生井喷。

该井储层异常高压，井底压力高达 108 兆帕，产量高、喷势大。受高压高产影响，井口恶化非常快，作业环境高温噪声，天气风向变化无常，水源、设备工具保障难度大，给抢险救援带来一系列困难挑战，油田迅速组织开展应急抢险。

一是快速响应，建立高效组织体系。事件发生后，立即成立现场应急处置领导小组和指挥部，下设作业指挥组、技术专家组和 7 个抢险施工小组，建立工作例会制度，确保组织严密、指挥科学。借助信息化建设成果，搭建集团总部和抢险现场协同会商的线上支撑平台。在预案组织机构框架下，结合抢险各阶段任务特点，及时优化细化分工，做到责任清晰明确，各项工作有序推进。

二是健全机制，保障现场有序运转。抢险过程中建立"八项工作机制"，保障抢险施工有序开展。

1. 油地协调保障机制。与地方政府联合成立次生灾害防控指挥部，协调交通保障、医疗救助、气象预测、群众撤离、舆情管控等工作，为抢险救援创造良好环境。

2. 碰头会制度。每天召开部署会、下发作业令，明确当天的重点任务、工作要求和完成时限，及时协调解决抢险中存在的问题，保证了抢险工作无缝衔接、高效运行。

3. 现场联合值班机制。设立综合保障联合值班点，承担信息中转和前后方沟通，提供信息通信、供水供电、办公后勤、施工物资等综合性保障。

4. 车辆机具集中调控机制。设立抢险现场联合调度点，分类统筹专用机械和客运、货运车辆，实行车辆机具轮序值班。

5. 培训演练机制。针对每一次大型施工、风险作业开展情景模拟和推演，组织每一名参战员工培训操练，确保程序正确、操作无误。

6. 工作量现场签证确认机制。制定工作量签认程序，作业队伍每日提报的工作量和资源消耗都要进行审核确认。

7. 现场工作写实机制。每日总结抢险部署要求、重点工作进展、技术方案论证、综合保障等工作情况，为抢险总结、分析和反思提供翔实依据。

8. 现场激励机制。表彰关键环节完成任务出色的团队和人员，激励抢险人员发扬"困难面前有我们，我们面前无困难"的大无畏精神。

三是资源统筹，协调各方共同发力。生产运行处作为资源统筹协调归口管理部门，统一应急资源调度，分批次调集各种特种机具，以及专业化抢险装备和抢险物资。建立应急专兼职队伍施工作业跟踪督办工作机制，确保专职、兼职、协同三类应急队伍协同发力。

博孜3-1X井抢险始终坚持科学抢险、安全抢险、环保抢险，经历堵漏压井、拖移钻机、重置井口三个阶段，经过广大抢险人员艰苦努力，全面完成了博孜3-1X井井控抢险处置任务，8月17日新井口安装成功，8月20日油气流接入生产流程，应急状态解除。整个过程未发生次生灾害事故，未造成重大财产损失和人员伤亡，未出现大面积环境污染，未出现负面舆情。博孜3-1X井的抢险是一起经典成功的案例。

思考和建议

抓好应急管理，应该做到"宁可备而无患、不可有患无备"。首先要做好思想准备，坚决克服应急投入多、用不上等错误思想，以及不会出大事的侥幸心理；也要做好预案准备、队伍准备、物资准备、技术准备等，时刻保持"迎战""临战""实战"状态。只有做足准备，才能临危不乱，才能正确、科学、有效实施应急处置，最大限度地减少突发事件损失。

第 28 章　推进绿色低碳转型

油气田企业作为重要的能源生产和供应单位，在保障国家能源安全、促进经济社会发展的同时，不可避免会发生能源消耗、产生污染物。在国家大力开展生态文明建设的当下，要统筹好加大勘探开发力度与绿色低碳发展的关系，坚持资源开发与环境保护并重，努力创造能源与环境的和谐。

28.1　油气行业绿色低碳发展面临的新形势新任务

生态文明建设是中国特色社会主义事业的主要内容之一，也是新时代高质量发展的鲜明特征。推进生态文明建设，每个行业、每个企业都是参与者、保护者、受益者。

能源行业肩负着推动绿色低碳发展的重大责任。近年来，国际社会对实现全球净零排放的政治共识日益增强，推动绿色低碳发展成为国际潮流所向、大势所趋，绿色经济成为全球产业竞争制高点。我国深度参与全球生态环境治理，向国际社会作出了"3060"双碳目标的庄严承诺，加快健全绿色低碳循环发展经济体系，促进经济社会发展和全面绿色转型。能源行业既是绿色低碳转型的主战场，又是主力军，既要自我加压，保障清洁能源供应，又要主动发力，加强生态环境保护，坚定不移走生态优先、绿色发展为导向的高质量发展新路子。

绿色低碳转型的加速推进，也对油气田企业提出了更高要求、带来了更大压力。一方面，环保监管问责日趋严苛，严监管、狠问责、动真格已成为新常态。近年来，我国环保法律法规、制度标准密集出台，按日计罚、黑名单等处罚措施空前，管理和技术标准要求更高更严，企业违法违规的风险越来越高，事故问责力度越来越大，环境事件将会成为企业不能承受之痛。另一方面，社会公众的环境诉求越发强烈，随着社会的发展，社会大众环保观念更加深入人心，环保意识不断增强，对资源利用和环境保护问题越来越关注，对破坏环境事件的容忍度越来越低，一些事件很容易成为舆论焦点，甚至会被人们拿着"放大镜"审视，对企业发展造成严重影响。

面对新形势新任务，油气田企业不重视生态环境保护将寸步难行，不推动绿色低碳转型将会衰退而亡。当前，油气田企业绿色低碳发展面临着几个方面的突出问题，主要表现在：传统的末端治理思路和管理模式亟待转变，污染防治技术配套和升级跟不上新标准新要求，能源消耗粗放型管理还不同程度存在，风、光、电等新能源刚刚起步；与此同时，随着勘探开发向超深层及复杂领域挺进、地面系统设备设施老化，突发井喷失控、生产装置火灾爆炸、油气输送管道泄漏等事故事件造成环境污染的风险始终居高不下。处理解决好这些问题，是摆在油气田企业面前重要而紧迫的任务。

28.2 在开发中保护，在保护中开发

传统企业环保管理"先污染、后治理"的路子代价沉重，油气田企业要改变"资源—产品—污染物排放"单向线性生产模式，由"末端治理"转变为"源头管控"，坚定不移走资源节约型、环境友好型的发展道路，最大限度做到保护性勘探开发。

28.2.1 开发一个区块，建设一片绿洲

生态环境没有替代品，用之不觉、失之难存。油气勘探开发通常跨越大、区域广，涉及自然环境种类多，如果处理不好勘探开发与环境保护的关系，就会对生态环境造成不可逆的影响。

一是严格执行环境影响评价。在油气开发建设前，要全面分析、预测、评估可能对环境造成的影响，坚持"宁让经济受损、不让环境受害"的原则，提前做好生态红线区、自然保护区、环境敏感区的设计避让工作，有效减少对自然环境的影响，同时避免后期环境治理花费更大投入。比如，管线建设不能简单平拉直铺，井场修建在技术上可采取大斜度井、水平井等方式合理移动位置，尽量避开环境敏感区。

二是大力推进生产用地"瘦身"。减少用地就是最大程度地减轻对生态环境的扰动，应坚持"能省则省、集约节约、有效盘活"的原则，合理优化工程平面布局，优化占地面积和位置，优先使用存量建设用地和未利用土地。比如，钻井要推行标准化井场设计，具备条件的可采用丛式井、平台井；地面工程多采取模块化、橇装化方式建设；探临路修建可通过"单车道＋会车场"的模式代替"双车道"，大幅降低土地征占；施工结束后要及时做好土地复垦和植被恢复工作。

三是积极开展增绿扩绿行动。绿色是油气田高质量发展的底色，应坚持油气开发到哪里、绿色就延伸到哪里，特别是地处戈壁沙漠的油气田企业，植树造林不仅是利国利民的生态工程，也是造福员工的民生工程。比如，塔里木油田始终秉持开发一个区块、保护一片绿洲，向荒漠要绿色、在沙漠建家园，实施生产生活场所绿化工程，在戈壁荒漠中建成一个个"石油绿洲"，形成了"建一房绿一块，修一路绿一线，建一区绿一片"的绿色网络，目前全探区绿植面积达到4.8万公顷。同时，塔里木油田联合中科院开展荒漠植物繁育研究，建成世界唯一沙漠腹地植物园和436千米的沙漠公

路防护林生态工程，让"死亡之海"披上绿色丝带（图28-1）。

图28-1　塔里木油田沙漠公路防护林工程

28.2.2　坚持三化原则，严控三废治理

"三废"是损害环境的主要污染源，也是环保管理的重点。油气田勘探开发过程中会产生含油污泥、采出水、氮氧化物等污染物，应坚持源头减量化、过程规范化、末端资源化原则，实现全过程受控管理。

1. 源头减量化。源头减量是减少污染的根本所在。要在物探、钻井、井下作业、油气生产等各业务领域生产全过程，大力推行清洁技术、清洁材料、清洁工艺，从源头减少污染物产生。比如，物探作业适宜推广可控震源装备，减少炸药震源使用率。钻井作业应当使用新型可拆卸式钻机基础、钢结构环保池等环保设施，推行"增聚减磺"水基钻井液，加大负压振动筛、离心分离设备应用，实现废物源头减量和循环利用。油气生产应采用密闭集输、原油稳定和天然气回收等工艺，减少废气排放。对检维修、清罐、管线刺漏等产生的含油污泥进行固液分离，分离后的固相进行无害化处置，液相处置达标后回注利用。

2. 过程规范化。废弃物的管理涉及产生、收集、贮存、转移、处置、利用等多个环节。应通过制度化、标准化、程序化，实现废弃物全过程规范化管理，重点关注两方面工作：一是把好选商用商关，保证处置资质、处置能力、设备设施、人员素质满足要求，鼓励承包商使用新型实用技术，实现工厂化、规模化、标准化处置，提高处置效率和效果；二是加强处置过程监管，实施属地单位、产废单位、监督机构三级监督监测，利用信息化手段加强实时监控，严禁非法转移、非法掩埋，确保废弃物从产生到达标处置的全过程依法合规。

3. 末端资源化。"三废"是放错位置的资源。油气勘探开发过程中产生的废弃物，经过无害化处置后，大部分可进行资源化利用，既保护环境、节约资源，也能产生一定的经济社会效益。

固废资源化利用：主要有回收利用和循环再生两种模式。回收利用是指固体废物经过简单分类处理后直接利用，属于粗资源化阶段。比如，水泥建筑垃圾可用于油区防洪或路基填料，钻井还原土可用于铺垫井场和路基，有效降低钻井固废填埋和取土成本。循环再生是指利用再生技术将使用过的材料转变成新的产品，属于精资源化阶段。该过程改变"资源—产品—废物"的传统模式，重构"资源—产品—再生资源"的反馈式流程和"低开采—高利用—低排放"的循环利用模式，减少了新材料消耗，防止潜在可用材料浪费。比如，利用化学萃取技术对含油污泥进行处理，将萃取油反输到联合站，精细处理成合格原油。

废气资源化利用：主要是零散天然气和二氧化碳。零散气回收是对管道输送的进一步延伸，可降低管道投资和运营成本，既可减少环境污染，又可创造经济效益。CCUS 是二氧化碳资源化的关键技术，将收集捕获的二氧化碳注入油气藏，提高油气藏的采收率。塔里木油田在轮南地区开展先导试验，预计累计埋碳量近 300 万吨，相当于植树 2000 万棵，让这一"上天为害"的温室气体"入地为宝"。

污水资源化利用：主要是油气田采出水和生产生活污水。注水采油是油气田开发中后期的主要提采措施，采出水产生量大、性质稳定、与地层水配伍性好，是注水提采的良好水源，既可以解决水源问题，又可以避免对环境的影响。生产生活污水含有大量氮、磷、钾等元素，通过简单处理达标后，就可以作为绿化灌溉用水，这在西部沙漠地区特别重要，既消纳污水、改良戈壁沙漠生态，还极大节约了用水成本。

28.2.3 节能是第一能源

节能被称为除了煤炭、石油、天然气等化石能源和新能源之外的第五种能源，被国际公认为最清洁、最经济的"第一能源"。油气田企业既是能源生产大户，也是能源消费大户，要牢固树立"节能就是增产、节约就是增效"的理念，严格实施资源消耗总量和强度"双控双降"，推动形成清洁低碳的生产方式。

一是强化能耗定额管理。能耗定额机制是控制能耗的重要抓手。油气田企业要像下达油气产量任务一样，层层下达定额指标、层层压实工作任务。定额指标必须反映油气生产过程能源消耗的客观规律，从实际出发，进行调查研究、科学核算，力求达到"快、准、全、好"的标准。"快"指及时性，在生产前确定具体指标，指导促进生产；"准"指科学性，结合生产经营情况，综合比对分析数据，让标准反映客观实际;"全"指全面性,考虑勘探开发生产全过程,包含能源消耗全种类;"好"指先进性,在符合制度标准要求、契合生产实际前提下,尽量让指标达到行业领先。

二是深化能效对标管理。能效对标管理应遵循"闭环控制、循序渐进"的工作原则,以指标找差距、以差距定措施、以措施促管理、以管理提指标,不断提高能效水平。在标杆选择上,尽量选择与自身资源禀赋、发展阶段相近的油气田企业,筛选典型能效标杆,完善自身指标体系,制定节能改造或能效改进措施。及时开展对标评价,评估总结对标成效,固化有效措施和方法,建立长效机制。值得注意的是,能效对标不是一成不变的,它是一个动态管理、持续改进的过程,要不断完善指标体系、优化管理流程和管理手段,实现对标工作的科学、规范、有效。

三是强化节能技术应用。油气田企业应加强用能设备能效监测评价,重点围绕机采、集输、注水注气、供配电等高耗能系统,大力推广应用先进节能技术。同时,要积极推进新能源与工艺技术的结合,特别是机采举升、排水采气、压裂作业等工艺技术,与风、光、电等清洁能源有机融合。塔里木油田经过多年的节能提效实践,总结形成了沙漠公路太阳能光伏发电灌溉、太阳能集热、网电钻井、气化钻机、井下节流、绿电自发自用、余热余压利用等一批节能技术实践,"十三五"以来在产量增长 29% 的情况下,油气生产综合能耗由 83.5 千克标煤/吨降至 81.4 千克标煤/吨,二氧化碳排放强度下降到 0.067 吨二氧化碳/吨当量,从技术上把"绿色油田"构筑在效率领先的基础之上。

28.3 新能源是绿色低碳转型的方向

新能源是指传统能源之外的各种能源形式,主要包括水能、风能、生物质能、太阳能、地热能等,是可循环利用的清洁能源。在双碳和新能源爆炸式发展的大背景下,传统油气田企业应该从战略角度谋划新能源业务,推动实现可持续发展。

28.3.1 绿色低碳转型下的新能源业务

能源行业加速转型,石油公司纷纷调整传统业务板块,向能源公司迈进。各大国际石油巨头都在行动。2020 年,bp 公司将大小写字母做了替换,从"BP"更改为"bp",以契合低碳净零以及降低排放的目标。2021 年,道达尔公司宣布改名为道达尔能源,向多样化能源发展。卡塔尔、挪威、丹麦等石油天然气公司,都在抓住机遇向能源公司发展。国内中国石油、中国石化、中国海油等石油石化企业,也都在积极布局新能源业务。

传统油气田企业如何发展新能源业务,特别是开发中后期的油气田如何加快转型?这是企业管理者应该抓紧考虑的问题。

第一个问题,油气田企业发展新能源的优势是什么?一方面,油气田企业一般规模较大，资金较为雄厚，拥有成熟的工程建设经验、丰富的技术技能储备、强大的科技研发能力；另一方面，油气田企业拥有巨大的存量土地（矿权），不仅地下的油气及其他矿产资源丰富，而且地上的风光能资源丰富，具有很高的开发价值。因此，油气田企业发展新能源业务占据了资源优势。

第二个问题，如何建立组织保障机构？与油气业务发展一样，为了做到专业化精细化管理，首先要成立新能源业务组织结构，例如成立新能源事业部，统筹新能源业务的规划建设与管理。

第三个问题，如何推动落实落地？油气田企业发展新能源业务，应该坚持以下原则：

一是实事求是。有什么优势资源，就发展什么新能源，不能随大流。要全面开展新能源资源普查，把基础情况摸清，把潜力方向搞明，因地制宜、因企制宜，有序有效推进新能源业务发展。

二是注重效益。企业发展的目的是追求经济效益最大化，亏本的买卖不能做。要坚持效益为先的理念，通过技术的持续改进和创新，不断降低成本、提高利润，把新能源业务发展成为企业创收创效的增长点，为企业价值提升作出积极贡献。

三是合作共赢。很多油气田企业在风光发电等新能源业务上没有资质、没有经验、没有业绩，不具备竞配资格。应走市场化发展的路子，探索合作共赢的建设途径，积极推进"管理+第三方"模式，借助第三方人才、技术、资金等优势，实现新能源有效开发。

四是协同推进。油气勘探开发业务要统筹考虑新能源业务，在编制新油气田开发方案时，同步考虑新能源项目，特别是伴生资源的利用要提早谋划、科学部署，实现主营业务和新能源业务发展协同推进。

五是油地互融。各地政府对新能源的规划建设有不同规定和指标要求，油气田企业发展新能源业务，决不能自己闷着头干，要主动融入国家生态文明建设全局和地方经济社会发展大局。要用好国家政策，加强与地方政府的沟通联动，在项目布局上统筹谋划、互相支持。

28.3.2 绿色低碳转型下的油气业务

当前新能源发展势头迅猛，一些人认为传统化石能源很快就会被新能源所替代，不看好油气行业的发展前景，这是不正确的。从当前看，能源危机依然可能发生，2021年英国"油荒"、欧洲"气荒"、印度"煤荒"，我国局部出现的"电荒"，就是充分的例证。从未来看，如果新能源达到了可以完全替代化石能源的条件，但石油天然气依然会作为化工原料出现在人们的衣食住行中。因此，当下大谈化石能源完全退出为时尚早，在可以预见的未来很长一个时期内，油气资源的压舱石作用仍然不可替代，建设好管理好油气田依然任重道远。

第 29 章 抓实质量和健康管理

质量是企业的生命,健康是企业的生产力。无论是质量还是健康,都事关企业高质量发展,都是必须要抓好的工作。

29.1 推行全面质量管理

通俗讲,质量就是产品或工作的优劣程度。油气田企业不仅是油气产品的输出者,也是大量生产经营物资的使用者。从市场讲,加强质量管理是提高产品和服务质量、提高企业知名度和信誉度的必然要求。从自身讲,采购高品质的物资,建设高品质的工程,是油气田效益生产、安全生产的重要保证。

29.1.1 质量事关企业生存发展

一是质量事关企业价值。企业的价值取决于社会和市场的需求及认可程度,只有满足需求,才会实现价值,质量正是满足需求能力的综合反映。奉献能源是油气田企业的价值所在,既要品质好,也要种类优,要多产优质的油气产品,多产适销对路的高附加值产品,更好满足市场需求。

二是质量事关本质安全。安全源于质量。安全环保隐患和风险的源头,往往是产品、工程、服务质量出了问题。油气田企业安全环保风险非常高、非常多,任何一个环节质量管控不到位,都有可能引发重大事故事件。坚持抓质量就是抓安全,必须从治本的角度,严抓设计、设备、材料、施工等质量关,让"风险点"稳定受控。

三是质量事关企业形象。质量和诚信是每个企业行稳致远的长久之道。纵观世界"百年老店",都是靠质量和诚信赢得声誉、维持口碑,否则就会被客户嗤之以鼻、被市场无情抛弃。对于油气田企业来说,最大的质量和诚信就是提供油纯气净、量足质优的油气产品。要加强质控管理,确保出售的每一滴油、每一方气都是合格的。要牢固树立"上道工序为下道工序服务"的理念,以上游高质量的"产"促进下游高质量的"销"。

29.1.2 质量管理要把好"三关"

一是严把采购产品入口关。建立完善质量监督管理机制，加强设计选型、物资采购、加工制造、检验验收、出库验收全过程质量管控，对于重要产品、关键设备，要驻厂监造保证质量。建立质量公报制度和质量失信"黑名单"，及时通报质量问题，利用市场化手段严格处置，让质量问题无处遁形。在采购产品和服务中，要高度重视低价中标的问题，处理好价格和质量的关系，加强油田内部市场监管，严防出现恶性竞争，确保采购产品和服务质优价廉。

二是严把自产产品出口关。加强油气产品从生产、处理到销售全过程的质量管控，加强关键质量控制点监管和产品指标动态跟踪分析，对外销售要及时了解掌握客户需求，做好贸易交接点的质量监督和抽检，保证出售产品达标合格。

三是严把工程建设过程关。建设高质量的工程是推动高质量发展的有力抓手，油气田企业应当立足长远，抓好地震采集处理、圈闭井位、钻完井、处理场站、集输管线等工程质量，在方案设计、施工管理、竣工验收等环节从严管理，努力把每一项工程都打造成精品工程。要牢固树立"质量问题就是事故隐患"的理念，落实质量终身负责制，倒逼工程质量提升，杜绝项目"带病上岗"。

29.1.3 提升企业质量管理水平

一是健全完善质量管理体系。要加强质量管理组织领导，持续健全完善质量管理制度，构建各级领导分工负责、质量部门归口管理、基层单位齐抓共管的质量管理体系。质量管理是一项专业性较强的工作，要完善质量专业技术人才培养、选拔、使用，打造专业化、高水平的质量人才队伍。

二是夯实质量管理基础工作。检测和计量是控制质量、检验质量的手段，标准是衡量质量的尺度，抓好这三项工作是做好质量管理的基础。检测工作应实行归口管理，建立自主检测机构，运用信息化手段减少人为干预，提高检测准确性、及时性。计量工作要坚持科学公正，建立完善井场采油气、油气处理、储运销售三级计量系统，加强计量器具配套和监管，既要守住计量红利，更要杜绝不诚信交接。标准工作要加强对勘探、工程技术、地质开发、地面建设等领域先进技术和管理创新成果的总结提炼，及时形成国家、行业和地方标准，提升企业在油气行业的话语权和影响力。

三是积极开展群众性质量活动。在QHSE管理中，员工通常更注重安全环保工作，对质量工作的关注程度不高、重视程度不够。要广泛开展"质量月"、质量知识教育培训、QC管理小组评比等群众性质量活动，创新活动内容和方式，引导全员提升质量意识、参与质量管理，大力营造质量文化，积极构建"大质量"工作格局，切实提升企业质量管理水平。

29.2 推进健康企业建设

健康是人的基本权利和第一财富，也是企业对员工的第一福利。员工的幸福感，一个最重要的指标就是健康。油气田企业要认真贯彻落实健康中国战略，结合企业实际特点，全面推进健康企业建设，保障维护员工身心健康。

29.2.1 员工健康就是生产力

员工是企业价值的创造者，企业的发展靠的是员工的力量。保障员工身心健康是企业的责任担当，更是企业发展的不竭动力。就员工个人来讲，健康的体魄是干好工作的先决条件，也是自己正常生活的维系，身心不健康的员工可能会做出许多过激行为，成为家庭负担、企业负担、社会负担。就企业发展来讲，健康、高素质的干部员工队伍是企业的宝贵财富，他们乐观向上、精力充沛、充满干劲，就会创造较高的人均劳动生产率。可以说，保护员工的健康，就是保护和发展生产力。企业要加强全方位健康管理，提供全面的健康服务，为企业高质量发展提供人力资源保障。

29.2.2 油气田企业的主要健康风险

一是职业健康风险。职业病危害因素分为粉尘、化学因素、物理因素、放射性因素、生物因素和其他因素等 6 类，油气田企业主要涉及化学因素、物理因素、放射性因素。其中，化学因素主要是生产过程中接触到的油气产品以及硫化氢等有毒有害气体，物理因素主要是油气处理设备产生的噪声和高温等，放射性因素主要是放射性测井、管线探伤等对人体带来的辐射。如果作业过程中没有做好有效防护，就可能导致中毒、窒息事故，或造成神经系统损伤、听力损失、耳聋等职业病。

二是身心健康风险。油气田生产现场多在野外，特别是西部油气田自然环境恶劣，夏季高温酷热，冬季低温严寒，戈壁沙漠、风沙浮尘、荒无人烟，工作环境相对封闭，缺乏与外界交流，长期处于这种孤独、枯燥的环境中，极易诱发沙漠综合症等疾病，甚至可能由此引发安全事故。同时，油气生产 24 小时连续不停，大多采用轮班倒班工作制，轮班周期短则几周，长则一个月甚至数月，极易导致作息紊乱以及生理心理疾病。

三是医疗应急救援依托差。油气勘探开发作业现场大多远离城市社区，缺少可依托的医疗资源。如果员工突发疾病或发生意外伤害，可能会因路途远、时间长耽误最佳诊疗时间，得不到及时有效治疗。

29.2.3 加强全方位健康管理

传统的健康观是"无病即健康"，现代人的健康观是整体健康，不仅是躯体没有疾病，还要心理健康。油气田企业的健康管理，要在做好职业卫生管理的同时，做好员工身心健康管理，从单纯的职业病防护防控，向员工疾病预防、健康知识普及、推行健康文明的工作生活方式、提升员工健康素养的全方位健康管理延伸。

1. 职业卫生管理。

一是源头减少健康危害因素。在装置设计、建设和生产各阶段，都要把职业危害作为重要项目进行评估，选择适合的工艺装置，减少有害物质和有害因素。要加强数字化油田建设，提升装置自动化水平，最大限度实现油气井和场站无人值守，减少巡检频次，降低劳动强度，减少接触危害时间，从根本上减轻对员工健康的影响。

二是落实全过程防护措施。加强建设项目职业病防护设施"三同时"管理，确保职业病防护设施与项目主体工程同时设计、同时施工、同时投用。生产运行中要严格开展职业危害因素的定期检测评价，及时发现整改超标问题，确保符合标准要求。加强员工职业健康监护、体检，及时调整职业禁忌或患职业病员工的岗位。定期组织职业健康教育及应急演练，使员工掌握防护及应急救护方法。

三是加强防护用品配备。个人防护是保护员工健康的最后一道屏障。在防护用品配备上，油气田企业要舍得投入，本着对员工负责的态度，按标准配齐配好各类防护用品。要加强个人防护用品的使用培训和监督管理，严肃处理作业现场防护用品配备不到位、佩戴不规范等问题，倒逼员工提升健康安全意识。

2. 员工身心健康管理。

一是精准做好健康筛查干预。根据岗位危害和个人需求，实行差异化个性化体检，做到精准体检、精确筛查。比如，心脑血管疾病是造成一线员工非生产亡人的主要风险因素，可在体检方案中增加心脏彩超、颈动脉B超等筛查项。要以体检数据为基础，系统分析评估员工健康状况，给予针对性健康指导，特别是对高风险人群，要作为健康管理的重点对象，及时进行健康干预和指导，实现健康管理关口前移。

二是高度重视员工心理健康。要加强员工心理健康服务，通过购买服务定期开展心理健康宣教和辅导，具备条件的可在生产一线设置心理咨询室，为员工提供专业的培训、指导和咨询。要充分发挥各级党工团组织作用，加强对员工的人文关怀，及时掌握员工的思想状况、心理状况，做好"一人一事"思想政治工作，帮助员工思想解惑、精神解忧、心灵解压。良好的心理健康离不开良好的外部环境。油气田企业要加强生产作业现场的美化绿化工作，适度配套建设文体场所和设施，丰富员工业余生活，让员工快乐工作、健康生活。

三是提升企业健康保障能力。针对偏远生产作业场所医疗依托条件差的问题，积极与周边医疗机构建立联动机制，开通救护绿色通道，利用信息化手段提供远程诊疗服务。在一线生产生活场所建设"健康小屋"，配置血压、血糖、血脂、心电图等常用的医疗监测设备,及时发现异常,第一时间开展健康干预或救治。油气田企业还应建立覆盖全员的大病就医、转院保障机制,积极为员工协调提供优质的医疗服务保障。

第六篇
企业党的建设

党建工作抓好了就是生产力、就是凝聚力、就是战斗力。抓党建是从另外一个维度管理企业，管人的思想、意识、精神、行为，解决认知问题、思想问题、情感问题、工作动力问题，发挥凝聚人心、推动发展的作用。如何将党的领导融入公司治理各个环节，以党建工作培根铸魂，确保党对经济领域的全面领导，是每一位国企管理者的必答题，这是由国企的属性、地位、使命决定的。

多来年，国内油气田企业在坚持党的领导和现代油公司管理模式有机结合的实践中进行了深入探索。本篇以塔里木油田为例，从油气田企业党建工作的着力点、创新和发展党工委统一领导、建设高素质干部人才队伍、夯实党建工作基础、塑造企业精神文化、履行企业社会责任等六个方面，介绍抓党建就是抓发展的理念、认识、做法和具体成效。

第 30 章　抓党建就是抓发展

党政军民学，东西南北中，党是领导一切的。我们党和国家的根本性质和国有企业的基本定位决定了国企必须始终坚持党的领导、加强党的建设这一重要政治原则。油气田企业无论所处的外部环境发生如何变化，管理体制如何变化，经营机制如何变化，党的领导都不能动摇，党的建设都不能弱化，必须抓实抓好，确保油气战略资源牢牢掌握在党的手中，确保石油队伍始终听党话、跟党走。

30.1　党建工作是国有企业发展的重要法宝

国企党建是企业独特的政治资源，抓好了党建工作，就抓住了企业发展的方向和动力。国有企业独特的"身份地位"，决定了必须从"国企姓党"的政治属性出发，以党的使命作为最高使命，服务于国家战略，把人民利益作为根本利益。坚持党对国有企业的领导，根本目的在于使国企成为"六种力量"，把党和国家方针政策、重大部署贯彻好执行好，把党的各项事业发展好推动好。只有坚持党的领导，加强党的建设，才能保证国有企业的发展方向不偏离，才能更好地开展生产经营活动。新时代加强国有企业党的建设，要把提高企业效益、增强企业竞争力、实现国有资产保值增值作为党组织工作的出发点和落脚点。油气田企业要始终牢记保障国家能源安全的职责使命，听从党的召唤、服从党的指挥，做党和国家最可信赖的骨干力量。

30.2　把企业发展成果作为检验党建工作成效的试金石

对国有企业来讲，党建是发展的保证，发展是党建的目的，两者辩证统一、不可分割。企业党建工作的成效要用发展成果来检验，企业发展中存在的问题要用党建来解决。只有把党的建设和中心工作"融"在一起抓，把每条战线、每个领域、每个环节的党建工作抓具体、抓深入，才能最大限度调动全体员工的主动性、创造性，汇聚起高质量发展的强大力量。

随着市场化深入推进，参与油气田建设的队伍复杂多元，如何把不同隶属关系、不同生活背景和价值追求的员工队伍的思想和行动统一到发展建设中来，是企业党建需要解决的关键问题。所以说，要牢固树立"抓党建就是抓发展"的理念，通过抓好党建工作，聚合力、筑优势、破难题、促发展。

30.2.1 抓党建为了促发展

油气田企业党建工作的目的是为企业发展提供思想保证、组织保证、政治保证。要培育推动与发展相适应的领导方式、工作方法和工作作风，通过贯彻落实党的理论和路线方针政策来把准发展方向，通过党管干部、党管人才来建强领导班子和职工队伍，通过发挥基层党组织战斗堡垒作用和党员先锋模范作用来凝聚职工群众、推动任务落实，通过加强党风廉政建设来正风肃纪、防范风险，切实将党建工作的"软实力"转化为发展的"硬支撑"。

30.2.2 抓发展必须强党建

企业发展壮大最根本靠的是"人"。企业发展成果就是无数个"人"团结拼搏、努力奋斗的结果。一个企业，领导班子是否坚强有力、干部队伍是否团结一心、职工队伍是否具有战斗力，是企业发展壮大必须解决的重大问题，而党建恰恰是解决这些问题的金钥匙。在企业中，党建工作就是管好干部用好人才、建好班子带强队伍、抓基层打基础，就是抓人促事、凝心聚力、强根固魂。塔里木盆地勘探开发近70年，特别是新型会战以来取得的辉煌业绩，就是党坚强领导、科学谋划决策的结果。事实证明，党组织的领导力越强，党建作用发挥得越充分，企业创造的价值就越大。

30.3 国企党建工作要在"五个方面"重点发力

新形势下，做实国企党建工作，必须坚持以党章条例为遵循开展党建工作，靶向发力、取得实效。

30.3.1 在增强政治"领导力"上发力

油气田企业是党的企业，要把讲政治从外部要求转化为内在主动，永葆兴油报国、兴油为党的政治底色。习近平总书记提出，讲政治具体要提升政治判断力、政治领悟力、政治执行力。其中，政治判断力是指领导干部站在政治高度研判现实问题的能力。衡量企业领导人员政治成熟的标准，主要看政治的敏锐性和警惕性。作为油气田管理者，要具备观察形势、把握大局、把准方向的能力，善于用政治的眼光分析生产经营问题，自觉服从服务国家战略。政治领悟力的关键在领和悟。"领"就是要绷紧政治这根弦，讲政治、讲原则、对党忠诚；而"悟"则要求领导干部能够理解吃透党的路线方针政策的核心要义。政治执行力不是具体的工作能力，而是通过领会政治意图、落实政治要求、达到政治目标的实际能力。讲政治不是一句口号，是实实在在的行动。油气田企业领导干部要坚持做到党中央提倡的坚决响应，党中央决定的坚决执行，通过狠抓工作落实，把战略谋划变成现实，把上级决策部署贯彻到生产经营、改革发展的方方面面，把"两个维护"落实到具体行动中。

30.3.2　在建设高素质干部队伍上发力

政治路线确定之后，干部就是决定因素。企业的发展离不开一支想干事、肯干事、能干事、干成事的高素质干部队伍，干部队伍抓好了，带头走正路、干正事、扬正气，上行下效，企业才能持续健康发展。在干部队伍建设方面，要执行好落实好习近平总书记关于好干部"二十字"标准和新时期国有企业领导人员"二十字"要求。其中，政治标准是硬杠杠，如果政治不合格，能耐再大也不能用。用人导向要鲜明，突出重实干重能力重业绩。遵循公平公正的原则，加强干部选拔任用的全过程把关和监督。特别是要注重做到五湖四海，不搞亲亲疏疏，树立良好的选人用人导向，形成良好的政治生态。

30.3.3　在党建和生产经营融合上发力

在企业实践中，推进党建与生产经营深入融合，要从目标、任务、管理、评价等方面找到切入点，让党建工作转化为看得见的生产力。一方面是工作制度上融入，将党的组织机构设置、职责划分和工作任务融入企业管理制度和工作规范中，在意识上、机制上、流程上保证党组织领导力的发挥；另一方面，在工作方式上融入，围绕重点工作充分发挥党员责任区、党员突击队、党员先锋岗等平台作用，确保重点工作开展到哪里，党建工作优势就覆盖到哪里。同时，在考核评价上融入，聚焦效益、效率和质量，引入企业管理科学的评价方式，以生产经营业绩和群众满意度检验党建工作成效。

30.3.4　在塑造企业精神和文化上发力

优秀的文化造就优秀的队伍，伟大的精神产生伟大的力量。1952年2月，毛泽东主席亲自发布命令，决定将中国人民解放军19军57师转为石油工程第一师，支援石油工业建设。近8000名指战员投身共和国的石油建设事业，将部队纪律严明、能征善战的传统和吃苦耐劳、敢于拼搏的作风深深融入石油工人的血脉，成为植根于石油人骨子里的精神基因。在为共和国事业"加油争气"的峥嵘岁月中，一代代石油人坚持传承红色文化基因，在创造巨大物质财富的同时，也创造了巨大的精神财富。石油战线老一辈领导人和石油工人，在开发建设大庆油田的实践中培育和形成了大庆精神铁人精神；一批石油石化企业在战天斗地的实践中，培育形成了玉门精神、柴达木精神、塔里木精神等各具特色的企业精神。习近平总书记将这些宝贵精神财富总结凝练为以"苦干实干""三老四严"为核心的"石油精神"，并作出重要批示，给百万石油员工以巨大的鼓舞和鞭策。无论时代如何变化，油气田企业都要传承好、弘扬好石油精神、优良传统和先进文化。

30.3.5　在营造和谐稳定发展环境上发力

和谐稳定是发展的前提和基础，如果没有稳定的环境，就无法集中精力搞发展。廉洁出问题、安全出问题、稳定出问题，不仅影响干部的成长和前程，更影响企业的发展和形象。实践证明，凡是党的领导比较强、党建工作比较实的企业，风气都比较好，改革发展成绩也比较好；反之，问题就较多。油气田企业树立良好风气，必须牢牢抓住两点：一是在作风上要着眼于"实"，精准整治形式主义、官僚主义，引导党员把思想、精力都集中在事业上，带动企业风气向善向上；二是在纪律规矩上要着眼于"严"，发挥业务监督、财务监督、审计监督、群众监督应有的作用，正风肃纪、防范风险，营造风清气正的工作环境。

安全稳定事关员工安危、社会和谐，既是发展需要，更是政治任务。企业要统筹好企业与地方、甲方与乙方、企业与员工等各方面关系。一方面，全心全意依靠职工群众办企业，在企业发展的同时，多做得人心、暖人心、稳人心的工作；另一方面，要处理好与利益相关者的关系，履行好社会责任，将企业发展成果更广泛地惠及当地各族人民群众，在保障改善民生、促进经济社会发展上发挥国企的主力军作用。通过抓发展、抓安全、抓稳定、抓民生，真正把以人民为中心的发展思想落到实处。

第 31 章　创新和发展党工委统一领导体制

20 世纪 80 年代，塔里木油田打破国内陆上传统石油会战模式，率先采用"新体制、新技术，高水平、高效益"的"两新两高"油公司管理体制，实现了高质量开发建设，同时也为国内探索油公司管理体制机制创新提供了范例。实行党工委统一领导，是塔里木体制机制创新的一项重要举措，对探索市场经济条件下党领导国有企业发展壮大的有效方式具有参考借鉴意义。

31.1　党工委统一领导的发展历程

31.1.1　历史背景和演变

20 世纪 80 年代中期，石油工业部决定组织力量"六上"塔里木，并成立南疆勘探公司，要求南疆勘探公司充分借鉴中国海洋石油油公司模式的成功经验，探索出甲乙方管理新体制。1986 年，南疆勘探公司首次"破天荒"地采用了招标方式，选择钻井队伍和后勤服务队伍，成功推动库南 1 井顺利开钻，标志着塔里木甲乙方新体制的探索迈出了实质性步伐。

实践过程中，对新体制的探索虽然取得了成功，但也出现了一些问题。由于甲乙方彼此没有行政隶属关系，南疆勘探公司临时党委无权过问乙方党组织建设情况，并且乙方队伍分散作业、远离基地，造成参战队伍思想政治工作弱化淡化，受到一些错误思想的侵蚀，各类问题不断出现，管理难度越来越大，迫切需要通过加强和改进甲乙方党的领导来解决。在这一背景下，原中国石油天然气总公司党组（以下简称"总公司党组"）提出由南疆勘探公司临时党委对塔里木探区甲乙方队伍实行统一领导。

1989 年 3 月，中共塔里木石油勘探开发指挥部临时委员会成立。1990 年 9 月，撤销临时党委，成立中共塔里木石油勘探开发指挥部工作委员会（以下简称"塔指党工委"），党工委委员由指挥部相关部门单位和乙方参战队伍负责人组成。1999 年 8 月，塔里木油田公司成立，塔指党工委更名为油田党工委，2002 年，党工委党组织关系划转新疆维吾尔自治区党委，作为自治区党委的派出机构，接受中国石油天然气集团公司党组和新疆维吾尔自治区党委的"双重领导"。截至 2021 年年底，党工委统一领导下的甲乙方党组织共 44 个，其中党工委直属党组织 26 个，党工委管理的油服成员单位党组织 18 个。

31.1.2 党工委统一领导运行机制

党工委是党派出的代表机关，是党的中央和地方各级委员会为了加强对同级党和国家机关或某行业（系统）、某地区的领导而派出的领导机构。党工委与企业党委的区别，在于党工委一般不能召开党的代表大会和党的代表会议，其领导成员由派出他的党的委员会任命。党工委与企业党委相同的是，党工委发挥领导作用，把方向、管大局、促落实，依照规定讨论和决定企业重大事项（图 31-1）。

图 31-1　塔里木油田召开全委（扩大）会议研究部署加强和改进党工委统一领导工作

塔里木油田党工委统一领导的主要内涵是将全探区不同隶属关系的各参建队伍纳入一体管理，选取各主要乙方单位担任党工委成员单位，成员单位主要领导担任党工委委员，由党工委对油田建设各项工作实行统一领导。在领导方式上，通过全体委员会、常务委员会等形式开展议事决策，统筹谋划全探区政治思想、队伍建设、生产经营、安全环保、维稳安保等各项工作。

31.2　党工委统一领导需要与时俱进

31.2.1　创新发展党工委统一领导的必要性

近年来，塔里木探区在组织领导方面出现了一些新情况、新问题。主要表现在四个方面：

一是"一家人"的思想共识有所弱化。随着油田发展壮大，承包商性质也发生了变化，公私并存，整个承包商队伍总量庞大、素质不一，管控难度逐渐增大。一些甲乙方干部员工同心同德、共谋共创的思想初衷有所淡化。有的甲方本位主义严重，为承包商服务的意识不强，有的承包商"主人翁"意识淡薄，只顾自己、不顾大局，对油田缺乏认同感、归属感和责任感。

二是"一体化"的协同发展缺乏联动。"十三五"期间，受多次低油价影响，承包商工作量急剧减少，利润大幅下降，人才流失严重，发展面临困境，油服成员单位难以保障人员配置、培训等方面的足够投入，难以高效支撑油气快速上产的迫切需要。

三是"融合式"的联合党建有所弱化。随着油服成员单位多元化，党工委对全面掌握油服成员单位落实党建责任制情况缺乏有效的途径，也没有建立党建工作有效问责的机制，导致基层联合党建出现了"融而不合"的情况。

四是"全覆盖"的监管体系亟需升级。随着油田勘探开发步伐加快，钻、试、修等现场作业增多，甲方监督管理力量出现缺口，甚至出现了不敢监督、不会监督的问题。在这种情形下，油田党工委关于安全环保、维稳安保等方面的工作要求在现场的落实质量得不到保障。

31.2.2　党工委"七统一"模式实践及成效

面对新形势新问题新挑战，在继承会战以来工作成果的基础上，塔里木油田经过多次调研，反复研究，提出了进一步加强党工委统一领导的七项举措。

一是政治思想统一引领。一方面，把准政治方向，坚持用习近平新时代中国特色社会主义思想武装头脑，将党工委中心组学习范围扩大到油服成员单位，建立党工委常委与油服成员单位联系制度，确保全探区思想统一、步调一致。另一方面，抓好思想教育，大力倡导"一家人、一盘棋、一起干"的思想，以"形势目标任务责任"主题教育为抓手，引导干部员工认清形势、统一目标，消除甲方本位主义，增强承包商"主人翁"意识。此外，统一推进文化建设，扩大新闻宣传、评优选树、激励奖励等覆盖面，既讲好甲方的故事，也讲好乙方的故事，激发干部员工干事创业的热情。

二是领导干部统一管理。抓住了领导干部，就抓住了党工委统一领导的"牛鼻子"。首先，建立干部任免沟通协商机制，油服成员单位主要领导调整需征得党工委同意，其他领导班子成员调整需向党工委报备。党工委对油服成员单位选人用人具有建议权。其次，做好日常监管，油服成员单位主要领导每年要向党工委述职，述职评议结果作为干部年度综合考核的重要参考。最后，打破身份界限，在中国石油系统内公开招聘成熟人才，将油服成员单位优秀人才吸纳为油田职工，依托油服成员单位开展新员工联合培养，深化甲乙方人才交流培养和使用。

三是组织体系统一建设。强化党工委统一领导，必须自上而下加强组织建设，建立坚强有力的组织体系。在党工委层面，严格“进”的条件，突出政治标准和业绩导向，及时将长期为油田服务、实力强、信誉好的油服公司吸纳为党工委成员单位；畅通“出”的渠道，打破党工委成员单位“终身制”，对落实党工委决策部署不力、党组织软弱涣散、安全环保与维稳安保屡屡出现重大问题的，取消成员单位和委员资格。在基层层面，建立“六个共同”联合党建工作模式（共同加强政治思想建设、组织建设、纪律作风建设、群团建设、基层文化建设、和谐稳定），全面推行一体化、融合式管理。

四是党风廉政统一推进。甲乙方体制下，廉洁分险不容忽视。建立一体化管理机制，签订廉洁合作公约（图 31–2），明确甲方“十不准”、乙方“六不能”，加强廉洁教育和监督检查，畅通油服成员单位的举报渠道，坚决打击吃拿卡要等违纪违规行为，构建“亲”与“清”的甲乙方关系。建立协同办案机制，及时移交问题线索，将涉及油服成员单位人员违纪违规情况通报其所在党组织，同时函告其上级纪委处理。将油服成员单位党风廉政建设落实情况纳入统一考核，每年抽选油服成员单位纪委书记进行述职，油田纪工委约谈考核成绩靠后、工作落实不力、发生重大违纪违法案件单位的纪委书记。通过以上措施，压实责任，筑牢廉洁防线。

塔里木油田甲乙方廉洁合作公约

为维护油田市场管理秩序，规范甲乙双方经营活动行为，建立公平、公正的市场环境，有效防范廉洁风险，特制定甲乙方廉洁合作公约。

甲方十不准

在生产经营活动中，甲方单位及人员必须严格遵守法律、法规、工作制度和廉洁从业有关规定，严格执行工作程序，做到公平、公正和廉洁。

一、不准违反规定干预或插手经营活动，搞内外勾结或权钱交易；

二、不准本人和亲属违规持有乙方单位股份或在乙方单位担任高管；

三、不准利用职务或工作之便，索取或收受乙方的土特产、手续费、中介费、佣金、礼品礼金、有价证券、支付凭证、电子红包礼券和商业预付卡等；

四、不准以任何名义或方式向乙方转嫁应由单位、本人及其亲属和特定关系人承担的费用；

五、不准利用职务或工作之便，默许、指使、强令乙方为本人及其亲属和特定关系人从事营利性经营活动提供便利条件，或违规在乙方所属专利、论文等中挂名；

六、不准利用职务或工作之便，违规接受乙方为本人及其亲属和特定关系人提供的除工作餐以外的宴请、高消费娱乐、旅游、健身以及其他活动；

七、不准利用婚丧嫁娶等事由邀请乙方或接受乙方的礼品礼金；

八、不准与乙方人员进行赌博或具有赌博性质的娱乐活动；

九、不准利用职务之便，违规向乙方出租或使用乙方车辆、设备等资源，违规挂靠资格证书；

十、不准向乙方泄露标底、产品调价、核心技术、资产收购（处置）等商业秘密或应当保密的有关信息。

乙方六不准

在生产经营活动中，乙方单位及人员必须严格遵纪守法，做到诚实守信、依法经营。

一、不准违规获取甲方内部信息和商业秘密，进行任何形式的不正当竞争；

二、不准违规接受或安排甲方干部员工及其亲属持有本企业股份或担任高管；

三、不准以任何名义、方式承担应由甲方单位、人员及其亲属、特定关系人支付的费用；

四、不准以任何名义或方式给予甲方人员及其亲属和特定关系人土特产、手续费、中介费、佣金、礼品礼金、有价证券、电子红包礼券、支付凭证和商业预付卡等，或提供高消费娱乐、私人旅游、健身以及其他活动；

五、不准为甲方人员及其亲属和特定关系人从事营利性经营活动提供便利条件，以及允许甲方人员在本企业的专利、论文中挂名；

六、不准邀请甲方人员参加除工作餐以外的宴请、内部食堂聚餐、赌博或赌博性质的娱乐活动，或为甲方人员赌博或赌博性娱乐活动提供场所。

塔里木油田公司纪工委宣

图 31–2　塔里木油田甲乙方廉洁合作公约

五是生产经营统一指挥。统筹协调、统一行动，能够避免各自为政，提高生产运行效率效益。围绕年度生产经营任务，统一规划部署、工作标准、生产组织、资源调配、对外协调，强化生产组织，实现全探区设备、队伍、物资等资源利用最大化。得益于此，近几年，钻机运行效率从73.6%提高到95%，动迁周期从48.9天缩短至14.02天。此外，利用党工委全委会、生产例会、生产协调会等及时沟通工作、解决问题，最大限度地化解矛盾、增进协同。创新实行甲乙方"双重双向"考核，通过乙方考核甲方，并注重考核结果应用，打破以往只有甲方考核乙方、乙方缺少话语权的局面。

六是安全稳定统一部署。只有共同守住安全生产红线、筑牢安保防恐防线，才能确保油气田各项工作有序健康发展。只有坚持甲乙方一把尺子、一个标准，统一部署推进安全生产与维稳安保工作，才能营造平安和谐的发展环境。一方面，建立统一的QHSE体系，以统一的培训、操作、检查、考核标准，持续夯实安全生产根基；另一方面，建立甲乙方维稳安保"统一战线"，整合维稳安保力量，强化油地联防、警企联动、甲乙联合，共同推进安保防恐体系建设，保持探区大局和谐稳定。

七是协同发展统一推动。一方面，根据油田发展目标，科学编制承包商需求规划，合理确定选商用商原则，明确承包商的业务范围、能力素质和规模数量，为承包商谋划发展提供指导（图31-3）；另一方面，落实协同发展的措施保障，保障市场份额和工作量相对稳定，优化调整以市场化价格为基础的定额造价体系，支持油服承包商单位在人才培养、技术攻关、装备升级、安全环保、维稳安保等方面的基础投入，通过这一系列措施，最大限度地稳住承包商队伍。

图31-3　出台创新发展党工委统一领导的相关制度

在实践中，党工委统一领导较好地平衡了市场调节与行政调配的关系，促进乙方"打工者心态"升华为"主人翁意识"。其成效概括来讲：一是把住了发展方向。根据不同阶段的形势目标任务，科学谋划事关全局性、方向性的重大部署，集中研究加快油气业务发展、塔西南公司改革、绿色低碳发展等重大问题，实施创新、资源、市场、低成本、安全绿色等战略举措，成功建成3000万吨级油气生产基地。二是统筹了甲乙方协调发展。甲乙方队伍相互支持、荣辱与共、共同发展，特别是疫情和低油价的困难时期，"抱团取暖"有效应对了油价断崖式下跌的冲击。三是培育形成了宝贵精神财富。党工委统一推进思想政治工作与企业文化建设，凝练出以"艰苦奋斗、真抓实干、求实创新、五湖四海"为核心的塔里木精神，以及"只有荒凉的沙漠，没有荒凉的人生"的价值追求，总结形成以"山地精神""深井文化"为代表的塔里木特色企业文化体系，为激励鼓舞甲乙方干部员工扎根边疆、干事创业提供了精神动力。

第 32 章 事业发展关键靠高素质干部人才队伍

企业抓改革、谋发展，关键是抓好干部人才队伍建设。现代化大油气田建设离不开一支信念坚定、作风正派、能力过硬的高素质专业化干部人才队伍。

32.1 干部是事业成败的决定性因素

干部是关键少数，是推动发展的中坚力量，发挥着模范带头作用。建设高素质干部队伍是一项长期性、系统性工程，需要在培育、选拔、管理、使用各个环节下功夫。

32.1.1 让有为者有更大舞台

干部选拔好比风向标，一个企业的政治生态好不好、风气正不正，就看怎么用人，用人导向直接影响干事创业环境。油气田企业要把好干部选出来、用起来，首先需立足实际回答好"选什么样的人、从哪里选人、怎么用人"的问题。

油气田企业要选什么样的干部？关键看怎么定标准、树导向。标准严了，才能确保选出的干部德配其位、才配其位；导向正了，才能确保队伍的风气正、干劲足。习近平总书记提出的好干部"二十字"标准和国有企业领导人员"二十字"要求，为油气田企业选好用好干部提供了根本遵循。油气田企业作为党的企业，必须将政治标准放在首位，旗帜鲜明树立重素质、重品行、重实干、重业绩的用人导向，引导干部凭本事吃饭、凭能力发展、凭业绩进步、凭人品立身。在选拔干部时，注重使用政治坚定、坚持原则、敢抓敢管、不怕得罪人的干部，注重使用富有斗争精神、敢于直面矛盾、较真碰硬、尽责尽力的干部，注重使用关键时刻豁得出、冲得上、靠得住、打得赢的干部，让有为者有成事的机会、成长的舞台。

油气田企业要从哪里选干部？重点是要坚持五湖四海、任人唯贤。这里的五湖四海，不是简单指地域上的广泛性，而是要打破地域、部门、专业限制，让优秀的干部都能为企业发展服务。一方面，选人的视野要宽，把识才的眼光和纳才的视野放到企业生产经营各领域各环节，从基层一线、艰苦地区、复杂环境、关键岗位和急难险重任务中发现干部，从行业先锋、工作模范、优秀代表中遴选干部，从素质过硬、作风扎实、业绩突出的业务骨干中选拔干部，真正让想干事、能干事、干成事的干部受关注、受重用。另一方面，进贤之路要广，坚决反对搞小圈子、小山头、团团伙伙，坚决杜绝搞形形色色的校友会、同乡会等，真正实现五湖四海择优选人。

油气田企业要怎么用好干部？重点是要坚持事业为上、以事择人。干部干部，"干"字当头，谁有能力谁干，谁先成才谁先上，要让干得出色、干出成绩的干部有前途、有奔头。用干部是为了干好事业，要将敢不敢扛事、愿不愿做事、能不能干事作为干部选拔任用的重要依据，真正把合适的人选放到合适岗位，让有能力、品行端、想干事、能干事、干成事的干部有平台、有舞台，让不担当、不作为、不老实、不思进取、作风漂浮的干部挪位子、靠边站，营造干事创业良好氛围。

32.1.2 强化班子队伍建设

领导班子是落实决策部署、推动各项工作的"指挥部"，一个好的班子能够产生凝聚力、感召力和战斗力，创造出好的业绩，促进事业健康发展。精准科学选配班子，充分发挥班子合力，是建设高素质干部队伍的根本之策。

发挥好"一把手"的"头雁"作用。"一把手"是企业发展"关键少数"中的关键，在班子中负有总揽全局、协调上下的重大责任，其作用发挥如何，直接影响到单位的发展方向和工作状况。"千军易得，一将难求。"在油气田企业中，各级"一把手"既要政治过硬，又要本领高强，既要能够破解勘探开发瓶颈难题，又要能够做好干部群众思想政治工作，必须是善于管全局、谋发展、精业务、抓党建、带队伍的复合型人才。因此，在"一把手"的选配上，应该秉承"好中选优，优中选强"的理念，立足现代企业治理需要，突出忠诚干净担当，从基层历练扎实、专业功底深厚、经过吃劲岗位锻炼、履职成效好的干部中，选出具备治企兴企本领的"将才""帅才"。"将军奋勇，三军用命。"作为"一班之长"，"一把手"要冲在前、干在先，带头走正路、干正事、扬正气，做到上行下效、示范引领，充分调动"一班人"的积极性。要善于修炼领导艺术，敢于担当、发扬民主、善于集中，重要的事项广泛听取意见、集体研究、集体决策，不搞个人专断。善于沟通，准确了解情况，及时化解干部员工的思想"疙瘩"，把班子团结好，把干部员工凝聚好。主要领导一身正气，严格要求自己，"头雁"作用发挥好了，班子就响当当，队伍就响当当，领导就有威信，员工就服气，就能凝聚起推动高质量发展的合力。

秉承"1+1＞2"理念，强化班子整体功能。整体功能衡量领导班子配备和建设质量，体现班子凝聚力和战斗力。班子整体要发挥出最大效能，合理配置是关键。一方面，要注重优化班子结构，以深层次分析班子、评价干部为基础，遵循"突出政治、注重实干、面向基层、聚焦高素质、推进年轻化"原则,既重视个体的优秀,又重视集体的最佳组合,统筹用好各年龄段、各专业领域、各渠道来源干部,合理配备女干部、少数民族干部和党外干部,实现个体优选与组合优化、优结构与强功能的有机统一。另一方面,要注重提高班子"专业指数",立足单位实际、业务分工和岗位需要,认真选配具有专业素养、专业能力的干部进班子,大力培养班子成员的专业思维、专业精神、专业作风,加强专业训练和实践锻炼,全面提升班子整体的专业化水平,防止出现"木桶效应"。只有建立老中青梯次配备、专业优势互补、来源渠道广泛的良好班子结构,让班子内每个成员才尽其用,才能真正实现"1+1＞2"的效果。

团结协作是班子的战斗力之源。实践证明,团结的班子才能带好队伍,班子团结,思想统一,心气就顺,战斗力就强,各项工作能干得好、走在前头。重点从两个方面下功夫:一是培育团队精神。用事业凝聚合力、维系团结,引导班子成员时刻以大局为重,心往一处想,劲往一处使,大事讲原则,小事讲风格,一把尺子待人、一个标准行事。在懂团结、讲团结的同时,还要会团结、真团结。团结不是拉帮结派,凡事需出以公心、心存大气。团结不是无原则的一团和气,要分清是非,不拿原则作交易,不掺杂个人私利,发现不良倾向、苗头性问题,要及时提醒,帮助改正,班子内部产生分歧,要相互主动真诚沟通,班长和其他班子成员决不能回避问题做"老好人",不讲原则地"和稀泥"。二是厚植团结土壤。用制度保障团结,把贯彻落实民主集中制作为重点,健全班子内部分工,完善议事决策程序,妥善处理好集体领导与个人分工负责的关系,形成主要领导总揽不包揽、放手不甩手,分管负责人补台不拆台、到位不越位的齐抓共管局面。用纪律促进团结,每一名干部,无论担任什么职务,在班子中扮演什么角色,都要严守党的纪律,做到个人服从组织、少数服从多数、下级服从上级,集体作出的决定,必须坚决贯彻执行,决不能各自为政、自行其是。

32.1.3 在培养优秀年轻干部上下功夫

年轻干部是企业发展的生力军、接班人,能否健康成长,事关"后继有人"根本大计。优秀年轻干部的成长,取决于干部自身的努力和组织的培养。

年轻干部既要仰望星空,又要脚踏实地,年轻干部是实打实干出来的。要注重引导年轻干部朝着"四个第一"努力:一是坚定信念、锤炼党性,把准政治方向,坚守政治原则,服务政治大局,把对党忠诚作为第一要求;二是勤学善思、苦练本领,做好调查研究,学好知识技能,努力成为行家里手,驾驭复杂局面,破解瓶颈难题,把干事创业作为第一追求;三是真抓实干、扎实工作,聚焦主责主业,履职尽责,涵养担当负责的胆气、干事创业的锐气和攻坚克难的勇气,把推动发展作为第一要务;四是坚守底线、不碰红线,在任何时候做到依规依纪依法履职,把清正廉洁作为第一操守。年轻干部更要靠组织来培养，既要准确把握优秀年轻干部成长规律，提升培养选拔优秀年轻干部的质量和水平，又要有意识地培养和锻炼年轻干部，积极采取"上挂下派"、交流轮岗等方式，把优秀年轻干部放到上级管理部门、同行企业、急难险重任务、基层一线、重要岗位磨炼成长，增强年轻干部应对处突和驾驭统筹的本领，确保年轻干部有足够的能力挑好"接班人"的重担。

年轻干部既要数量充足，又要质量优良。油气田企业要着眼近期需求和长远战略需要，放眼各条战线、各个领域，广开进贤之路、广纳各方英才，发现、培养和选拔一定数量规模的优秀年轻干部。一是从源头做好年轻干部储备。储备年轻干部就是积蓄干事创业力量。要坚持固本浚源、疏渠导流，"画好像、记好账"，分层分类、动态建立数量充足的优秀年轻干部人才库，拓宽源头储备的"蓄水池"。二是要促使年轻干部挑担负重。年轻干部培养不能拔苗助长，一定要放在基层多锻炼、磨砺，打好成才基础。

年轻干部培养是系统工程，要久久为功、常抓不懈。国内各大油气田企业大多经过数十年的建设发展，到一定规模之后，难免患上"大企业病"，班子年龄结构问题突出、干部队伍接替乏力的情况并非个例。冰冻三尺，非一日之寒。要想妥善解决这一问题，需要在培养选拔优秀年轻干部上多措并举、多管齐下。以塔里木油田为例，2018年中层干部中40岁以下年轻干部占比仅6.1%，可供接替的后备年轻干部数量明显不足，干部队伍年龄结构问题比较突出，不符合现代化大油气田建设的需要。针对这一问题，油田从五个方面开展工作。一是立足长远，系统谋划年轻干部培养，以队伍建设"五年计划"为抓手，重点算好年轻干部配了多少、缺多少，五年内岗位空多少、年轻干部储备了多少"四笔账"；二是系统优化中层、基层领导人员退出岗位机制，健全双序列人才成长通道，让干部"下"有出口、"上"有渠道；三是全面开展年轻干部调研，按照成熟和中长期发展两类"建档立卡"，动态建立优秀年轻干部人才库；四是分阶段、分类别，递进式、定制式培养锻炼年轻干部，将年轻干部有计划、有针对性地安排到一线岗位、艰苦岗位、复杂岗位上锻炼提高；五是开阔眼界思路，破除论资排辈，大力倡导在各层级使用优秀年轻干部，将年轻干部培养选拔工作纳入各级党组织年度考核指标，严考核、硬兑现。

经过几年努力，塔里木油田年轻干部连年大幅增长，40岁以下中层干部占比从2018年的6.1%增加至2021年的23.7%，主要生产单位领导班子均配备至少2名年轻干部，有的班子年轻干部已超过半数，班子结构更好、配置更优、功能更强，干事创业的动力更加充足。

32.1.4 对干部严管就是厚爱

习近平总书记强调："好干部是选出来的，更是管出来的。"只有真正做到管好关键人、管到关键处、管住关键事、管在关键时,才能实现对干部的最大爱护。

把"严"的要求贯穿于监督管理各方面。具体来说,就是把严明纪律落在日常,把提醒教育做在经常,让干部少犯错误,甚至不犯错误。

一是把纪律规矩挺在前面。纪律规矩是高压线,也是护身符。企业管理者必须时刻牢记党纪党规,执行纪律无条件、遵守规矩不含糊、严守底线不逾越、远离红线不触碰。把警示教育放在突出重要位置,警醒干部管住小事小节,不为蝇头小利违背党性原则,不因私心私利损害企业利益。

二是坚决反对形式主义官僚主义。不解决问题就是最大的形式主义,不化解矛盾就是最大的官僚主义。作风不实是油气田企业加快发展的大敌,必须持之以恒打好作风建设持久战,坚决扭转不严不实不细问题,对推诿扯皮、拖拖拉拉、敷衍了事的,及时给予通报批评,对履职不力、失职渎职的,从严追责问责。

三是靶向治疗精准惩治。干部面临着各种各样的诱惑和形形色色的"围猎",随时可能陷入"人见利而不见害,鱼见食而不见钩"的陷阱。要加大监督执纪问责力度,严肃查处靠油吃油、吃拿卡要、与承包商搞利益输送等行为,打破甲乙方攻守同盟和隐藏的利益格局。从源头强化权力运行制约监督,建立干部员工插手干预"打招呼"事项登记报告机制,引导按制度办事、按流程做事、按标准行事,打造"本质合规、本质廉洁"企业。

四是宽严相济、激励和约束并重。要用好干部考核"指挥棒",将考核结果与干部奖惩、薪酬分配、选拔任用等挂钩,对工作状态不佳、发挥作用不力的干部坚决调整岗位,对原则底线缺乏、规矩意识淡薄、履职尽责缺位的干部坚决进行组织处理。同时,要容错纠错,旗帜鲜明为敢于担当、踏实做事、不谋私利的干部撑腰鼓劲,最大限度激发改革创新活力和干事创业激情。

五是用好巡察等监督手段。巡察发现问题归根结底是党员干部"不作为、慢作为、乱作为"产生的,要强化巡察审计监督成果的应用,让监督的利剑高悬、震慑常在,促使干部端正工作态度、改进工作作风、提升工作效率。

干部管理还应突出"六心"工作要求。2019年,针对干部责任心、事业心不强,工作动力不足、作风不实,甚至个别人员违纪违规等干部管理实践中遇见的问题,塔里木油田鲜明提出了"六心"工作要求,目的是让每一名干部经常开展对照检查,反思和改进自身存在的不足,也为组织人事部门识别考察干部提供参考依据和评判标准。归结起来就是,领导干部要有事业心、责任心、进取心、敬畏心、宽容心、平常心。强烈的事业心是领导干部勇于担当、履职尽责的动力源泉,没有干事创业的崇高追求,事业是不可能成功的。责任心是干工作的前提和做人的本分,对于党员干部来说,有多大的担当,就能干多大的事业,尽多大的责任,就会有多大的成就;责任心强,再大的困难也可以克服,责任心差,很小的问题也可能酿成大祸。有进取心的人，总是勇于迎接挑战，干工作状态好、劲头足；没有进取心的人，安于现状、思想懈怠，精神不振、能力退化，跟不上新形势新变化新要求。有敬畏心的人，懂规矩、守纪律，不容易出格，不容易犯错；没有敬畏心的人，心存侥幸，放纵自我，禁不起诱惑，特别是领导干部缺乏敬畏心，就会无所忌惮，在大是大非面前"剑走偏锋"，犯下不可挽回的错误。有宽容心的人，能容人之短、之过、之才，搞得好团结，打得开局面，干得成大事；没有宽容心的人，处处树敌，到处碰壁，工作干不成，也干不好。有平常心的人，能够客观地评价自己，正确地对待个人名利、荣辱得失，活得轻松愉快；相反，有的人总觉得自己能力很强，本事很大，把名利地位看得很重要，斤斤计较，这种人不可能得到大家的拥护和支持，这个世界终究是属于好人、属于美德、属于勤奋的。

只有具备事业心、责任心、进取心、敬畏心、宽容心、平常心的干部，才能处理好进与退、得与失、工作与生活、自己与他人的关系，成为真正的好干部。

实践案例：塔里木油田"三总师"公开招聘

2019年，为进一步突出主营业务、精简管理层级、加强生产一线力量，塔里木油田公司实施油气开发生产系统改革，撤销5个事业部（油气开发部）和13个三级特类作业区，成立9个油气开发部。改革后各油气开发部地质、工程、财务等专业管理人员较为缺乏，油气开发系统总工程师、总地质师、总会计师岗位职数27个，空缺23人。改革过程中，为了选配好"三总师"，油田党工委决定，要打破单位、地域、身份、体制壁垒，在全油田范围内集中进行公开招聘。

"三总师"招聘启事发布后，吸引了科研单位以及各油气开发部等十余家单位93名符合资格条件的应聘者报名。竞聘答辩前，公司组织召开了招聘预备会，就竞聘程序、规则、纪律、答辩顺序等向全体竞聘者作出详细说明和要求。竞聘答辩环节，油田公司领导班子成员、技术专家、各油气开发部主要领导组成专业评委组，电脑现场随机抽取评委提问，纪工委人员全程监督，职工代表全程观摩，每场竞聘结束后当场公布竞聘得分和入围考察对象人选，充分保证了招聘全程公平公开透明。

通过公开招聘，最终选拔出23名政治过硬、能力突出、实绩显著的干部，充实到"三总师"岗位，其中40岁以下年轻干部13名，占比56.5%。此次"三总师"公开招聘，一方面大大加强了油气生产系统地质、工程、财务专业管理力量，另一方面也有效改善了各单位领导班子结构，为干部队伍注入了新活力、新动力。同时，作为油田公司历史上报名人数最多、规模最大的一次公开招聘，向广大干部员工释放了鼓励干事创业的强烈信号,在油田上下引起热烈反响,树立了重实干重实绩的鲜明选人用人导向(图32-1)。

图 32-1 塔里木油田公司"三总师"公开招聘现场

32.2 人才是企业发展的第一资源

高质量发展需要高质量人才。人才问题应该摆在企业十分重要的位置。抓好人才队伍建设和管理,需要在人才引进、培养和使用等方面下功夫。

32.2.1 搭建人才引聚机制

问渠哪得清如许?为有源头活水来。人才引进是企业人力资源管理的首要环节,要坚持新员工招聘、成熟人才招聘两手抓、两手硬,加强源头把控,健全完善引才机制。

如何引,如何聚?关键要做到"三靠"。一是靠事业。切实为人才施展才华创造条件,有责任感的人才都是想干出一番事业来的,只要各级领导积极为有志于石油事业的人才搭台子、树梯子,相信一定会有大批有识之士在这里建功立业。二是靠真情。各级领导对人才的态度、感情如何,将直接影响人才才能的发挥。在对待人才上,要动真情办实事,切实做到政治上爱护、生活上关心、工作上支持,充分体现组织和领导的关怀与温暖,就一定能够以真情感召人才,以真情吸引人才,以真情留住人才。三是靠政策。对具有真才实学的人才,要多给荣誉,多给待遇,多给鼓励,多创造条件,通过形成政策导向吸引和留住人才。实践中,要着重做好以下三项具体工作:

第一，科学编制引才计划，这是做好人才引聚工作的前提。通过做好劳动"五定"把职责描述准，工作量衡量准，精准设置机构和定员，人才引进才能有的放矢，既不会出现人员短缺，也不会导致人才浪费。其次，要以企业发展战略为依据编制引才计划，坚持短期目标与长远目标相结合，着眼于队伍结构优化和人才梯队建设，聚焦主责主业，实现人才战略与企业发展的紧密契合。要以盘点人力资源现状为抓手，组织人才需求专题调研，全面掌握各类人员数量、质量、结构、流动率、利用率等情况，认真分析传统领域、新兴领域以及急需紧缺专业对人才的不同需求，在内部挖潜基础上，按需分类拟定年度引才计划。油气田企业作为能源型公司，在落实找油找气使命同时，要在能源转型、科技研发、公司治理等方面开展对标，精准补充数理化基础学科、新能源新材料、信息化、市场营销、经济、金融、法律、人力资源管理、商务、财务等人才，紧扣发展需求，确保有序接替。

第二，注重人才引聚质量，把好质量关口，这是做好人才引聚工作的保障。人才引进，带来的是思想、知识、技术和科研项目，要设置好标准和招聘条件，突出高素质、专业化，注重招录优秀毕业生。人才引进，要考察其综合素质，抽调相关领域专家，组建专业化"伯乐"队伍，结合素质冰山模型、胜任力特征模型，建立量化的指标体系，进行多角度、全方位的诊断和测评，确保招录的人员思想素质过硬、理论知识过硬、业务水平过硬。

第三，拓宽人才引聚渠道，广纳贤人，这体现的是做好人才发展工作的胸怀。新时代党的组织路线要求"着力集聚爱国奉献的各方面优秀人才"，一流的企业要有海纳百川的胸怀。要打破传统的用人框框，解放思想，转变观念，广开渠道吸纳人才，通过人才来源的多元化，让人才流动起来，真正使企业成为优秀人才施展才华的舞台、成长进步的摇篮。充分运用引才资源，用好人才"朋友圈"，发挥以才荐才、以才引才的正向效应，拓宽人才识别路径和来源渠道。灵活引进成熟人才，发挥好博士后科研工作站和研究生工作站的"桥梁""纽带"作用，聚焦一流科研机构和企业，采用揭榜挂帅、科研合作、技术外协、兼职指导等多样的方式引才引智，注重靶向引进和柔性引才，建立不求所有、但求所用，不求所在、但求所为的柔性引才机制。

32.2.2 创新人才培养模式

人才工作，基础在培养，难点也在培养。油气田企业发展需要勘探开发、工程技术等方方面面的人才，人才培养是大计，必须格外重视。

目前，企业招录和引进的员工大多是大学生，基本素质都比较高。在新入职员工培养方面，要强化理想信念培养，把政治历练、品德修炼作为必修课，教育引导他们传承好石油人"听党话跟党走"的红色基因和光荣传统，为党工作、为油奉献。要突出专业能力培养，推行"导师带徒"，制定三年培养方案，从实操入手，建立轮岗实习锻炼、综合素质提升、职业能力培养三阶段跟踪培养机制，教育引导他们主动向师傅学习、向同事学习、向各业务领域的先进学习，特别是要督促他们深入现场、动手实操，掌握硬核技能，防止成为光说不练、眼高手低的"少东家"。同时，大学生刚从学校出来，多少都有些书生气，但"初生牛犊不怕虎"，要教育引导他们实事求是、敢讲真话，做到不唯书、不唯上、只唯实，鼓励他们去钻研技术、钻研业务。

岗位培训是建设高素质人才队伍的有效手段，国外著名企业就特别重视岗位标准化培训，针对不同岗位和业务特点，将岗位专业知识和业务技能规范化、模块化、表单化，研究制定培训标准，构建覆盖全业务链的标准化岗位培训体系，达到上岗要认证、在岗要赋能、晋级要达标的目标。身处数字化时代，我们更要紧跟时代发展，充分利用互联网＋培训模式，搭建移动学习平台，满足员工对高质量培训资源的需求。将基层单位管理手册和操作手册，作为岗位履职能力培训评估的重要教材，突出培训的实效性、针对性，在生产一线运用的实践中提升履职能力。

人才培养，政策导向也很关键。要完善轮岗交流、挂职锻炼机制，建立人才接续计划，加大机关基层多岗位培养力度，有计划实施"红工衣""白大褂"岗位交流，培养懂管理、懂技术、懂生产经营的复合型人才。不经历非常之事、难成非常之才，要树立"使用是最好的培养"理念，在急难险重任务中培养人才，让他们在重点项目中挑最重的担子、在生产经营中啃最硬的骨头，多接烫手的山芋，多做几回热锅上的蚂蚁，在摸爬滚打中增长才干，把素质高、业务强、作风硬的员工用起来。

32.2.3 构建人才发展体系

人尽其才、才尽其用。完善"用才"机制，重点是放手使用人才，消除"千军万马过独木桥""学而优则仕"的局面，促进各类人才用当其时，让事业激励人才，让人才成就事业。

流动和晋升是人才队伍保持动力活力的关键因素，要善于打破人才成长的"天花板"和"序列墙"，实现人才发展"纵向到顶、横向到边"。达到这个目标，重点在推动纵向贯通"能上能下"，分级分类建立人才岗位职级体系，规范人才选聘权限、标准和程序；关键在实现横向"转换"顺畅有序，推动同层级专业一致或相近的从业经历和资历互认，实现各类人才纵向上既可在本序列向更高层次晋升，横向上又可以在不同序列间"转换"流动。同时，要坚持"公开、公平、竞争、择优"原则使用人才，引导专业技术人员当专家，走技术成才的道路，让各类人才成长有通道、发展有空间。为解决专业技术、操作技能岗位人员成长的后顾之忧，塔里木油田在15家主要科研生产单位、3家生产辅助单位，进行了双序列改革的探索实践，目前已经新增聘任企业首席技术专家6人、企业技术专家18人、工程师893人、两级技能专家12人，专业技术人员比例达到25.8%，实现了各序列良性健康发展。

骏马能历险，耕田不如牛。对于人才，要用其所长、避其所短。油气田企业具有技术性、专业性强的特点，专业技术人才长期从事技术攻关研究，是技术方面的权威、专家，但在管理上没有明显的优势。序列间做到不缺位、不越位，就要抓住岗位特点，明确专家人才技术方案审核把关、科技攻关和技术集成推广应用、研究解决生产技术难题、人才培养及评价、智囊参谋、学术交流等职责。把专家人才职责嵌入科研项目、方案编制、设计编制等流程中去，提高专家技术权威性和技术话语权，确保专家人才职责在日常工作中落地生根，形成行政管大局、管方向、定目标、抓落实，专家人才管技术、重具体、专得深的岗位定位。

让人才"名利双收"。不同企业，同样的待遇、同样的条件，有的能够留住人才、激励人才、成就人才，有的却伤了人才、埋没人才，主要原因就是人才发展环境的差别。引进留住人才既需要相应的待遇，更需要鼓励创新、宽容失误、包容个性，对有科学家潜质的专才怪才，要容其短、用其长，对取得重要业绩、做出突出贡献的人才给荣誉、给待遇。充分发挥考核评价"指挥棒"作用，打破干与不干一个样、干多干少一个样局面，形成让价值创造者得到足够回报、让勤奋敬业者安心本职工作、让碌碌无为者倍感压力的精准评价激励氛围，促进各类人才立足岗位勤勉工作。推进党委联系服务专家工作制度化常态化，在政治上充分信任、思想上主动引导、工作上创造条件、生活上关心照顾，切实做到尊重人才、尊重知识、尊重创新、尊重创造。

思考和建议

当前，油气田企业在干部队伍建设、班子建设，特别是一把手配备、复合型领导培养等方面或多或少存在不足，年龄结构不够合理，30岁左右的战略预备队不足；干部多岗位锻炼少，搞地质的不懂地面和工程，搞地面和工程的不懂地质，既懂生产经营又懂党建的复合型领导不多，这些问题需要引起重视。

第 33 章　牢固树立大抓基层的鲜明导向

习近平总书记强调:"党的工作最坚实的力量支撑在基层,最突出的矛盾问题也在基层,必须把抓基层打基础作为长远之计和固本之举,努力使每个基层党组织都成为坚强战斗堡垒。""长远之计、固本之举"八个字,充分说明了抓好基层工作的重要性。新形势新要求,国有企业党组织要树立大抓基层的自觉意识和明确导向,把企业生产经营难点作为重点,在强弱项、夯基础、抓融合、促发展上下功夫。

33.1　抓基层党建要坚持问题导向、有的放矢

企业基层党建能不能取得实效,关键就看问题找得准不准、解决得好不好。要聚焦国有企业党的建设弱化淡化虚化边缘化问题,经常性开展"体检",对症下药、精准施策,定标准、建机制、抓考核,在发现问题、解决问题中提升党建工作质量。油气田企业在开展基层党建工作过程中大都存在一些普遍性问题。

33.1.1　基层党组织基础不够扎实是首要问题

近年来,一系列党内法规制度,特别是《中国共产党国有企业基层组织工作条例(试行)》的出台,为新时代加强党建工作设定了标准、作出了规范。目前,部分企业基层党组织对党章、党规、条例学得不深、用得不好。同时,基层党务干部党建工作素养还不够高,与现代化企业的新要求不相适应。因此,企业各级党组织,尤其是党员领导干部、党务工作者要增强学条例学制度的自觉性,把条例制度当成"工具书""指南针",放在案头、放在手边,反复学、系统学,对标执行,确保规定动作落实落细。

33.1.2　基层党建与基层管理融合不够紧密是核心问题

党建工作做得好不好,要看上级的部署落实得怎么样,看生产经营指标完成得怎么样,看班子建设得怎么样,看队伍带得怎么样,看干部员工有没有责任心事业心,这些都是党建成效的衡量标准。在具体工作中,企业个别党组织对推动党建融入基层管理思考不足,特别是在解决生产经营、队伍建设中的难点问题上用力不够,不善于

用党建思维和方法做人的工作、推动业务工作，基层党建与基层管理优势叠加的合力没有很好形成。因此，如何有效推进基层党建与基层管理有机融合，这是亟待解决的问题。

33.1.3 基层党建工作责任落实不够彻底是关键问题

推动企业基层党建各项工作有效落实，就要落实好基层党建工作责任制。当前，个别企业基层党组织抓党建执行力不够强，班子成员履行党建"一岗双责"不到位，存在重生产轻党建的思想，党建责任的意识和能力还不强，党建考核方式不够科学，责任没有层层压实等。

33.2 推进基层党组织标准化规范化建设

企业基层党组织标准化规范化是落实党建工作要求的一套目标、制度、流程、载体、方法，其目的是进一步提升基层党组织工作质量。油气田企业在推进过程中，要以党内法规条例为准绳，着力推进基本组织、基本队伍、基本制度建设，以点带面、补齐短板，实现标准化、规范化。

33.2.1 组织建设标准化规范化

首先，要把"规定动作"做到位。油气田企业基层党组织具有党员分散、流动性大的特点，规范设置党组织要做好以下两个方面：第一，严格落实"两个覆盖"，按照"四同步"原则，以及有利于加强党的建设、有利于开展党的工作、有利于充分发挥党组织作用"三个有利于"标准，推动基层党的组织、党的工作全覆盖；第二，创新设置方式，针对野外一线作业单位，打破地域、时空界限和单位壁垒，在重大工程、重点项目、重大任务等生产一线，采取单位联建、区域统建、挂靠组建等方式成立联合党组织，做到生产经营开展到哪里，党组织就延伸到哪里。

其次，要把"自选动作"做实、做出质量。一是实施党支部达标晋级管理，以目标为导向、以实绩为依据，通过建立"量化考评、分类定级、动态管理"的管理机制，立起检验党支部成效的标尺，让先进者有荣誉感、让落后者有紧迫感；二是推进基层党建示范点建设，集聚优势资源，打造富有鲜明特色、示范带动力强、党员群众公认的示范点，展示宣传推广基层党建典型做法，更好发挥党建品牌的示范带动效应。

33.2.2 "三支队伍"建设标准化规范化

基层党组织书记是党的基层组织的领头人，其个人品质、才能、工作方法对做好党建工作起着重要作用。建强基层党组织书记队伍，要着重把好"三关"。第一，把好培养选拔关，突出政治标准和综合素质，注重把"三懂三会三过硬"的优秀党员选拔到基层党组织书记岗位；第二，把好教育培训关，分层分类开展轮训和交流，提高综合素质能力；第三，把好管理考核关，通过述职评议、目标承诺、考核兑现，敦促履职尽责。

基层党务干部是企业基层党建工作的骨干力量。首先，要加大人员配备力度，支持和选育优秀年轻干部从事基层党建工作；其次，要加大复合型党务干部培养力度，抓实党务干部与行政干部双向培养，推进轮岗交流、挂职锻炼，打造懂党建精业务的复合型人才；最后，要加大激励保障力度，注重在思想、生活和工作方面进行关怀和鼓励，让他们有成长的通道、有出彩的机会。

党员是企业最优秀的人力资源，好比油气田中的"高产井""高效井"，只有党员队伍理想信念坚定、能力素质过硬，企业发展才有关键支撑。在质量方面，要注重从生产经营一线和青年职工中发展党员，深化"双培养一输送"，优化党员队伍结构；在教育管理方面，加强思想淬炼、政治历练、实践锻炼、专业训练；在党员发挥作用方面，围绕重大项目、重点工程和生产经营任务，开展党员责任区、先锋岗、突击队活动，使广大党员在攻坚啃硬、勇挑重担、真抓实干、狠抓落实上发挥示范作用。

33.2.3 制度建设标准化规范化

制度管根本、管长远。企业要及时完善制度标准，明确基层党建抓什么、谁来抓、怎么抓的问题，确保基层党建各项工作有章可循。一方面，制度制定要以党章党规党纪为依据，突出问题导向，梳理完善本单位基层党建工作制度，剔除那些过时、不切实际、不起作用、不易操作的内容，形成工作流程和模板统一的标准化手册，提高制度的操作性、适用性、简洁性；另一方面，制度执行要从宣贯开始，让基层党组织清楚干哪些、怎么干、干成什么样，切实让制度发挥作用、产生效能。制度的生命在于执行，要把制度执行情况作为巡察、党建考核等工作的重要内容，确保制度有效落实。

33.3 推进基层党建"三基本"建设与"三基"工作有机融合

基层是企业生产的前沿、效益的源头、发展的基石。近年来，中国石油天然气集团有限公司党组把新时代基层党建工作要求与石油工业优良传统相结合（图33-1），积极推进基层党建"三基本"建设与"三基"工作有机融合，以制度化体系化建设加强党对基层管理的领导，以标准化规范化建设强化基层组织整体功能，推动基层党建与基层管理全面融合、全面进步、全面过硬。

图 33-1　公司开展"重走光辉足迹、弘扬光荣传统"主题党日接力教育活动

33.3.1　融合的内涵

习近平总书记明确提出全面从严治党要在国有企业落实落地，必须从最基本的东西抓起，深刻阐述了国有企业基层党建工作怎么抓、抓什么的问题。基层党建"三基本"是指基本组织、基本队伍、基本制度，着眼于巩固党的执政基础，加强基层党组织建设，把基层党组织打造成为组织体系严密、党员队伍过硬、基本制度健全的战斗堡垒。

新中国石油工业继承发扬"支部建在连上"的优良传统，将党支部建在基层站队、车间等基本生产单元，提出"宁可少建几个钻井队，也要把党支部书记配齐"，在艰苦卓绝的大庆石油会战中，总结形成了"以党支部建设为核心的基层建设、以岗位责任制为中心的基础工作、以岗位练兵为主要内容的基本功训练"的"三基"工作，成为中国石油的独特优势。

推进基层党建"三基本"建设与"三基"工作有机融合，本质上就是推进党建工作与生产经营深度融合。从二者的关系来看，"三基"工作是加强基层党建"三基本"建设的着力点和落脚点，是党建融入中心、进入管理的重要载体。基层党建"三基本"建设是提升"三基"工作水平的基础保障，发挥引领基层建设、促进基础工作、带动基本功训练的作用。从二者的目标来看，最终都是抓基层、打基础、促发展。

33.3.2 融合的举措

塔里木油田在实践中,把基层党建的政治优势与基层管理的独特优势有机结合,探索建立了一系列具体举措。一是思想政治融入机制,通过推行优化党支部集中学习制度、开展岗位讲述活动、加强革命传统教育等,把党性教育抓在经常、融入日常。二是组织融合机制,推行符合条件的基层行政班子成员进入党支部委员会,建立健全党员大会、支委会议事决策清单,推广联合党建模式和区域党建联盟,增强基层党组织政治功能和组织力。三是工作载体融合机制,针对增储上产、提质增效、技术攻关、和谐稳定等中心工作的热点难点,建立党员责任区、党员突击队和党建项目化管理等工作载体,让党员攻坚克难创先争优,促进各项工作高效完成。四是考核融合机制,把党建、生产运行、QHSE 工作清单整合,形成"一体化岗位责任清单",推进党建责任制与岗位责任制融合;将党员目标管理考核清单、QHSE 履职考核清单、业绩考核清单"三单合一",形成"岗位责任制考核清单"。五是素质融合机制。以懂党建、精业务为目标,建立党务与行政干部轮岗交流机制;统筹业务培训管理与政治理论学习,推进党员教育与员工基本功训练有机融合。

33.3.3 融合的保障

首先要强化领导责任,加强研究部署,定期交流工作情况,形成相互配合、齐抓共管的工作格局。要注重发挥基层首创精神,鼓励基层大胆实践创新,总结表彰宣传有机融合先进基层单位,定期开展经验交流,让基层互学互鉴、共同提高。

实践过程中,企业基层党组织还应强化系统思维,正确把握和处理好四种关系:一是顶层设计与基层实践的关系,推进融合工作,既要靠顶层设计"指路",又要靠基层实践"探路",上下联动,寻求破解难题的良方。二是加强管理与提升服务的关系,既要充分对照党章党规和管理流程,把规定动作落到位,又要发扬"三个面向、五到现场"的作风,践行"马上就办、担当尽责"的理念。三是传承经验与创新方法的关系,既要传承石油工业优良传统特色做法,抓好党支部达标晋级管理、技能比武等载体,也要对标先进、加强学习、与时俱进,拓宽视野、开阔思路,推动党建工作理念创新、方式创新、实践创新。四是注重规范与力戒形式主义的关系,推动基层工作更加规范高效,让基层干部员工把更多工作时间和精力投入抓落实上。

实践案例：科研党建"六小常"工作法

抓党建从抓思想入手，才能把全员的思想统一起来、力量凝聚起来。塔里木油田科研系统找准基层党建服务科研生产的着力点，探索形成了党建"六小常"工作法，从细微处着手，看似简单平常，实际小中有情、常中有理，用春风化雨、防微杜渐的方式有效解决了大矛盾、大问题。

一是常拉小家常，"家长里短"显关爱。推行拉近距离、说家里话、常来常往的"拉家常"议事机制，运用"群众路线"法，采取主动巡查、入户走访、串门聊天等形式，了解每个党员群众的思想动态。关怀上做到"六必谈""六必访"，即：新来人员必谈，工作岗位调整时必谈，受奖、晋级、入党前后必谈，受批评教育、违纪时必谈，遇到挫折或家庭困难时必谈，人际关系发生矛盾时必谈；受纪律处理必访，有困难必访，生病受伤必访，婚丧嫁娶必访，家庭纠纷必访，连续加班必访，形成"小事不出楼门、大事不出社区、难事不出支部"的"参与型"支部协商管理模式。

二是常议小热点，敏感问题不回避。党支部聚焦幼儿入托、子女入学、员工就医、员工婚恋等员工群众比较关心的现实问题，不回避不绕道，开展"一站式服务"，帮助员工解决问题、减轻压力，当好"娘家人"，让"有困难找党支部"成为员工的条件反射。针对五定工作、奖金分配等敏感事项，提前征询员工意见建议，制定针对性措施，保障员工权益，营造和谐氛围。通过一事一议的方式，有效宣传解读各项政策，消除员工思想困惑，打开心结，发挥维护党群关系的"润滑剂"作用。

三是常提小建议，做到事事有反馈。围绕"攻坚""提质""解忧"的目标，与员工贴心交流，由"大家听"变"大家谈"。建立"网格员+网格帮扶对象"机制，划分网格责任区，网格员以一次宣讲、一次调研、一张清单、一场活动、一次服务"五个一"为载体，多渠道收集意见、建议和需求，深入基层一线服务指导，将办实事聚焦到技术攻关、科研提质、管理增效以及解忧排难等热点难点问题上，做到小事有回应、大事有反馈、急事能相帮。

四是常树小典型，技术自信展担当。强化党员模范作用，发挥高层次技术人才、技能人才作用，用好"传帮带"，鼓励广大员工向榜样学习，练技能、当能手、搞创新、做贡献。近年来，一批技术骨干发扬钉钉子精神和久久为功的韧劲，成功推广应用注天然气重力辅助混相驱技术，解决了深层油气藏提高采收率的技术难题，荣获中国石油十大科技进展，成为行业内油气协同开发、创新提高采收率的标杆。

五是常搞小活动，融入集体增默契。面对长期高强度攻关、常年熬夜加班的工作状态，党支部建立"子女集中接送照料团""女职工加班护送团"，让员工安心工作、舒心生活。开设"每周一讲"技术沙龙，搭建业务交流的"小讲台"、传递知识的"小课堂"、技术提升的"练兵场",激发员工斗志,增强员工荣誉感。比如,研究院原油提采党支部,围绕"一个支部一个品牌、一个团队一个标杆、一名党员一面旗帜、一个组织一个文化"持续实践,孕育形成了"困局中突围、挑战中突破、实干中创新"的提采精神。

六是常做小反思,挖掘问题促进步。秉承"一个人可以走得很快,一群人才能走得更远"的工作理念,在工作中不断反思、及时整改、相互提醒,抓牢思想主线,服务中心工作。以差旅报销、办公用房、婚丧喜事等容易滋生问题的领域为监管重点,以落实政治巡察、"四不两直"、体系审核发现问题的整改为契机,举一反三,查思想、查方法、查作风,找不足、摆问题、做反思,真正做到问题挖掘不留死角,问题剖析深入深刻,经验汲取及时全面,营造全员共同进步的和谐氛围。

33.4 牢牢抓住党建工作责任制这个"牛鼻子"

责任制的灵魂是责任心。抓不抓党建、抓没抓好党建,实质是对党性意识、责任意识的考验。不明确责任,不落实责任,不追究责任,从严治党是做不到的。企业要牢牢抓住主体责任,构建"明责履责考责问责"体系,推动基层党建工作从"软指标"变成"硬约束"。

33.4.1 首先解决好基层党建"干什么"的问题

抓党建必须抓责任制,抓责任制必须抓责任人。企业基层党组织要围绕上级党组织决策部署,结合生产经营实际,明确基层党建总体思路、重点任务和具体措施,按照量化到岗、明确到人、具体到事的原则,建立可执行、可考核的责任清单、任务清单,形成责任清晰、分工明确的责任体系。结合上级党组织新要求,以及本企业基层党建工作新情况新问题,持续抓好改进完善工作。

33.4.2 解决好基层党建"怎么干"的问题

上面千条线,下面一根针。基层党组织是最直接、最灵活、最有效的执行群体。要通过构建基层党组织工作"履责"体系,抓好工作分解落实、过程管控,推动履责尽责。第一,注重发挥基层党组织书记抓党建的第一责任人职责,重要工作、重大方案、重点任务做到亲力亲为,其他班子成员履行好"一岗双责",把党建任务抓实抓细、抓具体;第二,注重过程管控,运用台账管理,实现管理闭环,推动党建工作高质量完成。

33.4.3 真正让党建考核成为"硬约束"

衡量党建工作抓得实不实、好不好，关键看效果。企业党建工作成效最终要体现到领导班子的凝聚力、党员干部的执行力、员工队伍的战斗力、企业的成长力上。首先，考核能否做到科学，这是衡量基层党建水平的标志，不搞繁琐的指标体系和分数评定，要以生产经营业绩和群众满意度为导向设置指标。其次，考核方式要合理，采用座谈访谈、民主测评、信息化等方式开展考核，不以开会发文、领导批示、记录留痕、信息宣传数量等评判工作好坏。最后，要强化考核结果应用，将考核结果作为基层党组织综合业绩、干部储备、评优树先等的主要依据，切实发挥好党建考核指挥棒作用。

33.4.4 用好"铁鞭子"，让党建失职必问责成为常态

没有问责，难有担当。基层党建工作责任要把党建考核问责和经常性问责结合起来，明确问责情形，未能严格履行基层党建工作责任制的，该问责的问责。抓不好经济会误大事，抓不好党建会出大事。企业基层党组织要坚决克服说归说、做归做、甚至只说不做的倾向，坚决克服机械落实、被动落实、甚至为落实而落实的倾向，坚决克服打折扣、做选择、搞变通，甚至有责不担、失责不问的倾向，推动党建责任真正落实落地。

第 34 章 思想政治工作是极大生产力

作为企业治理有机组成部分,思想政治工作被形象地比作国有企业发展的"传家宝""精神武器",说明这项工作的极端重要性。思想政治工作做好了,能够为企业生产经营活动提供充足的精神动力。

34.1 企业思想政治工作本质上是做人的工作

34.1.1 概念内涵

思想政治工作以人为对象,旨在解决人的思想、观点、政治立场问题,提高人的思想觉悟,本质上是宣传群众、教育群众、引领群众、服务群众的工作。思想政治教育作为一项社会实践活动,在有阶级的人类社会中普遍存在,发挥其意识形态教育的功能,而作为概念,则是中国共产党创造并独有的。我们讲职工是企业最宝贵的财富,实际上是指广大职工优秀的个人品质、过硬的身体素质、饱满的精神状态、较高的知识技能和良好的团队精神。企业发展目标依靠广大职工共同奋斗来实现。同时,企业发展目标又是广大职工的动力源泉。动力来自目标,职工如果没有目标,工作就没有动力。企业发展目标应该成为职工的最大目标、共同目标。开展思想政治工作,就是要引导各条战线、各个岗位的职工群众朝着企业发展目标努力,并最终实现目标。

34.1.2 使命任务

对油气田企业来讲,思想政治工作的出发点就是如何把干部员工思想和行动统一起来,把工作热情调动起来,把干事创业的力量凝聚起来,更好地团结动员职工实现企业各项目标任务。进入新时代,我们党明确了思想政治工作举旗帜、聚民心、育新人、兴文化、展形象的使命任务。油气田企业要立足实际特点,在铸魂立心、固土立本、培元立德、发声立像、守规立制、强柱立基上做文章,为企业高质量发展、争创一流提供坚强思想政治保障。

一是把思想建设摆在首位,通过理想信念教育引导干部职工站在中华民族伟大复兴的战略高度，看待发展壮大国有经济、解决油气核心需求、能源饭碗必须端在自己手里的重要性，进一步筑牢共同思想基础，坚定石油报国的信念信心；二是聚焦培养担当民族复兴大任的时代新人，深入开展新时代石油精神和大庆精神铁人精神再学习再教育再实践，激励员工扎根边疆、爱岗敬业、为油奉献；三是坚持融入中心、正向引导，深化"形势目标任务责任"主题教育，将企业发展愿景、战略部署和行动计划内化成职工投身企业发展的自觉行动；四是开展依法合规治企教育，教育引导员工进一步增强法治观念，增强规矩意识，自觉运用法治思维谋划发展、推动工作、合规经营。

34.2 充分发挥思想政治工作凝心聚力的作用

思想政治工作做好了，企业就会充满正能量。做好这项工作，关键在于采取行之有效的方式、方法、载体，有说服力、感染力、吸引力、震撼力。

34.2.1 把解决好职工群众思想"总开关"问题放在首位

掌握思想领导是掌握一切领导的第一位。当今社会，信息技术高度发达，国内外各种思潮、奇谈怪论层出不穷。油气田企业面临着我国发展阶段、国际格局调整、能源行业转型"三个之变"，职工思想呈现个性化、多元化特点。有什么样的思想就会有什么样的行为，世界观、人生观、价值观这个"总开关"从根本上决定着干部员工的思想觉悟和行为方式。如果"总开关"问题解决不好，影响的是队伍政治方向、情感走向、价值取向，影响的是企业治理和发展。这就要求各级党组织强化思想引领，教育引导广大职工深入学习贯彻习近平新时代中国特色社会主义思想，坚定理想信念，牢记"国之大者"，深刻领会什么是党和国家最重要的利益、什么是最需要坚定维护的立场，自觉地将个人发展融入党和国家事业，融入企业发展大局。通过发挥党委中心组学习"龙头"作用，发挥企业管理者的"领"和"导"的作用，结合重大主题活动，组织有效的学习研讨，把学习成果转化为工作动力和高质量发展的务实之举。

34.2.2 宣传报道可以换来"真金白银"

宣传工作发挥着弘扬主旋律、提振精气神、传递正能量、壮大主流舆论的作用。这项工作做好了，就会产生巨大效益、巨大活力。有人说宣传工作是虚的，但实际上是"真家伙"，把工作组织好了，人的思想认识统一了，凝聚力、战斗力就会得到极大提高。有时候，一个宣传报道看起来很细微，但实际上换来的是资源，是项目，是真金白银。

一是精心策划组织重大主题宣传。党中央和上级党组织的重大部署、企业重点工作安排都是主题宣传的着力点和突破口。要组建强有力的宣传报道团队进行精心策划，力争推出一系列高质量、有影响的深度报道，为企业高质量发展争取政策舆论支持，营造良好的工作环境。近年来，塔里木油田紧跟中央和上级党组织重大部署，在人民日报、新华社、中央电视台等主流媒体集中推出了一批有分量、有深度、影响范围广的宣传报道。得益于成功策划和组织，油田对外宣传屡创新纪录。2018年，中秋1井获重大发现，第一次被中央网信办在全网推送，信息报道突破240万条；2019年，博孜9井重大发现后，第一次在中央电视台《经济半小时》《对话》两个栏目推出专题报道；2021年，满深3井获重大发现，创中国石油第一次在除夕夜上中央电视台新闻联播纪录（图34-1）；富满十亿吨级大油气田新闻第一次被新华社和中央电视台同时向全球发布。这一系列宣传，全面提升了塔里木油田知名度和影响力，极大增强了塔里木石油人的职业自豪感、集体荣誉感。

图34-1 2021年除夕夜中央电视台《新闻联播》报道满深3井重大突破

二是善于和主流媒体交朋友。加强与主流媒体沟通，尊重支持新闻媒体工作者，是做好宣传工作的宝贵经验。企业领导干部要增强同媒体打交道的能力，善于运用媒体讲好企业故事、传播好企业声音，充分发挥主流媒体在强信心、聚民心、暖人心、筑同心的宣传作用，让干部职工心往一处想、劲往一处使。

三是树立互联网+思维。当今新媒体技术迅猛发展，互联网的广泛传播力、社会影响力、舆论渗透力与日俱增，意识形态领域新变化新态势使得企业新闻宣传工作面临严峻挑战。进一步做好新形势下新闻宣传工作，比任何时候都更加重要、更为紧迫。立足新发展阶段，油气田企业领导干部要充分认识互联网时代信息传播手段的新变化、媒介融合发展态势的新变化、受众群体接受信息习惯的新变化，增强互联网思维，充分发挥新媒体在企业新闻宣传中的优势和作用。

四是把镜头和笔头对准基层。基层是新闻的"富矿"，群众是报道的源泉。管用能用实用的好经验、好做法往往来自基层一线。大庆油田的"有条件要上，没有条件创造条件也要上"、长庆油田的"安塞油田出好汉，好汉坡上好汉多"、新疆油田的"安下心、扎下根、不出油、不死心"、塔里木油田"只有荒凉的沙漠，没有荒凉的人生"等，这些经典格言都来自基层石油员工的生动实践。把镜头和笔头对准基层，一方面要发掘亮点，谱写最真实、最打动人心的故事；另一方面要通过有效的宣传把员工的注意力转移到抓生产、抓业务、创新创效、促进企业发展上来。

34.2.3 只有荒凉的沙漠，没有荒凉的人生

油气田企业一般都远离城市，自然环境恶劣，社会依托困难，没有坚强的精神意志和强烈的事业心，难以长期坚持下去。比如，塔里木油田地处祖国边疆，作业区域身处戈壁、高山、沙漠，常年干旱少雨、风沙肆虐，油气勘探开发面临世界级难题。面对恶劣的自然环境和复杂的地质条件，石油人勇闯生命禁区、征战"死亡之海"，喊出了"只有荒凉的沙漠，没有荒凉的人生"的豪迈誓言，在为祖国找油找气实践中实现人生价值。2021年5月4日，中央电视台新闻客户端推出《习近平总书记对广大青年的殷切期望》报道，其中宣传海报引用了"只有荒凉的沙漠，没有荒凉的人生"（图34-2）。如今，这句话已经融入塔里木石油人的血脉之中，成为发声立像、对外展示的一张响亮品牌，展示的不仅是一种人生态度，更是石油工人在基层一线改造客观世界的强烈意愿和积极行动。

 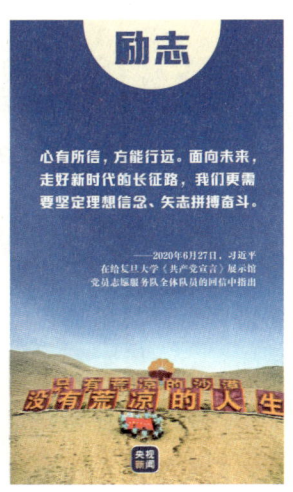

图34-2 只有荒凉的沙漠，没有荒凉的人生

今天我们不再住地窝子、不再吃夹沙饭、不再喝苦咸水，但困难和挑战丝毫不亚于艰苦创业时期。要实现高质量发展、建成世界一流企业，必须在精神上立得住、站得稳。油气田企业塑造企业精神文化，可以从以下三个方面着力。

一是企业文化建设。企业发展近期靠产品、中期靠人才、长期靠文化。油气田企业文化是先进文化的组成部分，为企业发展提供持久的精神动力。发挥文化引领作用，要深入研究丰富企业文化体系，推动建设以石油精神和大庆精神铁人精神为核心，以勘探开发、人才发展、守法合规、精益管理、绿色低碳、市场营销、廉洁自律等理念为重点的新时代石油先进文化。具体来讲，要做好企业文化建设规划，根据油气田特点，培育形成具有时代特征、石油特色、地域特点的文化体系。同时，要积极支持基层文化实践，满足群众文化需求。30年来，塔里木油田注重以文化铸魂育人，继承发扬石油工业优良传统，在战天斗地的实践中，铸就了"艰苦奋斗、真抓实干、求实创新、五湖四海"的塔里木精神，唱响了"苦在离家走四方、乐在油田井成林"的石油人之歌，孕育了克拉2精神、山地精神、深井文化、"家"文化等基层特色文化。这是企业的文化积淀和精神财富，展现的是塔里木石油人的优秀品质和精神风貌。

二是品牌形象塑造。作为企业核心竞争力的重要因素之一，好的品牌形象不仅有利于扩大消费，而且有利于激发企业创造活力。塑造世界一流品牌形象既是油气田企业的奋斗目标，更是时代赋予的重任。目前，在各油气田企业中，逐步形成了长庆油田低渗透，辽河油田稠油，塔里木油田两新两高、超深层，青海油田英雄岭等特色品牌，树立了企业良好形象。立足新发展阶段，油气田企业必须更加重视品牌建设工作，切实发挥品牌形象对企业高质量发展的推动作用，创新品牌理念、优化品牌架构、加强品牌传播、实行品牌专业化管理，推动品牌建设再上新台阶。

三是大力选树表彰先进典型。国内外对先锋模范人物进行表彰由来已久，俄、英、法等国都有成熟的勋章制度。新中国成立，也建立起了以"五章一簿"为主干的功勋荣誉表彰体系，通过开展荣誉颁发、表彰活动，引导全社会见贤思齐、崇尚英雄、争做先锋。当社会的聚光灯照在一直以来为党和国家事业默默奉献的群体身上，正能量就成了大流量，主旋律就成了最强音。近年来，塔里木油田以石油会战30周年（图34-3）、油气产量突破3000万吨为契机，相继对会战劳动模范和突出贡献者，以及先进个人和集体进行了隆重表彰、广泛宣传，发挥了很好的激励作用。总之，榜样的事迹可学可做、精神可追可及，大到国家，小到油气田企业，表彰选树先进典型都是我们做好思想政治工作的重要手段。

34.2.4 发挥群团工作桥梁纽带作用

在国有企业，群团组织是企业治理体系中不可或缺的部分。企业要实现高质量发

油气田企业管理

图 34-3 2019 年塔里木石油会战 30 周年表彰 30 名劳动模范和 5 名突出贡献者

展，必须重视和发挥产业工人主力军作用、广大青年生力军作用。唯有广泛搭建建功立业平台，焕发员工的劳动热情、释放员工的创造潜能，才能为企业发展注入活力，推动各项目标任务顺利完成。所以，要注重发挥党的群众工作优势，领导好工会群团工作，依靠群众、发动群众，破解企业发展难题。要坚持劳动竞赛、典型选树、合理化建议、创新创效等好的传统，激发员工首创精神，让员工参与决策、监督执行，增强员工"主人翁"意识。要组织好帮扶慰问工作，解决好员工的困难，让员工有好环境、好心情、好身体，让员工感受到组织的温暖和关爱，形成推动工作的向心力和凝聚力。

34.2.5　调查研究是做好群众工作的基本功

开展调查研究，解决员工的诉求和困难是思想政治工作的有效手段，是企业领导干部必须掌握的基本功。一个单位的领导如果长时间不到基层调查研究，不了解基层干部员工所思所想，不知道员工和企业发展存在的困难和问题，工作就没有着力点和出发点，就没有针对性，就没有解决问题、推动发展的好方案。这就要求领导干部练就扎实的调查研究基本功，深入基层、深入职工群众开展调查研究，解剖麻雀，搞清楚问题是什么、症结在哪里。只有这样，才能对生产经营做到心中有数，才能针对实际问题提出行之有效的解决办法，推动企业高质量发展。

实践案例：塔里木油田基层调研 125 项问题整改实例

2018 年，油田利用近三个月的时间，深入基层一线开展全面调研。期间，工作组查看了全部重点生产现场，听取了专题汇报 17 次，与 400 多名一线员工座谈 16 场次，收集汇总员工群众提出的问题建议共 125 项。这些问题和建议与甲乙方 50 多家单位有关，涉及生产保障、安全环保、生产经营、设备物资、承包商管理、生活保障、机关管理、人事劳资 9 个方面，涵盖从地下到地面、勘探到开发、生产到经营、产运到储销等全业务链条。

为了加快问题整改，油田公司管理层给予了高度重视，先后召开 4 次总经理办公会，组织分管领导和 19 家机关处室专题研究制定整改方案，列出整改大表，定措施、定时间、定责任、定奖惩。同时，要求各责任单位"一把手"亲自组织协调、亲自推动，建立起横向到边、纵向到底的工作落实机制。在实践中，实行开门整改、闭环管理，通过开展专项督查、考核打分评比、网上公开等方式，统筹推动 125 项问题落地解决。

总体来看，整改取得了明显成效。一是解决了修井作业效率低、技能取证周期偏长、公寓设施老化等一批生产经营和民生方面的实质性问题。二是促进了建章立制，配套制定了加大"双序列"指标向一线倾斜、规范和精简审核检查活动、钻井环境保护管理、专项奖励实施办法等 39 项制度。三是凝聚了干部员工共识，抓落实的氛围更加浓厚，各项决策部署的落实更加迅速，提升了党工委管理层的公信力和领导力。当 125 项问题整改清单公示后，受到广大员工群众的一致好评和认可，"问题清单"变成了员工心目中的"幸福账单"。

第 35 章　履行社会责任是央企与生俱来的使命

习近平总书记在企业家座谈会上指出:"企业既有经济责任、法律责任,也有社会责任、道德责任。"央企作为国民经济的重要支柱和骨干力量,关乎国计民生、社会稳定,必须忠诚履行好政治责任、经济责任、社会责任。作为企业管理者,作为"党在经济领域的执政骨干",一切工作都应当对国家负责、对事业负责、对社会负责、对人民负责。

35.1　一切为了大发展,一切为了老百姓

35.1.1　"两个一切"发展理念的提出

2018年,塔里木油田3000万吨大油气田建设面临新形势新挑战,特别是油气欠产、安全生产形势严峻、生产一线管控薄弱、生产组织难度大、甲乙方队伍士气低落等问题比较突出。为了有效解决这些问题,迅速统一全员的思想和行动,激发干部员工工作动力,形成发展合力,油田党工委深入开展调查研究,全面分析内外部发展形势,提出"一切为了三千万、一切为了老百姓"的发展理念,向上级组织和各族干部员工群众郑重承诺,油田近期工作的目标就是2020年建成3000万吨大油气田,把企业发展好,让老百姓的日子过好。"两个一切"发展理念既是统一思想、统一行动的口号,更是"以人民为中心的发展思想"在企业的具体实践,引起了全探区甲乙方干部员工的思想共鸣。全员更加深刻地认识到建设3000万吨与老百姓的切身利益息息相关。

工作理念一旦得到认同,自然会迸发出无穷的力量,推动企业加快发展。2020年12月20日,塔里木油田如期建成了3000万吨大油气田,企业员工幸福指数大幅提升,油地关系更加和谐,履行的社会责任得到了广泛认同。同时,油田迎来又一个加快发展、向更高目标迈进的新阶段。党工委与时俱进,对这一理念进行进一步完善,形成了"一切为了大发展、一切为了老百姓"新的工作理念。

35.1.2 "两个一切"的内涵和辩证关系

"大发展"是指油气事业的大发展，老百姓包括企业员工、合作伙伴以及当地各族群众。"两个一切"诠释了企业为什么要发展、发展依靠谁为了谁这个基本问题，是发展与民生的有机统一，其内涵包括：

第一，发展是党和国家事业的需要。能源行业地位特殊，关系国计民生，是国家战略安全的重要基石。近年来，我国油气供需矛盾日益凸显，对外依存度均超国际警戒线。2018年7月，习近平总书记作出了大力提升国内油气勘探开发力度、保障我国能源安全的重要批示，并多次强调，深入推动能源革命、加快建设能源强国，把能源的饭碗端在自己手里。作为党和国家能源事业的重要组成部分，找油找气、产油产气是油气田企业的职责使命。能否担负起时代重任，在保障国家能源安全中有更大担当和作为，关键一条就是要发展，把油气事业做强做优做大。

第二，发展是社会进步的需要。石油石化产业与民生高度相关，为社会进步提供动力。作为新疆第一大油气田，塔里木油田是促进新疆经济社会发展的一支重要力量。30多年来，伴随塔里木勘探开发的深入，南疆大地一座座城市因油而兴、快速崛起，石油天然气成为拉动地方经济社会发展的强劲引擎。建成3000万吨并向着更高目标前进，既是油田的利益所在，也是新疆各族人民的利益所在。当前，新疆维吾尔自治区工业强基增效和转型升级加快，对油气行业促进经济社会发展寄予厚望，地方对清洁能源的需求越来越迫切。发展中的问题要靠发展来解决。对油气田企业而言，只有加快发展，才能更好地发挥对地方经济、社会进步的带动作用。

第三，发展是提升企业综合实力的需要。彼德·德鲁克说："没有利润，就没有企业。"对企业来讲，创造利润、创造效益、创造价值，发展是头等大事、是硬道理。具体到油气田企业，就是要找到大发现，找到规模优质储量，建高效产能、拿效益产量、创更大效益，不断提高可持续发展能力。

第四，增进民生福祉是发展的根本目的。马克思、恩格斯设想，在未来社会中，"生产将以所有人富裕为目的""所有人共同享受大家创造出来的福利"。发展是民生改善的物质基础和前提条件。只有发展了，才能把蛋糕做大，才能让广大员工群众分得更多的蛋糕。塔里木油田是党的企业，要时刻牢记发展为了人民、发展依靠人民、发展成果由人民共享，让员工群众有更多实实在在的获得感、幸福感、安全感。

35.1.3 打造"四个塔里木"

油田党工委牢固树立社会责任理念，突出顶层设计，坚持在发展战略和决策运营中落实企业责任，在全面研究企业与员工、与合作方、与社会等利益相关方诉求的基础上，2019年提出了打造"可信赖、敢担当、勇创新、负责任"塔里木的社会责任理念体系，并采取有力举措，努力将理念转化为行动、将愿景变成现实。

一是坚持党的领导，打造可信赖的塔里木。树牢"四个意识"，坚定"四个自信"，坚决做到"两个维护"，牢记总书记嘱托，落实新时代党的建设总要求，弘扬石油精神，打造一支忠诚可靠的石油队伍，做党和国家最可信赖的骨干力量。

二是加快主业发展，打造敢担当的塔里木。集中优势力量打好风险勘探进攻仗，推进富油气区规模集中建产，提升资源掌控能力和油气供给能力，在新时代保障国家能源安全中做出更大贡献。

三是深化改革创新，打造勇创新的塔里木。大力实施创新战略，打造工程技术"三把利剑"，加快数字化转型智能化发展，完善公司管理体制，建成创新型标杆企业。

四是构建和谐油田，打造负责任的塔里木。坚持以人民为中心的发展思想，打好维稳安保、精准扶贫、生态保护攻坚战持久战，维护好员工生命财产安全和大美新疆绿色生态，将发展成果更好惠及全体干部员工和南疆各族人民群众。

"四个塔里木"是全面、系统的理念体系，是对塔里木油田履行央企责任实践的总结提炼，更是着眼新形势新任务需要。敢担当，体现了塔里木石油人社会履责的政治自觉和行动自觉。勇创新，是建设现代化大油气田的需要，不创新就会止步不前，就没有效率。负责任，就是对党中央负责，对社会负责，对广大干部员工负责。可信赖，就是作为党领导的企业，做一切工作要让总书记、党中央放心，让社会、员工满意。

35.2 把保障广大员工根本利益作为工作出发点

任何企业的发展壮大，都是建立在广大劳动者的奋斗之上的。员工推动企业发展，企业发展也要回馈员工。

35.2.1 关心关注员工福祉

员工个人利益与企业利益紧密相关。员工跟企业的关系不仅是雇佣与被雇佣关系，还应是和谐、共同发展的关系。企业家管理企业，就好比带兵打仗，带兵不仅靠严明的组织纪律，更要靠真情。企业家越是关心、爱护员工，把员工当作兄弟姐妹，真心实意地为员工群众办好事、解难题，员工就会更加拼命地为企业效力。这样的管理才有人情味、才有感召力。

人心是最大的政治。这几年，塔里木油田党工委、管理层秉持实诚之心和矢志为民的情怀，想员工之所想，急员工之所急，从改善员工工作生活条件出发，实施了一系列民生工程，办成了许多员工期盼的事情。把员工收入增长放在心头，全力以赴完成业绩指标，争取更高工资总额，提高员工福利待遇。针对员工饿着肚子上班、住着"鸽子笼"房子、科研工作者办公环境差等员工群众反映突出的问题，多方协调推动解决就餐、居住、办公环境（图35-1）。在子女教育、看病就医、社会保障等方面持续用力，尽最大努力解除员工的后顾之忧。在日常工作生活中，大力倡导讲亲情、讲温情、讲感情，让来自五湖四海的员工真诚交往交心。

图 35-1　塔里木油田科技研发中心暨石油花园项目

随着一件件好事实事的落地，广大干部员工"油田主人翁"的意识更加强烈，心气顺、干劲足，在参与油田大发展的同时，分享了属于自己的劳动果实，收获了看得见摸得着的幸福感、获得感，体会到"两个一切"不仅是国家、企业的事，更是自己的事，实现了企业好、员工好的良性循环。

35.2.2　坚持甲乙双方共同发展

合作共赢是时代主流。油气田企业要牢固树立命运共同体意识，要认识到参与油田建设的服务单位与油田唇齿相依、休戚与共。油气田企业要把支持油田建设的承包商当成自己的队伍来管理，深化与优秀承包商的战略联盟合作，双方携手找大场面、建大油气田，实现互利共赢、共同发展。企业管理者不仅要有竞争意识，还要树立共享理念，充分调动一切有利的因素，团结一切可以团结的力量，更好地推动企业发展壮大。

35.3 把企业发展融入社会发展

35.3.1 提升能源供给能力

能源是国家经济发展的命脉。当前形势下，能源企业特别是油气田在保障国家能源安全、保障和改善民生、促进经济社会发展中具有不可替代的作用。塔里木油田作为我国石油工业最现实的战略接替区，始终秉持"绿色发展、奉献能源，为客户成长增动力、为人民幸福赋新能"的价值追求，把油气事业放到国家大局、行业大局、新疆大局中考虑谋划推进。突出资源掌控、油气供给，开足马力为国家加油争气，新时代找到博孜—大北万亿立方米和富满油田十亿吨两个大场面，年产量保持一百万吨以上增长，建成了300亿立方米大气区和3000万吨大油气田，向西气东输累计供气超3000亿立方米，惠及15个省市、120个城市4亿多居民，有力提升了国内油气产品供给能力。

35.3.2 以现代工业影响提升南疆经济发展能力

塔里木油田的发展史是一部为油奉献的利民史。会战以来，油田按照"依靠行业主力，依托社会基础，统筹规划，共同发展"二十字方针，把现代工业文明的理念、资金、技术、人才、信息等优势资源引入南疆地区，带动当地石油技术服务、工程建设、运输物流、社会服务等产业的快速发展。油田推动"气化南疆"工程，建成环盆地3600多千米天然气利民管网，南疆800万各族群众从祖祖辈辈砍柴烧炭的柴薪时代，跨入清洁低碳的天然气蓝金时代。油田修建塔里木沙漠公路等2000多千米油地共用公路，串联起南疆各乡村、各县市，拉动了地方经济发展，许多地区因油而兴。油田发展推动了国内钢材、制造、加工等众多企业和产业升级换代。进入新时代，油田积极参战脱贫攻坚，选派100多名得力的驻村干部，探索行之有效的扶贫模式和路径，实现12个定点帮扶村脱贫摘帽。实践证明，加快油气勘探开发，不仅是一场经济仗，也是一场维护稳定大局、建设和繁荣边疆的政治仗。无论是油田还是地方，都要秉承共建共享的理念，把盆地资源开发好，为大美新疆建设注入持久动力。

实践案例：塔里木油田精准助力南疆各族群众决胜脱贫攻坚

塔里木油田所在的南疆地区，自然条件艰苦、经济基础薄弱，脱贫任务艰巨，是国家确定的14个集中连片特殊困难地区之一。2018年，油田党工委在深入调研帮扶点发展实际的基础上,专题研究脱贫攻坚工作,确定了工作思路和原则。一是发展共享、互利共赢。将油田发展与扶贫帮困工作有机结合,切实让发展成果惠及资源地各族群众。二是因地制宜、因村施策。注重长远、注重质量,立足帮扶村实际,大力发展特色种植业养殖业,力求从根本上解决12个村的脱贫问题。三是立足实际、注重实效。用好帮扶资源和资金,不搞形式主义,不搞面子工程,让老百姓得到实实在在的收入,让扶贫帮困工作取得经得起检验的成果。

在实践中,以"气化南疆"为龙头,油田精准实施了一系列惠民举措。在资源惠民方面,持续扩大"气化南疆"规模,助力新疆绿色低碳发展。"十三五"期间,南疆天然气管网增长426千米,年供气量由34亿增长至51亿立方米。在项目惠民方面,与地方共建共用道路、管网、水利等公共基础设施,实施一批基础性、公益性扶贫开发项目,在南疆乡村建起21所石油学校和1所卫生医疗中心,有效解决当地农牧民看病难、上学难的问题。在产业惠民方面,发挥油气产业辐射带动作用,优先采购疆内物资,优先使用疆内队伍,积极支持地方涉油服务企业发展壮大。发挥扶贫资金杠杆作用,一村一品一特色,实施产业项目180余项,带动村民家门口脱贫致富(图35-2)。在消费惠民方面,依托油田5万人的消费市场优势,采取定向采购、直通配送农副产品等方式,让优质农副产品从滞销变脱销,建立稳定的销售渠道,帮助村民实现增收。在技能提升和就业惠民方面,选树具有发展潜力的脱贫带头人,通过示范引领激发内生动力,拿出培训专项资金,因地制宜、因业施策,教育引导村民依靠技能和辛勤劳动走上富裕路。

图35-2 塔里木油田与当地群众结对认亲

2021年，油田12个定点帮扶村人均纯收入较上年增长10%以上，达到1万元以上，如期实现脱贫摘帽。塔里木油田公司被党中央、国务院授予"全国脱贫攻坚先进集体"，成为三大石油公司唯一获此殊荣的地区公司。